貨物自動車政策の変遷

野尻俊明 著

流通経済大学出版会

はじめに

著者がはじめて米国ワシントンDCを訪れたのは、昭和五五（一九八〇）年秋のことであった。訪問の目的は、わが国の運輸事業法制の研究の一環として、母法ともいえる米国の運輸法制を学ぶことにあった。しかし、訪問した行政（ICC）の担当官からいきなり「regulation（規制）の時代はすでに過ぎ去り、今はderegulation（規制緩和）の時代になった」と告げられたときの驚きは、いまだに忘れられない。

その衝撃をもとに、米国の運輸事業の政策を研究、紹介した『規制改革と競争政策―アメリカ運輸事業のディレギュレーション』（白桃書房）を上梓したのが、昭和五九（一九八四）年一月であった。すでに、はや三〇年以上が過ぎてしまった。

わが国では、平成元年に物流事業に対する規制緩和法である、いわゆる「物流二法」が制定されたが、すでに四半世紀が過ぎた。その中核となった貨物自動車運送事業法は、従前の道路運送法による形骸化した事業規制から、市場、事業の実情にあった規制制度への変更を企図して、規制の緩和化の方向で制定された。「物流二法」は、事業者間の公正かつ自由な競争による事業の発展、そして事業者の創意工夫、需要の創出による産業及びわが国経済の一層の活性化に資する政策として、関係方面から大きな期待を受けてのスタートであった。また、この政策が導入された背景には、米国の影響も否定できない。しかしながら、近年、とりわけ貨物自動車運送事業法についてはそのマイナス面が指弾され、「行き過ぎた規制緩和」として同政策の見直し論議が生じている。

著者はこの約三〇年間、その時々により濃淡の差はあるものの何らかの形で政策に関して提言、参画、問題点の指摘等を行ってきており、こうした物流に係る規制緩和をめぐる論議に無関心ではいられない。そこで、数年前から前著と同じような視点、問題意識をもとに、わが国の政策を整理、分析したいと思い立ち、卑見をまとめた小論を発表（「初出掲載誌一覧」参照）してきた。それらに加筆、修正して取りまとめたのが本書である。

本書は、貨物自動車運送事業を中心に検討を行ったが、同事業が物流市場で公正な競争条件を確保し、今後とも引き続きわが国の経済を支える基幹産業としての役割を果たすためには、事業をめぐるガバナンスの根幹を何処に求めれば良いのか、ここで改めて考える必要を強く感じたことが背景となっている。検討に当たっては、過去を俯瞰し、現在を直視することにより、未来を展望することを心掛けたつもりである。

ところで、本書の上梓にあたりこれまでに大変多くの皆様からいただいたご指導、ご支援に、深甚なる謝意を表さなければならない。流通経済大学の先輩、同僚の教員、職員諸氏、また国交省等行政担当者、物流事業者、関係事業者団体、関係労働組合の皆様、そして法学、物流研究の分野でご指導いただいた諸先生に、この場を借りて御礼申し上げる次第である。

また、本書の出版については流通経済大学出版会（齊藤哲三郎事業部長）の方々に多大なご尽力をいただいた。特に、同出版会会長で学校法人日通学園学園長の佐伯弘治先生には、著者が学生時代から変わらぬご指導を賜りつづけており、感謝の言葉も見つからない。この場を借りて、御礼申し上げるとともに、今後とも末永くご指導をお願いする次第である。

なお本書は、激しく変化する経済、物流に関連する政策、制度を取り上げているため、現在進行中のものが多々含まれている。これらについては、平成二五（二〇一三）年末で一定の区切りをつけたが、未確定、未評価の政策等については、非力ながら今後も研鑽をつづけ、何れの日にか再度卑見の発表を期したいと思っている。

最後に、本書の内容については遺漏なきよう努めたが、著者の力量不足、不勉強から誤りがないとも限らない。大方のご叱正を、お願いする次第である。

平成二六年二月

著　者　識

目次

初出掲載誌一覧

第一章　『流経法学』第十巻第二号（平成二三年三月）
第二章　『物流問題研究』No.55（平成二三年二月）
第三章　『流経法学』第十一巻第一号（平成二三年九月）
第四章　『流経法学』第十一巻第二号（平成二四年一月）
第五章　『物流問題研究』No.57（平成二四年二月）
第六章　『流経法学』第十二巻第一号（平成二四年八月）
第七章　『流経法学』第十二巻第二号（平成二五年三月）
第八章　『流経法学』第十三巻第一号（平成二五年九月）
第九章　未発表
第十章　『流経法学』第九巻第二号（平成二二年三月）
　　『物流問題研究』No.56（平成二三年八月）

＊『流経法学』・・・流通経済大学法学部紀要
＊『物流問題研究』・・・流通経済大学物流科学研究所報

第一章　貨物自動車運送事業の黎明と事業規制の端緒

第一節　貨物自動車運送事業の黎明期

一―一　貨物自動車運送事業の開始

わが国に最初に自動車が登場した時期を巡っては諸説あるものの、有力説の一つに明治三三（一九〇〇）年であったというのがある。同年の皇太子（明宮嘉仁親王のちの大正天皇）のご成婚にあたり、米国サンフランシスコの日本人会から電気自動車が輸入され、宮内省に献納されたものであったらしい。興味深いことには、宮内省の命により行われたはじめての運転に際して、運転手が機器類の使用法の理解が不十分であったために、都内千代田区三宅坂付近を走行中に好奇心旺盛に近づいてきた老婆を避けようとするものの、制動装置（ブレーキ）の操作不十分で、皇居のお堀に突入してしまったことである。これを受けて宮内省はこの乗り物を「危険な物」、と見なして実用には用いなかったという。[1]

ここで注目すべきは、わが国最初の自動車が最初の「事故車」となってしまったことである。自動車にとって「事故」は宿命的な大問題として、一世紀以上たった現在でも重要な課題となっているが、今後も引き続き大きな関心事であることは想像に難くない。わが国の自動車をめぐる政策論議の一つは、当初から今日まで「事故」防止、安全をめぐるものである。

実際、わが国における自動車の運行に対する取り締まりは、自動車を事故を引き起こす「危険物」とみなし、当初から厳重な警察による取締りの対象とした。具体的には、明治三六（一九〇三）年以降、各地方ごとに警察命令をもって「自動車取締規則」が制定されたが、一部の例外を除きそれらの規則は自動車による営業に関する規定ではなく、もっぱら自動車の構造、使用運転方法、保管等の規定が主なものであった。もちろん、自家用、営業用の区別はなく、自動車を営業に使用する場合の規定は、補足的な位置づけにおかれていたにすぎなかった。[2]

この時期（明治三六～四〇年）に制定された各地（愛知県、広島県、京都府、神奈川県等）の自動車取締規則の共通点は、次のようなものである。[3]

(ⅰ) 営業を営まんとする者は願出許可を受けること。
(ⅱ) 路線は必ず一定幅員（警視庁の場合は六間以上）を有する道路たるべきこと。
(ⅲ) 車両は必ず一定期間内に検査を受くべきこと。
(ⅳ) 運転手は必ず免許証の交付を受くべきこと。
(ⅴ) 車両は必ず一定の構造たるべきこと。
(ⅵ) 速度に大きな制限を設けたこと。
(ⅶ) 運転の方法につき詳細な制限を設けたこと。
(ⅷ) 違反にはすべて罰則をもって臨んだこと。

なお、内務省においてはこれら各地でバラバラに定められた規則の統一化を図るべく、警視庁交通課に素案の作成を依頼し、警視庁が作成した警視庁自動車取締規則を準用して、明治四〇（一九〇七）年二月に警視庁令第九号として統一の「自動車取締令[4]」とした。

以上のように、明治期においては自動車による旅客、貨物の営業を行うには、当該地方区の警察に願出許可を受けることとされていたのみであり、当然のことながら行政による自動車運送事業の育成といった産業政策的視点は見い出せない。

こうした行政の基本的な姿勢は、大正八（一九一九）年一月の「内務省令自動車取締規則」（内務省令第一号「自動車取締令」）の制定及びそれに続く昭和六（一九三一）年の「自動車交通事業法」の制定においても基本的には変わらず、第二次世界大戦の終戦まで継続されることとなる。わが国では明治五（一八七二）年の鉄道の開業以来、陸上交通政策は常に鉄道を中心に検討、実施されてきた歴史があり、少なくとも第二次世界大戦の終了まで自動車交通（旅客、貨物）の統一した政策は欠如していた[5]、といえる。

わが国で自動車の使用は、当初から旅客の運送に供する乗用自動車が中心であった。自動車による旅客営業運送（バス）の嚆矢は、明治三六年に大阪で行われた「内国勧業博覧会」の見物客を運ぶために梅田駅と天王寺公園間で行われた運送とされている。自動車の初輸入開始から三年後のことであり、驚くべき速さといえよう。

自動車による旅客運送の「営業」については、明治三六年九月に開業を企図する京都西陣の織物商福井九兵衛を発起人とする二井商会が、京都府に自動車営業（乗合自動車）に対する当局の意向を糺した事例がある。これに対して京都府庁は、「当面に於ては規則がないから許可の致し様がない」と回答の上、観光都市として新規の交通機関の出現に理解を示し営業について相当の保護と便宜を与える（「営業取締関する口約」）としている。[6] なお、京都府庁においては、翌一〇月二八日に急遽「自動車営業取締規則」を発布し、同年一一月二一日に二井商会に正式に認可した。[7]

一方、自動車による貨物の運送の端緒については、必ずしも詳らかとはなっていない。初期には三越呉服店等において、自家用自動車を広告宣伝用に使用したと同時に商品の運搬に使用したようだが、草創期の同事業については不明なことが多い。

自動車を使用して営業の貨物運送を最初に企図したのは、明治三九（一九〇六）年の「京浜運輸株式会社」であったようだが、結局これは計画のみで実施には至らなかったようだ。しかし、「自動車」という新規の文明の利器を使用してビジネスを企図しようという機運が次第に生じ、明治四〇（一九〇七）年一月八日に渋沢栄一等による「日本自動車運輸株式会社」が、また同月二〇日には福沢桃介等による「自動車運送株式会社」が、さらに同月二五日には長森藤太郎等による「帝国運輸自動車株式会社」が、それぞれ警視庁に認可申請書を提出している。これらに対して、当時の警視総監安楽兼道氏による慫慂により前記三社の合同がなされ、同年一二月三日に「帝国運輸株式会社」が開業している。同社は、フランスから購入した自動車（一・五トン車）一五台によって貨物の運送を開始した。[8]

ただし、当時はまだ自動車による貨物輸送に適する貨物が無かったこと、また車両の故障が頻発したこと、部品の高価、従業員の未熟な技術等の理由で、当時主流であったの荷車、荷馬車運送に到底勝てるはずはなかった。さらに、経営陣の熱意、能力の問題等から、同社は明治四三年に解散している。[9] なお、帝国運輸株式会社の起業に触発されて、明治四一年ころから東京明治屋、神田博進社、丸善等の会社が貨物自動車運送（トラック運送）を開始し、徐々に増加し始めた。[10] しかしながら、当時は貨物自動車運送事業そのものの存在すらはっきりしない状況であった、[11] というのが実情であった。

国の自動車への関心、関与が高まるのは、自動車の存在が社会での役割、地位を獲得、向上させるに従ってのことであった。

一―二　貨物自動車運送事業の勃興

わが国の自動車行政は、明治三〇年代後半から道府県による旅客（乗合）自動車事業への取締りという形で行われはじめた。こうした地方ごとに取締規則が制定されていた時代に代わって、国が統一的に行政を実施したのは、大正八年に「内務省令自動車取締令」が制定され、全国統一の規則が制定された以降である。

同自動車取締令のポイントは、以下のとおりである[12]。

① 自動車の最高速度は特別の指定なき限り一時間一六哩（マイル）とすること（第三条）。

② 轍、制動機、変速機、爆発性もしくは可燃性のものを容るべき匱（ひつ）等の構造、騒、響音等の防止等の構造装置につき規定したこと（第四条）。

③ 自動車を使用せんとする者は、地方長官の検査を受け車両番号の指示を受けねばならないこと（第五条）。

④ 自動車による運輸営業に関し、

(i) 一定の路線又は区間に拠るものは地方長官の許可を受くべきこと（第一二条）。

(ii) 営業の譲渡相続及び営業の廃止には地方長官の許可を受くべきこと（第一三、一四条）。

(iii) 不当に開業せずその他の法令違反等の場合には営業免許の取消や営業の停止をなしうること（第二六条）。

⑤ 運転手たらんとする者は就業地の地方長官の免許を受くべきこと。地方長官は一定の場合には免許を取消し又は就業を停止しうること（第一五条）。

⑥ 運転手を雇入れ又は解雇したる者は地方長官に届出べきこと（第二二条）。

このように内務省令の内容は、全般的に警察取締の色彩が非常に強いものであったが、それは当時としては荷牛馬車等の旧来の運送手段が狭隘な道路に併存していたこと、また自動車自体の技術上の未成熟もあって交通事故が増えていたことなどの理由があった[13]。なお、内務省令による自動車行政の主眼はもっぱら旅客自動車運送事業についてであった。

この時代の自動車行政に係る主務官庁は、第一義的には道府県知事（地方長官）であり、二次的に逓信省が担当した。自動車運送事業は営業警察としての許可行為、すなわち保安確保のための警察許可にすぎなかった。また、逓信省の関与は道府県からの「稟伺」があったときに、その判断を示す程度に過ぎなかった[14]。その後、昭和三（一九二八）年に主管が逓信省から鉄道省に移管され、道府県への監督権が若干強化されたものの、依然として内務省令による取締的行政であった[15]。明治・大正期の貨物自動車運送業は、「混沌として其の事業性に明確なる定義はなく、思ふが儘に雑然と混迷の事業界を蠢動したと見る可き[16]」状況であった。

わが国で自動車（トラック）による貨物運送が社会の関心を引き始めるのは、第一次世界大戦後の好景気にわき、貨物運送の需要が増加し始めた大正三（一九一四）年頃からと言われている[17]。しかし、同運送が躍進する大きなエポックメーキングになったのは、大正一二（一九二三）年の関東大震災であった。

震災により線路、施設等の倒壊で自由のきかない鉄道と異なり、自ら経路を選び柔軟に移動できるという自動車の利点が、社会の共通認識になっていく。ちなみに、貨物自動車の台数は大正一二年に三〇五八台であったものが、大正一四年には二・五倍強の七八八四台となっている。その理由として、大震災により港湾、鉄道が甚大な被害を受け、陸上貨物運送を自動車が引き受けその利便性が経済界等に認識されたこと、及び震災復興後のわが国経済が貨物自動車運送を必要とする状況が次第に整ったこと等がある。さらに、昭和元（一九二六）年には一万八三二台と飛躍的に増加した[18]。

前記のとおり、関東大震災を契機に貨物自動車運送が一定の地位を確保したことは確かである。しかし、当時はわが国の陸上（道路）貨物運送において馬力運送業（荷牛馬車運送）が重要な役割を果たしていたことを忘れてはならない[19]。貨物自動車の伸張による馬力運送業の後退は関東大震災から数年して始まったといわれているが[20]、それでも馬力運送は当時の重要な貨物の運送手段であった。

馬力運送[21]は、昭和恐慌が本格化する昭和三年（一九二八年）以降に衰退が加速化するが、第二次世界大戦中及び終戦直後の極度の燃料油不足の際に見直され一時持ち直し、昭和二〇年代中葉まで通運の集配や近距離運送に活躍した。貨物自動車が荷馬車運送を凌駕し、道路運送の主役になるのは第二次世界大戦後一〇年を経た昭和三〇（一九五五）年以降のことである。そして、わが国で荷牛馬運送が完全に消滅したのは、昭和三五（一九六〇）年頃であった[22]。

第二節　戦時統制経済下の自動車運送事業

二―一　自動車交通事業法の概要

関東大震災を経て昭和の時代に入り、自動車運送事業とりわけ旅客運送（バス）事業は、陸上運輸において重要な地位を占めるようになっていく。わが国で自動車による交通事業への本格的な政策的介入は、昭和六（一九三一）年の「自動車交通事業法[23]」の制定をもって嚆矢とされる。同法は、昭和四年一二月に政府が「自動車事業法案要綱」を発表したのを受けて、昭和六年四月に制定され、昭和八（一九三三）年一〇月から施行されている。同法は、もともと昭和六年四月に議会に同法案が提出されるに先立ち、鉄道省から提出されていた「自動車事業法案[24]」（昭和四年）と、内務省が提案した「自動車道法案」（昭和五年）が一本化されたものであった[25]。そのため、同法の対象とする事業は、自動車運輸事業と自動車道事業の二つであった。

この法律は、主として自動車旅客運送（バス）事業を対象としている。この背景には、当時はバス事業が発展傾向を示し始め、「政府はこれを公共的交通機関として改善、整備することが急務とされていた[26]」ということがある。しかし、それ以前の運輸事業がすべて民間による自然発生的な自由放任であったものから、政府が一定の保護育成策を樹立して交通政策に対応するべく第一歩を踏み出したという点に、意義を見い出せる。ただし、立法化を急ぐあまり実態の把握が不十分であり、結局「必要な法規はこれを欠き、不必要乃至は不急の法規が多く盛られて[27]」おり、同法施行によりかえって事業が混乱するということもあった。

さらに、昭和四（一九二九）年の世界大恐慌を契機に、世界の経済は大きな変革に襲われたが、わが国でも昭和六年には「重要産業統制法[28]」が制定されるなど、統制経済立法が本格化してくる。この時期は、経済の統制化への萌芽期に当たるとされるが[29]、「瓦斯事業法[30]」や「軌道法[31]」等と同様に、同法も公益上その他の理由による行政的取締法規に性格付けられた。そして、戦争の進行とともにこの性格も徐々に戦時統制の色を強めていく。

自動車交通事業法は、自動車運輸事業（第一章）、自動車道及び自動車道事業（第二章）、共通規定（第三章）、自動車交通事業抵当（第四章）および罰則（第五章）の、全五章五七ヶ条からなっていた。その概要は、次のとおりである。[32]

① 一般交通の用に供するため路線を定め定期に自動車を運行して旅客または貨物を運送する事業を自動車運輸事業と呼び、また一般自動車道を開設して有償または無償にてこれを専ら自動車の一般交通に用に供する事業を自動車道事業とし、この二つの事業は主務大臣の免許が必要であるとした。事業の免許制により「事業の乱立を防ぐと共に経営内容の改正延いては公共的機能の充足を期待[33]」してのことであった。

② 自動車運輸事業について、事業計画を必ず作成させ運行計画、収支計画、施設計画などを明確にさせることとした。

③ 公益上必要がある場合、運賃、使用料金その他の事業計画の変更、他の運送事業者との連絡運輸をなさしむることなど、主務大臣が命じうることとした。

④ 事業の譲渡合併または廃止休止には主務大臣の許可を必要とした。

⑤ 自動車運輸事業について、将来の発展のためには資金融通の道をひらくことが必要なので、財団金融の道を講ずることとした。

前記のとおり、本法は自動車運送事業のうち旅客（乗合）自動車運輸事業を主に対象にした法律であった。この背景には、自動車交通事業法が施行された昭和八（一九三三）年当時の貨物自動車運送事業は、極めて脆弱で事業者の七二％は一台持ちであり、その営業形態も近距離運送を中心に約半数は鉄道の補助運送（駅への集配）、残りが鉄道の対抗運送であった[34]、ということがある。当時は、旅客、貨物とも陸上輸送の主体は鉄道の時代であった。

しかし、時代とともに徐々に貨物の鉄道から自動車へのシフト傾向が顕在化してくる。例えば、昭和五年の鉄道省の調査で貨物自動車運送が鉄道貨物運送に甚大なる影響を及ぼしつつある証左として、一年間の鉄道から自動車への貨物のシフトが総量で三五五万六二二八トン、運賃で七〇四万九八一七円という記録がある。[35]

なお、路線を定めて定期的に自動車を運行して物品を運送するものは「自動車運輸事業」として鉄道大臣の免許を要するものとされ、「それ以外の自動車運送事業」は自動車運送事業規則によって地方長官の免許を受ける必要があるとされた。[36]

ここで「自動車運輸事業」というのは「定路線定期運輸」であり、また「それ以外の自動車運送事業」というのは「定路線不定期貸切運送」を意味している。しかし、実際にはこれらの事業の区別は判然とはしていなかった。すなわち、「貸切免許の業者にして一定区間を毎日反覆して運行し、当然自動車運輸事業の範疇に属するものが多数に上る有様であった。これは取締の不備なるため、自動車運輸業者となるも路線の保護が顧られず、徒に煩雑なる手続きを要するのみであり、却って自由なる貸切営業の立場に於て任意の活動をなさんとするに至ったものである。これを統計に徴して見るも、事変前に於て営業用貨物自動車総数の中実際定路線により運行せられる車両数は五〇乃至六〇％と推定されるにも拘らず、貨物自動車運輸事業として免許を受けたるものの車両数は一・三％に過ぎざる状態であった。この関係によっても如何に取締法規が業界の実情より遊離せるものなるかが知られるであらう。貨物自動車運送業者は概ね貸切営業の形式をとるがため、乗合自動車の如く事業の基準を設けることも出来ず、その大部分は一台乃至二台を所有して運営することは恰もタクシーの如き状態であり、小業乱立の結果は無用の抗争を続け、多数のものは経営難に陥っていた」[37]という状況であった。

自動車交通事業法の効果についてみると、乗合自動車（バス）に関しては法の目的の一つである統合化が進捗したが、貨物自動車運送事業についてはその効果を発揮できなかったといえる。

貨物自動車運送事業が本法の主要な対象となるのは、次に述べる昭和一五（一九四〇）年の同法第一次改正以降のことである。

二―二　自動車交通事業法の第一次改正

（一）　法改正の背景

昭和一四（一九三九）年当時の貨物自動車運送事業は、事業者数が二万六五四八者、車両数は普通車が四万四四五四台、小型車が一万二〇五五台、一社当たりの保有は一・八台で、五台保有以下の事業者が九五％、個人企業が九二・五％を占めるという小企業乱立の業界であった。[38]

そこで、鉄道省は昭和一二年一〇月頃から、貨物自動車運送の業態別の規定を見直すこと、及び群小の業者を組織化して積極的に事業の合理化及び健全なる発達を図ることを目的に、貨物を旅客から分離、独立させる貨物自動車単業法の立案に着手した。しかし結局、単独法によらず自動車交通事業法の根本的改正を行うこととした(39)。

また、日中戦争（支那事変）が始まった昭和一二（一九三七）年以降の戦時経済体制下においては、燃料油（ガソリン）の逼迫に伴う使用制限（ガソリン消費規正）を受け、戦争遂行目的もあり貨物自動車運送事業は徐々に統制強化の方向が明確となって行く。この背景には、昭和一三年の「国家総動員法(40)」により貨物自動車による重要物資運送の確保等、国家総動員法の趣旨にそった交通運輸政策の策定、実施が決定され、それを受けて同年の「陸運交通事業調整法(41)」、昭和一五（一九四〇）年の「陸運統制令(42)」による交通事業の統制、統合、統制組合の設置等、重要産業統制法のもとでの経済統制、企業統制の徹底という国家の大方針があった(43)。

こうした時代背景のなか、自動車交通事業法の改正が論議され、昭和一五年四月九日に改正法が公布、翌昭和一六年二月一日から「改正自動車交通事業法」（以下、「改正自交法」という。）が施行されている。以下、改正の経緯、内容についてみておくこととする。

まず、昭和六年に制定された同法には、いくつかの大きな課題が指摘されていた(44)。

第一に、事業区分が実情に合致しないことである。すなわち、「路線ヲ定メ定期ニ自動車ヲ運行シテ旅客又ハ物品ヲ運送スル」（第一条）自動車運輸事業と、運輸事業以外の自動車による自動車運送事業とに区分する方法は貨物自動車には適さない。貨物運送にバス事業のような厳格な「路線」、「定期」の概念を取り入れることは、当時の実情に全く合わなかった。

第二に、事業者の団体を整備強化する新たな規定を設ける必要が生じてきていた。従来事業者の団体としては、商業組合をはじめ、協会、組合等の名称を付した各種各様のものが存在し、ある地方においては数種の組合が併存するかとおもえば、ある地方に於いては全く存在しないということもあり、バラバラな状態であった。これでは貨物運送の合理化や、運賃の適正化を目指しても事業者相互間に十分な連絡と統制がなければその効果は到底期待できない。このため既存の事業者の団体に関する法規を整備し、各種団体を一元的な統制ある組織に編成替えすることが緊急の問題となってきたのである。

また、従来の組合は「商業組合法」[45]に基づくもので商工省の監督下にあるため、運輸の監督官庁である鉄道省は埒外に置かれてしまっていた。そこで、本改正により鉄道省は商業組合に代わる鉄道省独自の組合を組織し、その管理下に置くと共に自動車運送事業者を結集して結束して活動することができるようにする必要があった。

第三に、日中戦争勃発（昭和一二年）以来、特に貨物自動車の整備を図ることが国内産業また軍事上緊要事とされてきたので、これに関する規定を設ける必要があった。

こうした法の抱える課題を踏まえて、同法改正の理由は以下のように説明された。すなわち、「貨物自動車運送事業の現状は、その後次第に発達してきたとはいえ、未だに事業の規模も小さく、多数の小業者乱立し、しかもその間何らの連絡統制が無いために、経営上の不合理がありまた運送上から見ても或いは空車が多く運送力を空費し、或いは不急な物資が運送されて緊要な物資が滞貨する等の不都合が多い有様であった。又車両も無計画に之を酷使するためその保守状態は不良であり運送上からも又軍事上からも遺憾の点が多かったのである。更に又運賃の点から見ると、運賃を出来るだけ低廉に且つ公平にすることは公共的使命を荷う事業として固より絶対必要であるが、殊に低物価政策に順応して、事業の改善によって、極力運賃の適正を期すると共に、複雑な貨物自動車の運賃に適確な基準を与え且つ之を厳格に遵守せしむる方途を講ずることが特に緊要とせらるるに至った[46]」とされた。

(二)　改正法の概要

本法によって改正された内容の概要は、以下のとおりである[47]。

①事業区分と事業種別

従前（昭和六年）の「自動車交通事業法」は、自動車運輸事業と自動車道事業を規制の対象としているが、前者については「自動車運輸事業」と「自動車運輸事業以外ノ自動車ニ依ル運送事業」（第一六条）にしか区分していなかった。しかも、この事業区分は「路線ヲ定メ定期ニ自動車ヲ運行シテ旅客又ハ物品ヲ運送スル事業」（第一条）として定期定路線性の有無を定めるのみで、旅客運送と貨物運送の間に差異を設けていなかった。

改正自交法においては、貨物運送事業の発展を受け「自動車運輸事業」と「自動車運輸事業以外ノ自動車ニ依ル運送事業」の中から貨物運送の部分を取り出して「貨物自動車運送事業」として一括して規定した。

また、事業区分の変更に伴って事業種別を設け、貨物自動車運送事業については「区間貨物自動車運送事業」と「区域貨物自動車運送事業」とした。これらは、事業の実情に合わせた行政のために行われたものである[48]。

②事業の定義

改正自交法において貨物自動車運送事業とは、「一般ノ需用ニ応ジ自動車ヲ使用シテ物品ヲ運送スル事業」（改正自交法第一六条ノ二）とされている。すなわち、貨物自動車運送事業の要件は(ア)一般の需要に応ずること、(イ)自動車を使用すること、および(ウ)物品を運送すること、である。

このうち、(ア)は不特定多数の荷主の需要に応じることである。例えば「運送需用の関係に因り、特定荷主に専属するが如き状態にあっても、運送需用の如何に依っては其の特定荷主以外の者の需めにも応ずる性質のものであれば一般の需用に応ずるもの[49]」とされている。なお、一般の「需用に応じない」自動車による物品運送事業は例えば、具体的に荷主が特定された貨物、あるいは「自主的に使用していた自動車を分離して別会社とし、其の会社以外の荷物を運送する意思無きものと解されるもの[50]」である。

次に(イ)は、自動車を使用するということは事業主として現実に車両を支配することをいい、例えば「自己の引き受けたる運送を他の貨物自動車運送事業者に下請せしめ、之を利用して行」うことは、「貨物自動車運送事業ニ非ズシテ自動車ニ依リ物品ヲ運送スル事業」（改正自交法第一六条ノ九）に該当する。例えば他の自動車運送事業を利用して運送を行う事業や、単に物品運送の取次をした託送の代理を行う事業も、同様に取り扱われた。

また(ウ)は、運送そのものを継続的に事業として行うことをいう。従って、運送事業以外の事業を経営するため、その手段として貨物自動車を所有しこれによって物品の運送を行うのは「自家用」であって、貨物自動車運送事業ではない[51]。

③事業の開始

改正自交法においては、貨物自動車運送事業を開始するにあたり主管官庁から「免許」を受けねばならないとされた。これは事業の有する「公共的性質に鑑み之を特定の人に免許し、一面事業の保護を図ると共に、他面事業の監督を行って其の公益的使命[52]」を果たさせるため、「貨物自動車運送事業ヲ経営セントスル者ハ命令ノ定ムル所ニ依リ運賃其ノ他ニ関スル事業計画ヲ定メ主務大臣又ハ地方長官（東京府ニ在リテハ警視総監トス）ノ免許ヲ受クベシ」（改正自交法一六条ノ三）とした。

旧法との差異は、事業区分の改正に伴いすべて法律の明文の規定をもって免許事業であることが表明されたことにある。なお、注意すべきは戦後の道路運送法における事業免許制で採用された需給調整に関する規定は存在せず、またそうした考え方もとられていない。

事業免許の申請手続きについてみると、事業の区分に応じて鉄道大臣又は地方長官に免許申請書及び添付書類を提出することとされた。具体的には、区間貨物自動車運送事業のみ、または区間貨物自動車運送事業と区域貨物自動車運送事業の両方を申請する場合には鉄道大臣へ、そして区域貨物自動車運送事業のみの申請の場合は地方長官に提出することとされた[53]。

また、免許申請書の記載事項としては、(ア)本籍及び住所、(イ)氏名、商号又は名称、(ウ)事業計画、(エ)事業経営の事由の四点である。

このうち(ウ)の事業計画についてみると、(a)事業の種別の記載、(b)車両の車名、年式及び最大積載量別車両数を使用地別に記載、(c)運賃及び料金（保管料、代金引換手数料、代金取立料、集配区域外の特別集配料等）を事業種別毎に記載、(d)営業所の名称及び位置の記載、(d)車庫の位置及び車両格納力（構造の大要を示す図画の添付）の記載、(e)区間事業にあっては（年間を通じての）一カ月の最少運行回数の記載、が求められた。

なお、事業計画の変更には認可が必要とされるが[54]、軽微な事項についは届出で足りるとされている[55]。

ここで(a)事業の種別については、区間貨物自動車運送事業、区域貨物自動車運送事業のいずれか、もしくは両方を行うのかを明らかにしたうえで、それぞれ以下のような具体的な記述が求められた。

(i)区間貨物自動車運送事業

区間貨物自動車運送事業とは、事業区間を定めて一般の需用に応じ自動車を使用して二口以上の物品を混載運送する事業をいう。なお、自動車交通事業法施行規則[56]第四九条一項には「事業区間ヲ定ムル事業」とだけあり、二口以上の「混載」についての規定はない。ただし、「貨物自動車運送事業運輸設備会計規定」の規定等から混載運送を為すための事業を対象としていることは明らかである。

ここで事業区間とは、路線よりも広い概念で地域的範囲という意味である。[57] 事業区間を定めるためには、運送の両端の地、主な営業地を定めるだけでよく、運行道路を具体的に定める必要はなく、不定期の運送などかなり自由度の高い運行が可能となる。

(ii)区域貨物自動車運送事業

区域貨物自動車運送事業とは、主たる事業区域を定めて行う貸切運送事業であり、運送距離についての規定はない。ただし、例外として駅、市場、倉庫等への搬入、搬出を行ういわゆる集配業務については、混載運送が容認される。[58]

事業区域については、主たる事業区域として「府県の範囲を限度とするを適当とするであろう。主たる営業区域以外の地における営業は、絶対的に禁止されるものではないが、主従の関係に於いて自から一定の限度があるべく、この限度を超えて営業する為には、主たる営業区域を変更するか、新たな事業経営の免許を受ける必要がある[59]」とされる。

④自動車運送事業組合及び連合会

改正自交法は自動車運送事業者の全国的な組織化を図る目的で、新たに「自動車運送事業組合」に関する規定を設けた。すなわち、改正自交法は「旅客自動車運輸事業、旅客自動車運送事業又ハ貨物自動車運送事業ノ事業者ハ各其ノ事業ノ健全ナル発達ヲ図ル為自動車運送事業組合ヲ設立スルコトヲ得」(第一六条ノ一〇)るとして、商業組合法に則りながら自動車に係る組合の特性を考慮した事業組合及び連合会を規定した。

こうした措置は「自動車運送の如く広地域に亙って活動する事業の統制を完全ならしむる為、組合相互に於ける協定を必要とすることが多いので、組合間に自主的に協定が結ばれないやうな場合には命令を以て之を為さしめんとするもの[60]」であり、統制の徹底を企図したものといえる。

⑤自動車交通事業抵当

改正自交法は、自動車交通事業抵当制度を拡張している。この制度は抵当権の目的とするために自動車交通事業財団を設置することを認めたものであるが、従来は自動車運輸事業及び自動車道事業に限って適用されていたものを、自動車運送事業全般に適用できるようにしたものである。

⑥事業者補助への補助金

改正自交法は、「政府ハ貨物自動車ノ整備ヲ図ル為必要アリト認ムルトキハ貨物自動車運送事業者ニ対シ命令ノ定ムル所ニ依リ予算ノ範囲内ニ於テ補助金ヲ交付スルコトヲ得」（第一六条の七）ると規定している。補助金は、貨物自動車の興業費を償却したとき、その償却額の三分の一以内とされた。

⑦その他

以上の四点のほか、改正自交法は事業の管理委託及び受託制度の容認、旅客及び貨物自動車運送事業について共同経営の制度を確立し、これを認可事項としている。さらに、連絡運輸を行う場合の運賃及び料金の新設または変更については、鉄道局長が監督すること等の規定を設けている。

改正自交法には上記したようなポイントがあるものの、法律上「貨物自動車運送事業」を業態として確定し、施行規則により区間事業と区域事業に区分したことがもっとも意義深い。

二―三　貨物自動車運送事業の第一次統合

改正自交法の大きな目的の一つは、事業者、業界の統合、集約化である。実際当時の業界の実情を踏まえて、昭和一五（一九四〇）年九月に貨物自動車運送事業の所管官庁である鉄道省は「貨物自動車運送事業合同要綱」を発令し、事業者を約八分の一に集約（第一次企業合同）することを行った。昭和一四年三月に二万六五四八あった経営主体が、昭和一七年一二月には三三二一に集約された。

昭和一二年（日中戦争）以降の貨物自動車運送事業の統制は、戦時体制の深化と深くかかわってくる。同年には貨物自動車運送業のシエアは輸送量で五五％（鉄道四四％）、運賃収入で四七％（鉄道五二％）となっており、国内貨物運送の分野で主要な運送機関になりつつあった。しかしながら、一事業者あたりのトラック（一・五トン積）の所有台数は平均二台、また九三％が個人営業というのが実態であり、「群小の業者の殆どは何等の組織も作らず、対立意識の下に夫々自由に活動を行って居り、その結果無用の重複運輸により浪費を敢えてし、又運賃の合理性を欠いて破綻に瀕せるものも少なくなかった」[61]。こうした状況は、当時の戦時体制下における運送力増強、民間自動車の徴用への対応といった国家の要請に対し著しく阻害するものとなり、至急の対応が求められることになった。

また、この時期の統制強化の背景には、ガソリン（揮発油）の消費規正の問題があった。その大部分を海外に依存するガソリンのうち、自動車が九六％を消費しており規正は自動車業界にとっては極めて大きな問題となっていた。「石油の一滴は血の一滴」ともいわれたガソリンも、戦争の進行と共に軍需優先に、また輸入の減少により自動車に不可欠な燃料油の不足が深刻化してきていた。

ガソリン消費規正はまず昭和一二年一二月に「第一次規正」が行われたのに続き、翌昭和一三年五月には切符制が導入され本格的な規正が実施された。これ以降終戦まで、ガソリンの規正は厳しさを増していく。加えて、自動車用タイヤチューブの配給統制（昭和一四年二月）や、自動車の新規製造中止、販売制限の実施（昭和一四年五月）、さらには各種自動車部品の配給制限等、自動車事業をめぐる環境は極めて厳しい状況となってきていた。

次に、統合、集約化の目的、理由、その実際について見ておきたい。

まず、戦時下という異常な状況下において不必要な競争による無駄を排除して経営の合理化に資するため、利害関係の密な事業者間の完全なる集約合同と、業界全体の団体組織を作ることが目的とされた[62]。

このことにより、事業者あたりの規模が拡大することになり、ガソリンの効率的利用、計画的運送の実施による空車走行の削減を図るという意図があった。また運送物資の優先順位を設け実施することも可能となり、さらに軍事的要求である自動車の質的整備と徴発資源の確保も容易となると考えられた。そして、資材の高騰及び賃金の引き上げ等の事態に応じて運賃の適正化が要請されることとなるが、当時の低物価政策においてはその実現は困難であり、事業の集約、合同による経営の合理化の徹底が最優先されることとなった。

つまり「戦時体制下に於ける自動車業は小規模経営として乱立せる状態のままにては、その存立を保つことは困難であり、従って国防経済上の使命を果たし得ざるものといはねばならぬ。それ故自動車業の更生発展を図り国策に協力せしめる上よりして、事業の徹底的統制を促進することこそ喫緊の要務と考えられる」[63]とされた。また、統制、統合に当たっては事業者の自主的、自治的な対応が望ましいとしながらも、「今日の情勢の下に於ては全面的有機的統制の確立が急務とされるから、これがためには法規的強制的統合[64]」も必要とされた。

以上のような考え方のもと、貨物自動車運送事業においては各地方ごとに貸切営業の集約合同が開始され、その後定期路線営業事業者も追随することになった。先にあげた昭和一五年九月に当局から出された合同要綱（第一次統合）によれば、一社あたり六大都市では二〇台以上、その他の都市では一〇台以上に統合することが指示されている。

また、改正自交法によって規定が設けられた自動車運送事業組合及び連合会による組織化も、統合に一定の役割を果たした。この組合は事業者が任意に設立し鉄道大臣の認可を得ることによって設立されるが、場合によっては強制的な設立が図られることもあった。すなわち、自動車運送事業の統制を図るため特に必要ありと認めた時には、鉄道大臣は地区及び組合員たる資格を定め、自動車運送事業組合の設立を命ずることができたのである。さらにこの設立を命じられたものが鉄道大臣の指定する期限までに認可の申請をしないときは、鉄道大臣が自ら定款の作成その他設立に必要な処分を為すことができるものとされていた[65]。

この第一次統合によって、昭和一六年秋には従来九〇％以上が個人企業であったものが、その大部分が有限会社または株式会社組織となり、昭和一四年に二万六五八四であった事業主体が三三二一と約八分の一にまで集約されたのであった（図表1―2参照）。

しかしながら、昭和一六年一二月の太平洋戦争の開戦以降のわが国の実情は、より一層の統合、集約を求めることになり、後に述べる第二次統合へとあゆみをすすめることとなる。

第三節　小運送業二法の制定

三―一　小運送業の生成と発展

第二次世界大戦の終戦まで、わが国で「陸運業」といえば今日では死語となってしまった「小運送業」であった。

周知のように、わが国の鉄道の歴史は明治五（一八七二）年八月一二日、明治天皇ご臨席のもとに新橋の鉄道館（停車場）で盛大に開催された開通式から始まった。その後のわが国社会経済に果たした鉄道の役割は、ここで詳述する必要もない。

また、同年六月には「陸運会社」が創設され、江戸時代の初めから長きにわたって続けられてきた宿駅・伝馬の制度が廃止された。さらに、明治六年六月には「陸運元会社」が創設された[66]。これは前年の明治五年一月に駅逓頭の前島密が主導して出された太政官布告によって、約三〇〇年間続いた民間の飛脚問屋による信書送達事業の官営化が図られ、突如として事業を失った定飛脚問屋が明治五年六月「陸運元会社」として貨物運送を目的とする組織に改編されたのであった[67]。ほぼ同時に出された太政官布告（第二三〇号）によって、全国の陸上貨物運送は陸運元会社が独占することとなった。この状況は、陸運元会社が「内国通運株式会社」と改称（明治八年二月）した後の、明治一二年五月まで続くことになる[68]。

ところで、鉄道が最初に貨物の運送を始めたのは、旅客より一年遅れて明治六年九月一五日であった[69]。その後、鉄道の貨物運送は増加の一途をたどることになるが、その間には明治二二年八月から明治四一年一一月まで実施された鉄道貨物運送取扱料金の割戻制度等により、当時のライバル運送機関であった水運を駆逐し、以後ほぼ九〇年間にわたる陸上貨物運送の鉄道独占化が進行することとなる。

鉄道の貨物運送の地位が確立し、全国に普及したのは明治二〇年代と言われているが[70]、鉄道貨物運送にはそれを補完する発地・着地の両端での集荷配達あるいは貨物の積み込み積みおろし等の作業が必要となる。このような貨物の集配のための短距離貨物運送や積みおろし等の業務は、「小運送」（後の「通運事業」の大部分をさす。なお、鉄道を「大運送」という。）として事業が確立されていく。

この小運送を積極的に行ったのが、陸運元会社の後継会社である内国通運株式会社であった。同社は、明治二六年五月に手小荷物、速達便貨物などの集配取扱をはじめとする鉄道運送取扱業へと事業展開を行った[71]。前述のとおり、明治・大正・昭和初期においては「陸運」あるいは「陸上（道路）貨物運送業」という言葉は、一般的には「小運送業」、「鉄道運送取扱業[72]」といった鉄道貨物運送に付随する事業を指していた。実際、当時の小運送業界全体の料金等の収入は、国有鉄道の貨物運賃等による収入をはるかに上回るものであった[73]。

しかし、事業への参入障壁が低く[74]、高額な設備投資や熟練した労働力が必要のない小運送業は、当初から事業者が乱立[75]、その混乱は時代を経ても容易に解決を図ることができなかった。実際、第一次世界大戦後の好況期にあたる大正三（一九一四）年には、全国に八〇〇〇店以上の小運送業者が乱立し、「不当競争をはじめ、幾多の弊害を生じて荷主公衆の迷惑甚だしく、鉄道運送にも支障をきたし、業者自体もまた経営困難に陥るに至[76]」る、といった状況であった。もちろん、小運送業者の大部分は零細、弱小の事業者で、自ら事態を打開する力は到底なく鉄道貨物運送の大きな課題となっていた。

こうした状況に対し鉄道省は、明治以来基本的に自由競争に任されていた当該事業に対し、大正八年六月に各駅所における小運送業者の中から資力信用のある事業者を選定（全事業者約八〇〇〇店の中から三四四六店）して、鉄道省の「公認運送取扱人」を定めた。しかし、この制度は監督権限が無かったこと等、制度そのものの有する弱点が露呈し、大正一三年には制度が事実上瓦解してしまう。

昭和期に入っても運送店合同などの施策が試みられたが、業界内部の対立抗争が続き昭和二年には上記公認制度が正式に廃止され、これに代わって「指定運送取扱人制度」が導入された。この制度は「一駅一店」の指定を基本に強力に推し進められたが、非指定運送店の増加を抑えることができなかった。小運送に関する諸制度が整備されたのは、鉄道省の提案に係る「小運送業法」及び「日本通運株式会社法」のいわゆる「小運送業二法」が成立した昭和一二年一〇月のことであった[77]。

三―二　小運送業に対する法規制

昭和一二（一九三七）年に成立したいわゆる小運送業二法により、鉄道の両端運送に関わる分野への統制がさらに強化された。

制定当初の二法は、もっぱら小運送業界の混乱の解消を目指すと共に、小運送業の健全な発展が企図されたものであった。すなわち、「小運送業法[78]」は、事業参入に際して免許制を定めて小運送事業者の濫立を防止し過度な競争に一定の歯止めをかけることを企図していた。もっとも、免許制に伴い昭和一二年一二月末日までに九四六五店が営業届けを提出し一〇六店が免許を申請したが、このうち七九五三店が認証され、三八店が免許され、結局七九九一店の小運送業者が存在を確認されている[79]。つまり法律により現状追認が実施されたというのが実態であり、小規模事業者の乱立の状況はなんら変わらなかった。ちなみに、当時大阪の梅田駅一駅で一一一の事業者が営業するという乱立ぶりであった[80]。

また、「日本通運株式会社法[81]」は、小運送業の指導助成を目的に半官半民の統括を目的とする特殊会社として「日本通運株式会社」を設置し、同社への援助規定と監督規定を置いたものである[82]。同社は、小運送業者間の取引上の債権債務の決済、貨物引換証の整理及び保証を目的として経営されていた「国際通運株式会社」を主体とし、これに同事業を営む六社の資産を継承して昭和一二年一〇月一日に設立されたものである。従って、同社は小運送業者の交互計算、貨物引換証の保証整理のほか、小運送の発展に必要な事業等を行うことにより小運送の統括、指導、助成がその業務とされていた。実際、当時全国各駅にあった小運送業者約八〇〇〇店との間に加盟店契約を結んでこれらの業務を行った[83]。なお、日本通運株式会社が貨物運送の現業部門に進出するのは、昭和一六年九月以降のことである[84]。

以上のような小運送業界の乱立による混乱の解決ため、制定翌年の「国家総動員法」の成立を待つまでもなく、戦時体制を支えるための統制（集約合同）が実施されることとなる。

三―三　小運送業界の集約・合同

小運送業法による免許制の導入にもかかわらず、小運送業界の混乱は一向に解消の兆しが見えず、大きな問題となった。すなわち、乱立した小運送業者間の「不当な対立抗争の解消と、それに基く失費と弊害の防遏のほかに、小運送能力の総合的、機動的運用による重複設備、重複作業の排除、それによる小運送能力の能率的、合理的な拡充強化を図る[85]」ため、さらに戦時体制に対応するためもあって、昭和一四年三月に鉄道大臣から小運送業の集約・合同が明確に打ち出された。

図表１―１　小運送業免許（営業）事業者数の推移（昭和13年～昭和21年度）

年　　度	事業者数
昭和13（1938）	7,991
昭和14（1939）	7,624
昭和15（1940）	6,360
昭和16（1941）	5,074
昭和17（1942）	3,564
昭和18（1943）	1,240
昭和19（1944）	821
昭和20（1945）	718
昭和21（1946）	285

（出所）『社史　日本通運』396頁。

この集約・合同は小運送業二法が制定された以降順次実施されたが、本格的な国家による強制も含む政策は、昭和一六年秋以降に実施されている。具体的には、鉄道省は鉄道を中核とする陸上小運送能力の最高度発揮を命題として「陸上小運送対策要綱」を発表して、日本通運に一元的に運営させるための体制を整えた。

この結果、昭和一七年以降国家による強制的な小運送業の集約化が進み、昭和二〇年には昭和一三年の事業者数の約十分の一にまで減少した（図表１―１参照）。

第四節　自動車交通事業法の第二次改正

四―一　貨物自動車運送事業の第二次統合

昭和一六（一九四一）年に太平洋戦争に突入すると、政府、軍部から国内全産業の総力を挙げての戦力増強の強力な要請が出され、それまでのガソリン消費規正を主とした統制・統合から、国家権力による強制的な統合、すなわち戦時経済統制へと変化していく。

さらに、昭和一七年になると一層の統合化が企図された。具体的には同年一〇月に閣議決定をもって「陸運非常体制確立に関する措置」が決められ、続いて同年一二月二八日には次のような指示が出された。すなわち、「戦時陸運非常体制の一環として貨物自動車運送事業の運送統制の徹底を

図表1—2　貨物自動車運送事業者の統合

	事業者数	普通車数	小型車数	計	事業者当り台数
第一次統合前（S14.6.30現在）	26,548	44,454	12,055	56,509	1.6
第二次統合前（S17.12.30現在）	3,321	48,683	14,055	62,738	16.7
第二次統合完了後（S20.1.30現在）	340	46,140	12,475	58,615	147.9

（出所）志鎌一之『自動車交通政策の変遷』135頁。

図ると共に鉄道運送及び小運送との連携を強化して以て陸運総合能力の最高度発揮を期する為事業の統合を実施する」という基本方針のもと、①区域事業については、交通の実情に基き道府県を数個の地区に分ち「一地区一事業者」[86]を原則として統合を行う。但し、京浜、京阪等の地域においては二事業者以上を認める、②区間事業については、同一または近接区間における事業は原則として一事業者に統合し、なるべく区域事業者の中から適当なものをして営業を行わせる。但し、関東、京阪及び中京地方の主要区間については関係府県で協議のうえ特定の事業者に統合する、③統合の方法については、地方の実情に応じて統合主体を選定するが適当な統合主体が無い場合は新会社を設立して行う。そして、統合の際の事業運営評価は別に定める評価基準による等の「要領」が決定され、国家による強制的な統合が推し進められた[87]。

これらに対しては事業者の反対運動等があったものの、昭和一九（一九四四）年夏までに「第二次統合」が実施された。具体的には、組合の強制設立、強制加入、理事長の鉄道大臣任命などの任命主義の採用、組合事業の主目標が運送統制、資材配給統制にあることなどが決められ、その結果昭和二〇年初には三四〇事業者にまで減少した[88]（図表1—2参照）。

四—二　自動車交通事業法の第二次改正

昭和一八（一九四三）年三月には、事業者の組合への強制加入等統制団体の強化のために「自動車交通事業法」の第二次改正が行われた。

上記したような統合・集約化への向けての政策が強引に推し進められる中、重要産業の各部門においては「重要産業団体令」に基づく「統制会」がそれぞれ設立され、強力な統制、統合が行われた。しかし、自動車運送部門だけは同令の適用を受けず単に商業組合への移行措置として設立された「自動車運送事業組合」によって統制が行われた。もっとも、同事業組合による貨物自動車の運送統制は単なる形式的なものにとどまり、十分な効果は期待出来なかった。その背景には「事業組合が商業組合の精神を本とし唯だ組員の利益を擁護することを使命とされていたからであった。従而私利私欲の追求を封じ運送統制を徹底せしめることは勿論、事業の整備統合等採算外の国家が要請する各般の統制事業を遂行せしめる事は到底不可能[89]」ということがあった。

さらに、この改正では従来各府県別に異なった監督行政が行われていたものを、貨物自動車運送の総力を発揮させて中央に監督権限を一元化し、総合的運送計画を作成、中央、地方一体となった戦時運送を実施することとした。これにより、地方長官に委任されていた権限を大臣権限とし、主務大臣（鉄道大臣）に帰属することになった。

このような状況の中、鉄道省は組合の性格を全面的に変更して統制、統合の一層の強化を図る目的で「自動車交通事業法」の第二次改正を行った。同法改正案は、昭和一八年一月二九日貴族院に上程され同二月八日に貴族院を通過、また同二月二七日に衆議院を通過、成立し、同年三月一二日に公布された。

「自動車交通事業法」の第二次改正法の内容は、ほとんどが法一六条関係（同法第二章貨物自動車運送事業）で、第一六条ノ二の「一般ノ需要ニ応ジ」とあるのを「他人ノ需要ニ応ジ」と替えたこと、また第一六条ノ三から第一六条ノ三七までの条項の文言を変更、追加して、上記した組合の統制団体としての性格付けのほか、大臣または地方長官の貨物自動車運送事業者に対する重要物資の運送命令の発動権限の規定、さらには事業組合への補助制度の拡大に関する規定を変更したのみである。これによって貨物自動車運送事業組合と連合会は、完全に戦時統制団体となったのであった。

これらの強制的な統合によって個々の事業規模は大きくなったものの、統合会社の実情は会社とは名ばかりの寄り合い所帯、指揮命令系統の混乱等、大きな矛盾と欠陥を包含していた。また燃料、資材の配給もますます減少の一途をたどり、自動車による重要物資の運送は困難を増幅させていった。

昭和一九（一九九四）年に入ると、さらに徹底した運送の統制の強化が図られた。同年一月には閣議決定で「陸上小運送力増強に関する件」が定められたが、同決定の方針は「海陸総合運送力を最高度に発揮し国内物資の相通を円滑ならしむ為貨物自動車運送事業、小運送業並に陸上小運搬業を通じ総合的に陸上小運送能力を維持増強し其の運営を円滑且つ能率的ならしめ以て戦力の増強と国民生活の安定に資せん[90]」としている。すなわち、戦局の悪化に対処すべく従来の諸方策の強化徹底を図る一方、さらに自動車運行に日常必要な修理用部品、資材の確保、陸上小運送要員の確保、運賃料金の調整まで政府が指示を出すとともに、各施策について関係省庁間の歩調を合わせて強力に推進することを宣言したものである。

昭和二〇年になると統制に統制が重ねられ、燃料、資材等の供給も縮減に縮減が重ねられた自動車運送事業に対し、軍部（陸軍）からさらなる強い要請が出されている。この背景には戦局の一層の悪化による本土決戦を予期した方策として、同年三月には「本土防衛態勢強化を目的とする国民義勇隊組織に関する件」が閣議決定（同年六月に「義勇兵役法[91]」が公布）されたことを受け、同年四月には「陸上小運送力非常強化方策」が閣議決定され、軍の直轄下に自動車運送事業の軍隊化（義勇隊編成化）が企図された。[92]それを具体化すべく昭和二〇年五月には運輸通信大臣が通牒を発し、さらに同年六月三〇日には陸軍省内に「陸運部」が設けられ、自動車行政は軍直轄のもとに一元化された。ここに、最高度の統制が完成したことになる。しかし、貨物自動車運送業界はすでに壊滅寸前の状況にあり、こうした軍部の要請に応える力はなく、同年八月を迎えることとなった。[93]

第五節　小　括

本章では、わが国における貨物自動車運送の黎明、勃興期、すなわち明治三〇年代後半（一九〇〇年代）から昭和二〇年代初頭（一九四〇年代中葉）までの政策をフォローした。国の関与（規制）については、初期の自由放任から内務省（警察）等による安全規制の導入、そして昭和に入っての統制及び戦時統制経済下での国家による強制的統制の推移について、法制の展開を中心に検討した。

この間の自動車交通政策について、志鎌一之氏は次のように総括している。すなわち「自動車交通、自動車運送事業の国民経済上における重要性、殊に有事の場合における重要性について、官庁側はもちろん一般有識者にも深い認識が欠けており、当業者もまた自己の営業を通じての営利性を追求することにのみ急であったことが、いろいろな失敗、錯誤、対立抗争等に通ずる最大にしてもっとも深い原因[94]であった。つまり事業が有する「公共性」を意識せずに政策、実務が行われたことに最大の問題の所在をみているものといえよう。

次の時代、すなわち昭和二〇年代後半以降から昭和の終盤まで、この「公共性」をめぐって政策が展開し、その当否を巡って論議が活発に行われることを予言しているかのようである。

註

(1)　高田公理『自動車と人間の百年史』新潮社　昭和六二年七月　一四頁。
(2)　志鎌一之『自動車交通政策の変遷』㈶運輸故資更生協会　昭和三〇年四月　八頁。
(3)　㈳日本トラック協会『日本トラック協会二十年史』昭和四二年二月（以下、『日ト協二十年史』）二三頁。
(4)　尾崎政久『明治大正昭和　三代自動車物語』自研社　昭和四三年三月　一五二～一五三頁。
なお、同書によれば、取締令の起案者は原田九郎氏（警視庁交通課技手）としている。
(5)　志鎌　前掲書　三頁。
(6)　同人会自友会刊『日本自動車交通事業史（上）』昭和二八年九月　一七～一九頁。
(7)　同右　三八頁。
(8)　同右　三四～三五頁。
(9)　同右　三六～三七頁。
(10)　『日ト協二十年史』二一～二二頁。
(11)　『運輸省三十年史』（四八頁）によれば、大正一二年の関東大震災頃まではトラック運送事業はその存在すらはっきりしない状態が続いた、とされる。
(12)　『日ト協二十年史』二三頁。
(13)　志鎌　前掲書　一九頁。
(14)　萩原栄治『自動車行政と運送事業』自動車行政研究会刊　昭和二七年一〇月　一六頁。
(15)　同右。

(16)『日本自動車交通事業史（上）』二一一頁。
(17)谷利亨『道路貨物運送政策の軌跡』白桃書房　平成二年四月　五九頁。
(18)同右。
(19)村尾質『貨物運送の自動車化』白桃書房　昭和五七年五月　九頁。
(20)石井常雄『「馬力」の運送史』白桃書房　平成一三年　七四頁。
(21)わが国では古事記の中に騎乗の記載がある通り、乗用として大変古くから使用されてきたが、荷物運搬に使用されたのは明治以降のことといわれている。ちなみに、明治八年には全国で乗用馬車が三一九台、荷積み馬車が四五台という記録がある。野口亮『道路運送今昔雑記』昭和一一年六月　八八頁。
(22)村尾　前掲書　一四頁。
(23)昭和六年　法律第五二号。本法は、「一九二一年の自動車に関するドイツ緊急大統領令自動車路線法をモデルとしたもの」との指摘がある（志鎌一之「新法制定に至るまで」『道路運送新聞』一九四八（昭和二三）年三月二日付）。しかし、ドイツ「一九二五年自動車路線事業ニ関スル法律」（"Gesetz uber Kraftfahrlinien,Vom" 28.28.1925）が該当すると思われる。なお同法については鉄道省監督局『自動車運輸事業ニ関スル外国法規概要』（昭和六年七月）三七〜三八頁を参照。
(24)第五七帝国議会に提出された「自動車事業法案」の内容については、「自動車事業法案の要項」『鉄道軌道経営資料』昭和五年二月号　三三〜三七頁を参照されたい。
なお、自動車事業法案の根本の趣旨は「事業を経営するに当たっては、公共交通機関の一種として、鉄道、軌道と相並んで、これと同格のものにしたい、そして一般公衆が安心してこれを利用することの出来る交通機関たらしめたいということ」にあるとしている。五十嵐明「自動車事業法案に就いて」『鉄道軌道経営資料』昭和六年新年号　一六頁。
(25)日本興業銀行調査部『自動車交通事業財団ニ就テ』昭和七年八月刊　参照。
(26)鉄道省監督局交通法規研究会編『改正自動車交通事業法解説』交通研究所刊　昭和一六年三月（以下、『改正自交法解説』）二頁。
(27)志鎌　前掲書　四六頁。
(28)正式名称は「重要産業ノ統制ニ関スル法律」昭和六年　法律第四〇号。
(29)清水兼男『日本経済統制法』巌松堂　昭和一五年　一六頁。
(30)大正一二年　法律第四六号。

(31) 大正一〇年　法律第七六号。
(32)『日ト協二十年史』　二七頁。
(33) 塚原俊一郎「自動車交通事業法の改正と貨物自動車事業の統制助長策に就いて」『鉄道軌道経営資料』昭和一六年三月号二二頁。
(34) 志鎌　前掲書　二九頁。
(35) 日本交通協会『自動車経営の理論と実際』昭和一〇年九月　九七～九八頁。
(36)『改正自交法解説』　一九一頁。
(37) 田中喜一『各国陸上交通統制策』昭和一八年三月　一四九頁。
(38)『日ト協二十年史』　三三頁。
(39) 田中　前掲書　一五八頁。
(40) 昭和一三年　法律第五五号。
(41) 陸上交通事業調整法（昭和一三年四月二日法律七一号、同年八月一日施行）は「わが国の陸上交通事業の発展は顕著なるものがあるけれども、その反面において多数の事業の濫立、無統制によって相互間の連絡統一を欠き、不当な競争を招く結果、国家的に見て物資の濫費となり、事業者には経営の困難を来し、また一般利用者には不便を生ずることとなる。そこでこれらの濫立せる交通事業を調整し、その統制と合理化を図ることが極めて緊切であるに鑑み」て制定したものである（清水兼男『日本統制経済法』巌松堂書店　昭和一五年一月　五〇八頁）。なお、同法については、大槻信治『交通統制論』（岩波書店　昭和一八年一月）五〇八～五二一頁参照。また近年の研究として、魚住弘久「公企業と官僚制（三）」北大法学論集五三巻（二〇〇三・一・二四）一二七七～一二七九頁参照。
(42) 陸運統制令（昭和一五）は、陸運統制令は国家総動員法に基づいた戦時勅令で、この命令に違反した者は国家総動員法の罰則が適用される。（『日本自動車交通事業史（下）』一〇四九頁）。なお、同統制令及び同施行規則については古谷善亮「陸運統制令及同施行規則解説」『鉄道軌道経営資料』昭和一六年一二月号　一～一五頁参照。
(43) 萩原　前掲書　一六～一七頁。
(44)『改正自交法解説』四～五頁。
(45) 昭和七年　法律第六五号。なお、昭和一三年に改正（法律第三七号）されている。
(46)『改正自交法解説』三頁。

(47)同右　六〜一六頁。
(48)同右　一〇頁。
(49)同右　一八八頁。
(50)同右　一八八頁。
(51)同右　一九〇頁。
(52)同右　一九一頁。
(53)同右　一九二頁。
(54)改正自交法第一六条の八.七。
(55)施行規則第五四条。
(56)昭和一六年一月　鉄道内務省令第一号改正。
(57)『改正自交法解説』一九五頁。
(58)同右　一九六頁。
(59)同右　一九六頁。
(60)『改正自交法解説』一一頁。
(61)田中　前掲書　一二九頁。
(62)同右　一三〇頁。
(63)同右　一三一〜一三二頁。
(64)同右　一三二頁。
(65)改正自交法第一六条の一三。
(66)日通総合研究所編『日本輸送史』日本評論社　昭和四六年三月　三一五頁。
(67)野口雅雄『日本運送史』交通時論社　昭和四年七月　七二頁。
(68)同右　八九〜九〇頁。
(69)同右　一六一頁。
(70)『社史　日本通運株式会社』昭和三七年一〇月（以下、『社史日本通運』）一頁。
(71)同右　一七一頁。

(72) 明治六年二月の太政官布告により免許事業となったが、明治一二年五月に免許制は廃止された。志鎌　前掲書　一〇五頁、なお免許制廃止の理由は、①明治六年の布告は文意妥当を欠く、②自由営業である海運との均衡を欠く、というものであった。野口亮『道路運送今昔雑記』　八一頁。
(73) 清水兼男『日本統制経済法』　厳松堂書店　昭和一五年一月　五一三頁。
(74) 「当時の運送店開業は何等制限がなく単に開業届を提出すれば事足りた。店舗も倉庫も電話も借物で間に合うし、積卸作業は下請けさせ、集配は自動車運送業者に下請させればよいのである。それだから僅かの資金さえあれば、きはめて簡単に開業できた。」泉水尭雄「運送店競争ばなし（1）」『通運』No.39 昭和二五年一一月　三七頁。
(75) 開業に際しては「天秤棒一本、天量台一台」で可能といった状況であった。日本交通協会『自動車経営の理論と実際』昭和一〇年　一一六頁。
(76) 日本国有鉄道版『日本陸運史料［3］』七〇九頁。
(77) 小運送問題に関しては、鉄道省運輸局『国有鉄道の小運送問題』（昭和一〇年二月）、および同法案の議会での審議については鉄道省運輸局『小運送業法案・日本通運株式会社法案ニ関スル議事録』（昭和一二年三月）を参照されたい。
(78) 昭和一二年法律第四五号。なお、本法中に「小運送」の定義はなされていない。但し、第一条に二種の事業内容を掲げている。
(79) 日本国有鉄道版『日本陸運史料［3］』七一五頁。
(80) 『社史日本通運』　三五六頁。
(81) 昭和一二年法律第四六号。
(82) 日本国有鉄道版『日本陸運史料［3］』七一二頁。
(83) 同右　七一二～七一三頁。
(84) なお、同社の現業進出の背景には昭和一六年九月の鉄道省議決定「特殊地方に於ける陸上小運送緊急対策」がある。『日本陸運史料［3］』七一八頁。
(85) 同右　七一七頁。
(86) 昭和二〇年八月の時点で「一県一社」となっている県が全国で四県。
(87) 前掲『日本交通事業史（下）』　一〇五九～一〇六一頁。
(88) 保有車両の台数は、普通車四万六一四〇台、小型車一万二四七五台が登録されていたが、実働は約一万六〇〇〇台程度であった。『輸送経済新聞』「あの日あの時—物流秘話2」昭和六三年四月九日付。
(89)『日本自動車交通事業史（下）』昭和二八年一〇月　一〇四六頁。
(90)志鎌　前掲書　一四一〜一四二頁。
(91)昭和二〇年　法律第三九号。
(92)同右　一五四頁。
(93)『日ト協二十年史』三七〜三八頁。
(94)志鎌　前掲書　一七四〜一七五頁。

第二章　道路運送法の制定前史

第一節　自動車交通事業法の再改正案

一―一　戦争終結直後の状況

第二次世界大戦は、わが国の社会、経済に未曾有の苦難と壊滅的な打撃をもたらして終結した。昭和二〇（一九四五）年八月の敗戦を契機に、わが国の全ての分野で復興、民主化と自立化をめざしての長い道程がはじまることとなった。貨物自動車運送事業の分野でも、戦後復興、経済再建へ向けて新基軸の政策が次々に打ち出された。

ところで、一般的にはわが国の国民所得が戦前の水準（昭和九年から昭和一一年の平均）に回復したのが昭和二五（一九五〇）年、そして鉱工業生産高が回復したのが昭和二六年のことと言われている。貨物自動車運送事業についてみると、貨物自動車の輸送量、保有台数等の基礎的な数字が戦前の水準に達するのは、昭和二四〜二五年頃であり、この点についていえば一般的な経済指標とほぼ同一といってよい。だが同事業は、昭和二〇年代前半はまだ産業の揺籃期を脱することができず、政策面でも実態面でも混乱につぐ混乱が続き、回復とはほど遠い状況であった。

この時期の特色は、占領政策の主体であるＧＨＱ（連合国軍最高司令官総司令部）の強力な指導（指示）、要請が、政策の全般にわたって極めて重要な役割を果たしていた、ということである。

マッカーサー連合国最高司令官は、昭和二〇年九月一〇日「降伏後ニ於ケル米国ノ初期ノ対日方針」（いわゆる「対日管理方針」）を出して占領政策の基本方針を明らかにした。この方針に基づき種々の政策、行政組織の大改革が実施されるが、それらは①戦時行政体制の解除のための諸改革、②終戦処理体制の整備のための諸改革、及び③戦後行政体制の民主化と経済再建のための諸改革に分類できる(1)。

貨物自動車運送事業を含む運輸行政も、これらの基本方針のもとに各種の大改革が急激なスピードで実施されることになる。なお、この時期は戦後の経済混乱の状況下で、物価統制令や臨時物資需給調整法など、統制経済的色彩の強い政策が依然として実施されていた時代でもあったことも忘れてはならない。

一―二　再改正案提案の背景

戦争の終結によって直前までわが国を支配した戦争遂行のための社会システムは崩壊し、ＧＨＱによる占領政策の下で全ての社会システムが民主的社会の建設にむけて再起動することになった。そして、わが国のあらゆる局面において戦時中から引き続く「不足」がすべての現実であり、また政策立案の前提であった。貨物自動車運送事業においても、車両、修理部品、燃料油、運転者、修理要員等の深刻な不足が起きていた。実際、戦争によって営業用貨物車八二四八台が失われ、自動車による貨物輸送は壊滅的な状況に瀕していた。

こうした中、昭和二〇年一〇月六日には「自動車特別使用収用規則」（運輸省令第二三号）が発令されている。これはわが国に進駐した連合国軍兵員及び物資輸送の協力を命ぜられたものであって、その根拠はポツダム宣言の受諾にもとづく措置であった(2)。

なお、この頃になるとわが国の行政能力も徐々に回復の兆しを見せ始めた。前記のように、わが国の自動車に関する行政の所管は昭和二〇年六月に陸軍省陸運部となっていたが、戦争終結にともない同年八月三一日に内閣に移管され、その後運輸省（昭和二〇年五月一九日　運輸通信省の改組に伴い設置）が担当することになった。まず最初に、ＧＨＱの命令による輸送という最高度の指令に応じる形で、戦後の政策が実質的にスタートする。

具体的な戦後の貨物自動車運送行政のスタートは、昭和二〇年一一月に行われた運輸省の輸送課長会議で確認され、さらにその方針が同年一二月一八日付けで運輸省自動車局長から各知事あてに出された通牒「自動車交通事業ノ運営形態ニ関スル件」である。この通牒の主な内容は、占領軍の進駐にともなう軍施設工事用機材、軍用物資、戦災復興物資、民生安定のための輸送、輸入食糧品の円滑な処理のため、新規の事業免許の禁止、戦時の統合体解体及び自家用貨物自動車の抑制、であった(3)。

これ以降、わが国の貨物自動車運送事業は復興、躍進を目指して進むことになるが、ここで当時（昭和二〇年九月～昭和二三年頃）の直面したいくつかの代表的な重大課題について確認しておきたい。

(一) 輸送供給力の絶対的不足

昭和二〇年八月の終戦時の全国の貨物自動車（自家用も含む）保有台数は、戦前の最盛期であった昭和一五年の七〇%強、実働車数でも四六%程度であった。しかも、老朽化した車両、修理能力の欠如、代替部品の不足等により、貨物自動車の輸送能力は極めて低いものであった。

さらに、戦時下にあって強い統制を受けていた貨物自動車運送業界が、その基盤を失い混乱を増幅させた。この混乱のさなか、旧日本軍が保有していた相当数の自動車と燃料の行方が知れないという事態が発生し、混乱に拍車がかかった。実は、この行方不明車両が後々大きな問題となる自家用貨物自動車による営業類似行為の氾濫の原因の一つになる。

ただ、「戦後の混乱期とはいえ、営業用自動車による輸送力の供給力不足は行政による政策的対応の欠如と言わざるを得ず、さらには貨物自動車運送事業者の運賃等の不当競争の繰り返しによる輸送需要への対応の遅れも供給力不足からの立ち直りを遅らせた(4)」との指摘もある。

なお、昭和二一年一〇月四日には国鉄及び自動車交通の復興を目指す具体的政策の樹立にむけての「自動車復興対策」が小日山直登運輸大臣（当時）から閣議に提出され、閣議了解事項として政府の方針が決定された(5)。

(二) 自家用貨物自動車問題

少なくとも第二次世界大戦の終結まで、自動車による貨物輸送の大部分は営業用貨物自動車によってなされており、自家用貨物自動車による運送はごく限られたものであった。しかし、戦後復興で輸送需要の旺盛な鉱業、農業等の分野では、貨物自動車運送事業者に頼ることなく自前で自動車を保有し、輸送するケースが増加してきた。

こうした需要に応じる形で旧軍関係から違法に持ち出された貨物自動車が、旧軍人等のグループによって農業会(6)等を顧客（荷主）として、自家用貨物自動車による営業類似行為が行われることになった。さらには、工場等でも自家用自動車の経済運用に名を借りて営業類似行為を行うようになる。

昭和二一年時点での実働の貨物自動車（普通車のみ）についてみると、営業用が三万五二八九台、自家用が四万三一三〇台となっていた。こうした自家用車の増加は、貨物自動車運送事業に大きな影響を及ぼし、戦後に新たに現れた

「特異現象」として営業用―自家用間でその後長い抗争が続くことになる。[7]

(三)　省営・国営自動車問題

省営（鉄道省、運輸省）もしくは国営自動車の問題、すなわち民営会社との抗争は、戦前においてはもっぱら旅客（バス）についての問題として生起していたが、戦後においては貨物運送の分野で大きな問題となってきた。[8]

民営の貨物自動車運送事業の立ち直りのテンポが、戦後復興のテンポと乖離、遅延する状況にあって、輸送需要に応じるため省営の貨物自動車運送が本格化した。省営の貨物自動車運送は当初、旧軍払下げ車六七六台、その後進駐軍払下げ車一八四七台を加え、普通貨物自動車四三三五台で生活必需品、鉱山等の貨物の運送からスタートしたが、昭和二一年四月からは民間の貨物自動車が入ることを好まない山間僻地での運送も行った。また、一部では「機動運営」と称して決められた路線以外でも（貸切、地場運送）運送を行うなど、次第に活動の範囲を拡大して行った。この背景には当時の輸送力不足問題があるが、鉄道省が省営トラックを定路線の区間輸送の枠を超えて区域営業にも進出させ、全国に三六の自動車区を新設して機動運営を行おうという意図もあった。

また、当時横行していた貨物自動車運送事業者の高額の「闇運賃」[9]に対して、省営トラックは認可運賃（公定価格）の収受を行ったが、これに対して民営の貨物自動車運送事業者からは燃料、資材の高騰に見合わない低すぎる運賃への不満もあり、抗争が繰り返された。[10]赤字を重ねながら安い運賃で事業を行う省営貨物自動車に対する民営の貨物自動車運送業界の反発は強く、昭和二一年五月二日には「全国貨物自動車運送事業組合連合会」が事業者大会において省営自動車中止を請願する決議を行っている。

こうした反対運動に対して、運輸省は昭和二一年三月五日に「自動車交通審議会」を設置し、自動車交通に関する重要事項を調査し運輸大臣の諮問に応えるとともに、鉄道局に「自動車協議会」を設置するなどした。[11]

この結果、昭和二二年三月に運輸省は関係当局との折衝の結果、機動運営をすべて廃止し省営自動車は区域（三六の自動車区）内においてのみ営業を行うこと等の申し合わせにより、紛争も一段落した。[12]

以上のような極めて混乱した貨物自動車運送を取り巻く状況に対応するため、運輸省においては戦時統制経済体制が色濃く反映された「自動車交通事業法」の改正が立案された。

一―三　自動車交通事業法再改正法案の提出と廃案

(一)　法案の概要

「自動車交通事業法再改正法案」(正式には「自動車交通事業法の一部を改正する法律案」、以下「再改正法案」という。)が、昭和一二年八月一日第九〇回帝国議会衆議院本会議に提出された[13]。

再改正法案は、自動車交通事業法の全般について大幅な規定の改正を含んでいるが、ここでは貨物自動車運送事業に関わりの深いと思われる条項について、簡単に確認しておくこととする。その概要は、次のとおりである。

(1)　第一六条ノ九に次の一項を加える。すなわち、第一六条の規定は貨物自動車運送事業に属せざる貨物自動車(自家用自動車)に準用する。

(2)　第一六条ノ一〇第一項を次のように改める。すなわち、旅客自動車運輸事業、旅客自動車運送事業または貨物自動車運送事業(以下、自動車運送事業という)の事業者は、各々の事業の健全なる発達を図るため自動車運送事業組合を設立することを得る。但し、特別の事情あるときには二種類以上の事業者をもって設立することを得る。

(3)　第一六条ノ一一　自動車運送事業組合は次に掲げる事業を行うことを得る。

①　組合員の事業に必要な物の共同購入、共同設備の設置その他組合員の事業に関する共同施設
②　組合員の事業に必要な資金の貸付または組合員の為にする資金の貸付
③　組合員の事業に従事する者の福利厚生に関する施設
④　組合員の事業における労務管理に関する指導、調査及び研究
⑤　前号に掲げるもののほか組合員の事業に関する指導、調査及び研究
⑥　運賃、輸送または輸送用物資の購入の統制その他組合員の事業に関する統制
⑦　組合員の事業に関する検査

⑧　前号掲げるもののほか組合の目的を達するに必要な事業

(4)　第一六条ノ一二　自動車運送事業組合を設立するときは、命令の定めに従い地区を定め地区内における組合の資格を有する者の三分の二以上の同意を得て設立総会を開き、定款その他必要な事項を定め役員を選任すること。

(5)　第三三条ノ二　第九条、第一六条二項等の事業施設の命令を為すときには、自動車交通事業委員会の意見を徴すること。自動車交通事業委員会に関する規程は、勅令をもって定めることとする。

(6)　第五三条ノ「又は自動車道事業」を「自家用乗用自動車もしくは自家用貨物自動車を所有しもしくは使用する者又は自動車道事業者」に改める。

(7)　附則　この法律の施行の際現に存する自動車運送事業組合及び自動車運送事業組合連合会は、改正後の自動車交通事業法により設立したものとみなす。

「再改正法案」は、上記のほか多くの改正規定を包含しているが、基本的には従来の統制団体の変更、すなわち事業組合に係る規定の改正が主体であった。

このようなことから再改正案は自動車交通事業法の全面改定というより当面の課題である統制団体への措置、及び当時問題となっていた自家用自動車への対応といった暫定的な改正措置であったといえる。そして、民主化と産業復興については、当時の政府（運輸省）の暗中模索の様子を伺うことができる。また、法案を作成した当時の運輸官僚からの制度激変に対する抵抗もあったと思われる(14)。

上記の事項を内容とする再改正法案は、昭和二一年八月一日の第九〇回帝国議会に提出されたが、同法案の提出にあたり平塚常次郎運輸大臣（当時）は衆議院本会議において「終戦後の今日、自動車行政を此の儘放置致して置きますことは、産業再建の為にも適当ではないと考へまするし、輸送力の真の増強は、畢竟事業者に於ける企業意欲の昂揚に求められねばならぬと考へまして、今回自動車交通事業に於ける是等戦時統制的色彩の払拭と行政の民主化を図(15)」るために法案を提出した、と提案理由を述べている。

再改正法案を審議する改正委員会の第一回会議の冒頭、平塚運輸大臣は先にあげた「自動車交通事業再改正法案」における戦時統制的色彩の払拭、行政の民主化、輸送業界の安定という目的を改めてより具体的に、次のように表明している。

第一に、自動車運送事業組合の民主化を図り、組合員の自主的団体としてその自治力により事業を整理し、重要輸送の責任を遂行できるような機能を有することができるようにするため、次の①～④の措置を行う。

① 組合の目的を自動車運送事業の健全なる発達を図るものとする。

② 組合は事業者を中心とする任意団体とするが、自家用自動車使用者の加入を得て運送の総合的な運営を図る途を開くものとする。

③ 組合の事業は組合員の共同購入、共同施設、利用のような共同事業を主とし、運賃、輸送等の事業に関する統制は従とし、これを最小限度にとどめるようにする。

④ 役員の選任、収支予算等の重大な事項はすべて総会の決定とし、出資制度を採用する等、事業者が組合を通じて自主的に活発な活動ができるようにする。

第二に、自動車運送業界は終戦直後に放出された自動車及び旧軍需会社で不必要となった自動車が相当数にのぼり、これらが自家用車として民需輸送の相当部分を担当するようになり、営業自動車に対しても少なからぬ影響を与えているので、輸送秩序を保ち営業用自動車による運送分野を確立して、自動車運送の総合調整を図るため必要な規定を新設する。

第三に、将来の輸送需要の見通しは不透明ながら、運送の遂行はあくまでも事業者の責任を主体とするものの、万一重要な運送が出来ないこと事態に備えて行政官庁が必要な運送に関する命令を発することができることとする。

第四に、自動車行政を行政官庁、事業者及び利用者の協力をもって推進できるように、事業者、利用者または一般公衆に重大な影響を及ぼすような行政処分を官庁で行おうとするとき、委員会を設けて当該事項に関する重要事項につき意見を徴して行くこととする。(16)

(二) 法案審議の概要

再改正法案は、衆議院に設置された「自動車交通事業法の一部を改正する法律案委員会」(以下、「法案委員会」という）に付託され、同年八月六日から同委員会で審議が開始された。この委員会での審議の論点は多様であったが、多くの時間が割かれた論点を挙げるとすれば、次のような諸点であった。

①統制団体の解散、営業権（新規参入）問題

自動車交通事業法は戦時中の昭和一八年の改正によって戦時法制的な色彩が強くなったが、再改正法案は戦時統制的な規定の改廃を大きな目的の一つとした。特に、自動車運送事業組合及び自動車運送事業組合連合会の廃止、その後の対応について論議が行われた。

統制団体としての自動車運送事業組合の解体に当たっての事後処理として、強制的に営業権を国家に買い取られた被統合会社への営業権付与問題、すなわち新規営業許可の問題が取り上げられた[17]。

運輸省では、前記のとおり終戦直後から新規の事業免許を一切認めないという通牒を出し新規事業者の参入抑制を図ってきたが、今後についてはわが国の貨物自動車運送事業の形態等を勘案して検討する、但し今まで官庁の方針に従い永年業界のために努力してきた既存事業者の権益についても十分考慮するという答弁[18]を委員会で行っている。

②省営自動車問題

法案委員会においては、省営自動車のうち貨物は大きな差損を抱えながらの運行であったことから、低運賃による貨物自動車運送事業者への影響、とりわけ「民業圧迫」の観点からの論議がなされた。例えば、民営貨物自動車運送事業の運賃単価がトンキロあたり二円六五銭程度に対して、省営は八六銭であった[19]ことなどから、その将来像についての論議が交わされた。当時の運輸省の考え方は、僻地等への食料品等の輸送については民営の輸送力ではとうてい困難であるため当面は省営で行い、将来車両やガソリンの入手が容易になった段階で国営を廃止してすべて民営で行う[20]、というものであった。

③自動車交通事業委員会について

再改正法案第三三条ノ二の第二項は民主的な行政の一つとして、官制として「自動車交通事業委員会」を置くとしている。なお、これに先立ち昭和二一年三月末日から運輸大臣のもとに「自動車交通審議会」がすでに設置されていた。この審議会は官制のものではなく、あくまで運輸大臣の諮問機関として位置づけられ、自動車交通問題を広範に扱うも

のでメンバーには自動車製造業者も入っていた。

これに対して自動車交通事業委員会は、運輸大臣の監督に属し、大臣の諮問に応じて自動車交通に関する重要事項を調査審議し、積極的に運輸大臣に建議できるものとし、自動車交通事業法第三三条ノ二の第一項に掲げるもののほか、重要な自動車交通網の設定及び改廃、自動車運輸における運賃制度の改正等についても、この委員会の審議の対象にしたいとしている[21]。

もっとも、自動車交通政策についての重要事項は運輸大臣がこの委員会に諮問するものの、種々の他の法律で規定されている事項（例えば、統制令の発動等）については、大臣の決定が優先される。また、委員会の構成については会長一名、委員三九名程度、合計四〇名以内を想定しており、会長は運輸大臣が奏請し、委員は運輸省の官吏二名、関係官庁の官吏四名、貴族院議員三名、衆議院議員七名、学識経験者三名、その他運輸大臣が指定する団体の推薦した者二一名、任期は二年で再任を妨げない、としている。

(三) 法案の廃案とGHQの意向

衆議院の法案委員会の審議は、第一回を昭和二一年八月一日に開催してから、同年九月二八日の第一三回委員会まで行われた。しかし、第一三回委員会の冒頭八坂善一郎委員長が「色々御相談したいことがありますので、是から懇談会を開きます[22]」と発言した後、懇談会が五分ほど開かれ閉会となる。前回の第一二回委員会（九月二六日）には、日本通運の独占問題やタイヤの配給問題等広範かつ真剣な討議が行われていたにも関わらず、突然の打ち切りに唐突の感は否めない。これ以降、同委員会が再開されることはなかった。

なお、貴族院においては昭和二一年九月一六日の請願委員第三分科会（運輸省、逓信省）における板谷順助委員の発言、すなわち「・・・自動車交通事業法案が衆議院に提案されて、そしてそれが現在頓挫して居るのは一体どう云う訳ですか、もう質問は終わったと云う話ですが、何時本院に廻って来るのですか、余程重大問題だと私は思ふのでありますが、何時頃廻って来る予定ですか」という質問に対して、満尾政府委員が「ちょっと速記を止めて戴きたい[23]」と発言し、その後の経緯は一切議事録に出てくることはない[24]。

こうした事態により、「自動車交通事業法再改正法案」は提案者である政府の意向で審議未了、廃案となる。なぜ、提案者が自らの手で廃案としたのであろうか。この点に関しては上記したとおり、公式の場での説明は残されていない。ただ、志鎌一之氏は「この時期における自動車交通行政の傾向は、実質的にはＧＨＱの援助、民主的行政運営の基本についてもＧＨＱの示唆によって多くが行われていたということに特色がある[25]」と指摘している。このことは当時の実情を踏まえた極めて重要な指摘であり、国会における自動車交通事業法再改正論議の終焉に深い関係があるものと考えられる。

おそらくＧＨＱは、自動車交通事業法の再改正法案に示された統制団体対応等、政策の民主化への取組みに不十分という評価を下し、より積極的にわが国の自動車運輸行政のあり方について提案、指示等を行ったものと推測できる[26]。先に述べたように、戦後のわが国の行政は厳しいＧＨＱの管理のもとにおかれ、様々な形で連合国とりわけ米国流の政策が導入された。いわゆる「民主化」政策が、わが国政策の各般にわたり基本理念として導入、実施されたのであった。

実際、終戦直後の政策及び「法令の改廃制定の多くは、連合国最高司令官の直接命令によった。その間接の命令乃至は示唆によるものに至っては、殆んど総てがさうだといっても過言ではない[27]」という状況であった。ただ一方で、「然し、我々はこれを不可抗的な強制として受け取るべきでなく、正に我々の内面的欲求の指示として受取るべきである[28]」として、わが国の実情に即して政策、立法の具体化を希求する声もあったことは忘れてはならない。

いずれにしても昭和二〇年代前半占領下のわが国の政策は、ＧＨＱの存在を無視して何も語ることができないのは事実であり、これは自動車を含む運輸政策、行政においても当然のことながら同様である[29]。

ところで、わが国の立法、行政の民主化を進めるＧＨＱの意図がもっとも強く打ち出されたのは、米国の「独立行政委員会制度[30]」方式の導入であった。いうまでもなくこの制度は、米国で一八八七年に「州際通商法」（Interstate Commerce Act of 1887）が制定された際に、同法を所管、管轄する行政組織として創設された「州際通商委員会」（Interstate Commerce Commission : ICC）が嚆矢であり、以後米国では数多く同様の行政組織が作られた。

ＧＨＱはわが国の行政全般にわたりこの委員会制度を各方面に導入する意図があったが、もっとも早く直面した自動車交通事業法の改正に際し、運輸行政における免許、許可や認可等の行政処分について、「すべて運輸大臣の認証を得たる数人の委員より成る委員会の責任においてこれを取り扱わせるべきであるというのが基本的な考え方であった」[31]。これに対して日本側は、自動車行政の主務大臣である運輸大臣の地位を傷つけることなく、GHQの示唆の線にそえるよう苦慮し、結局、十数回に及ぶ論争、打ち合わせのすえ、ようやく次の点で両者の一致をみるにいたった[32]。

(ア) 主務大臣の行政上の権限と責任とは原則として之を認める。すなわち、委員会のみに行政上の権限と責任を有せしめるICC（州際通商委員会）の方式によることは日本の事情には必ずしも適切でないことを認める。

(イ) 主務大臣の行政権限が従来のように法制上なんらのチェックを受けることなく、形式上は独裁し得る制度の存続は認めることができない。

(ウ) 委員会は、従来の日本の法制に例を見た諮問機関程度のものであってはならない。主務大臣の権限行使を拘束（チェック）する性格を持つものとしなければならない。

なお、法案作成にあたってもGHQからの次のような「示唆」があったとされている[33]。すなわち、新規立法を単に自動車運送に留まらず、鉄道、軌道輸送等をも含めた「陸上運送法」的な法制の樹立を求めるという意見である。しかし検討が加えられた結果、最終的には鉄道、軌道等を除く、道路による運送をすべて規制する法律の作成ということで合意がなされた。

さらに、新規法案の細部にわたってもこと細かにGHQの運輸担当部門であるCTS（Civil Transportation Section民間運輸局）から、数多くの示唆が出され熱心な論議が交わされた。CTSから出された具体的な示唆の一部は、次のとおりである[34]。

① 法律の規律する主な対象たるべき自動車運送事業を、従来のごとく抽象的かつ包括的に定むることを許さず、あくまで社会の現実に即応するよう明白な種類を可能な限り多数掲記して、一般公衆が法規の概念やその解釈に苦しむことなきよう特に配慮すること。

② 法律には定義に関する規定を可及的多数設けて法律専門家的解釈の必要なからしめること。

③ 自動車交通事業をはじめ、小運搬業に至るまで自由公正な競争を妨げるごとき規定を一切排除するはもちろん、進

んで各事業は正常な競争関係に置かるべきものであることを明白ならしめること。

④　自動車運送事業組合及び連合会の統制団体としての性格を改め、普通の事業者団体たらしめ、さらに補助金等の交付を廃止すること。

⑤　主務大臣その他の行政官が免許等の重要な行政処分をなすに当り、自由裁量の余地をきわめて少なからしむるよう、たとえば免許基準のごとき基準を設け、一般申請が拒否せらるべきかを明らかならしむるとともに、その基準に合致するものは特別の事情なき限り、その申請を認むるよう措置すること。

⑥　自動車交通事業、軽車両運送事業等の行政事務は、営業体としてのみ活動すべき国有鉄道の下部機構をして行わせてはならない。この種の特別の行政事務を行うための地方機構を設け、法律の規定として一般に周知せしむべきこと。

⑦　純粋の地方自治体たる都、市町村は、その地方団体区域内に関する限り、その自主性を認むべきであるから当該地方自治体の区域内に限定される自動車交通事業の免許等については、道路管理者という資格とは別に当該首長の意見を十分尊重すべきである。

⑧　自動車の車両検査については、従来のごとく自動車の発達を抑止するごとき結果をきたさざるよう特に注意し、自動車製造業者の創意工夫を充分尊重すること。

以上のようなＣＴＳの示唆を受け入れながら、新規法案の作成作業が進められた。

こうした事情を考慮すると、道路運送法の立法という公的な議論の端緒は昭和二一年九月の衆院法案委員会審議の中に見受けられるが、法案としての形式、内容が整い実質的に成案となるのは昭和二二年七月頃と推察される。(35)

第二節　道路運送法（旧道路運送法）の制定にむけて

GHQの強い示唆を受け、またCTS等との数多くの交渉を踏まえて、新規法案すなわち「道路運送法案」（以下、「旧道路運送法案」という）は、昭和二二年八月二三日新憲法のもとではじめて開催された第一回の国会に提出された。そして、同年八月二八日に衆議院、同年九月二五日に参議院の両「運輸及び交通委員会」で政府から趣旨説明が行われ審議が開始された。

二―一　道路運送法案の概要

ここでは法案の概要、審議過程を通じて同法の立法の背景、理由等についてみておくこととする。

提出された法案は、全九章六七ヶ条及び附則九ヶ条からなっていた。

法案について苫米地義三運輸大臣（当時）は、次のように提案理由を説明している(36)。

「終戦直後の時点において、自動車及び軽車両が、陸上運送部面において極めて重大な役割を演じつつある。この運営の良否は直ちに全経済体制の運営に、又公共の福祉に影響を及ぼすことになる。政府においては昭和六年の自動車交通事業法を制定し自動車運送事業を免許事業とするほか、必要な監督の規定を設け、爾来事業の健全な発展を図ってきたものの、同法は自動車運送事業のみを対象としており、すでに陸上運送において重大な役割を担当する軽車両に対する規定を欠いていること、さらに目下の運送の秩序の確立を期する上から見て必要な規定も欠いている。また最近の産業経済の要請から見て現在の法制は不十分であり、公共の福祉を確保する上からも不備な点が認められると同時に、現行の自動車交通事業法は戦争中の改正を受け、統制組合としての自動車運送事業組合を規定するなど、戦時法規としての色彩を残存いたしており、直ちに改正する必要がある。さらに、その他の点についても新事態に即応して事業運営及びこれに対する監督行政を民主化する必要が認められるといえる。本法案は、道路運送の重要性に鑑みて、単に現行法制の不備を是正補充するのみならず、更に現下の産業経済の要請を加え、又自動車及び道路運送の洋々たる前途に光明を認めつつ企画されたものである」。

次に、同法案の骨子は、以下のとおりである。[37]

(1)　法案の対象事業として、次の四つをあげている。(i)トラック、バス等の自動車運送事業及び荷牛馬車あるいは乗合馬車等の軽車両運送事業を総括しての道路運送事業、(ii)自動車道事業、(iii)自家用自動車、(iv)車両の構造、検査及び整備である。

(2)　事業の監理について自動車運送事業及び自動車道事業については公共性が特に大きいと認められるので免許、認可等の行政監督措置を採用、但し軽車両運送業は経営の実情から届出制とし出来る限り地方で処理することとした。

(3)　行政の民主化について中央、地方に「道路運送委員会」を置き、重要な行政事項に関しその意見を徴することとした。また、免許の基準を設けて免許の適正化を期した。

(4)　自動車運送事業の公正合理化に関し、運送約款制度を創設し契約の定型化を図るとともに、運送義務等を明確化し公共の福祉に反する行為の取り締まり体制の確立等、事業経営の民主化に関する規定を設けた。

(5)　新たに自家用自動車に関する規定を設け、運送秩序確立のために自家用自動車は対価を得て運送したり、または貸渡をすることを禁じた。また、公共の福祉を確保するため必要があるときは運輸大臣が所要の措置をとれるようにした。

(6)　車両の構造、検査及び整備についての規定を設けた。

(7)　従来の統制方式である自動車運送組合を解散し、自主的団体に委ねること。併せて自動車交通事業財団制度も廃止することとした。

以上の骨子を踏まえて、法案の概要については以下のような説明がなされた。[38]

(ア)　第一章は、「総則」が置かれ本法の目的と定義について規定されている。すなわち、第一条において本法の目的は同時に本法を通じての道路運送行政の指導理念であり、第二条以下の条項はこの目的の具体化である。

(イ)　第二章は、本法の運用に関する事項つまり「監理」についての規定である。特に、第七条の車両検査官と第八条の道路運送委員会は、本法案ではじめて制度化されるものである。

このうち第七条の車両検査官は、本法案第八章におかれた車両の構造検査及び整備に関する規定について、非常に技術的な知見を必要とするため一般官吏、吏員と異なる性格を持つため別途新しい制度を設けたものである。また第八条は、新設の道路運送委員会に関する規定である。自動車交通事業法では事業の免許、取消、停止等はすべて行政官庁の自由裁量となっていたが、行政の民主化を図る観点から中央及び地方に道路運送委員会を置いて、本法に基づく政令、命令の制定及び改正、立案あるいは免許基準の設定、変更、事業の免許、取消等の処分を行うときは、委員会の意見を徴することとした。

(ウ) 第三章は、「自動車運送事業」についての規定である。まず、第一〇条において事業の種類を一般事業と特定事業に大別し、これをさらに乗合旅客、貸切旅客、積合せ貨物、貸切貨物に分類した。政府委員によれば「今回の立法に当りましてはアメリカの例なども参酌いたしまして、一般事業即ちコンモン・キャリヤー《ママ》と特定事業即ちコント・ラクト・キャリヤー《ママ》という分類に倣いまして、在来に比しまして一段と分かり易い分類にいたしました[39]」と説明している。

また、自動車運送事業を開始しようとする者は、第一一条の規定によって事業計画を定めて主務大臣の免許を受けなければならないことになっている。しかし本法案では第一二条において自動車運送事業の免許に関して妥当な基準を設けて公示しなければならないと定めて、この基準に適合する申請があったときには「申請者が法律に定めた欠格条項に該当する」とかあるいは「その事業の経営によって公共の福祉に反する結果を生ずるような競争を引き起こす虞れのある場合」を除いて「免許しなければならないこと」として免許の公正を期することとした。

(エ) 第一五条及び第一六条において運送約款の規定を置いている。これは以前にはない規定で、事業者は運送約款を定め認可を受けたうえで公示させることにより、契約の公正化、簡易化により公益事業の増進に資することとした。

公益事業として貨物自動車運送事業の健全な発展を図り、公共の福祉を確保する目的でいくつかの規定を置くこととした。具体的には、第一八条に公共の福祉に反する行為の禁止、すなわち事業の健全な発展を阻害するような競争の禁止すること。また第一九条で原則として事業者に引受義務のあること、そして第二〇条で事業者は申し込み順に運送を行わなければならないことを定めた。これらのほか、公共の福祉を確保するために主務大臣は事業改善命令（第二四条）、運送命令等を発せること（第二六条）、事業の譲渡（第二八条）、停止、免許の取消（第三〇条）、失効（第三一条）等についての主務大臣の監理、事業者の権利、義務等については、従前通りとしている。

(オ)　第二五条は、独占禁止法の適用除外に関する規定であるが、これは第二三条及び第二四条一項に規定した他の事業者との連絡運輸協定、共同経営、運輸に関する協定を明文の規定で独占禁止法第二二条に基づく指定をしたものである。ちなみに、独占禁止法第二二条は特定の事業について特別の法律があり事業者がその法律又は法律に基づく命令によって行う行為を適用除外としている。(40)なお、本法案における独占禁止法の適用除外はこれら二つの場合のみで、例えば第二八条に規定する事業の譲渡等については主務大臣と共に公正取引委員会の認可を受けなければ効果を生じないことになっている。

(カ)　第三二条に特定自動車運送事業について規定しているが、これは特定事業が一般事業に比して公共性が低いものであることから、その権利義務に関し一般事業より軽減した規定と位置付けた。

(キ)　第四章は、軽車両運送事業についての規定である。荷牛馬車等軽車両による運送は、貨物で年間約二億トンを輸送するなど道路運送の重要な一部となっている現状を鑑み、公共の福祉を確保しまた事業の総合的な健全な発達を図る意味から本法案にはじめて規定した。但し、その公共性と機動性については自動車と比較して程度が低いので、これに対する監督行政もあまり厳重とはせず、主として届出で足りるものとしている。

(ク)　第五章及び第六章は、自動車道及び自動車道事業、国営自動車運送事業及び国営自動車道事業に関する規定である。

(ケ)　第七章は、自家用自動車に関する規定である。現状では、車両、タイヤ、ガソリン等の供給不足のなか自動車の使用効率の向上は重要な課題である。効率の点からは自家用自動車は営業用自動車に比べて落ちるものの、現実には営業用自動車のみでは賄い切れない用途もありその存在意義を認めている。自家用自動車と営業用自動車は互いに侵すことなく発展させるべきものと考える。但し、自家用自動車の遊休輸送力をそのままの性格で営業用自動車の分野に進出させることは、「輸送の分野を攪乱し、輸送の分野を混乱に陥れる」として実情に応じた制約を加えることとしている。さらに「輸送力の向上は、輸送の適正な秩序を確保して初めて期し得られる」ものとし、「自動車の使用効率の向上もおのずからこの秩序の範囲内で図らなければならない」ものとしている。

以上のような認識、考え方のもと、第五二条に自家用自動車による対価を得ての、すなわち有償運送を禁止し、また同条第二項に主務大臣の許可がなければ対価を得てこれを貸渡してはならないとしている。これは営業行為の禁止ということである。第五三条では、主務大臣は自家用自動車の使用がこの法律の目的に照らして適正でないと認めたときには、その使用を制限し又は禁止できると規定しているが、これも同じ趣旨である。

(コ) 第八章は、従来警察で行ってきた車両の検査（第五四条）、車両の整備（第五五条）、車両の登録（第五六条）を運輸省の所管とするものとしている。

(サ) 第九章は、罰則に関する規定である。また、附則は本法の適正な運用を図るため道路運送委員会を設置し、これに諮って必要な政令、命令を定めることになっているので、これらに関する規定を設けたものである。

二―二　審議の経過

旧道路運送法案は、昭和二二年八月二三日衆議院に提出された。旧道路運送法は「非常に複雑な国会審議を経て[41]」成立したが、その背景には前記したＧＨＱのわが国行政の民主化の意向と新規の立法に対する国会及び業界の混迷がある。ここでは衆議院と参議院の「運輸及び交通委員会」における法案審議について、その主な論点を取り上げて検討を加えたい。

衆参両院の委員会での論議における論点は、法案の全体に及び多岐にわたり、また自動車交通事業法再改正論議の際の審議事項、内容との重複もかなりある。しかし、その中でも多くの時間が割かれたのは次の四点である。[42]

(一)　行政官庁の所管及び担当について（第四条関係）

本法案第四条では、「主務大臣の権限の一部を政令の定めるところにより下級の官庁に委任することができる」とする規定について、職権の内容、委任先下級行政庁について議論が行われた。

提案者（政府）側の説明では、自動車運送事業、自家用自動車の使用に関する運輸大臣の権限は鉄道局長に委任し、自動車事務所長をしてその事務を取り扱わせ、また自動車道及び自動車道事業については鉄道局長及び都道府県知事に委任、さらに貨物軽車両に関する行政庁は鉄道局長とし、自動車事務所長をしてその事務を取り扱わせたい、との説明した。

しかし、鉄道局長に道路運送に関する権限を委任することについて反対論があり、結局最終的には既存の自動車事務所を拡充整備してこれを本省の直属として道路運送行政を実施することになった[43]。

所管行政庁をめぐる論議は、国有鉄道を運営する現業部門と監督部門の分離を意図した論議であったといえる。

（二）道路運送委員会（第八条関係）

行政の民主化の最大の具体的施策は、わが国行政への米国流の、すなわち行政機関が準司法権と準立法権を保有した「独立行政委員会制度」の導入であり、旧道路運送法への「道路運送委員会」制度の採用であった。当然のことながら、わが国に全く馴染みのないこの制度について多くの議論が交わされている。

まず、道路運送委員会の性格に関する議論がある。提出された法案では、行政官庁は重要な事項については道路運送委員会の「意見を徴してこれをしなければならない」となっているが、これでは従前通りの主務大臣の諮問機関的役割にすぎないのではないかという質問がたびたび出された[44]。民主的な行政の推進を担う同委員会には、より強い権限を付与し、独立性を高めるべきとの指摘である。これに対する提案者（政府）の回答は、諮問機関的委員会においては主務大臣あるいは行政官庁は「意見を徴することができる」と規定するのが通例であるが、本法案では上記のとおり義務付けをしており、拘束力の強さの点で従来とは大きく異なるとしている。すなわち、「今まで運輸関係では見ませんでしたまったく新しい性格の、しかも相当事務的な任務をもちました委員会を私どもは想定している[45]」と説明している。ここで「事務的」としているのは、従来の委員会では一日あるいは二日の会議で一定の結論を出し処理をしていたが、道路運送委員会ではそれは許されず書面、現地調査等関係者（団体、事業者等）への調査、公聴会等を開催したうえで運輸大臣等への報告を行うことになり、委員会あるいは委員自身が種々の業務を担当することになる、ということである。

また委員会委員の身分は公務員となり、「官と表裏一体となって働いていただけるというようなふうに私どもは期待して」[46]いる、としている。但し、他の会議において委員会の性格に関する質問を受けた郷野政府委員（運輸事務官　陸運監理局長）は「中央の委員会は主務大臣でありまする運輸大臣の諮問に応じまして意見を述べる」[47]行政機関の諮問委員会であると明言しており、従来の委員会の延長線上に道路運送委員会の性格を位置付けているようにも思える。

審議の過程においては、道路運送委員会の性格については、各委員間、政府内部でまだ共通の統一的な理解が出来ていなかった、と言えよう。

次に、道路運送委員会の構成についての問題である。法案では、中央と地方にそれぞれ道路運送委員会を置くとしているが、具体的な委員の人数、資格、権限等については「政令」で定めることとなっている。これに対して、こうした重要な事項については政令によらず道路運送法の本文中に規定すべきとする意見がたびたび出された。[48]これに対して、提案者側から予定される政令の概要について説明がなされ、理解を求める要請が行われた。

政令については、次のような「腹案[49]」の説明がなされている。すなわち、道路運送委員会は中央と地方におき、中央道路運送委員会は運輸大臣が、また地方道路運送委員会は鉄道局長が対応する（説明の中では「お世話をする」との表現されている）。中央道路運送委員会は鉄道局の数に合わせた人数（九名）を委員とし、また地方道路運送委員会は各鉄道局にある都道県の数（なお、北海道は別扱い）に基づき五～七名の委員を任命する。その際、委員の任命は各都道県の知事の推薦により運輸大臣の申出によって内閣総理大臣が任命する。そして地方道路運送委員会の委員の互選により委員長を選任し、各委員長が中央道路運送委員会の委員となり、委員の互選により委員長を決定する、というものである。

この委員会の構成及び委員の人数、選出等については、法案審議の中でももっとも熱心に論議が交わされたテーマであった。その結果、衆参両院において法案への修正が行われ、可決されている。すなわち、最終的には中央道路運送委員会は委員九名、地方道路運送委員会は委員若干名とし、地方道路運送委員会の委員は各都道府県知事の推薦に基き運輸大臣の申出により内閣総理大臣がこれを命じ、その数は都府県二名、北海道若干名、委員の任期は三年として交代制をとりまた再任を妨げない[50]、とされた。

また委員の資格については、一定の刑に処せられた者、禁治産者等のほか、行政の民主化を図る観点から官吏及び吏員は避けたい、との意向が示された。さらに重大な使命と権限を有する委員に対し罰則規定を設けるべきではないか、との意見が出された。これに対して田中（源）政府委員（運輸政務次官）は、「いやしくも一県におきまする人格識見、さらに知能において、経験において優秀なる人が・・・一つの事業的組織を持つ勢力によって威圧されるようなことは信じられないのであります。外部的圧力に迷わされるような方々ではないと私は思うのであります。かような人格の人に対してここに罰則をもってこれを拘束する」ことは考えられない、と説明している。[51]

なお、道路運送委員会の詳細を政令に委ねるという法案の内容は、結局委員会での議論により変更され法律の本文中に規定されることになった。

(三)　参入規制に関する問題（第一二条関係）

法案の審議にあたって、新規事業者の参入問題が大きな問題となった。すでに述べたように、終戦直後のわが国の貨物自動車運送事業には輸送力の絶対的不足、自家用貨物自動車問題、省営自動車問題等が深刻化していたが、運輸省は前出の昭和二〇年一二月一八日付けの通牒「自動車交通事業ノ運営形態ニ関スル件」において一定の対応を行っていた。すなわち、新規事業免許の抑制、統合体解体の抑制、省営自動車による機動輸送、自家用自動車の営業類似行為の取り締まり等である。[52]

しかし、このような方針は輸送需要の旺盛な産業界や統合体解体を求める一部の貨物自動車運送事業者、あるいは企業活動の民間企業重視を打ち出したＣＴＳの方針等により、強い批判にさらされていた。また、自家用車両の取り締まりは全く効果をあげることができない状況であった。

こうした批判の中、運輸省は昭和二二年三月二〇日の自動車交通審議会答申を受けて政策の変更を図り、同年三月二五日の通達において貨物自動車運送事業の一部整理、新規免許の容認を行った。なお、同通達においては、新規免許の基準として必要車両台数は大都市で普通車一〇〇両以上、中都市で同五〇両以上、その他同三〇両以上であった。[53]

以上のような状況の中で、法案が提出され新規参入の方針について審議が行われた。

(ア)免許問題

まず、議論されたのが免許の問題である。[54] 法案第一二条は妥当な「免許の基準を定める」としているが、その内容についての質問が出されている。[55] これに対して政府委員の答弁は、次のとおりである。[56] すなわち、「免許基準」については本法案成立後に道路運送委員会に諮問し、その意見を徴して運輸大臣が告示することとしたい。法案第一二条に定める欠格条件や申請者の資力、信用が不十分な場合、事業の経営によって公共の福祉に反する結果を生ずるような競争を引き起こすおそれのある場合を除いて、原則として運輸大臣は免許しなければならないこととなる。ただ、新規の免許について現在は消極的な態度で来ているのでこの法律の実施とともに道路運送委員会の意見を聴き免許基準を決めることとしたい、としている。

(イ)自家用貨物自動車問題

終戦直後の旧日本軍放出車両及び自動車自体の増加により、急激に増加した自家用貨物自動車への対応は、実態と法制のあり方の矛盾に苦心の跡がうかがえる。すなわち、徐々に経済の復興の兆しが見えはじめ貨物輸送量の増加とともに、既存の貨物自動車運送事業者の輸送力の供給不足を補う有力な手段として、産業界では自家用貨物自動車の利用が行われ遊休輸送力の活用の必要が求められていた。さらに、貨物自動車運送事業者の側においても戦時統制時代と同様に官僚的な空気が残り「輸送サービスに徹する企業意欲に欠ける面があり」[57]、この傾向を一層増大させており、急激かつ厳格な自家用自動車の規制には懐疑の意見も出ていた。

しかし、自家用自動車による「営業類似行為」は法案第一条に掲げる「公正な競争を確保するとともに、道路運送に関する秩序を確立する」趣旨からも等閑に付すことは許されず、その法律上の位置づけが議論された。

運輸省においては、すでに昭和二〇年一二月一八日の通牒で自家用自動車については「必要最小限のもののみ認める」方針を打ち出し、さらに本法案の審議と同時期の昭和二二年八月一四日に陸運監理局長から各鉄道局宛てに通達(「貨物自動車運送事業者に対する指導方針について」)が出され、自家用貨物自動車の社会的存在を認めながらも、営業用貨物自動車の活用を図ることを方針としていた。[58]

法案の審議において、運輸省は基本的に上記通達に準じた答弁を行っている。少々長くなるが、郷野基秀政府委員の発言[59]を以下に引用しておく。

「自家用自動車の利用の禁止につきまして、あまり極端なことをしては、かえって輸送力に大きな悪い影響を与えるおそれがあるのではないかという御注意の点でございまするが、自家用自動車につきましては・・・営業用の自動車に比べまして、その数もかえって多いような状態でございます。しかもこの自家用自動車につきましては、もちろん重要な産業の生産配給の仕事に使われておるはずでございまするが、たまたま一部の自家用自動車につきましては、営業類似の行為が行われておるきらいもないでもないのであります。従いましてこの法律の実施にあたりましては・・・立法の趣旨に基きまして、自家用車の営業類似の行為を取り締まる考え方でございまして、自家用車がその本来自家用を認められました趣旨に従いまして、その機能を発揮するという面につきましては、十分に考慮を払ってまいりたいと考えております。・・・なおまた自家用車が営業類似行為をすることによりまして、全体の輸送の秩序を乱すということになりますと、公益事業といたしまして、自動車の運送事業につきまして免許制度を布いておりまする根本が崩れてくる」としている。

以上のとおり、法案では自家用自動車による営業類似行為の取り締まりの実施については明確な意思と態度を表明している。しかしながら、現実には自家用自動車に対する有効な規制手段は従前通り何もなく、この問題の解決には何ら寄与するものではなかった[60]。

(四)　独占禁止法の適用除外問題

戦後の経済民主化政策の中核の恒久立法として、独占禁止法[61]が制定（昭和二二年三月三一日）され、同年七月一日から施行されている。民主的な経済社会における経済憲法的性格を有する独占禁止法は、制定当初から「事業活動一般に対して、競争制限と公共の利益との基準に照らし規正を加えようとするものである。しかしながら、事業の性質、権利の種類等によっては、それらに基づく事業活動は、その性質上またはそれらに関する特別の制度の目的からして、一般的な競争制限の基準で律しえられないものがある[62]」と考えられ、個別事業法との間で交錯の発生に懸念があった。すなわち、公正競争に関する管轄権の問題及び適用除外の位置づけの問題である。

前者については、独占禁止法制定当初から「他の産業法規は、それが本法の特別法であることを理由として、本法に対して、その排他的な優先適用を主張することはできない[63]」と考えられていた。しかし、本法案の審議において委員の質問に対し政府側から「企業独占の排除並びに不当な競争その他公共の利益に反する行為の禁止の・・規定を道路運送法に取り入れまして、・・・公共の利益を維持いたしまするために、この法律によっても行為の禁止その他必要な行政の処置がとってまいれるようにいたしたい[64]」との答弁があり、道路運送事業に係る競争政策については、本法での実施を強調している。これは本法の目的である「道路運送に関する秩序の確立及び事業の健全な発達」を実現するために、公共の福祉を害するような行為に対しては、主務大臣の命令により行為の差し止め等を行う（法案第一八条）ことを想定していたことによる。

なお、法案では自動車運送事業を「公益事業」として明確に性格付けすることが提案されている。従前の自動車交通事業法では定期、定路線、一般交通用の三要件を具備した事業だけに、運送引き受け義務を課したり、事業計画内容の遂行を義務付けたりしたものの、これら以外の事業について性格付けは不分明であった。そこで本法案では、事業の監理に関して道路運送事業及び自動車道事業は「公共性が特に大きい」ので、主務大臣の免許、認可等の行政監督措置をとり[65]、運送引受義務等の義務を課している。この問題は、道路運送法の成立後も長らく大きな問題となる。

ただし、運賃及び連絡運輸協定等については明文の規定（法案第二五条）によって、独占禁止法の適用除外としている。昭和二二年に制定された独占禁止法は、第六章（第二一条～第二四条）に適用除外を規定しているが、このうち第二一条は自然独占事業に対する、第二二条は特定の事業法に対する、第二三条は工業所有権等に対する、第二四条は協同組合等に対する適用除外の規定である。

法案の規定は、独占禁止法第二二条に基づいた適用除外が前提となっていた。すなわち、昭和二二年制定の独占禁止法第二二条は、「この法律の規定は、特定の事業について特別の法律がある場合において、事業者が、その法律又はその法律に基く命令によって行う正当な行為には、これを適用しない」としている。ただし、次項において「特別の法律は、別に法律を以てこれを指定する」こととされていた。法案第二五条と独占禁止法第二二条の適用範囲については、この後大きな課題となった。

第三節　小　括

第二次世界大戦の終結により戦時統制経済体制が終焉し、新しい時代に向けて全ての政策で見直しが急激な早さで行われた。貨物自動車運送事業に係る政策については、戦後の混乱期に暫定的な形で自動車交通事業法の改正が企図されたが、結局はＧＨＱの意向により行政の民主化に向けての対応が実施された。すなわち、法案審議中の自動車交通事業法改正の中止と新規の立法としての道路運送法の制定に向けて一挙に突き進むことになる。

ただ、現実の陸上貨物運送市場においては鉄道輸送の果たす役割が圧倒的に大きく、それに伴って小運送業の重要性も維持されていた。わが国の貨物自動車運送事業がまだ産業として明確な形をなさず発展途上のこの時期に、大きな制度的改革に見舞われたことは、その後の産業としての自立へ向けての政策の迷走を助長することになった。

結局、本章で検討したようにＧＨＱの要請により急遽取り入れることになった米国流の民主的な制度についての理解は決して十分ではなく、当時これらの政策転換に関わった人々の多くは従前のわが国の政策が思考の根底にあり、理念と具体の対応が必ずしも一致していたわけではなかった。この矛盾は数年を経ずして露呈し、新たな法律改正論議につながることになる。

それはともかく、本章で検討した道路運送法案は、合計二三回の両院委員会での審議さらには修正ののち、昭和二二（一九四七）年一二月二日衆議院「運輸及び交通委員会」で修正案が可決、また同月四日の衆議院本会議で可決、同五日に参議院「運輸及び交通委員会」で修正案が可決、翌六日参議院本会議で可決され、道路運送法（旧道路運送法）が成立した。

註

（１）運輸省編『運輸省三十年史』㈶運輸経済研究センター　昭和五五年三月　八〇頁。

（２）志鎌一之『自動車交通政策の変遷』一七九頁。

なお、正式には「ポツダム宣言ノ受諾ニ伴ヒ発スル命令ニ関スル件」昭和二〇年九月二〇日　勅令第五四二号。
(3) トラック業務研究会『トラック業務の基礎知識』交通日本社　昭和五八年　九頁。
(4) 志鎌　前掲書　一九七頁。
(5) 満尾亮君「わが国自動車交通の復興をめぐって」『陸運パンフレット叢書2』昭和二一年六月一〇日　三頁。
(6) 昭和一八年法律第四六号。農業団体法で形成された農業団体のうちの一つである全国農業経済会が昭和二〇年法律第五八号により「全国農業会」となった。なお、昭和二二年一二月一五日農業協同組合法の制定に伴い農業団体法は廃止された。全国農業会等の農業団体も昭和二三年八月一五日をもって解散し、その後農業協同組合等に変わっていく。
(7) 志鎌　前掲書　一九五〜一九六頁。
(8) 昭和二四年六月に公共企業体日本国有鉄道が発足、その後省営トラックは「国鉄トラック」となる『日本トラック協会二十年史（以下、『日ト協二十年史』）』㈳日本トラック協会　昭和四二年　五三頁。
(9) 昭和二一年に警視庁の一斉検問で認可運賃の一五倍の運賃を適用していたという事例が報告されている。「あの日あの時・・・物流秘話（4）」『輸送経済新聞』昭和六三年四月二三日付。
(10) 志鎌　一九八頁。
(11) ㈶運輸調査局編『日本陸運史料［4］日本陸運十年史』クレス出版　一〇八〇頁。
(12) 『運輸省三十年史』一八一頁。
(13) なお、改正法案については『官報』号外　昭和二一年八月二日　第九〇回帝国議会衆議院議事速記録　第二三号を参照。
(14) 当時の運輸官僚が「米国流の民主主義に強い抵抗を見せたため」に法案の提出、審議に難渋したとの指摘がある。「あの日あの時・・・物流秘話（1）」『輸送経済新聞』昭和六三年四月二日付。
(15) 昭和二一年八月一日　第九〇回帝国議会衆議院議事録。
(16) 衆議院　昭和二一年八月六日　第二回「自動車交通事業法の一部を改正する法律案委員会」（以下、「法案委員会」）議録。
(17) 昭和二一年八月六日　同右法案委員会　河原田委員の質問。
(18) 昭和二一年八月一〇日　同右法案委員会　満尾政府委員の答弁。
(19) 昭和二一年八月八日　同右法案委員会　満尾政府委員答弁。
(20) 昭和二一年八月八日　同右法案委員会　平塚国務大臣の答弁。
(21) 昭和二一年八月一四日　同右法案委員会　満尾政府委員の答弁。

(22)　昭和二一年九月二八日　同右法案委員会　議事録。
(23)　昭和二一年九月一六日　請願委員第三分科会　議事録。
(24)　なお、この後「自動車交通事業法」という法文名は昭和二一年一〇月六日の貴族院本会議における「企業再建整備法」の審議に際して登場するが、これは自動車交通事業法の改正に関することではなく、単に他法令の引用として出てくるものである。昭和二一年一〇月六日　貴族院第九〇議会本会議議事録。
(25)　志鎌　前掲書　二二二頁。
(26)　自動車交通事業法再改正案はCTS（民間運輸局）の承認を得て国会に改正案を出したが、同じGHQのESS（経済科学局）から「この法律案は官僚主導型で民意尊重が欠ける」と横ヤリが入り廃案になった、との記事がある。「あの日あの時・・・物流秘話（1）」『輸送経済新聞』昭和六三年四月二日付。
(27)　我妻栄編『新法令の研究（1）』昭和二一年一二月　有斐閣　二頁。
(28)　同右。
(29)　同時期の運輸政策については、福住美佐解説・訳『GHQ日本占領史53　陸上・航空運輸』日本図書センター刊　平成九年に詳しい。
(30)　当該制度については、『米国の独立行政委員会』（最高裁判所事務総局行政局　昭和二五年六月）を参照されたい。
(31)　志鎌　前掲書　二四二頁。
(32)　同右　二四三～二四四頁。
(33)　同右　二四四頁。
(34)　同右　二四五～二四六頁。
(35)　昭和二二年八月一四日の衆議院「自動車交通事業法の一部を改正する法律案委員会」の論議の中で、高瀬傳委員の発言に「戦時統制時代に作られていた自動車交通事業法と云うものを全部ばらして、例へば道路運送法の如きものを作って・・・」というものがある。この発言に対して満尾政府委員は「・・・実は私共は道路運送法と云うやうな狙いは持って居るのでありますが、陸運全般に関する画期的な法規を作りますには、それだけの準備をしなければならない、未だ其の準備が整って居らぬのであります・・・」と回答している。なお、昭和二二年七月七日の衆議院「運輸及び交通員会」の場において、貨物自動車の新規免許や自家用貨物車の問題についての委員の質問に対して、当時の苫米地運輸大臣が「近く道路運送法という法律を皆様の前に提案したい」（衆院 運輸・交通委員会議事録　昭和二二年七月七日）と発言しており、この頃に成案を得たものと思われる。
(36) 昭和二二年九月二五日　参議院「運輸及び交通委員会」議事録、なお、法案の提案理由についてはこれに先立ち同年九月二三日の衆議院「運輸及び交通委員会」において郷野政府委員からほぼ同様の説明が行われている。
(37) 昭和二二年九月二五日　参議院「運輸及び交通委員会」同委員会議事録。
(38) 昭和二二年九月二三日衆議院「運輸及び交通委員会」及び昭和二二年九月二五日参議院「運輸及び交通委員会」における郷野政府委員の説明　同委員会議事録。
(39) 昭和二二年九月二五日　参議院「運輸及び交通委員会」同委員会議事録。
(40) 商工省企画室編『独占禁止法の解説』時事通信社　昭和二二年　四五〜四六頁。
(41) 志鎌　前掲書　二四八頁。
(42) 山田三次「道路運送法はどう修正されたか」『月刊 運輸』第二八巻五号（昭和二二年九月一〇日）一頁、及び小林三郎「道路運送法はどう修正されたか」『月刊 運輸』第二八巻七号（昭和二二年一二月一〇日）四〜五頁参照。
(43) 昭和二二年一二月四日　衆議院本会議議事録　正木清議員の発言。
(44) 例えば、昭和二二年九月二五日の衆議院「運輸及び交通委員会」における舘俊三委員の質問。
(45) 昭和二二年九月一五日　衆議院「運輸及び交通委員会」における舘委員に対する志鎌一之説明員（運輸事務官）の説明。
(46) 同右。
(47) 昭和二二年九月二九日　衆議院「運輸及び交通委員会」議事録。
(48) 例えば、昭和二二年一〇月一日　衆議院「運輸及び交通委員会」における原（彪）委員の発言。
(49) 昭和二二年九月二五日　衆議院「運輸及び交通委員会」における志鎌説明員の説明。
(50) 昭和二二年一二月四日　衆議院本会議　議事録。
(51) 昭和二二年九月二五日　衆議院「運輸及び交通委員会」　議事録。
(52) 昭和二二年三月一九日に運輸省局長会議室において、運輸省と全貨連との協議が行われ「三・一九申合せ（志鎌・吉松協定）」によって一応打開に向けての方向性が打ち出された（『日ト協二十年史』五二頁）。
(53)『日ト協二十年史』四六頁。
(54) 本法における「免許」等の用語の使用法、意味に関する質問が出されている。これ対して郷野政府委員は、本法において「免許」とは事業経営免許をいい新規に機能を付与する行政行為であり、「許可」とは禁止を解除する行政行為である。また

「認可」はその認可が法律上の効果を発生させる条件になっている場合に使用している、と説明している（昭和二二年一〇月四日　衆議院「運輸及び交通委員会」議事録）。
(55) 例えば、昭和二二年九月二五日　衆議院「運輸及び交通委員会」における重井鹿治委員の質問。同議事録。
(56) 同右委員会における郷野政府委員の答弁　同議事録。
(57)『日ト協二十年史』五五頁。
(58) 同右　五六頁。
(59) 昭和二二年九月二七日　衆議院「運輸及び交通委員会」における発言（同委員会議事録）。
(60) 旧道路運送法施行半年後の昭和二三年六月には全国自家用自動車連合会から「自家用自動車余裕輸送力利用に関する法案」が議員提案として国会に出される動きが活発化、これに対して日本トラック協会の強硬な反対論が衝突する事態となった。これに対して運輸省は「営業車と自家用車との区別の撤廃は輸送秩序の破壊であり、斯くては甚しい混乱に陥り輸送力は著しく低下する」との見解を表明した。『日ト協二十年史』五七頁。
(61) 正式名には「私的独占の禁止及び公正取引の確保に関する法律」昭和二二年四月一四日　法律第五四号。
(62) 商工省企画室『独占禁止法の解説』時事通信社　昭和二二年一〇月　四二頁。
(63) 石井良三『独占禁止法　経済力集中排除法』海口書店　昭和二二年二月　二五九頁。
(64) 昭和二二年九月二五日衆議院「運輸及び交通委員会」における井谷委員への郷野政府委員の答弁。同議事録。
(65) 昭和二二年八月二八日　衆議院「運輸及び交通委員会」における田中（源）政府委員の答弁。同議事録。

第三章　旧道路運送法の制定と改正

第一節　旧道路運送法の内容と意義

一―一　旧道路運送法の特色

昭和二二（一九四七）年末に制定された道路運送法（以下、「旧道路運送法」という）[1]は、ＧＨＱの強い要請に基づいた米国流の法律、行政の思想、手法を取り入れた画期的な立法措置であった。同法の制定によりわが国の運輸事業分野への米国流の事業規制が開始されたことになる。そしてそれはまた、わが国の戦時統制経済に決別し、戦後の民主化政策を担う大きな役割を託されたものでもあった。しかし、明治の開国以来主としてドイツを中心とした大陸法を受け入れてきたわが国の法制に、英米法の思想、手法をほぼ強制的に導入したことにより、結果としてさまざまな混乱が生じてしまった。

もっとも、この混乱の背景には単に法制上の問題というより、戦争の終結とその後の混迷するわが国社会、経済全般の混乱に起因するところが大きく、また何よりも貨物運送自体が復旧、復興過程であり、確定的な政策の立案は到底望めるものではなかったという事情がある。また、昭和二〇年代前半の貨物自動車運送事業は、まだ産業として幼児期にあり燃料油、タイヤ等の資材の絶対的不足の中で、先行き不透明な状態であった。

なお、旧道路運送法は自動車による旅客（バス、タクシー）及び貨物（トラック）事業の両者を対象としているが、本書では後者の貨物関係のみを検討の対象にしている。

すでに述べたように、旧道路運送法は、国会での審議を経て昭和二二（一九四七）年一二月一六日、法律第一九一号として公布された。施行日については実情に合わせるという観点から、車両の検査・登録・整備及び事業組合解散に関する規定は昭和二三年一月一日、道路運送委員会に関する規定は同年一月二〇日、その他の規定は同年三月二〇日からそれぞれ施行された。

新たに制定された旧道路運送法の特色は、次のとおりである。[2]

第一に、従来の統制法規の中心となっていた自動車運送事業組合及び同連合会は解散し、以降は民主的な団体として再出発すること。

第二に、自動車運送事業の経営はすべて、公正な競争によることとし、免許基準を公示するとともに、運輸大臣の諮問機関として道路運送委員会を設立し、免許等の重要な処分をなすに当っては必ずその意見を徴し、かつ、その意見を尊重しなければならないこと。

第三に、特定自動車運送事業と自家用貨物自動車に関する規定を設け、道路運送に関する秩序の確立のための規制を強化したこと。

第四に、車両の検査等の技術的問題や整備、自動車の登録についても規律したこと。

第五に、自動車事務所を発展的に解消し、道路運送行政に関する本省直轄の地方独立官庁として道路運送監理事務所を設置したこと。

以上の通り、従前のわが国の法制、政策には無かった新規の理念、施策を包含した旧道路運送法は、戦後の貨物自動車運送事業の新しい歩みに強力な方向性を提示した。[3]

一―二　旧道路運送法の主な内容

旧道路運送法の主要な規定の概要は、以下のとおりである。[4]

(1)　**目的**　本法は、「道路運送に関する秩序の確立及び事業の健全な発達並びに車両の整備及び使用の適正化を図り、以て道路運送における公共の福祉を確保すること」を、その目的として掲げている（第一条）。

自動車交通事業法においては、第一〇条、第一一条等において「公益上必要アリト認ムル」という文言で「公益」という用語が使われていたが、旧道路運送法においては「公共の福祉」という文言が目的規定の中に挿入された。[5]本法により、はじめて事業の公共性が明示的に宣言されたものといえる。本法以降の貨物自動車運送事業に対する政府の規制介入は、事業の公共性を根拠として行われることになった。

本法の最終的な目的は、「公共の福祉」の確保にあるが、直接的な目的は、道路運送事業の適正な運営、公正競争の確保及び運送秩序の確立、事業の健全な発展、そして車両の整備と適正使用にある。換言すれば、運送秩序を維持しながら、事業を育成することが本法の目的といえる。

(2) **定義** 本法で道路運送事業とは、自動車運送事業及び軽車両運送事業をいい、自動車運送事業とは、他人の需要に応じ自動車を使用して旅客又は物品を運送する事業をいう。また軽車両事業とは、他人の需要に応じ軽車両を使用して旅客又は物品を運送する事業をいう。車両とは、自動車及び軽車両をいい、自動車とは原動機により道路上を運行する用具で命令の定めるものをいい、軽車両とは人力又は畜力により道路上を運行する用具で命令の定めるものをいい、道路とは道路法による道路並びに自動車道及び一般交通の用に供する事業をいう。自動車道事業とは、専ら自動車の一般交通の用に供する通路（一般自動車道）及び自動車運送事業者が専らその事業用自動車の用に供する通路（専用自動車道）をいう（第二条）、とされる。

本条は、本法が対象とする道路運送事業（第二条第一項）、車両（第二条第二項）及び自動車道事業（第二条第三項）の三つの事業についての定義である。道路運送事業については、自動車運送事業及び軽車両運送事業の二つ規定しているが、このうち軽車両運送事業は初めて法定の事業とされた。これは当時の陸上貨物運送において荷牛馬車による貨物の輸送、及び乗合馬車等による旅客の輸送が重要な役割を負っていたことによる。

(3) **監理** 本法の目的達成のため、行政庁は本法の規定に従い必要な監理をする（第三条）。

① 主務大臣 自動車道事業に関しては運輸大臣及び内務大臣、その他に関しては本法に別段の定めがない限り運輸大臣が、主務大臣となる（第四条一項）。

② 道路運送監理事務所 都府県の所在地及び北海道の七市に設置され、本法において行政官庁の職権に属させた事項の一部で、各事務所の所管区域内におけるものを掌理する（第四条二項）。これらの事務所のうち特定のものは、政令の定めるところにより本法において行政官庁の職権に属させた事項の一部で一定の区域内における二以上の上記事務所の所属区域にわたるもの、その他の事項を監理することができる（第四条三項）。

③ 本法第四章（軽車両運送事業）、第五章（自動車道及び自動車道事業）及び第八章（車両）に規定する行政庁は

政令の定める場合を除いて、次の通り規定する（第四条六項）。

(i)　貨物軽車両運送事業に関する事項及び自動車に関する第八章に規定する事項については道路運送監理事務所長

(ii)　旅客軽車両運送事業に関する事項及び旅客車両に関する第八章に規定する事項については都の区の長又は市町村長

(iii)　自動車道工事のためにする土地の立入及び使用に関する事項については都道府県知事

④　主務大臣の権限の委任

(i)　政令の定めるところにより、次のように下級行政庁にその権限の一部を委任することができる（第四条五項）。

1　第三章（自動車運送事業）及び第七章（自家用貨物自動車の使用）に規定する職権については道路運送監理事務所長

2　第五章（自動車道及び自動車道事業）については道路運送監理事務所長及び都道府県知事

(ii)　調査及び臨検検査　当該行政庁は必要があると認めるときは、道路運送業者その他の車両を所有若しくは使用する者、自動車道事業者又はこれらの者の組織する団体に、事業又は車両の所有者若しくは使用に関し、届出をさせ、報告させ、又は書類を提出させることができる。又、必要があるときは当該官吏吏員に事業場その他の場所に臨検し、事業若しくは車両の所有若しくは使用の状況若しくは帳簿書類その他の物件を検査させ、又は質問をさせることができる。この場合、その官吏吏員は身分を示す証票を携帯せねばならない（第六条）。

(iii)　車両検査官　当該行政庁は、所部の官吏吏員の中から車両検査官を命じ、第八章の規定による職権の行使を補助させることができる（第七条）。

(4)　**道路運送委員会**　本法の適正な運用を図るため、道路運送委員会を置く（第八条一項）。

①　委員会　戦後民主化による立法の中核となる規定、制度が「道路運送委員会」である。もともと行政委員会制度の目的は、政府に対する政治的中立性の確保、準司法的機能または準立法的機能の恣意的行使の防止、特殊な利害の調整にあたっての公平性の確保、特殊な行政部門における民間有識者による行政運営の必要性等にあり、道路運送行政において上記趣旨を生かし、民主的行政を推進するために道路運送委員会が設置された。

本法においては、道路運送委員会は中央道路運送委員会及び地方道路運送委員会とし、後者は特定道路運送監理事務所の所管区域ごとに置く（第八条二項）ものとされた。行政官庁は本法改正等（第八条一三項一号～五号）所定の事項で重要なものについては、委員会の意見を徴し、それを尊重しなければならない（第八条一三項）、とされた。

これは極めて重要な規定で、これにより「行政官庁は免許等に関する処分中重要なものは、必ず道路運送委員会の意見を徴し且つその意見を尊重してこれをなさなければならないことが義務付けられ[6]」たことになる。さらに道路運送委員会の民主的運営を保障するために議論になった事項については部内関係事項を除き、必ず公聴会を開き関係者の意見を充分聞いて、その上で決定をなすべきことを政令で定めている。

さらに、委員会は道路運送の改善に関し関係行政庁に建議することができる（第八条一四項）。委員会は、職務を行うに必要あるときは公務所又は道路運送事業者その他の関係者に、必要な報告、情報又は資料の提供を求めることができる（第八条一五項）。また、学識経験者等に必要な調査を委託することができ（第八条一六項）、第八条一三項の職務を行うには、事件関係人又は参考人の出頭を求めその意見又は報告を徴しなければならない（第八条一七項）。以上ほか、委員会の組織、運用等に関しては政令でこれを定める（第八条一八項）。

②　委員　中央道路運送委員会は委員九人を以て、地方道路運送委員会は委員若干名を以て組織され（第八条三項）、各委員会には委員の互選により委員長を置く（第八条四項）。委員たりうる資格、選任、任期、就業制限、解任、報酬及び旅費については、本条五項～一二項に規定されている。

(5)　**免許等の条件**　免許、許可又は認可には、条件を附することができる（第五条一項）。この条件は、公共の福祉を確保するため必要があるときは、変更することができる（第五条二項）。

(6)　**訴願**　本法又は本法に基いて発する命令に規定する事項について行政庁の行った処分に不服のある者は、訴願をすることができる（第九条）。

(7)　**自動車運送事業**

①　種類　本法が規定する自動車運送事業には、一般自動車運送事業（特定自動車運送事業以外の自動車運送事業）と特定自動車運送事業とがあり、それぞれはさらに、乗合旅客、貸切旅客、積合貨物、貸切貨物に分類される（第

一〇条)。

② 免許　自動車運送事業を経営しようとする者は、命令の定めるところにより事業計画を定め、上記の種類ごとに主務大臣の免許を受けなければならない(第一一条)。主務大臣は、この事業の免許に関し妥当な基準を定め公示し、それに適合する申請があったときは、第一二条二項一号〜六号に規定する不適当な場合を除いて、事業の免許をしなければならない(第一二条)。この免許を受けたものは、主務大臣の指定する期間内に運輸を開始しなければならない(第一七条一項)。

③ 運賃、料金及び運送約款並びにその公示　運賃及び料金については、命令の定めるところにより、主務大臣の認可を受けなければならない(第一四条)。貨物自動車運送事業者は、命令の定めるところにより、少なくとも運賃、料金その他の運送条件及び運送に関する事業者の責任に関する事項を定めた運送約款を定め、主務大臣の認可を受けなければならない(第一五条)。以上は、命令の定めるところにより公示せねばならない(第一六条)。なお、事業計画、運送約款又は専用自動車道の公示方法を変更しようとするときは、命令の定めるところにより、主務大臣の認可を受けなければならない(第二一条)。

④ 事業活動に関する諸規制　法令違反等第一九条一号〜三号に掲げる事由その他命令の定める正当な事由のある場合を除いて、運送の引受を拒絶してはならず(第一九条)、正当な事由のある場合を除いて、物品の運送は申込順にしなければならない(第二〇条)。自動車の使用、運輸施設の整備その他運輸に関し必要な事項及び経理の合理化、帳簿書類の整理保存その他会計に関し必要な事項は、命令で定める(第二二条)。

(8) 運輸に関する協定、名義の利用、事業の譲渡等　他の運送事業者若しくは小運送業者と連絡運輸若しくは共同経営に関する契約その他運輸に関する協定をし、又はこれを変更するには、主務大臣の認可を受けなければならない(第二三条)。この認可を受けて行う正当な行為は独占禁止法の適用が除外される(第二五条)。事業者の名義は、自動車運送事業を経営するため、他人が利用し又は他人に利用させてはならず、事業は貸借してはならない。事業の管理の委託及び受託並びに事業用自動車の貸渡には、主務大臣の許可を要する(第二七条)。事業の譲渡及び事業を経営する会社の合併又は解散に関する株主総会若しくは社員総会の決議若しくは総社員の同意は、主務大臣の認可を受けなければ効力を生じない。事業を経営する会社の合併があったときは、合併後存続する会社又は合併により設立された会社は免許に基く権利義務を承継する。事業者が事業の全部または一部を休止し、又は廃止するには主務大臣の許可を要する（第二八条）。

(9) **主務大臣の諸命令** 事業者は事業計画に定める自動車の運行を怠り、不当な運送条件によることを求めその他公共の福祉に反する行為をしてはならず（第一八条一項）、又自動車運送事業の健全な発達を阻害する結果を生ずるような競争をしてはならない（第一八条二項）。このような行為があったときには、主務大臣は事業者に当該行為の取り止め、その他公共の福祉を確保するため必要な措置を命じることができる（第一八条三項）。公共の福祉を確保するため必要があるときは、主務大臣は事業者に対し運送条件、運送約款の変更、他の運送事業者又は小運送業者との設備の共用、連絡運輸、共同経営又は運輸に関する協定をなすこと等、第二四条一項一号～三号に掲げる行為を命ずることができる（第二四条一項）。この場合、他の運送事業者又は小運送業者との連絡運輸、共同経営及び運輸に関する協定の命令によって行う正当な行為は、独占禁止法の適用が除外される（第二五条）。旅客又は物品の運送を確保するために必要があるときは、主務大臣は事業者に旅客若しくは物品及び運送条件を定めて命じ、又はその運送を制限し若しくは禁止することができる（第二八条）。

(10) **事業の停止、免許の取消及び免許の失効** 事業者が①本法、命令若しくは処分又は免許、許可若しくは認可に附した条件に違反したとき、②許可又は認可を受けた事項を故なく実施しないとき、③これらの場合を除いて、公共の福祉に反する行為をしたとき、④事業経営の不確実又は資産状態の著しい不良その他の事由により事業を継続するに適しないときは、主務大臣は事業の全部若しくは一部の停止を命じ、又は免許の全部若しくは一部を取り消すことができる（第三〇条）。

また次の場合には、免許は失効する。①事業の免許を受けた者が主務大臣の指定する期間内に運輸を開始しないとき、②専用自動車道を開設して自動車運送事業を経営しようとする者が公示施工の認可の申請を指定する期間内にしないとき、③この申請に対して不認可の処分を受けたとき、④事業廃止の許可を受けたとき（第三一条）。

(11) **特定自動車運送事業に関する特則** 運送約款を定め、運送条件及び運送約款を公示すべきことを定める等、第三二条一項に掲げる諸規定は適用されない。当該事業者が事業を休止し又は廃止したときは、遅滞なく主務大臣に届けねばならず、この場合免許は事業の廃止の届出があったときに失効する（第三二条）。

⑿　軽車両運送事業

①　事業に関する届出　軽車両運送事業を経営しようとする者は、命令の定めるところにより事業計画を具えて行政庁に届出なければならない。事業計画を変更しようとするときも、又同じとする（第三三条）。事業者は、①他の運送事業者と連絡運輸若しくは共同経営に関する契約その他運輸に関する協定をし、又はこれを変更したとき、②事業を譲り受けたとき、③会社の合併又は解散があったとき、④相続による事業の継承があったとき、⑤事業を休止又は廃止したときは、命令の定めるところにより、遅滞なくこれを行政庁に届出なければならない（第三四条）。

②　事業停止の命令　事業者が公共の福祉に反する行為をなしたときは、行政庁は命令の定めるところにより、その事業の停止を命ずることができる（第三五条）。

③　準用規定　公共の福祉に反する行為の取り止めその他必要な措置を命じ得ることを規定する第一八条、事業改善命令に関する第二四条、運輸に関する命令についての第二六条、及び独占禁止法の適用除外を定める第二五条の諸規定が準用されるが、これらの場合「主務大臣」を「行政庁」と読み替える（第三六条）。

⒀　自動車道及び自動車道事業　（省略）

⒁　国営自動車運送事業及び国営自動車道事業　国が自動車運送事業又は自動車道事業を経営しようとするときは、当該官庁は主務大臣に協議をしなければならない。国の経営するこれらの事業には、免許を要求する規定その他第五〇条二項に掲げる諸規定は適用されない（第五〇条）。国が自動車運送事業を行ったため損害を蒙った一定の自動車運送事業者には、政府は政令の定めるところにより補償をすることができる（第五一条）。

⒂　自家用自動車の使用　自家用自動車を対価を得て運送の用に供してはならず、対価を得て貸し渡すには主務大臣の許可を要する（第五二条）。主務大臣はその使用を制限し、又は禁止することができる（第五三条）。

⒃　車両の検査、整備及び登録　自動車及び旅客軽車両の検査、整備並びに自動車の登録については第五四条〜第五六条に規定されている。

⒄　罰則　第五七条〜第六七条に規定されている。第五七条は、いわゆる「無免許営業」について、一万円以下の罰金を科すとしている。

⒅　施行及び諸法律の改廃　本法は、一部は昭和二三年一月一日から、一部は同年一月二〇日から、一部は同年三月一五日から施行する。本法により自動車交通事業法は廃止され、自動車運送事業組合及び自動車運送事業組合連合会は解散する。

一—三　旧道路運送法の意義

この新規の立法の意義と特色について、志鎌一之氏は次のようにまとめている。(7)

まず形式的なものとして、①米国の立法の例に従い法の目的を第一条に規定していること、②監理に関する規定に関して関係行政庁を系列的に取決め手続きの明確化を図ったこと、③GHQ／CTSの示唆に基づき自動車運送事業を分類（八種類）し、業種を網羅的に規定したこと、④従前の法律では、勅令、命令等に譲ることが慣例となっていた事項についても法律に規定を置いたこと、がある。

また実体的なものとして、①行政権の民主的行使に関する規定がなされたこと、②団体（自動車運送事業組合及び同連合会）に関する規定を全廃し、新法では全く関与しないこととしたこと、③運送契約の契約内容を荷主等に周知するため、運送約款、運賃、料金その他の運送条件を定め、主務大臣の認可を受けこれを公示することを定め、事業経営の恣意を防止したこと、④一定の事項について処分を行う際、主務大臣は当該都知事または市長の意見を徴する必要があることを定めたこと、⑤特定自動車運送事業と自家用貨物自動車に関する規定を設け、道路運送に関する秩序の確立に資せんとしたこと、⑥車両の検査に関する章を設けたこと、等がある。

これらはいずれも、GHQの示唆に基づいて行われた米国法制の導入による民主化の一環として位置づけられたものであった。もっとも、仔細に見るとGHQの指摘、指示のもとになされた立法といいながらも、旧道路運送法の中に自動車交通事業法の理念が継承されたであろうことは容易に想像がつく。このことは、旧道路運送法の実際の運用過程、とりわけ参入規制でより明確となる。

第二節　米国法の旧道路運送法への影響

二―一　占領期の立法事情

連合国による占領下で制定された旧道路運送法は、外国法とりわけ米国法の強い影響を受けていた。法案の審議過程においても、しばしば米国や英国の法制の事情等について説明が行われ、本法案の作成にあたっては米国法における分類にならい事業の分類を行ったことが述べられた[8]。昭和二二年一〇月七日に開催された参議院「運輸及び交通委員会」で委員の要望に応えて、郷野基秀政府委員から米国の法制について詳しい説明が行われた[9]、ほか同年一〇月一一日の衆議院「運輸及び交通委員会」においても、同じく郷野政府委員から英国の法制についての説明が行われ、その中で「英国においてはロード・トラッフィック・アクトというのがあって、これではやはり軽車両運送事業というようなものも、自動車と一緒に法律の対象として取扱っております。かような例も参酌した次第[10]」である、と説明されている。

この時期（占領期）の各種法律の制定にあたって、米国法の影響の度合いについて検討すると興味深い点が多々ある。例えば、旧道路運送法より一年ほど先行して制定された独占禁止法は、米国の法制の極めて強い影響のもとに制定されている。具体的には、ＧＨＱは財閥解体後の平和的かつ民主的な経済機構の確立のため、日本政府に恒久立法策定の命令[11]を発したが、日本政府が作成した「産業秩序法案要綱」（昭和二一年一月）はＧＨＱの意向にそぐわないものであった。そのため、再度昭和二一年七月二三日の覚書で経済力分散の計画を実効あらしめるための恒久立法措置を示唆、同時に同年八月にはＧＨＱ反トラスト課カイム判事から「自由取引及び公正競争の促進維持に関する試案」（いわゆる「カイム氏試案」）が示された。この後、このカイム氏試案をもとに独占禁止法準備調査会が設置され、種々検討が加えられたのち昭和二二年三月二二日大日本帝国憲法下の最後の議会である第九二回帝国議会に上程され、同月三一日に成立した[12]。

昭和二二年に制定された独占禁止法は、極論すれば米国の主要な反トラスト法である一八九〇年シャーマン反トラスト法（Sherman Act）、一九一四年クレイトン法（Clayton Act）及び一九一四年連邦取引委員会法（Federal Trade Commission Act）の三つの法律を基盤にして日本流にアレンジ作られたものといえる[13]。独占禁止法は米国法の継受[14]とも指摘されるほど強い影響を受けて制定されたものといえるものであり、戦後の経済民主化政策の要として従前のわが国には無縁の競争政策、独禁政策の導入には、強烈なＧＨＱの指示、強制が必要であった。

これに対して旧道路運送法は、その様相を若干異にしている。ＧＨＱからの多くの強力な示唆を受けながらも、もともと自動車運輸行政の実績があり、また自主的に自動車交通事業法再改正による新時代の政策を企図した経緯等から、米国流の法制、政策の模倣一辺倒ではない政策への指向が伺える。旧道路運送法には、米国流の政策を導入しつつも、従前のわが国の政策、施策を完全には捨象できないという側面があった。

二―二　米国一九三五年自動車運送事業者法の構成と内容

旧道路運送法に最も強い影響を与えた米国の法律は、「一九三五年自動車運送事業者法」（The Motor Carrier Act of 1935[15]、以下「ＭＣＡ35」という。）である。ここでは、旧道路運送法との比較を前提に、同法の構成と主な内容について確認しておくこととする。

⑴　**目的**　ＭＣＡ35自体には、目的規定は存在していない。しかし、ＭＣＡ35を含む一八八七年州際通商法（The Interstate Commerce Act of 1887、以下「ＩＣＡ」という。）の前文に「国家運輸政策」（National Transportation Policy）が一九四〇年に追加、宣言され、本法制定の趣旨と目的が規定された。

すなわち、ＩＣＡの規定を受けるすべての形態の輸送について、それぞれ固有の利点を認識しかつこれを維持するための行政を行うため、公正かつ公平（fair and impartial）な規制を行い、安全、適切、経済的かつ効率的なサービスを促進し、運輸全般並びに個々の運送事業者の間に健全な競争状態を育成する。輸送サービスに対する合理的な料金の設定と維持とを奨励し、不正な差別的取り扱い、不当な特典また利益の供与及び不公正または破壊的な競争慣行を排除し、水路、道路、鉄道等全国的な運輸体系を発展させ、協調させかつ維持することを目的として議会はここに国家運輸政策を宣言する、としている。

この宣言は、実際にはＩＣＡの解釈、適用の際の基本的指針となるものであり、またＩＣＡのすべての規定はこの政策宣言を実現するように運用、実施されなければならないこととされた。

(2) **定義**　ＭＣＡ35第二〇三条は、本法で使用される用語（二一種類）の「定義」に関する規定である。このうち、主要な規定についてみると以下の通りとなる。

① 一般自動車運送事業者（common carrier by motor vehicle）とは、「州際または外国通商において、報酬を得て旅客または貨物あるいは特定種類の旅客もしくは貨物を、定期または不定期の路線により、自動車によって運送する役務を一般公衆（the general public）に提供する者[16]」と定義される。

一般自動車運送事業者は、不特定多数の一般公衆向けにサービスを提供するが、貨物の種類と路線について営業免許上の制限（指定）を受ける。

② 特定自動車運送事業者（contract carrier by motor vehicle）とは、「州際または外国通商において、一人または少数の者との継続的契約により、報酬を得て、自動車による旅客または貨物の運送に従事する者で、かつ一般自動車運送事業者以外の者[17]」とされる。

さらに、(ア)当該運送サービスの提供を受ける者に、一定期間、自動車を供与してその者の排他的使用に供すること、(イ)個別の荷主の特別の必要に応えるように意図された運送役務を提供する、ことが要件とされた。

③ 適用除外　自家用輸送、通学用バス、農産物輸送等、本法の適用除外輸送は多岐にわたるが、これらの輸送においても従事者の資格、最長勤務時間、運転の安全及び設備の基準については、本法による規制の対象とされる[18]。

本法において、自家用貨物自動車運送事業者（private carrier of property by motor vehicle）とは「一般自動車運送事業者または特定自動車運送事業者以外の者で、販売その他の営業遂行の目的のために自己の貨物を自動車で州際または外国通商に係る運送を行う者をいう[19]」とされるが、上記のとおり勤務時間、安全関係については本法の規制の対象とされた。

(3) **参入規制**[20] MCA35は、事業の種類に応じて事業への参入について一定の規制を定めている。すなわち、一般自動車運送事業については「免許」(certificate of public convenience and necessity「公共の便益と必要性の証明書」)、特定自動車運送事業については「免許」(permit) の取得を条件としている。なお、ブローカー業への参入については「許可」(license) が開業の条件とされる。

① 一般自動車運送事業者が営業を行うためには州際通商委員会(ICC)が発行する有効な「免許証明書」(=公共の便益と必要性の証明書)を所持しなければならないとしている(第二〇六条)。また、第二〇七(a)条は免許の資格要件として(ア)申請人が申請に係る役務を適切に遂行し、かつ、法令の規定を遵守するについて、適格であり、その意思があり、かつその能力がある(fit,willing and able)こと、(イ)申請に係る役務が、現在または将来の公共の便益と必要性(public convenience and necessity)の要請するものであること、である。また、この免許証には業務の内容、営業路線、営業区間、経由地点及び路線外地点等の条件が付される(第二〇八条)。

② 特定自動車運送事業者が営業を行うためには、州際通商員会が発行する営業の「許可証」を所持しなければならないとされる(第二〇九条)。

「許可証」の取得に際しては、(ア)申請者が申請に係るサービスを適切に遂行し、かつ、法令の規定を遵守するについて、「適格であり、その意思があり、そしてその能力がある」(“fit,willing and able”)こと、および(イ)申請に係るサービスが、公共の利益(public interest)と「国家運輸政策」に適合するものであること、の二つが要件とされた。

なお、新規参入の申請がなされた場合に、既存事業者からの異議申し立て(protest)が容認されおり、ほとんどの新規参入の申請をめぐる争いでICCは既存事業者側の主張を採用した。すなわち、新規参入の必要性に関する挙証責任を申請者側に課したことによる結果といえる。この結果、MCA35の制定時に祖父権条項(Grandfathers Clause)による事業の実施を認められた事業者のみが貨物自動車運送市場で事業を行い、新規参入がほとんど認められないという状況が一九七〇年代終盤まで継続することになった。

(4) **運賃・料金規制** 米国における運賃・料金(rate and charge)の原則は、ICAで定められた「適正かつ合理的」

(just and reasonable) であることにある。

ＭＣＡ35も運賃・料金については、上記の原則を踏襲している。一般自動車運送事業者はタリフ (tariffs、運賃表) をＩＣＣに登録し、公表を義務付けられる。そのタリフが違法であるときは、ＩＣＣにより却下される。違法とされる基本的な考え方は、やはりＩＣＡによって確立された地域、品目、人等への差別的取り扱いの禁止にある。

また特定自動車運送事業者は、「合理的な最低運賃・料金」(reasonable minimum rate and charges) の設定が原則とされた。

ここで注意すべきは、米国の規制行政は準司法的な手法を使っての実施であったことである。すなわち、州際貨物自動車運送事業の規制機関であるＩＣＣの基本的な方針は、市場においての法令違反に関する事業者の申告を、法に照らしてその可否を判断するというやり方であった。競合する貨物自動車運送事業者間での運賃をめぐる紛争に対し、ＩＣＣは一貫して「タリフの遵守」を崩さず、少なくとも一九七〇年代終盤まで運賃制度を守りぬいてきた。もっとも、そのために強烈な運賃規制、運輸政策批判[21]を招来し、規制の徹底的な緩和、撤廃 (deregulation) が行われたという結果になったといえる。

(5) 州際通商委員会 (ＩＣＣ)

ＩＣＡは米国で最初の独立行政委員会としてのＩＣＣを創設した。周知のとおり、独立行政委員会制度は大統領の権限から独立し、複数の委員 (commissioner) による合議制により職務を執行し、同時に準立法権 (規則制定権) 及び準司法権 (第一審裁判管轄権) を有する行政機関であるが、ＩＣＣの場合は歴史的に見て準司法的機能がもっとも強く働いた。

ＭＣＡ35は、ＩＣＡの規定すなわち同法第一一条以下におかれたＩＣＣに係る規定が適用された。

第一一条は、委員会の創設、委員の任命及び任期と資格に関する規定である。すなわち、委員の人数は五人、大統領により任命され任期は基本的に六年とされた。委員は、三名超える者が同一政党から任命されることはなく、また利害関係 (雇用、株式、社債の保有等) 組織への関与が禁じられ、専任とされた。

第一二条は、委員会の権限及び義務等に関する規定である。委員会はその義務を遂行し、創設の目的を達成するために、本法の適用を受ける運送事業者の業務、経営等を調査、報告する職権を有し、義務を負う。

第一三条は、委員会への提訴、異議申し立て及びその調査、審議に関する規定であり、事業者からの提訴等がなされた際には「完全なる公聴会」(full hearing) を行った後に決定をすることが規定され、また第一四条は委員会の報告書及び決定に関する規定である。

第一五条は、運賃の料率 (賃率)、経路等の決定に関する規定である。委員会は提訴等に対して「完全なる公聴会」の後に、適正かつ合理的な賃率、最高・最低の運賃額等を決定する権限が付与されている。また第一五a条は、運送事業者に対する「公正報酬」(fair retune) の原則を定めている。すなわち、委員会は適正かつ合理的な運賃を定めるとき、当該運賃が適用される運送事業者がサービスを提供する際の最低のコスト (the lowest cost) に基づくべきことを定めている。

第一六条は、委員会の命令の執行及び罰金、第一七条は委員会の手続き等に関する規定である。また、第一八条は委員等の報酬、経費等に関する規定であり、第一九条は事務所所在地及び会議に関する規定である。

すでに述べたように、ICCの規制行政の重点は準司法的手法によるものであった。ICA及びMCA35のICCが所管する法令をめぐる長年の紛争の結果は、膨大な審決 (decision) や判決の山脈を作り、それはまた厳格かつ緻密な規則 (Ex Parte) の海原を形成した。その結果、先に述べたようにICCの行政は過剰なまでに硬直化し、最終的には一九七〇年代末から一九八〇年代初頭にかけて、各種輸送機関に係る経済的規制の徹底的な破壊すなわちderegulation政策が実施された。

(6) 反トラスト法適用除外 MCA35 (及びICA) には、反トラスト法適用除外に関する規定は存在しない。ICAの制定過程において「鉄道プール」に関する論議はなされたが、当時はカルテル等の競争制限的慣行、行為をICAから除外する主張は劣勢であった。運送事業者の運賃設定行為のうち、レイト・ビューロー (鉄道ではフレイト・ビューロー) の行う共同的運賃設定行為が一八九〇年に制定されたシャーマン反トラスト法に抵触するのではないかという疑義は同法制定当初からあり、いくつかの法的紛争が生起した。実際、一八九七年の連邦最高裁判決[22]や一八九八年の訴訟判決[23]において、レイト・ビューローによる共同的運賃設定行為が反トラスト法に違反するという裁判所の判断が下されていた。しかし、不思議なことに実務上はその後もレイト・ビューローによる共同的運賃設定行為は、法律的には不明確のまま依然として継続していた。

こうした法的に不安定な状況を打破しようと、共同的運賃設定行為の反トラスト法適用除外に関する立法の議論が開始されたのは、一九四三年五月頃であった。その後多くの賛否の論議の末、反トラスト法適用除外法であるリード・バルウィンクル法（Reed-Bulwinkle Act of 1948）が議会を通過、成立したのは一九四八年六月のことであった。[24]

二―三　旧道路運送法と米国法制との比較

終戦直後の昭和二〇年代初頭は多くの分野にわたって、ＧＨＱの意向にそって米国の法制が導入され、それに基づいて政策が実施された。しかし、わが国の運輸法制とりわけ貨物自動車運送事業法制については、外形上は米国の法制を取り入れたものの、両国の制度の間には大きな差異があった。旧道路運送法案の制定過程で、ＧＨＱと運輸省担当者との間での種々の調整、妥協による産物であったことから生じたものであることは明らかであるが、わが国の政策の特色を確認するため、ここでは次の四点を指摘しておきたい。

⑴　**行政制度**　米国の独立行政委員会である州際通商委員会（ＩＣＣ）に倣って、道路運送委員会が創設され、行政の民主化を担う機関、組織とされた。

しかしながら、ＩＣＣが準司法的機能を中核に据え準立法的機能に支えられながら、大統領や議会の権限から距離を置いて運輸事業の規制行政を実施したのに対し、わが国の道路運送委員会は司法機関としての機能をほとんど有していなかった。また、米国流に考えれば、運輸省は道路運送委員会の事務組織として位置づけられるのもであったが、実際には内閣の一員たる大臣が任命されており、道路運送委員会は大臣の諮問機関として位置づけられていた。さらに、委員の権限、地位、待遇等[25]についても、米国のそれとは大きな差異があった。結局、旧道路運送法では米国の独立行政委員会制度の最重要な部分は導入されず、最終的には主務大臣に権限と責任が属する従来型のシステムが採用されたといえる。

この結果、民主的行政の旗手としてスタートした道路運送委員会は、創設時から運輸事業の主管官庁である運輸省の「屋上屋を重ねる」組織として、数年を経ずしてその性格を抜本的に変えねばならない必然性があったといえる。

(2) 仲介業(broker)の位置づけ　運送の仲介業[26]について、MCA35では第二〇三条(一八)に定義規定を置き、第二一一条でICCの発行する許可証(broker's license)を保持することを定めているのに対し、旧道路運送法においては全く規定されていない。

米国においては、この時期すでに運送の仲介業として自動車運送取次業(motor property broker)あるいは運送取扱業(freight forwarder)に関する法制が種々整っていたが、GHQのこの方面への関心は薄かったと推測できる。当時のわが国では自動車貨物運送取扱業は未発達で、貨物取扱業は実質的に小運送業と同様と理解されていたためかもしれない。さらには、当時の商法(第五五九条一項)が運送取扱人とは「自己の名をもって物品運送の取次をなすを業とするものをいう」と定めていたことから、旧道路運送法での規制の必要を認めなかったとも考えられる。なお、自動車交通事業法第一六条ノ九は「物品運送ノ運送取扱業又ハ運送代弁業ニ関スル規定ハ勅令」で定めるとしていた。

いずれにしても、旧道路運送法は実運送事業(actual carrier)中心の法制として立案、制定されたものといえる。

(3) 自家用自動車への対応

米国の法制においては、営業用(for-hire)を中核に置きつつ、自家用(private)についても、営業については明確に禁止するものの、前述のとおり資格、最長勤務時間、運転の安全及び設備の基準については、MCA35による規制の対象としていた。

一方、わが国の旧道路運送法は第七章において、自家用自動車による有償運送の禁止すなわち営業運送を禁止した(第五二条一項)。しかしながら、その使用(貸し渡し)については主務大臣の許可を条件に認める等極めて曖昧な規定の仕方となっている。この背景には、当時の実情から「営業用の車だけでは賄い切れないというような用途もございますので、特に必要な産業の経営のために自家用車の存在を認めておる[27]」とし、貨物自動車運送事業者による輸送力の供給不足の部分については、自家用貨物自動車を活用しようという方策があった。

旧道路運送法は、自家用自動車の活用の筋道をつけつつも、自家用自動車の運行、労働条件等については全く規定を欠いており、法律上の位置づけが不明確であった。この事が後々までわが国の貨物自動車運送事業規制に大きな課題を残すことになった。

(4)　**運送秩序の確立**　旧道路運送法は、第一条に目的規定を置き、その文頭に「道路運送に関する秩序の確立」を掲げている。前述のとおり、ＭＣＡ35は目的規定を置いていないが、それに代わる規定として、一九四〇年の法改正によりＩＣＡの前文に「国家運輸政策」を掲げ本法及び施策の拠り所にしている。しかし、同政策には「秩序」に相当する文言、思想は見て取れない。

法律の第一条（目的規定）の中に「秩序の確立」を置くのは、旧道路運送法のみならず「海上運送法」（昭和二四年六月一日　法律第一八七号）、「通運事業法」（昭和二四年一二月七日　法律第二四一号）、「港湾運送事業法」（昭和二六年五月二九日　法律第一六一号）等もあり、昭和二〇年代に制定された運輸関係法では一般的な事柄であったといえる。「秩序の確立」という文言は、一般条項的に使われたものとも考えられるが、この後の貨物自動車運送事業政策のキーワードの一つになる。

第三節　旧道路運送法の運用と問題点

三―一　旧道路運送法施行後の状況

旧道路運送法が施行された昭和二三（一九四八）年当時は、依然として戦後の混乱の渦中にあり慢性的な物資不足、脆弱な輸送供給力といった状況にあった。自動車についていえば、燃料油、タイヤ等の不足は昭和二〇年代を通じて大変深刻なものであった。

また、昭和二四（一九四九）年には不況の波が襲いかかり、先の見えない経済の危機的状況が継続していた。特に、昭和二三年一二月八日に発表されたアメリカ政府及びマッカーサー連合軍総司令官による「経済九原則」、さらにはそれに続く「ドッジライン」による経済、財政政策は、わが国経済社会に大きなインパクトをもたらした。いうまでもなくこれらの政策は、わが国経済の自立を目指しての強力な施策であり、金融引き締め、賃金安定、物価統制強化、食糧配給の改善等による急激なインフレ克服策であったが、逆に経済の大きな混乱を引き起こす誘因にもなってしまった。

昭和二五年の後半になると、同年六月の朝鮮動乱の影響でわが国経済の上昇機運のきっかけをつかむことになる。貨物輸送量は統計上では、昭和二五年度に大きな伸びを示して戦前の水準を回復するに至っている。[28] しかし、この「特需」も長くは続かず、昭和二六年四月以降は景気の後退が生じてきた。わが国の貨物輸送量が飛躍的に増進するのは、昭和三〇（一九五五）年以降のことである。

こうした状況での新規立法がスタートし、経済の混乱は当然のことながら貨物自動車運送事業にも混迷をもたらした。

三—二　参入規制の実態

貨物自動車運送事業への参入については、終戦から昭和二二年までは基本的に新規参入は認めなかった（図表3—1参照）。これは前述した昭和二〇年一一月運輸省輸送課長会議で示された「新規免許抑制」方針によるものであった。実際には、自動車交通審議会が「一応大都市では一〇〇台、中都市五〇台、その他三〇台と決定し、なお輸送力を勘案してその地方の団体の意見を聞き、トラック事業の健全なる発達に支障なしと認むる範囲において認可する」[29] というものであった。

しかし、旧道路運送法の施行後は規定に基づき新規参入の道を開いている。同法第五条は、「免許、許可又は認可には、条件を附することができる」とし、第一一条により自動車運送事業を経営しようとする者は、「命令の定めるところにより事業計画を定め、事業の種類ごとに主務大臣の免許を受けなければならない」とされた。また第一二条は、主務大臣はこの事業の免許に関し妥当な基準を定め公示し、それに適合する申請があったときは、不適格な場合を除いて事業の免許をしなければならない、と定めている。すなわち、要件を充足した免許等の申請[30]には必ずこれをなすべしとするもので、外形的には準則主義的な規定であるといえる。

運輸大臣は第一二条の規定に基づき、昭和二三年六月五日運輸省告示第一六四号として「自動車運送事業の免許基準」を公表した。

図表３－１　貨物自動車運送事業者数の推移（昭和20年～昭和30年度）

年　度	路　線	区　域	小　型	特定貨物	霊　柩	合　計
昭20	55	909				964
21	57	736				793
22	93	761		111		965
23	145	829		151		1,125
24	218	982		193		1,393
25	282	1,108		273		1,663
26	332	1,192	378	325	260	2,487
27	363	1,741	1,014	400	282	3,800
28	440	2,319	1,979	501	275	5,514
29	483	3,473	3,185	518	318	7,977
30	528	4,280	4,043	583	345	9,779

（出所）『運輸省三十年史』441頁。

同告示のポイントは、自動車運送事業の免許は「その必要性、合理性及び緊要性」（第一号）及び「著しい供給過剰にならないこと」（第三号）を実質的な要件とした。ここで「必要性」の文言を加えたことは、米国法に準じたことをＧＨＱに示す有力な材料となったものと考えられる。また、告示された免許基準は、消極的な欠格事由のみが規定されていたという特徴もある。しかし、これは上記した準則主義的な参入に係る規定に関し、行政の側に免許等の発行が真に必要か否か等の審査、判断をなしうる余地を残したものであるといえる。志鎌氏はこの告示の意義について、「実際上は官側の審査、裁量の余地を確保できるよう、また無用の競争が起こらないで済むよう考慮をめぐらしたものである」[31]としている。このことは、告示された基準の内容が必要性、合理性といった極めて抽象的かつ不確定な文言となっていることからも、その具体的運用は規制（運輸省）当局の判断、運用に重きが置かれることを意味している。それ以前には公にされていなかった判断基準が「告示」という形で示されたことは前進といえるが、実質的な意味合いはほとんどなかったといえよう。もっとも、当時の行政法の支配的な考え方では、いわゆる「公企業の特許」といった行政行為については、行政機関に完全な裁量が認められていたことも指摘しておかねばならない[32]。

この告示により、実質的には従前どおりの免許の条件が付されることになり、市場の一部から要望の強い新規参入は大きく制限され、新規免許の発行はほとんどなされていないとの指摘もある[33]。なお、同告示においては参入にあたっての「車両数」の制限については規定されていない。ただし、例えば東京陸運局についてみると昭和二四年当時、東京都内においては「一企業三〇両ベースで法人格があること」[34]を目安に指導等が行われていた。免許基準告示には記載されていないものの、実際上は一定の車両数の保有がチェックされていたといえる。

また新規参入については後述の通り、運輸大臣の諮問に基づく道路運送委員会（地方及び中央）の決定が必要とされる（第八条三項）。同委員会の委員は、ＭＣＡ35の規定と同様に中立的な人材を登用することになっていたが、実際には官僚及び運送業界出身者が就任するケースが多かったようである。これは、当時においては一般には道路運送法あるいは道路運送委員会への認識が極めて薄く、適任者の推薦に苦心したという事情があったものの、新規免許の交付にあたり公正性の観点での疑義は否定できない[35]。

旧道路運送法は、免許基準等を明示して貨物自動車運送事業への参入規制の民主化、公正化を企図したが、種々の事情があるにせよ、実質的には従前の施策を継承、追随したに過ぎなかったといえよう。

三―三　運賃規制の実態

（一）運賃規制の経緯

旧道路運送法による運賃規制について検討する前に、わが国の貨物自動車運送事業の運賃・料金に関する規制制度の経緯を一瞥しておきたい。

一般には、昭和八年の自動車交通事業法の施行までは貨物自動車運送は自由運賃で、同法施行後鉄道省により参考として一定の基準が定められたとされる。そして、昭和一二年の日中戦争勃発により輸送需要の急増に伴う運賃の暴騰を抑えるべく鉄道省が正式に最高運賃を定めたのは昭和一五年七月で、これを基準に各地で認可運賃が定められ、これが戦後も継承された[36]、ということになっている。

しかし仔細にみると、貨物自動車運送の運賃をめぐっては同法施行以前に幾多の経緯があった。

まず、貨物自動車運送の運賃問題が最初に論議されたのは、同事業の生成間もない大正末期から昭和初期にかけての不況期であった。大正一二年の関東大震災前後の貨物自動車の運賃は、形式上「営業認可書」に運賃表の記入がなされたが、実際上は荷主と相対で決められており、行政（警察）の介入は無きに等しかった。[37]この時期の認可制のもとでは、運賃を決めるのは当事者であり、政府の側では単に之を認めるか却下するかのいずれかしかできず、運賃の変更についても「当事者自身から之を発意しない以上は、政府の側から進んで之を下げさせるということは認可の制度の下ではできない[38]」ことになっていた。

実際、当時各県警察部長が「標準」的な運賃を設定していたが、市場では運賃ダンピング競争が生じており、例えば某県における調査（昭和六年五月）の結果、実際の運賃は「現行標準ノ半額以下ノモノ多キ現状ニアル[39]」という現実が報告されている。大正一五（一九二六）年には自動車業組合による「トラック運賃協定案（最低運賃案）」や昭和三年の「積載量別貨物自動車料金案（最低運賃案）」が検討されていたが、いずれも陽の目を見ることがなく市場で事業者間の激しい運賃競争が繰り広げられていた。[40]

昭和八年施行の自動車交通事業法は、運賃への関与を規定していたが、第四条で「運賃其ノ他ニ関スル事業計画」を定め主務大臣の「免許ヲ受クベシ」とし、また第一〇条において主務大臣が「公益上必要アリト認ムルトキ」に「運賃其ノ他ニ関スル事業計画」の変更を命じることができる（第一〇条第一項）としたのみであった。但し、この変更命令は極めて狭義に解釈され、重大な事変や社会の大変動があったときのみ発動できないとされていた。[41]このようなことから、当時の貨物自動車運送事業の運賃への政府の介入は、極めて軽微であったといえる。

その後、昭和一二年以降における戦時統制経済下での運賃は、戦争による物価、運賃等の暴騰により適正運賃の設定が求められ、各県で認可運賃が設定されていたが、鉄道省監督局陸運課は昭和一五年七月に認可運賃（最高運賃）を設定した。[42]昭和一六年以降には車両、諸資材の配給制、燃料の消費規正、生産必需物資価格の高騰、軍需物資、必需物資の重点輸送による輸送力不足等により、市場での貨物自動車運送の運賃は、認可運賃の最高額をはるかに上回る額となっていた。[43]

ところで、昭和一六年一二月二二日付けで鉄道省監督局陸運第二課長から各県警部長宛てに発出された通達によれば、「・・・運送原価昂騰シタル為貨物自動車運賃ノ適正化ヲ図リ運送能力ヲ確保スル要アリト認メ・・・今後運賃認可標準改訂ノ必要有之場合ハ貨物自動車運送事業組合ニ於ケル運輸統制ヲ強化シ運賃ノ共同集金ヲ行フコトニ依リ認可運賃ノ厳守サレル[44]」べし、としている。しかし、戦争の進行により昭和一九年には昭和一六年当時の約倍額に認可運賃が改訂されている。

（二）旧道路運送法による運賃規制

戦後になると、復興へ向けて昭和二二、二三年にはインフレとの戦い、二四年には需要の減退、金融引き締めなど、目まぐるしく変化する社会、経済環境の中で、認可運賃（最高運賃）の改訂が実施された。戦後の認可運賃の改訂はまず昭和二二年七月に行われたが、次に行われた改訂は昭和二三年六月一七日で、これが旧道路運送法に基づく最初の改訂であった。

旧道路運送法第一四条は運賃及び料金について、主務大臣の「認可を受けなければならない」として運賃の認可制を規定している。また同施行規則第一三条では、運賃・料金の認可申請書の記載事項として、①本籍、住所、氏名、②事業の種類、③運賃及び運輸に関する料金、④申請の事由、が掲げられている。

しかし、貨物自動車運送の運賃については昭和二七年まで「物価統制令[45]」の適用を受けており、本法の規定が主体的に適用されることはなかった。なお、物価統制令における運賃は「最高運賃制度」であった。

旧道路運送法により、運賃に関する法による規制制度は整備されたものの、実際の陸上貨物運送市場では貨物自動車運送事業者と省営貨物自動車、自家用貨物自動車の間で激しい競争が繰り広げられ運賃は「無秩序」状態であった。物価統制令による「㊋運賃」（マルコー運賃）に対して、市場では「闇運賃」が横行しており、法による規制は実質的に有名無実の状況であった。

三—四　道路運送委員会の実情

民主的な行政の核心的な制度として導入された道路運送委員会は、いくつかの大きな課題を抱えながらスタートし、結果的には短命にその役割を終えることとなってしまった。

まずはじめに、終戦直後のわが国では貨物自動車運送事業や道路運送法に対する社会一般の認識が極めて乏しかった、ということを指摘しておかなければならない。

旧道路運送法第八条は、中央及び地方に道路運送委員会を置くことを定め、中央道路運送委員会委員（九名）は地方道路運送委員会委員長を以て充てることとしている。地方道路運送委員会委員の数は若干名としているが（多くは二名）、委員は各都道府県知事の推薦に基く運輸大臣の申出により、内閣総理大臣がこれを任命するとしている。しかし、この知事による委員の推薦が極めて低調で容易に決まらない状況にあった。その理由として多くの知事や地方議会が、この法律が何時できたか知らないという状況で、旧道路運送法の施行に合わせて急遽の人事を行った[46]。その結果、官吏あるいは吏員であった者（退職後一年間）、兼業の禁止、道路運送事業の利害関係人を委員の人選から排除するという法の規定（第八条）にもかかわらず、多くの関係者が委員に就任したという事実がある[47]。道路運送委員会への批判の第一は、公正であるべき委員の人選についてであった。

道路運送委員会が行った民主的行政は、実質的な内容としては許認可について公聴会を実施し手続きの透明化を実現したことのみであったともいえる。もっとも、この公聴会が旧道路運送法が規定した参入の準則主義的行政に大きなブレーキをかけることとなった。

次に、当時のわが国においては官庁、官僚の力があまりにも強すぎ、行政の実務に素人同然の委員では適切、自立的な対応が困難で、いきおいその実際は「運輸官僚の献立を運んでいるに過ぎない[48]」との批判が出るほどであった。これは、米国流の独立した決定機関としての委員会制度ではなく、あくまでも運輸大臣の諮問機関として不明確な位置づけにおかれた道路運送委員会の宿命であったのかもしれない。

他方、道路運送委員会の業績を評価する論説もある。例えば、過去においては「ともすれば顔と勘で動いていた道路運送も、委員会制度確立後は道路運送事業の免許基準も定められて、この面にも科学的合理的な基礎が與えられ、裏取引、いわゆる運動等に支配されることがその跡を断ち、公正を得たことは確実にその功績の一つに数えられる[49]」とする。これは、新規に創設された機関に対して性急な結論を戒め、より長期的な視点から道路運送委員会を見ていきたいとする意見といえる。

しかしながら、大方の意見は「・・・委員会自身の予算、人事権、事務局を持ち得ないのであるから、それに又、敗戦後の未曾有の混乱と無気力からまだ抜けきっていない現段階においては、今直に高度の民主的制度を採り入れることに無理があり・・・陸運行政民主化の根源はもっと社会の根底から築きあげて来ない限り上屋だけをマネてみても無意味である[50]」というものであった。当該制度の時期尚早論であり、当時の意見の大勢を占めるものであった。

なお、道路運送委員会は昭和二四年六月の「運輸省設置法[51]」の施行に伴い、名称が「道路運送審議会」に改められた。同審議会は、陸運局毎に設置され陸運局長の免許等に関する権限のチェック機関として位置づけがなされた。また中央道路運送審議会は、設置法で作られた運輸大臣の諮問機関である「運輸審議会」に吸収された。ここにおいて、旧道路運送法における民主的行政の中核たる道路運送委員会は、大きくその理念を変更、変質してしまったといえる。

三―五　自家用貨物自動車問題

昭和二〇年代の前半は「国営（省営）トラック」と民間の貨物自動車運送事業者の間での紛争が発生、大きな問題となっていたが、昭和二四年にCTSの示唆による「国家財政健全化」のため国営自動車も独立採算制を採ることとなり、次第にその勢力が弱体化、紛争も終息化して行くこととなった[52]。

しかし、自家用自動車問題は依然として解決の糸口が見えず、終戦直後から今日までわが国貨物自動車運送政策の最大の課題の一つとなっている。前述のとおり、MCA35をモデルに制定されたわが国の法制では、MCA35とは異なり自家用貨物自動車を完全に規制政策の埒外に位置づけてスタートした。しかし、自家用貨物自動車の存在を無視しては現実の貨物自動車運送が成立しないのも事実であった。

また前述のとおり、旧道路運送法は自家用自動車の営業類似行為（いわゆる「白トラ」）については、公益事業としての貨物自動車運送事業政策を基礎づける免許制度の根幹を揺るがすものとして、禁止の方針を明確に打ち出している。すなわち、旧道路運送法第五二条は「自家用自動車による有償運送の禁止及び賃貸の制限」を、また第五三条は「自家用自動車の使用の制限及び禁止の処分」について規定している。しかしながら、現実の市場では昭和二一年にはすでに自家用貨物自動車の輸送力（台数）が営業用貨物自動車のそれを凌駕しており、自家用貨物自動車の存在を無視することはできなくなっていた（図表3―2参照）。事実上、「自家用」という名の貨物自動車運送事業者が出現、市場で一定の位置を確保していた。

こうした自家用貨物自動車の増加の背景には、旧日本軍の車両の放出、連合国軍用車両の払下げ等による車両の増加や、車両の老朽化さらには事業者の経営意欲の減退等、貨物自動車運送事業自体の問題のほか、輸送供給量への不安を感じた荷主（工場、炭鉱等）が自己で積極的に車両の保有をし始めたことなどがある。また、営業用の免許基準が高すぎ大きな参入障壁となっていたことも影響していた[53]。

図表３－２　貨物自動車台数の推移（営・自別）

（台）

	営業用	自家用
昭和11年	42,754	8,660
20年	34,571	11,130
21年	35,289	43,130
22年	39,836	55,869
23年	40,390	68,616
24年	44,089	71,062
25年	44,752	75,633

（出所）『日本トラック協会二十年史』54頁。

運輸省は戦後復興の中で脆弱な営業用貨物自動車の輸送力をカバーすべく、昭和二三年八月二八日に「貨物自動車余剰輸送力活用方策」を発表した。これは逼迫する輸送需要に自家用貨物自動車を活用しようというものであり、運送事業者の責任において自家用貨物自動車、特に、片道輸送の空車を利用しようという、制度的には疑問の多い措置であった。この背景には、昭和二三年六月に全国自家用自動車組合連合会が議員立法で提出した「自家用自動車余剰輸送力利用に関する法案」がある。これはわが国の急速な経済再建に資するため、自家用自動車による輸送力の増強を図ることを意図したものであった[54]。

この法案をきっかけに、以前から自家用貨物自動車による営業類似行為の撲滅を主張していた貨物自動車運送業界を大いに刺激し、自家用自動車を支援する団体との対立が激化し深刻な政治問題となっていった[55]。特に貨物自動車運送事業の業界団体である「日本トラック協会」は、組織を挙げて「絶対反対」の運動を繰り広げていた[56]。上記の方策はこの対立の仲裁案と出されたものであるが[57]、旧道路運送法の規定との関係で多くの問題を抱えるもので、後々大きな問題となっていく。

なお、施行規則には「自家用自動車の届出」（第七三条）及び「自家用自動車の貸渡の許可」（第七四条）の規定がある。前者は、貨物自動車運送事業者が自家用自動車を使用する場合には、定められた事項を記入して道路運送監理事務所長への届出を義務付けている。

また自家用自動車に関しては、国会の論議において運輸省設置法の中にある規定、文言の解釈が問題となった。すなわち、同法第四条四一項は運輸省の権限を有する所掌事務の一つとして「道路運送法の目的に適合するように自家用自動車の使用を調整すること」としているが、この「調整」にはどの範囲が含まれるのか、ということである。そもそも旧道路運送法は自家用自動車を規制の範囲外におき基本的に自由な活動を容認している、にも関わらず大臣が使用調整権限を有することに対する疑義が出されての論議であった[58]。すなわち、旧道路運送法第五二、五三条との平仄をどのように合わせるのかということであり、この背景には自家用自動車も運輸省の許認可に含めるべしとする考え方と、自家用自動車の活動をより自由にすべしとする考え方の交錯があった[59]。このことについての運輸省の立場は、旧道路運送法が公共の福祉を擁護するという観点から立法されたものであるので、このことを第一に考えて調整を行うというものであった[60]。

旧道路運送法では、新たに市場に出現した自家用貨物自動車による混乱、さらには運賃・料金をめぐる混乱に解決の道筋は長い年月をかけてもつけられず、今日に及ぶまで「輸送秩序問題」が大きな課題となっている。また、夥しい自家用貨物自動車の進出によって従来の市場（地場貨物）を奪われた貨物自動車運送事業者は、その後新しい市場として中・長距離路線市場へと事業の展開を図る契機になったといわれている[61]。

三―六　陸運権限の地方移管問題

旧道路運送法の施行に伴い、陸運行政については中央については運輸大臣が、また地方については各都道府県に（北海道については複数）「道路運送監理事務所」を設置して、監理行政及び車両検査事務を行うこととなった。また全国の九つの地区に「特定道路運送監理事務所」が設置された。

ところで、新憲法のもとで行政の民主化の眼目の一つが、地方自治の確立、地方分権の実現であった。各省庁とも中央の出先機関は原則として地方に移譲することとし、運輸省の道路運送行政においては昭和二四年六月一日から施行された運輸省設置法に基づき、各都道府県に設置されていた道路運送監理事務所（旧道路運送法に基づき設置されていた）を、同年七月三一日で廃止、翌八月一日から全国の数か所に陸運局分室を設置して所掌させることとなった。すなわち、道路運送法施行令を改正して旧道路運送法に基づく運輸大臣または陸運局長の権限のうち、貨物軽車両運送事業に関するもの、及び自動車の検査、整備、登録簿に関するものは都道府県知事に委任することとした。ただ、自動車運送事業と自家用自動車の使用監督に関する職権の一部を、都道府県知事に委任するためには旧道路運送法本体の改正が必要であり[62]、行政組織の地方への移譲問題をめぐる賛否の論議活発になされた。結果的には、特定道路運送監理事務所は「陸運局」となり、また昭和二四年一一月から各都道府県知事のもとに新しく「陸運事務所」が設けられた。但し、職員の身分は地方事務官、地方技官とし、予算、人事は運輸大臣が管轄するという変則的なものであった。

しかしより重要なことは、この論議の中で旧道路運送法の抱える様々な問題が表面化し、単に道路運送監理事務所の権限の問題からより本質的な旧道路運送法の改正問題へと波及していくという、大きなうねりを生じさせる契機となったことである。

第四節　通運事業法の制定

四—一　戦後の小運送業

昭和二〇年代前半のわが国陸上貨物輸送の太宗は鉄道が担っており、貨物自動車運送は全体の約一〇％強（トン・キロ）にすぎなかった。また鉄道貨物の大部分は、貨車一両を単位とする「車扱貨物」であり、両端運送を担う小運送業が極めて重要な地位を占めていた。なお、貨物自動車及び同事業の発展に伴って、両端運送（貨物の集荷、配達等）に深く関わってくることになり、小運送業（通運事業）と貨物自動車運送事業は密接不可分なものとなっていく。

すでに述べたように、小運送業については弱小事業者の濫立等による混乱の解消及び戦時統制の強化のために、昭和一二年に小運送業法と日本通運株式会社法が制定されている。この結果、国有鉄道[63]による鉄道輸送と一体的に全小運送業の取扱の八〇～九〇％を国策的な企業である日本通運が占める体制が出来上がっていた。

こうした戦時体制に対する批判は、日本通運による戦時統合の即時解体による旧事業者への返還と民主的な業務運営を求めて、終戦直後から根本的な改革を求める声が湧きあがっていた。これに対して運輸省は、昭和二一年二月に「小運送業整備方策要綱」を発表して、戦後の混迷期の小運送業の安定を図る施策を打ち出した。同方策は、その方針として「終戦後の政治経済思想の昏迷に因り、小運送業運営体制に関しても混乱を招来する虞ある現状に鑑み、小運送業の本質及其の現段階に於ける意義を再確認し、日本通運株式会社其の他の業務運営に付き、徹底的に刷新改善を加へ、小運送業の安定と業務運営の強化を図り、以て民主的日本再建の使命達成に資せん[64]」とするとしている。これは、基本的には日本通運による体制を維持して小運送業の安定、発展を図ろうとするものであったといえる。

なお、昭和二一年後半には小運送業法を当時検討中であった道路運送法案に吸収しようという動きもあった。これは検討中の道路運送法を道路交通全般の法制として整備位置づけし、道路、自動車等陸上運送の総合立法化を企図したことによる。昭和二二年二月に作られた「第一次道路運送法草案」にはこのような趣旨の規定が盛り込まれ、昭和二二年六月には成案を得て国会上程の準備がなされていた。もっとも、先に述べたようにこうした論議の中で小運送業については道路運送法とは別に手当が必要であることが認識され、道路運送法案への吸収は見送られ、独自の法改正が検討された[65]。

ところが、昭和二三年二月になって日本通運がＧＨＱ／ＣＴＳの方針により「過度経済力集中排除法[66]」第三条（過度経済力集中の指定及び排除）の指定を受け[67]、上記運輸省の方策は大きな制約をうけることとなった。さらに、ＣＴＳは小運送業の免許等に当っても、旧道路運送法と同様に委員会制度の運用による主務大臣の権限のチェックをすべき旨の示唆、及び日本通運株式会社法の廃止の示唆を表明した。これらにより、日本通運を中核とする小運送業のあり方について、政府は根本的な改正を迫られたことになる。

なお、これらの法制上の問題への対応に先んじて、従来の「一駅一店制」を廃止して複数店化に向けた施策が実施された。すなわち、運輸省は昭和二四年三月九日に小運送審議会の答申に基づき告示第一〇三号を発出し「小運送業免許基準」を発表、同時に全国の主要三三駅を複数化駅として指定した。[68]

四—二　通運事業法案と成立

小運送業の再編のなかで、半官半民的な企業組織である日本通運の再編成問題への対処について、運輸省は当初小運送業法の改正をもって臨む方針であったが、検討の途中において「全条改正の方法により新しく通運事業法案としたほうがよい」[69]という方針が出された。そして通運事業法案の作成を進めるには、①従来の一駅一店の原則を打破し、公正な競争を前提とする小運送業（通運事業）の複数化を実行すること、②日本通運株式会社法を廃止し、日本通運株式会社をして通常の商事会社たらしめること、③小運送業（通運事業）の免許等に当っては、主務大臣が一定の委員会の如きものに諮り、その意見を尊重して之を行う規定を設けること[70]、の三つの条件が前提とされた。

これらの条件を踏まえて作られた法案の骨子は、第一に、法律名を「小運送」から「通運」[71]に変え、通運行為を明細に定義づけ、その対象を明らかにした。第二に、通運事業の免許、許可、認可の基準を定め、その基準に適合するものは免許する建前をとった。第三に、通運事業の公共性に鑑み、荷主公衆の保護と利便のため、事業の公正な運営を期し、業務取扱いの面で通運約款、荷主に対する責任に関する事項等に関し規定を設け、通運行為の法律関係を明確にした。第四に、通運計算事業の運営に関する規定、料金、計算規程の認可制、計算契約引受義務及び契約強制の禁止等を規定した。第五に、本法案と道路運送法の両法の適用を受ける事項について適当な措置を図った[72]、等である。

通運事業法案の作成の意図があることが初めて衆議院運輸及び交通委員会で明らかにされたのは、昭和二三年五月一九日であった。その後、法案作成作業が進められ、昭和二四年一一月二八日衆議院本会議で、また同年一一月三〇日に参議院本会議で、日本社会党、共産党からの反対意見が出されたものの可決、成立し、翌昭和二五年二月一日から施行された。

なお、同時に「日本通運株式会社法廃止法案」、及び「日本国有鉄道の所有地内にある日本通運株式会社の施設の処理等に関する法案」も可決、成立、同年一二月七日に公布され、翌二五（一九五〇）年二月一日より施行された。

四—三　通運事業法の概要

⑴ **目的**　通運事業法は、「通運に関する秩序の確立、通運事業における公正な競争の確保及び通運事業の健全な発達並びに鉄道による物品運送の向上を図り、もつて公共の福祉の増進を増進すること」（第一条）を目的として制定されたものである。

ここで「通運に関する秩序の確立」とは、「通運に対する需要とそれに対する供給力が互いに均衡を保つことをいうのであって、社会的、経済的な必要性から、要請される通運需要に常に適応せる供給力が提供されること」[73]と理解されていた。これは過去の通運業（小運送業）が弱小企業者の濫立により混乱を極めた経緯から出たものであり、事業免許制の基礎を形成する考え方といえる。

また、最終的には公共の福祉を増進させることを目的に、公正な競争の確保、通運事業の健全な発達、鉄道による貨物輸送の効率向上を図ることとした。

⑵ **定義**　本法第二条は用語の定義に関する規定を置いている。まず「通運」とは「他人の需要に応じてする」次の五つの行為をいうとしている。これは小運送業法においては、小運送という用語の定義を規定していなかったために、もともと曖昧な用語が時代の推移の中で種々の解釈がなされ混乱が生じていた。これに対して、本法は明確に事業の内容を定めることとしたものである。

具体的には、①「自己の名をもつてする鉄道による物品運送の取次又は運送物品の鉄道からの受取」（同条一号）である。これは商法上の運送取次営業に相当する行為であるが、商法においては陸海空のいずれの輸送機関でも構わないところ、本法では鉄道への取次行為に限っている。また、着地における受取行為も通運の行為とした。②「鉄道により運送される物品の他人の名をもつてする鉄道への託送又は鉄道からの受取」（同条二号）である。これは商法上規定のない代理の委託であるが、本法では独立の通運行為とした。③「鉄道により運送される物品の集荷又は配達」（同条三号）である。これは鉄道運送に直接先行または後続する運送（集荷配達）という事実行為を通運行為とした。④「鉄道により運送される物品の鉄道車両への積込又は取卸」（同条四号）である。これは通運事業者の行う積込、取卸行為を通運行為とした。⑤「鉄道を利用してする物品の運送」（同条五号）である。これは自己の名儀で直接鉄道と運送契約を結び、委託者に対しては運送人として責任を負う行為を通運行為としたものである。今日の、鉄道利用運送にあたるものである。

なお、本法では通運事業のほかに「通運計算事業」が定義（第三条）されている。

(3)　**参入規制**　通運事業の開始には、「運輸大臣の免許を受けなければならない」（第四条一項）として免許制を採用している。これは本法の目的を達成するために、適格性を有する事業者にのみ経営を許容しようという趣旨である。[74]

この免許を受けようとする者は、所要の申請書を「運輸大臣に提出しなければならない」（第五条）とされ、これを受理した運輸大臣は「基準によって、これを審査しなければならない」（第六条一項）。具体的な審査基準としては、①当該事業の開始が一般の需要に適合するものであること、②当該事業の開始が公衆の利便を増進するものであること、③当該申請に係る事業を適確に遂行する能力を有するものであること、④当該事業の開始が鉄道による物品運送の向上に資するものであること、の四点が挙げられている（第六条一項一～四号）。そして、運輸大臣は審査の結果、その申請が、上記の基準に適合していると認めたときは、一定の欠格事由に該当しない限り「通運事業の免許をしなければならない」とした（第六条二項）。

こうした免許基準を法定しての参入規制の方式は、免許の公正かつ民主的な運用を図ることを企図されたもので、GHQ・CTSの示唆に基づく旧道路運送法と同様の思想、制度であるといえる。

(4)　**運賃・料金規制**　通運事業者は「通運事業の運賃及び料金を定め、運輸大臣の認可を受けなければならない」（第二〇条）として、適正な運賃・料金の確立のため認可制を採用した。また、当該認可運賃・料金は「定額をもつて明確に定めなければならない」（第二〇条三項）として定額制を採ったが、これは例えば特定の荷主を優遇する「特恵運賃」のような差別的取り扱いを排除する趣旨であった[75]。

運賃・料金の認可に当たっては、次のような認可基準が定められた（第二〇条二項）。すなわち、①能率的な経営の下における適正な原価を償い、且つ、適正な利潤を含むものであること（第二〇条二項一号）、②特定の荷主に対し不当な差別的取扱をするものでないこと（第二〇条二項二号）、の二つである。

なお、本法の制定当時は運賃・料金は物価統制令（第七条）に基づき認可の権限は物価庁長官にあった。物価統制令では「最高運賃料金」が定められていたので、本法による運賃・料金については定額制と最高運賃制という「二面の性格を有するものである[76]」とされた。もっとも、実際には通運事業者は「従来の最高運賃料金をその儘定額[77]」としていた。

第五節　旧道路運送法の改正と新法の成立

五―一　旧道路運送法の改正論議

旧道路運送法については、制定当初からわが国に馴染みのない米国流の法制について、実務に携わる担当官僚から「果たしてわが国において円滑な運用が見られるかどうか、自信に欠けた点のあったことは、おおい得ないところであった[78]」とされるなど、スタート段階ですでに不安があった。

実際、昭和二三年の施行後自動車運送は急激に発展したが、本法については運用上の不備、欠陥等が次々に顕在化し、是正、改正に向けての動きが始まった。

国会における論議の中では、昭和二四年六月の運輸省設置法の施行およびその後の陸運権限（陸運局）の地方移管問題の中で旧道路運送法の改正の必要が提案された。また、通運事業法が国会で論議されていた昭和二四年秋頃には、運輸省においてはすでに改正法案を論議、関係機関に賛否の照会があり、旧道路運送法の改正に向けての準備が進められていた。

ここで上記照会に対する意見として代表的なものに、日本トラック協会から昭和二四年一一月二五日に表明された意見がある。[79] 同意見は広範なもので、(ア)定義規定、(イ)職権の委任、(ウ)道路運送審議会、(エ)自動車運送事用の免許、(オ)運送取扱、代行業の規定、(カ)損害保険、(キ)公共企業体の行う事業、(ク)自家用自動車の使用、(ケ)車両、(コ)罰則、(サ)団体の規定、その他、と多岐にわたっている。

このうち、(エ)事業免許については、免許基準の中に最低の経営基準を示すこと、あるいは(ク)自家用自動車の使用については、認可制を採用して自家用運送以外の使用を禁止する、等の意見を表明している。これらは旧道路運送法全般にわたる改正への意見の表明であり、運輸省の内部においてはこれらの諸事項についてすでに何らかの検討が加えられていたと考えられる。

例えば、昭和二五年七月二〇日の衆議院「運輸委員会」において牛島政府委員（運輸省自動車局長）は、自家用自動車の認可制導入に関する質問に対し、「ただいま道路運送法を次の国会にはぜひとも改正したいと思い[80]」一つの問題として検討を加えている、と答えており、遅くもこの頃には法案作成の具体的作業が始まっていたと推察できる。

改正法案の要綱は、昭和二六（一九五一）年二月二七日に法案が閣議決定された後、公表された。それによれば、旧道路運送法施行後の著しい社会、経済状況の変化により、自動車貨物運送においては東京―名古屋間のような長距離路線事業の出現、小型貨物自動車の激増、自家用自動車の激増等、急激な進歩、発展をしている。しかし、法運用上あるいは法の不備、欠陥が明らかとなったので、道路運送における利用者公衆の利便の増大と道路運送の総合的かつ健全な発達を図ることにより、道路運送における公共の福祉を更に増進する必要から、同法の全面的改正をすることとし、具体的には、次のような事項が検討の対象とされた。(ア)免許基準の明示等、(イ)事業種類の実態化、(ウ)運賃、料金の公正化、(エ)荷主の便益の確保、(オ)自家用自動車の適正使用、(カ)自動車運送取扱事業の登録、(キ)道路運送審議会制度の適正化、その他、である。[81]

五—二　改正法案の概要

旧道路運送法改正法案は、GHQに提出[82]されたのち国会に上程され、昭和二六年三月三一日の衆議院「運輸委員会」において、山崎猛運輸大臣（当時）から法案の提出理由の説明がなされた。[83]

これによれば、旧道路運送法の実施以来三年の経験に鑑み、道路運送事業の適正な運営と公正な競争を確保し、道路運送の秩序を確保して道路運送の総合的な発達を図ることを目的とし、具体的には以下の措置を採るとしている。

①　自動車運送事業の種類を、実態に即応するよう改める。

②　各種の免許、許可、認可等についての基準を、法律で明らかにする。

③　運賃、料金に関して新たな制度を取入れる。

④　従来省令で定めていた従業員の服務、禁止の行為、その他の事項について新たに法律事項とする。

⑤　自動車道事業について、高速交通に対応するため自動車運送事業に準じて改正する。

⑥　国の運営する自動車運送事業について、民営事業と調整を図るため必要な事項を新たに定める。

⑦　自動車運送取扱事業に関する制度を新たに設ける。

⑧　自家用自動車の共同使用、有償運送等について所要の改正を行い、自家用自動車の営業類似行為を取り締まり、輸送秩序の維持を期待する。

⑨　道路運送審議会制度について、所要の修正を行う。

⑩　車両の整備に関する事項を、別個に道路運送車両法として本法から独立させる。

以上のように、提示された法案は旧道路運送法施行以来問題とされてきた諸点について、一定の手当がなされ実態に即した内容となっていた。

ところで、上記した①～⑩はいずれも旧道路運送法の根幹に触れるような重要な改正であり、わが国の貨物自動車運送事業政策を変質させるものであるといえる。

国会（衆・参「運輸委員会」）においては、特に参入（免許）、運賃・料金、自家用自動車に関して論議が活発になされた。しかし、結論的には法案上程から三カ月という短い期間の同年五月二六日衆議院で、また同月二八日参議院で、それぞれ提案通りで改正法案が可決され、昭和二六年六月一日改正道路運送法が公布され、同年七月一日から施行された。なお、これにより従来の（昭和二二年制定の）道路運送法（旧道路運送法）は廃止された。

また、同時に提案された「道路運送車両法[84]」と「自動車抵当法[85]」も可決、成立した。このことにより、道路運送法は道路運送に係る総合的な法律から、もっぱら自動車運送事業者の事業活動を規制する法律となった。同法は、その後何度かの改正を受けながらも、昭和時代を通じて貨物自動車運送に係る事業法としての役割を果たしていく。

第六節　小　括

旧道路運送法は、戦後の混乱期にＧＨＱの極めて強い意向、指示のもとに、従前のわが国には馴染みのなかった米国流の法律制度、行政手法を導入して、立法、行政、事業展開の民主化、公正化に向けた画期的な立法であった。

しかしながら、当時のわが国の貨物自動車運送事業の実情は、まだ幼稚産業の域を脱しておらず、鉄道（国鉄）、通運事業や荷馬車運送等の軽車両による輸送に挟まれ、その産業基盤は極めて脆弱で、一定の保護、育成的政策を希求せざるを得ない状況にあった。従って、政策を担当する官庁、官僚もいわば恐る恐るの民主化、公正化への道筋を採らざるを得ず、結局従来からの統制的手法による秩序の維持に腐心、拘泥し、新規の立法の趣旨を活かしきれなかった。

運輸行政の民主化のもっとも象徴的な制度である「道路運送委員会」制度も、前述のとおり結局その変質を余儀なくされてしまった。その主な原因について、志鎌氏は悔恨の念を抱きながら「自動車運送事業のごときものの免許等については、わが国には、結局不適当な制度だった[86]」と総括している。米国流の法制をモデルにした直輸入型政策である旧道路運送法の理念は、わが国には根付くことなく終息したといえる。

もっとも、短命に終わったとはいえ、旧道路運送法のわが国貨物自動車運送事業政策にもたらした影響は限りなく大きく、その後の四〇年以上にわたる政策の基礎を築いた立法であり、今日的視点から見てその理念は評価すべき点が多々あったといえる。

旧道路運送法は、施行後三年で大きな改正（法の廃止）を受け、昭和二六年に新規の立法措置が手当てされた。同年は、サンフランシスコ講和条約が調印され占領期が終焉するとともに、わが国経済、社会の自立への歩みが始まった時期であり、また間近に迫る貨物自動車運送事業の隆盛期のプロローグを告げる政策転換の年でもあった。

註

(1) 新規の立法として制定された道路運送法は、三年後の昭和二六年に第一回目の大幅な改正を受けることになる。この改正は、同法の主要な内容、性格を大きく変えるもので、実質的には「廃止」であった。そこで本書では、昭和二三年に施行され昭和二六年に改正される間のものを「旧道路運送法」と表記して、昭和二六年改正後の「道路運送法」と区分することとした。

(2) 『運輸省三十年史』一八二〜一八三頁。

(3) 道路運送法の制定により交通警察、道路交通取締については、従来の自動車取締令が廃止され、昭和二三年一月から道路交通取締法が施行された。『運輸省五十年史』㈶運輸振興協会　平成一一年一二月　一三〇頁。

(4) 我妻栄編『新法令の研究（8）』（昭和二四年二月）有斐閣刊（所収）北澤正啓「道路運送法」参照。

(5) 本法においては「公共の福祉」という文言は本条のほか、第五条、第一二条、第一八条等で使用されている。

(6) 志鎌一之『自動車交通政策の変遷』二五一頁。

(7) 同右　二四九〜二五四頁。

(8) 例えば、昭和二二年九月二三日　衆議院「運輸及び交通委員会」における郷野政府委員の「この法律におきましてはアメリカのコンモン・キャリヤー、コントラクト・キャリヤーというような分類にならいまして、事業を分類した」との発言。同議事録。

(9) 昭和二二年一〇月七日　参議院「運輸及び交通委員会」議事録。

(10) 昭和二二年一〇月一一日　衆議院「運輸及び交通委員会」議事録。

(11) GHQ覚書「持株会社の解体に関する件」昭和二〇年一一月六日。

(12) 独占禁止法の制定経緯については、公正取引委員会事務局編『独占禁止政策五十年史』㈶公正取引協会　平成九年二五〜二七頁参照。

(13) 独占禁止法の立案に参画した担当者は、その著書において「本法の立案に当り主として参考としたアメリカのアンチ・トラスト制度とその運用の一端を紹介して、本法に関心を有せられる向きの御参考に供する」と記している。商工省企画室『独占禁止法の解説』時事通信社　昭和二二年　序文。

(14) 村上政博氏は自著の「はしがき」において、「・・・我が国独占禁止法が米国独占禁止法（反トラスト法）を母法としていることから・・・」と指摘している。村上政博『アメリカ独占禁止法—シカゴ学派の勝利』有斐閣　昭和六二年二月　i頁。

(15) 49 stat.L.543, U.S.Code, title 49, chapter 8.
なお、同法は一九四〇年の改正以降「州際通商法ＩＣＡ１８８７第二編」（The Interstate Commerce Act, PART II）として州際通商法に編入された。本書は、同法が一九四五年以降わが国に影響を及ぼしたことを勘案し、同法の一九四〇年改正法（U.S.Code, title 49, sec. 301）を基に検討する。なお、同法の条文の英文及びその和訳については、国鉄総裁室『米国州際交通法』（外国交通法令集　第一巻、昭和二六年六月）及び拙著『規制改革と競争政策——アメリカ運輸事業のディレギュレーション』白桃書房　昭和五九年、その他を参考とした。

(16) MCA35. §203 (a) (14).

(17) MCA35. §203 (a) (15).

(18) MCA35. §203 (b).

(19) MCA35. §203 (a) (17).

(20) 拙著『規制改革と競争政策』二一六〜二一八頁を参照されたい。

(21) 例えば、著名なものとしてRalph Nader's Study Group Report on the Interstate commerce commission and Transportation "THE INTERSTATE COMMERCE OMISSION" (1970)，日本語訳『忘れられた利用者—運輸政策を告発する』（講談社　昭和四六年八月）がある。

(22) United States v. Trans-Missouri Freight Association, 166 U.S. 290 (1897).

(23) United States v. Joint Traffic Association, 171 U.S. 505 (1898).

(24) 拙著『規制改革と競争政策』二二七〜二五三頁を参照されたい。なお、リード・バルウィンクル法は、州際通商法第五ａ条として同法に包含された。

(25) 設立当初の委員の待遇は大変良かったようである。例えば、「ＧＨＱの肝入りの組織だけに、この委員会の権威たるや相当なもの。委員はすべて次官級の扱い、全委員に鉄道一等パスが与えられるという厚遇・・・」という記事がある。「あの日あの時（1）」『輸送経済新聞』（昭和六三年四月二日付）。
(26) 米国においては、貨物自動車運送に係る仲介業は、motor property brokerと呼称され、いわゆる運送取扱業（freight forwarder）とは区別されていた。
(27) 衆議院「運輸・交通委員会」（昭和二二年九月二五日）における郷野政府委員の発言。
(28) 『運輸省三十年史』九七頁。
(29) 福島元吉「免許基準私見」『道路運送新聞』昭和二三年四月五日付。
(30) 免許の申請に係る申請書の具体的記載事項については、『道路運送法施行規則』（運輸省令・総理府庁令第二号、昭和二三年五月七日）第八条を参照。
(31) 志鎌　前掲書　二四六〜二四七頁。
(32) 森田朗『許認可行政と官僚制』岩波書店　昭和六三年一月　一七五頁。
(33) 衆議院運輸委員会（昭和二四年四月二三日）における満尾委員の発言。
(34) 『東京陸運局三十年史』昭和五五年三月　三一六頁。
(35) 「道路運送委員会批判」（『陸運新聞』昭和二四年三月二八日付）によれば、同委員会委員の劣悪な待遇（給与等）により有能な人材を獲得することができていない、としている。
(36) 例えば、谷利亮『道路貨物運送政策の変遷』白桃書房　平成二年四月　一一二頁。
(37) 『日本自動車交通事業史（上）』三八〜三九頁。
(38) 交通研究資料（第五輯）『一九三〇年代の交通問題』日本交通協会（昭和五年六月）一四六頁。
(39) 吉武祥夫「トラック運賃の変遷（2）」『通運』（No.191）昭和三〇年八月一〇日　四一頁。
(40) 同右。
(41) 前掲『一九三〇年代の交通問題』一四七頁。
(42) 『大和運輸五十年史』一〇三頁。
(43) 同右　四三頁。
(44) 同右　四四頁。
(45) 昭和二一年三月三日　勅令第一一八号。本令の制定により、昭和二三年七月から自動車運送事業の運賃認可権限が物価庁長官に移管された（『東京陸運局三十年史』六一五頁）。

(46) 三井揚公「道路運送委員会」『月刊 運輸』第二八巻七号（昭和二三年一二月一〇日）。

(47) 衆議院運輸及び交通委員会（昭和二三年五月二二日）において、井谷政府委員は地方の某県においては二名の委員が現に運送業界に関与していること、及び他においても「兼務」をしている委員がいることを認める発言をしている。また、同日の同委員会で岡田運輸大臣（当時）は道路運送委員会の全委員九六名中三七名（うち中央道路運送委員会では九名中四名）が業界関係者であると報告している。ただし、委員は第八条五項の規定に基づき正当に選任されたとの認識を表明している。

(48) 「道路運送委員会批判」『陸運新聞』昭和二四年三月二八日付。

(49) 「道路運送委員会に評価」『陸運新聞』昭和二四年四月一八日付。

(50) 「道路運送委員会批判」『陸運新聞』昭和二四年三月二八日付。

(51) 昭和二四年五月三一日法律第一五七号。同法については『運輸省三十年史』八九〜九〇頁参照。

(52) 『大和運輸五十年史』一九一頁。

(53) 大西徳「トラック運送で綴る激動の昭和戦後史⑤」『New TRUCK』（二〇一〇年一一月号）一〇六頁。

(54) 『日ト協二十年史』五七頁。

(55) 昭和二三年六月一四日付『道路運送新聞』には、「自家用、攻勢を開始・・・緊急立法の運動に着手」という記事が、また同年六月二一日の同紙には「全国トラック業者大会閉幕・・・自家用群の策動許さず」との記事が掲載されている。

(56) 『日本トラック協会十年の歩み』（以下『日ト協十年史』）四頁。

(57) 『日ト協二十年史』五七頁。

(58) 衆議院「運輸委員会」（昭和二四年五月九日）における論議参照。

(59) 当時の自家用自動車を運輸省の規制に含めるべしとする意見の根拠は、燃料油である石油の統制と関連して営業用自動車への優先主義を批判する立場から主張された。議論については、例えば衆議院「運輸委員会」（昭和二五年七月二〇日）の論議を参照。

(60) 衆議院「運輸委員会」（昭和二四年五月九日）における論議、特に大屋運輸大臣、小幡靖政府委員、荒木茂久二説明員の発言を参照。

(61) 小倉康臣『あゆみ―大和運輸の四十年』昭和三四年一一月　一三一頁。

(62) 衆議院「運輸委員会」（昭和二四年一一月二一日）における大屋運輸大臣（当時）の発言参照。

(63) 国有鉄道は、昭和二三年一二月に公布、翌年六月に施行された「日本国有鉄道法」により、公共企業体（Public Corporation）として発足した。
(64) 志鎌　前掲書　二六七頁。
(65) 通運法規研究会編『通運事業法解説』日本交通社　昭和二五年三月　一五～一六頁。
(66) 昭和二二年一二月一八日　法律第二〇八号。
(67) 日本通運は昭和二三年二月二二日の第二次指定（「配給業およびサービス部門における過度経済力の集中に関する基準」）により指定を受けたが、最終的には昭和二六年六月二七日公取委から同法に基づく手続き終結の通知を受けた（『社史　日通』五一六頁）。日本通運は同法による強制的な企業の分割再編は免れ、独自の再編計画に基づく再編によって存続されることになった。
(68) 『社史　日本通運』五二七頁。
(69) 志鎌　前掲書二六九頁。
(70) 同右　二六九頁。
(71) 「通運」という用語は古くは西暦三一二年頃の中国の古文書（謽書　懐帝記）に使われたのが嚆矢とされるが、わが国では明治期に交通、運輸およびこれに関連する業務の総称として用いられた、とされる（大矢誠一『マルツウ考』一八～一九頁）。
(72) 衆議院「運輸委員会」（昭和二四年一一月二四日）における大屋国務大臣の法案説明。
(73) 前掲『通運事業法解説』三九頁。
(74) 同右　六七頁。
(75) 同右　九六頁。
(76) 同右　一〇〇頁。
(77) 「定額料金制反対論に付いて」『通運』（No.39）昭和二五年一一月　六頁。
(78) 志鎌　前掲書　二四九頁。
(79) 『トラック情報』No.111（昭和二四年一一月二五日）四頁。
(80) 衆議院「運輸委員会」昭和二五年七月二〇日　議事録。
(81) 『陸運新聞』昭和二六年三月一日付。なお、同日の閣議においては、道路運送法案のほか、道路運送車両法案、自動車抵当法案の三法案が決定された。

(82)『陸運新聞』昭和二六年三月二二日付。

(83) 衆議院「運輸委員会」昭和二六年三月三一日　議事録。

(84) 昭和二六年六月一日　法律第一八五号。

(85) 昭和二六年六月一日　法律第一八七号。

(85) 志鎌　前掲書　二八二頁。

第四章　道路運送法による規制政策

第一節　道路運送法の内容と展開

一―一　道路運送法の趣旨と目的（第一条）

昭和二三（一九四八）年に施行された道路運送法（「旧道路運送法」）は三年有余で廃止となり、昭和二六（一九五一）年に新たな道路運送法が制定された（以下、「道路運送法」という）。

同法は、制定後数多くの改正を受けながらも、戦後期から昭和時代終焉までの約四〇年間にわたり、わが国の貨物自動車運送事業政策の基本的な枠組みを形成、維持していくこととなる。その内容は、旧道路運送法で構築された需給調整に基づく「免許制」による参入規制と適正原価に基づく運賃・料金の「認可制」による価格（運賃）規制を両輪とする経済的規制の確立、実施であった。

しかしながら、旧道路運送法制定時にすでに論議された、許認可、自家用自動車問題等、いくつかの重大問題については、道路運送法でも明確な方向性を示すことができず、昭和の時代を通じてほぼ一貫して貨物自動車運送事業の実態に対応した、法規制の緩和化が進行することになる。

旧道路運送法の目的規定（第一条）は「道路運送に関する秩序の確立及び事業の健全な発達並びに車両の整備及び使用の適正化を図り、以て道路運送における公共の福祉を確保する」ことを目的とすると定めていた。これに対して道路運送法（第一条）は実現すべき政策目標、道路運輸行政の指導理念として「道路運送事業の適正な運営及び公正な競争を確保するとともに、道路運送に関する秩序を確立することにより、道路運送の総合的な発達を図り、もって公共の福祉を増進すること」を宣言している。

本法の最終的な目的は公共の福祉の増進であるが、直接的には道路運送の総合的な発達を図ることにある。そのためには、事業の適正な運営、公正な競争の確保、道路運送の秩序の確立が要請されるという枠組みになっている。このうち道路運送法の運用過程で最も重要視されたのは、道路運送秩序の維持（輸送秩序の維持）であった。

旧道路運送法と道路運送法の目的規定はほとんど重複しているが、後者に「公正な競争の確保」という文言が新たに挿入されているのが注目される。一般に戦後制定の法律の目的規定においては「秩序の確立」、「公共の福祉」といった一般条項的、抽象的な用語が用いられることが多い。おそらく「公正な競争の確保」という文言も、制定時には他と同様に本法が目指す政策の一つとして象徴的に挿入されたものといえよう。

もっとも、道路運送法に「公正な競争の確保」という文言がわざわざ入れられたのは、他の運輸事業とは異なる事情があったとも考えられる。この時期（昭和二〇年代後半）に制定された他の運輸関係事業法をみると、「海上運送法」（昭和二四年 法律第一八七号）、「港湾運送事業法」（昭和二六年 法律第一六一号）、「内航海運業法」（昭和二七年 法律第一五一号）、「航空法」（昭和二七年法律第二三一号）等の目的規定には、「公正な競争の確保」という文言は見えない。なお、「通運事業法」（昭和二四年 法律第二四一号）の目的規定には「公正な競争の確保」という文言が挿入されている。

貨物自動車運送事業者間の競争、さらには自家用貨物自動車との競争が念頭にあったのではなかろうか。法案審議の議事録によれば、この文言は本法を改正するため法案を提出した「趣旨を盛り込み事業の適正な運営と公正な競争の確保により、道路運送の総合的な発展を図ること[1]」としたとのみあり、具体的な論議は展開されていない[2]。

産業の基本法である独占禁止法（昭和二二年制定）による競争政策と各種事業法に包含される競争政策の交錯は、その後の政策上の論点の一つとなる。

一―二　事業の種別（第三条）

旧道路運送法施行後の事業の進展に鑑みて、貨物自動車運送事業については「積合せ・貸切」と区分するよりも、事業の実体に近い「路線事業」、「区域事業」に事業区分が変更された（第三条）。また、当時は小型貨物自動車（最大積載量一トン以下）を使用して行う運送事業が活発化している実情があったので、当該事業が追加された。さらに、特定自動車運送事業に関する従来の定義は、「やや不分明のところがあった[3]」ので、条件を明確にするとともにその区分も「旅客・貨物」の二種とした。それぞれの事業区分は、以下のとおりである。

(1) 一般自動車運送事業（特定自動車運送事業以外の自動車運送事業）
① 一般乗合自動車運送事業（旅客を運送する一般自動車運送事業であって、②及び③の自動車運送事業以外のもの）
② 一般貸切自動車運送事業（一個の契約により乗車定員一一人以上の自動車を貸し切って旅客を運送する一般自動車運送事業）
③ 一般乗用旅客自動車運送事業（一個の契約により乗車定員一〇人以下の自動車を貸し切って旅客を運送する一般自動車運送事業）
④ 一般路線貨物自動車運送事業（一定の路線により自動車を使用して貨物を運送する一般自動車運送事業であって、⑥の自動車運送事業以外のもの、以下「路線事業」という）
⑤ 一般区域貨物自動車運送事業（一定の事業区域において、路線を定めないで自動車を使用して貨物を運送する一般自動車運送事業であって、⑥の自動車運送事業以外のもの、以下「区域事業」という）
⑥ 一般小型貨物自動車運送事業（最大積載量一トン以下の自動車のみを使用して貨物を運送する一般自動車運送事業、以下「小型貨物」という）

(2) 特定自動車運送事業（特定の者の需要に応じ、一定の範囲の旅客又は貨物を運送する自動車運送事業）
① 特定旅客自動車運送事業（一定の範囲内の旅客を自動車で運送する事業）
② 特定貨物自動車運送事業（一定の範囲内の貨物を自動車で運送する事業）

上記のうち、貨物自動車運送事業は(1)④、⑤、⑥及び(2)②の事業であるが、このほかに「一般区域限定（限定）」と呼ばれる免許があった。これは道路運送法第四条第三項に「自動車運送事業の免許は、運送の需要者、運送する旅客又は貨物その他の業務の範囲を限定して行うことができる」とあるのを根拠にした事業免許である。

しかし、実際には「特定」と「限定」の定義が不分明で行政担当者が自由裁量的に処理を行ったとの批判が根強くあり、後に貨物自動車運送業界の一部からは「特定」「限定」は「一般」免許の予備的免許で、「業務範囲により営業行為に制約を受けているが、その制約こそは戦前より継続する業者を擁護するもの(4)」との批判が出されることになる。

戦前からの既存事業者の擁護についてはともかく、事業の種類の細分化、複雑化は免許による参入規制、事業規制政策への批判として、後に噴出することになる[5]。

一―三　免許基準（第六条）

旧道路運送法においては運輸省告示という形で免許基準を公示していたが、本法においては第六条に「免許基準」に係る規定が新設された。すなわち、免許の申請（第五条）があった場合に第六条第一項は事業の開始が①輸送需要に対し適切なものであること、②公衆の利便を増進するものであること、③供給輸送力が輸送需要に対し著しく不均衡とならないものであること、④事業を適確に遂行するに足る能力を有するものであること、⑤輸送施設が輸送需要の性質に適応するものであること、の五点を審査するとしている。

また同条第二項では、同項に規定する不適格要件に該当しない場合には、審査の結果基準に適合していると認めたときは、運輸大臣は参入の申請に対して自動車運送事業の免許をしなければならない、としている。

ただし、法律に規定された免許基準は自動車運送事業の各分野（バス、タクシー、トラック）について詳細に規定されているわけではなく、抽象的かつ簡潔なものとなっている。実際上の具体的な基準は運輸省の通達、運用等に委ねられており、このことは参入規制政策について行政の裁量、関与の余地が多く存在することを意味しており、道路運送法における参入規制政策の大きな特徴であることを指摘しておきたい。

道路運送法が施行された後の参入の状況は、免許件数が前年の約一・五倍に急増するという形で現れた。この背景には、自動車、部品、ガソリン等の供給が円滑化したという要因もあるが、昭和二五、二六年の朝鮮動乱による特需等に支えられた旺盛な新規参入を希望する事業者の増加がある。また、市場には他にも潜在的な参入者が多数存在していたといわれていた[6]。

この結果、既存の事業者の立場からみると、道路運送法成立以降、厳しい基準もなしくずしに新免申請者側に好都合に解釈、運用されようになり[7]、「書類さえととのっていれば免許」[8]されるという風潮が出てきたという指摘もある。いずれにしても昭和二七年ごろから貨物自動車運送事業への新規参入が増加し、事業が活発化する。昭和三一年には事業者数が一万を超え（巻末【参考資料Ⅰ】参照）、貨物自動車運送事業の隆盛への序幕が切って落とされた。

一―四　運賃・料金等（第八条）

道路運送法第八条は、運賃及び料金の認可について規定している。すなわち、同条第一項で自動車運送事業者は運賃及び料金を定め運輸大臣の認可を受けねばならないとしている。変更の場合も、また同様である。

運輸大臣がこれらの認可をする際には、次の基準によってすること（同条第二項）とした。すなわち、①能率的な経営の下における適正な原価を償い、且つ、適正な利潤を含むものであること、②特定の旅客又は荷主に対し不当な差別的取扱をするものでないこと、③旅客又は貨物の運賃及び料金を負担する能力にかんがみ、旅客又は荷主が当該事業を利用することを困難にするおそれがないものであること、④他の自動車運送事業者との間に不当な競争をひきおこすこととなるおそれがないものであること、である。

なお、同条第三項では、運賃及び料金は「定額をもって明確に定めなければならない」としている。ここでいう定額制とは、「一定額の認可を受ければそれより割増、割引或いは割戻をしてはならない[9]」制度で、それを採用した理由は、事業者間の不当な競争の防止と荷主への不当な差別的取扱の禁止にあった[10]。もっとも、定額制は実際には「相当複雑なものであってさしつかえないのでありまして、定額制であるから画一的な一本のものでやるということでは決してございません[11]」との説明がなされた。一般の商品に係る「定価」といった概念とは、およそ趣旨が異なるものであったといえる。

同様の理由で、第一〇条には「現払制」が定められていた。すなわち、貨物自動車運送事業者は「運送貨物を荷受人に引き渡すまでに」（第一〇条第一項）荷主から運賃・料金の収受をせねばならない、という規定である。

運賃の定額制、現払制（「定額現払制」）は、当時市場で繰り広げられていた低運賃（いわゆる「運賃ダンピング」）競争を回避、終息できるのではないかという期待が、貨物自動車運送業界からかけられていた[12]が、結局は理想論、空論に終わってしまった。すでに市場では運賃競争が激しく展開されており、地域によっても事業者によっても様々な運賃が提示されていた。運賃は、地域別、貨物品目別、割増、割引等も認可基準に合致すれば認可されることになっており、確定的な定額の運賃を行政が設定するというのは、当初から困難なことであったといわざるを得ない。

この後、道路運送法は法が規定する認可運賃・料金と、市場で形成される実勢運賃との差異に対峙しつづけることとなる。

一―五　自動車運送取扱事業（第五章）

道路運送法は第五章（第八〇条〜第九五条）に、「自動車運送取扱事業」を規定し「登録」制とした（第八〇条）。これは旧道路運送法には無かった新規の規定である。

定義規定（第二条第四項）によれば、自動車運送取扱事業とは「他人の需要に応じ、有償で」次に掲げる行為を行うものをいう、としている。具体的には①自己の名をもつてする自動車運送事業者による貨物運送の取次又は運送貨物の自動車運送事業者からの受取（運送取扱事業）、②他人の名をもつてする自動車運送事業者への貨物の運送の委託又は運送貨物の自動車運送事業者からの受取（運送代弁業）、③自動車運送事業者の行う運送を利用してする貨物の運送（利用運送事業）、である。

自動車運送取扱事業を開始するには、上記の種別について登録を行う（第八〇条第二項）ものとされるが、その際の「基準」は法定されていない。運輸大臣は、当該登録の申請があった場合には第八一条に規定する申請書により、自動車運送取扱事業登録簿に登録せねばならない（第八二条）とされる。

ただし、第八三条には欠格事項が定められ同条各項（一〜六）の事由に該当する場合には登録を拒否しなければならない、とされている。このうち、第一項〜第四項については自動車運送事業と同様（第六条第二項一〜四号）であるが、「事業に必要な施設であつて運輸省令で定めるものを有しない者」（第五項）、「当該事業を遂行するに足る資力信用を有しない者」（第六項）という二項目が追加された。

運送取扱事業が道路運送法に追加、包含された背景には、この時期に貨物自動車による長距離輸送市場が生成され、積合せ輸送事業が発展してきたことがあり、輸送の長距離化により路線貨物自動車運送事業に対する仲介、斡旋を業とする者が出現してきたことにある。運送取扱業者が介在する路線、積合せの現場では、荷送人から荷受人に引き渡されるまでの間の責任の所在、運賃・料金の収受をめぐる問題といったトラブルが生じ、「企業体の不安定な水屋（運送取扱業者）の場合に、その取扱った貨物の最後の実質的責任をトラック業者に負わす場合がしばしばあり、これらの輸送責任を負荷し得ないような運送取扱業者に一定の法的責任を負わす(13)」目的があった。実運送としての貨物自動車運送事業者側からの要請も、運送取扱事業への規制導入の一因でもあった。

一―六　軽車両運送事業（第六章）

道路運送法第六章は、自動車ではなく荷馬車、牛車、大八車、リヤカー等の人力や馬力等を使用しての運搬具である軽車両運送事業についての規定であり、これらにより事業を開始する際には行政庁への「届出」が必要とされた（第九六条）。この時期にはすでに自動車による輸送が主力となり、馬力、人力等による輸送は補助的な位置づけになっており、輸送力としては徐々に無視することも可能な状況になっていたので、軽微な規制である「届出」とされたのであった。

なお、軽車両事業者がこの法律、処分に違反したときには、三ヶ月以内において期間を定めて事業の停止命令を発することができるとした（第九七条）。

一―七　自家用自動車の使用（第七章）

道路運送法第七章（第九九条～第一〇二条）は、自家用自動車の使用に関する規定である。
自動車運送事業者が事業用自動車以外の自動車、すなわち自家用自動車を使用する場合には、運輸大臣への届出が必要とされる（第九九条第一項）。また、自家用自動車を共同で使用する場合には運輸大臣の許可が必要とされた（第一〇〇条第一項）。

自家用自動車は原則として有償で運送の用に供してはならず（第一〇一条第一項）、また運輸大臣の許可を受けずに有償で貸渡してはならない（同条第二項）とされた。

自家用自動車の位置づけは、旧道路運送法の制定をめぐる議論以来極めて大きな問題であった。すなわち、旧道路運送法では自家用自動車の有償行為（営業類似行為）を禁止する一方、経済復興に伴う輸送需要に応じるため増加しつつある自家用貨物自動車を合法的に活用する道を開いていた。前述のとおり、このことが自家用自動車を支援する団体と営業用自動車（貨物自動車運送業界）団体の間での対立をいっそう激化させることになった。特に、貨物自動車運送業界では昭和二四年の不況を契機に自家用対策を求める声が高まり、次第に自家用貨物自動車の使用について法規制を要求することになる[14]。

なお、この間の法制化についてはまず昭和二三年六月に全国自家用自動車組合連合会が中心となって、自家用自動車余裕輸送力利用に関する法案（いわゆる「自家用利用法案」）を議員立法として提案したのに対し、貨物自動車運送業界の団体である日本トラック協会は「道路運送法と関係なくトラック事業の免許を獲得するための野望[15]」と断じ、徹底的な反対行動を起こしている。

結局、道路運送法は免許制による参入規制を続ける中で、自家用自動車による営業類似行為問題と苦闘しながら、道路運送法第一条に掲げる「輸送秩序の維持、確立」に向けて実現困難な政策の企画、実施を続けることになる。

一―八　道路運送委員会制度（第一〇三条）

道路運送法においては、旧道路運送法の道路運送委員会に代わり、「道路運送審議会」が創設され陸運局毎に設置された（第一〇三条）。陸運局長は①自動車運送事業の免許、②自動車運送事業の停止及び免許の取消、③自動車運送事業の基本的な運賃及び料金に関する認可については道路運送審議会にはかり、その決定を尊重しなければならない（第一〇四条)、とした。

このような結果、民主的な行政手続き、国民の参加という理念に基づく道路運送委員会制度は、「出発当時のものとは全く質を異にしてしまった[16]」。新設された道路運送審議会は、東京、名古屋、大阪、広島、高松、福岡、新潟、仙台及び札幌の各陸運局に置かれ、半数に削減された委員のもと陸運局長の免許等に関する権限の行使についてのチェック、すなわち陸運局長の権限を一定の範囲で制限するための機関としての役割を果たすことになった。なお、従前の中央道路審議会の仕事は、昭和二四年の運輸省設置法により設けられた運輸大臣の諮問機関である運輸審議会に吸収された[17]。

もっとも、道路運送審議会は「必要があると認められるときは」公聴会を開くことができる(第一一五条)とされたが、実際には免許手続きにおいては公聴会を必ず開催して事実審理をなすことになっており、審議会、行政、事業者の間の意見の調整が難航、徐々にそれぞれの関係者の本制度への考え方に格差が生じ、その結果同制度への当初の熱意が次第に消え失せていったといえる。

制度は変質、弱体化したものの、この時期の道路運送法の運用、特に参入規制においては「公聴会」及び後述する「聴聞会」が一定の役割を果たしていたという事実がある。例えば、免許の是非を判断する「公聴会」の場においては、「机を挟んで免許申請者と反対者が相対し、口角泡を飛ばして言い合いとなり喧嘩寸前までいったこともあった・・・また、免許は三回程度申請しないとおりなかった[18]」ということがある。結果的には、こうした新規参入をめぐる対立抗争の事態に、審議会も行政も有効な可否の判断、紛争解決の手段を見出し、実行できなかった。

旧道路運送法時代に極度に制限された新規参入も、手続き等の困難はあるものの結果的には免許申請者が免許を取得することができるようになり、本改正法施行後の貨物自動車運送事業者数の増加につながった。

一―九　独占禁止法の適用除外(第二一条)

道路運送法第二一条は、認可を受けて行う正当な「運輸に関する協定」(第二〇条)及び「他の運送事業者又は通運事業者との設備の共用、連絡運輸、共同経営又は運輸に関する協定」(第三三条第一項四号)について、独占禁止法の適用除外を規定している。

わが国で初めて独占禁止法が施行された昭和二二年時点で存在した自動車交通事業法は、「事業法令に基づく正当な行為」（独占禁止法第二二条）として同法の適用除外が容認されていたが[19]、道路運送法はこの規定を継承したものである。

なお、公正取引委員会は独占禁止法の精神に反する法令の措置について、昭和二三年四月六日付けで「経済関係諸法令の改廃に関する意見」を関係各省に送付している。これは「許認可制度は可能な限り少なくすること、届出制で足りるものはこれに置き換えるべきこと、許認可制を必要とするときはその条件を可能な限り客観的に明らかにすること、委員会、聴聞会等の制度活用すべきこと」としていた[20]。公正取引委員会は事業法に基づく許認可制を極力縮小して独占禁止法による公正かつ自由な競争という基準により、事業の諸政策を行うべきと考えていたことの現われといえる。

道路運送法における独占禁止法適用除外規定は、時として問題が顕在化しながらも位置づけは変わることはなかった。

第二節　道路運送法の改正

貨物自動車運送事業の規制の基本的な枠組みを形成していた道路運送法は、昭和二六年の制定から平成二年に貨物自動車運送事業への適用が廃止されるまでの約四〇年間に、一五回以上の法改正が実施された。単純に考えれば、ほぼ二年半に一度ずつ改正されたことになり、これは頻繁に改正されたということになろう。

しかし、この約四〇年間は貨物自動車運送事業にとって激変に次ぐ激変の時期であり、また急成長の時代でもあった。規制政策も各種事業の実情、実態に合わせる形で後追い的に柔軟かつ迅速に対応したものであったといえる。このことは、道路運送法の規制政策の性格の一端を示すものであるので記憶にとどめる必要がある。

道路運送法は昭和二八年、三一年、三五年、四六年、五九年、六〇年の改正等多くの改正が行われたが、中でも昭和二八年及び昭和四六年の改正は規制政策に重要な影響を及ぼす改正であった。以下、これらの改正について概要を確認しておきたい。

二―一　昭和二八年改正の背景

昭和二六年に装いも新たに制定された道路運送法は、二年余の昭和二八（一九五三）年八月に第一回目の改正法が成立、同年一〇月一日に施行された（以下、「昭和二八年改正法」という。[21]）。

この改正の背景を一言でいえば、本来昭和二六年の道路運送法制定時に解決しておくべき諸課題が法制定後も未解決のまま持ち越され、さらに諸課題をめぐる紛争がいっそう深刻化したということにあったといえる。諸課題の中でも中心的な論点は、免許制度による参入規制の是非と道路運送審議会に関する批判の二点であった。

なお、昭和二八年の改正の前段として昭和二七年末から昭和二八年春にかけて、道路運送法の改正に関係する大きな動きがあった。すなわち、衆議院運輸委員会の議事録によれば、昭和二七年一二月二二日に中曽根康弘議員を中心とする議員から提案された区域トラック、旅客事業の免許制を届出制に改めることを骨子とする法案[22]（いわゆる「中曽根法案」）が提出されたことである。同法案の衆議院への提出を受けて、同委員会で「道路運送法改正に関する小委員会」が急遽設置され、免廃問題等をめぐって調査、論議が行われた。これは免許制度堅持派からの、免廃派への強烈な巻き返しの動きであった。[23]

小委員会での審議の経過及びその結果は、昭和二八年三月一三日に関谷勝利委員（衆議院議員）から次のように報告されている。すなわち、都合五回にわたる小委員会の場に業界代表四名、労働者代表、利用者代表、免廃期成同盟代表、学識経験者各一名を参考人として招致し、意見の聴取を行った。さらに、前年一二月二二日の「道路運送法の一部を改正する法律案[24]」の提案者代表（中曽根康弘衆議院議員）と運輸省自動車局当局からも意見を聴取した結果、現行免許制度の撤廃と道路運送審議会の問題が核心であることが判明した[25]、とする。

具体的には、まず免許制度について免許制の撤廃、自由営業を主張（いわゆる「免廃運動[26]」）する者の理由は、現行法では各業種とも一律に煩雑な免許手続きを要し、かつ免許基準が形式的厳格に過ぎるため許可等が容易におりず、多数の小規模業者は営業を営むことができない。そのため、やむを得ず名義借り営業、自家用による営業類似行為を行う者がでている実情がある。かかる免許制は小企業に対する不当な圧迫であり、職業選択の自由を不当に束縛するものであて、中小企業の多いわが国に適せず、よって実情に即するよう免許制度の大改革を行うこと。その結果、問題となる道路運送の秩序維持、事故賠償能力の低下等は運送事業者の自主的規制によることとし、行政監督はこれを最小限にとどめるべしとしている。これに対して、免許制存続を主張する者は現行制度に伴う弊害、矛盾はこれを認めるも、自動車運送事業の有する公共性から見て、免許制は当然であり、免許制撤廃のあかつきには過小経営の濫立、不当競争の惹起、事故の頻発、従業員の労働強化、賠償能力の低下等の事態が現出し、これにより交通秩序を乱し、一般旅客、荷主に重大な損失を与えることとなる点を強調する。

また、道路運送審議会については、その運営の実情からその構成につき再検討を加えるべきとの意見や、これを廃止し新たに諮問機関を設置して個々の免許事案にはタッチせしめないこととし、行政簡素化に資する制度にするべきとの意見が報告された[27]。

この後、小委員会による上記の論点を中心とする議論を踏まえて、衆議院運輸委員会で道路運送法改正案が作成され[28]、昭和二八年三月一四日に衆議院に提出された。しかし、同日の衆議院の解散により、同法案は中曽根法案と共に廃案となった。

こうした社会の動向を受け、運輸省は免許基準の適用、事案審理手続きの簡素化等の問題につき、昭和二七年一二月二七日付けで陸運局長に対する自動車局長通牒により免許制度に関する課題の解消を図る方策を、法改正に先駆けて図っていた[29]。こうしたこともあり昭和二八年に入ってからの議会での法改正論議の中では、免許制度の撤廃論は後退している。

なお、免廃運動とほぼ同じ時期に政府は行政簡素化の視点から行政監察を実施しているが、昭和二五年八月から昭和二六年二月まで「自動車運送行政監察」が実施され、その結果を公表している。すなわち、①自動車運送事業の免許について、②運輸審議会について、③道路運送審議会について、④陸運事務所の運営について、⑤道路の整備について、⑥自動車行政の方向、に関して報告を発表しており、その内容は中曽根法案に近いものとなっている[30]。

また昭和二八年改正法が施行された同年一〇月に、政府は「臨時行政改革本部」を設置して行政改革全般についての検討を開始したが、その中に「自動車運送事業の免許制を届出制に改める（路線事業を除く）[31]」との一項が含まれていた。区域事業の免許問題は、この後の行政改革論議で常に取り上げられるテーマの一つとなっていく。

この後、道路行政、免許制度の課題について行政手続きの簡素化が重要な論点として明確化、顕在化したことを指摘しておかねばならない。

なお、貨物自動車運送事業者の団体である日本トラック協会は、本改正における自家用自動車への取組みを不満として、「輸送秩序確立」の観点から自家用自動車の使用許可制と違反取締の厳格化を要望して議員立法による立法化への方針を固め、昭和三一年二月には原案を策定して自民党政策審議会に提出した。しかし、使用許可制には法律上の疑義が出されたため、実際の内容には自家用自動車の使用の「認証制」であった。だが、認証制の導入を企図した法案は成立することはなかった[32]。

その後、自家用自動車の規制強化、法制化への試みは何度か繰り返され、道路運送法の改正（昭和三五年）でも一部が取り入れられたこともあったが、自家用自動車の規制は既存事業者が要求するような形にはならなかった。その行政側の理由は、「行政庁の人員予算の不足[33]」とされた。

二―二　昭和二八年改正法の概要

道路運送法改正法案（「道路運送法の一部を改正する法律案」）は、昭和二八年七月三日に参議院に、また同月六日に衆議院に提出され、両院の運輸委員会において提出理由（ほぼ同様）の説明が行われた。

このうち衆議院運輸委員会では法案提出の理由として、道路運送法施行後の「自動車運送の著しい発達及び諸事情の変化、昭和二七年一二月二二日の議員提出の法案の趣旨を全面的に取り入れて、自動車運送事業に対する規定と自動車運送に関する諮問機関についての必要な改正と諸種の届出制度の廃止等による行政手続きの簡素化をはかるため[34]」としている。

同法案は、両院の運輸委員会での審議の末、昭和二八年八月一〇日に両院を通過、成立し同年一〇月一日から施行された。改正法の概要は、以下のとおりである。

（一）免許基準を事業の種類を実情に合うよう改正

昭和二六年以降の免廃運動等もあり、免許制度の存続について数年来の論議があったが、本改正では引き続き自動車運送事業の免許制度は存続[35]されることになった（第四条）。

ただし、昭和二八年改正法では道路運送法で法制化された免許基準（第六条）について、修正、運用等の見直しが行われた。すなわち、昭和二六年の道路運送法第六条第一項三が「当該事業の開始によって当該路線又は事業区域における供給輸送力が輸送需要量に対し著しく不均衡とならないものであること」としていたのを、改正法は「当該事業の開始によって当該路線又は事業区域に係る供給輸送力が輸送需要量に対し不均衡とならないものであること」（第六条第一項二号）と規定し、従来の規定から「著しく」という文言を削除した。従前では規定の反対解釈として輸送需給に著しい不均衡が生じない限り免許すべき[36]としていたが、現実には新規参入は一定の制限を受け、特に区域事業においては自家用貨物自動車による営業類似行為（いわゆる「白トラ」によるヤミ（闇）営業）や名義借りなどの温床となっていた。こうしたことから新規の事業免許を求める声は強く、前述の免廃運動の背景になっていた。

もっとも、既存の事業者からは、新規参入抑制の要請が引き続き強く出されていた。それは、昭和二六年の道路運送法施行、免許基準の柔軟な運用、さらに昭和二七年一二月の自動車局長通牒の発出以降、特に「小型」を中心に新規参入が急増していた（巻末【参考資料Ⅰ】参照）。

また、新たに一般自動車運送事業の免許基準とは別に特定自動車運送事業の免許基準が定められた（第六条第二項[37]）。

昭和二八年改正法の免許基準の改正は、後述の「公聴会」の廃止と相俟って参入の容易化を促し「区域」、「小型」の事業分野で「新免ラッシュ[38]」と呼ばれた事業者急増が生じることとなった。新規参入は、以後不断に継続していく。

ところで、法改正の審議を通じて「営業区域」の問題が取り上げられた。道路運送法第二四条は事業区域外の運送について、区域外運送を行う場合には「その都度運輸大臣の許可を受けねばならない」としていたが、昭和二八年改正法では「事業区域を定める自動車運送事業を経営する者は、発地及び着地のいずれもがその事業区域外に存する旅客又は貨物の運送をしてはならない」（第二四条）として、区域外営業を「禁止行為」とし「区域外運送の（特別）許可」を廃止した。

ここで「事業区域」というのは、通常自動車でもって営業のできる事業運営の範囲であるとし、トラックの場合一般的には一〇〇キロ以内と考えるとしている。この根拠は、貨物を運んで行ってその日のうちに帰れる（日帰り可能、当時）範囲とした。自動車運送事業に日帰り以遠の営業を無限に認めると、「日本全国が全部営業区域となってしまい各地を主たる営業区域としている事業者との間に摩擦[39]」が起こることになるので、それを回避するためとの理由であった。

（二） 自動車運送事業の種別を改正

従来の一般乗合自動車運送事業と一般路線貨物自動車運送事業の定義について、「あまりばく然としていて申請者にとっても、官庁側にも不便な点があったので[40]」、実情に即するよう改正がなされた。このうち一般路線貨物自動車運送事業については、定期、定路線、積合貨物を三要素として改正、また小型貨物自動車運送事業については従来一トン以下の小型自動車のみの使用に限定していたものを、「運輸省令で定める屯数以下の自動車のみ」（第三条第二項六号）による貨物の運送として使用車両の積載量に幅をもたせた。

改正された自動車運送事業の事業区分は、次のとおりである（第三条）。

(1) 一般自動車事業（特定自動車運送事業以外の自動車運送事業）

① 一般乗合旅客自動車運送事業（路線を定めて定期に運行する自動車により乗合旅客を運送する一般自動車運送事業）

② 一般貸切旅客自動車運送事業（旅客を運送する一般自動車運送事業であって。①及び③の自動車運送事業以外のもの）

③ 一般乗用旅客自動車運送事業（一個の契約により乗車定員一〇人以下の自動車を貸し切って旅客を運送する一般自動車運送事業）

④　一般路線貨物自動車運送事業（路線を定めて定期に運行する自動車により積合貨物を運送する一般自動車運送事業）

⑤　一般区域貨物自動車運送事業（貨物を運送する一般自動車運送事業であって、④及び⑥の自動車運送事業以外のもの）

⑥　一般小型貨物自動車運送事業（最大積載量が運輸省令で定めるトン数以下の自動車のみにより貨物を運送する一般自動車運送事業であって、④の自動車運送事業以外のもの）

(2)　特定自動車運送事業（定義等の変更なし）

①　特定旅客自動車運送事業

②　特定貨物自動車運送事業（以下、「特定事業」という）

以上の各事業のうち、貨物自動車運送事業は(1)④、⑤、⑥及び(2)②の四種の事業である。また、「一般区域限定」免許も存続した。

(三)　道路運送審議会を廃止し、自動車運送協議会を創設

戦後の行政の民主化の象徴として旧道路運送法により設置された道路運送委員会は、昭和二六年の道路運送法により道路運送審議会と改称、その内容も変質していた。しかし、免許手続きにおける「公聴会」制度は存続していたが、運営方法や行政手続きの簡素化の観点から批判が続出していた。

そこで、昭和二八年改正法は道路運送審議会を廃止して、新たに陸運局長の諮問機関として「自動車運送協議会」を創設した（第一〇三条）。この協議会では、従来の公聴会制度に代わり「聴聞会制度」を導入した。陸運局長は、次に掲げる事項について「必要があるときは利害関係人又は参考人の出席を求めて聴聞することができる」（第一二二条の二）こととしているが、法定の具体的な事項は、(ア)自動車運送事業の免許、(イ)自動車運送事業の停止及び免許の取消、(ウ)自動車運送事業における基本的な運賃及び料金に関する認可、の三項目である（同条一～三号）。

この改正の結果、自動車運送協議会は行政庁（運輸省）への民主的なチェック機能が実質的に失われ「名ばかりの存

在」[41]となってしまった。

すでに度々述べているように、戦後の行政の民主化の象徴として米国から輸入した独立行政委員会制度の一つである道路運送委員会制度は、その後弱体化の方向で運輸審議会、自動車運送協議会へと変更された。このことについてこの制度の導入に尽力した志鎌一之氏は自著の中で「結局かかる行政事務についての公聴会制度やまた行政官庁の権限をある意味において拘束するような制度は、わが国には成長し得ないことの端的な現われがここに見られるのではなかろうか」[42]と結論付けている。米国で生成、発展した独立行政委員会制度をわが国で受容する土壌、基盤がわが国でまだ未成熟であったというしかない。

道路運送法上の公聴会制度が消滅したことにより、事業への参入は一層容易となっていく。参入の容易化は、昭和三〇年代以降のわが国の驚異的な経済発展、貨物量の増大に、大いに寄与、貢献することとなるが、免許制度を中心とした参入規制政策の理論的根拠については、その疑義が深度を増すことになった。

二—三　昭和四六年改正の背景

道路運送法は昭和二六年の制定以降、法改正の度に参入、運賃等の経済的規制の面での緩和化が図られてきた。これは急激な貨物自動車運送事業の発展に牽引され、またその発展を推進するための緩和化であった。特に、わが国経済の高度成長期（昭和三五年から石油危機前の昭和四八年の間）の貨物輸送量は、おおむね年率八・四％を超える高い伸びを示しており、貨物自動車運送事業者数も約一・七倍に急増している。実態として、市場の要請に応じた柔軟な参入規制が行われていた。また、行政手続きの簡素化の要請もあった。

こうした背景のもと、昭和四六（一九七一）年五月一二日に改正法が成立（施行は同年六月一日）、法律第九六号として公布された（以下、「昭和四六年改正法」という。）。

しかし、昭和四六年改正法は従前の度重なる改正と大きく異なる特色があった。それは、運輸、陸運行政、政策の一大転換ともいえるものである。すなわち、昭和四〇年代以降の激動する社会、経済の実態に対応した運輸行政を行っていくためには「最早、従来のごとき事業者に対する許認可中心の規制型の行政によってはならない。運輸行政は、新しい時代に即した新しい行政への道を探し、その質的転換を図るべき時代に来ている[43]」との認識のもと、各種政策とりわけ許認可政策の転換が指向された。こうした考え方は、すでに昭和四三年七月に運輸行政の全面的な再検討を行った「運輸行政刷新本部」が策定した運輸行政改革計画の中で示されていた。具体的には、①運輸行政は、従来の事業者に対する監督を主眼とした許認可中心の規制型行政から日本経済の動脈をになう経済としての運輸に主力を置いた誘導型の行政に転換すべきこと、②運輸行政は、利用者の利便の確保を中心とするサービス型の行政であるべきこと[44]、である。

このことは換言すれば、昭和三〇年代から生じていた貨物自動車運送市場での需給の逆転を行政が追認し、供給過少時代の許認可行政が行き詰まり、供給過剰時代への対応が迫られ、その政策の端緒が切られたということである。「事業者から利用者重視への視点の転換」こそ、昭和四〇年代後半（一九七〇年代）以降の運輸行政のキーワードであり、さらに昭和五〇年後半（一九八〇年）以降、一層明確となる。

以上のような運輸行政の質的転換を陸運、貨物自動車運送行政に投影、具現化したのが、昭和四六年の法改正といえる。

ところで、昭和四六年の法改正は同法自体の改正ではなく、「許可、認可等の整理に関する法律[45]」の中で、道路運送法の一部改正（第二四条）として行われた。このことは、道路運送法の改正が許認可を中心する行政改革の一環として行われたという証左にほかならないが、一方で本改正により貨物自動車運送事業政策の変更が行われたのか、という論点が浮かびあがる。すなわち、本改正は単に許認可の簡素化、合理化のための改正であり、運輸、貨物自動車運送事業政策の基本は不変なのか、という疑問である。

このことについての国会での論議は、大変興味深い。改正法案の審議は、行政の簡素化を担当する内閣委員会に一括整理法案として付議されたが、改正内容は運輸政策の根幹に触れる問題であり、運輸委員会で専門的に審議しないのはおかしい、とする意見が委員から出された[46]。これに対して答弁に立った当時の橋本登美三郎運輸大臣（当時）は委員の指摘に同意しつつも、運輸政策の全般にわたる政策の検討は時間がかかり、緊急必要な問題についての処理ができないので「基本問題にかかわることではあるけれども、とりあえず現状のいわゆる煩雑な行政を整理していこう（中略）、こういうような次善の策というたてまえでこの法律案を出した[47]」と答えている。さらに、運輸政策全般にわたる課題については、すでに議論が行われていた「総合交通体系[48]」の論議の中で検討を進めるとした。

「次善の策」として専門でない委員会が、多くの時間をかけることなく審議された改正法案には、従前の政策の転換を含む多くの重要な改正点が含まれていた。こうした点は今日からみれば奇異の感を覚えるが、現状を追認しながら急いで法改正を行うという道路運送法の歴史が、くしくも垣間見られた論議であった。

もっとも、上記のような論議が国会で行われてはいたが、実際には昭和四六年の改正の前年に、特に参入規制政策をめぐっては大きな変更がすでに行われていた。いわゆる「六・一五通達」である。

ここで「六・一五通達[49]」というのは、昭和四五（一九七〇）年六月一五日に運輸省自動車局長から各陸運局長あてに発せられた通達で、貨物自動車運送事業に係る許認可等に関する処理方針を定めたものである。この通達の要点を端的にいえば、路線事業の参入を厳しく制限する一方、区域事業の参入については大幅な規制の緩和化を行う、というものである。

同通達は許認可の考え方として、①必要最小限度の審査にとどめ、事業者の自主的判断を尊重しつつ公正な競争原理の導入に努める、②事業者または協同組合の事業の長期計画作成の段階から積極的に指導、相談に応じる、③法令に定める義務を履行しない事業者、事故多発事業者については、業務の適正化について指導する、④本処理方針の運用に当っては業界に混乱が生じないよう配慮し、指導を行う、等の基本方針を確認したうえで、免許、運輸開始の確認、運送約款等について処理方針[50]を示している。

このうち事業免許についてみると、路線事業と区域事業を明確に区別して今後の施策を打ち出した。

まず路線事業については、今後の路線事業の重点的な施策として、事業の協業化、大規模化、企業の合併の促進、有機的な路線網の形成を図ることとし、路線業者を全国路線業者、広域路線業者、地域路線業者に分けて事業分野の調整を行う。そして、路線事業の過当競争及び二重投資の防止の観点から免許申請地点間の需給関係（申請者の荷主把握の度合いのみではない）を審査するとして、参入規制の強化を打ち出した。

次に区域事業については、以下のように結論付けられた。すなわち、現段階では特に新規免許を抑制する必要は認められず、できる限り競争原理を導入することが利用者へのサービスの向上の面からみて効果的であると考えられる。従って、今後は不況期等の特別の場合を除いては、免許処理を促進することとする。このことによって、当該申請地区での需給関係が著しく影響されるものではないと考える、としている。

また、現実の営業区域の広域化に配慮し、原則として陸運事務所単位の免許とするとした。このことにより、免許における市場要件が撤廃され積極的な競争原理の導入が図られたといえる。(51) これは、区域事業の大幅な参入規制緩和であり、事業法の改正によらず行政的手法のより実質的な緩和化が実施されたものといえる。

以上のように、「六・一五通達」は路線免許の厳格化、区域免許の容易化を行ったが、この他にも、貨物自動車運送事業及び自動車運送取扱事業に関係する多くの許認可事項の規制の緩和、手続きの簡素化を実施した。

以上のような状況の下、昭和四六年の道路運送法の改正が行われた。

二―四　昭和四六年改正法の概要

(一)　自動車運送事業に対する規制の変更

(1)自動車運送事業の定義

昭和四六年改正法は自動車運送事業の定義を「他人の需用に応じ、自動車を使用して旅客を運送する事業及び自動車（軽自動車を除く）を使用して貨物を運送する事業」（第二条第二項）とした。軽自動車を使って貨物を運送する事業については、自動車運送事業の定義から除外し、軽車両（荷馬車、リヤカー等）を使用して運送する事業に包含した。

軽自動車による貨物運送が自動車運送事業から除外された理由は、次のように説明されている。すなわち、「貨物運送用の軽自動車（軽トラック）については、その最大積載量が〇・三五トン程度であって輸送力としては微々たるものであること、近年における労働力不足の深刻化による人件費コストの上昇、輸送需要の増大等から貨物自動車運送事業者の使用するトラックは大型化の傾向を顕著に示しており、軽トラックによる運送に適合するような貨物の輸送分野は、トラック事業の分担する輸送分野とは異なる輸送分野を形成する実態に立ち至っていること、例えば、軽トラックの昭和四六年三月末における総数は約三〇〇万台であるが、そのうち貨物自動車運送事業者が使用しているものは約三〇〇〇台弱に過ぎず、軽トラックによる運送に適合するような少量、近距離の貨物輸送は自家用自動車が分担するに至っていること等の現状に鑑み軽トラックを使用して貨物を運送する事業について、公共輸送力の確保、調整という見地から免許制を維持することは実態にそぐわなくなってきて[52]」いる、との認識からである。

(2)自動車運送事業の種類

①無償自動車運送事業の新設

本法により自動車運送事業の種類に「無償自動車運送事業」が追加された（第三条第四項二号）。従前は有償であるか無償であるかを問わず一律にその営業は免許制とされてきたが、今次改正により無償で行う自動車運送事業については、営業開始前の届出制（第四五条の二第一項）に改められた。すなわち、規制の緩和化が図られたことになる。

ここで「無償」の自動車運送事業とは、旅客については旅館、ホテル、ゴルフ場等の利用者の送迎用のバス、また貨物については市町村が行う無償の霊柩運送事業があげられている[53]。しかしながら、実際的には自家用運送との明確な区分は困難な場合が多いと思われるが、このことについて無償自動車運送事業には自家用運送には無い運輸の安全関係の規則（例えば、運行管理者の選任）が適用される点で異なると説明されている[54]。

無償自動車運送事業は、運送の対価を収受せずにサービスを提供するものであるから、もし市場において有償で運送サービスを行う事業者との競合を生じた場合には、その無償性の故に一般自動車運送事業の経営を悪化させ、その業務の遂行を困難にするおそれがあり、利用者の利便を阻害する可能性がある。

そこで、昭和四六年改正法は無償自動車運送事業について次のような規制を行うこととした。

(ア)　事業経営の開始に際する届出の義務及び届出事項の変更に際しての届出の義務（第四五条の二第一項）
(イ)　事故を起こした際の届出の義務（第四五条の二第三項において準用する第二五条）
(ウ)　運行管理者の選任等の義務（第四五条の二第三項において準用する第二五条の二）
(エ)　輸送の安全等に関し運輸省令で定める事項の遵守義務及び輸送の安全確保のための命令（第四五条の二第三項において準用する第三〇条）

(オ)　当該事業の経営により一般自動車運送事業の経営及び事業計画の維持を困難とするため公衆の利便を阻害することの禁止及びそのような事態が生じた場合の措置（第四五条の第二項並びに同条第三項において準用する第四五条第八項及び第九項）

(カ)　事業を廃止、譲渡又は相続する場合、法人が合併又は解散する場合等の届出の義務（第四五条の二第五項〜第七項）

このような安全面での規定をおいても、「無償」と「自家用」の区分は実質的には困難であることは容易に想像がつく。おそらく困難な「自家用」への規制の代替として、規制の緩和をうたいつつ「無償」事業への新たな規制（届出）を行ったものといえよう(55)。

②「一般小型」と「一般区域」の統合

昭和二六年の道路運送法の制定時に新設された「一般小型貨物自動車運送事業」（最大積載量三・五トン以下の自動車のみにより貨物を運送する一般自動車運送事業で一般路線貨物自動車運送事業以外のもの、以下「小型事業」という）が、今次改正により「一般区域貨物自動車運送事業」（以下、「区域事業」という）に統合された。

小型事業と区域事業は、法規制的には使用できる車両の大きさに制限があるか否かであるが、実際上は制度が予期しない事態を招来していた。すなわち、貨物自動車運送事業への新規参入を行なおうとする免許申請者は、「まず小型事業の免許を受け、資金力、事業規模の増大に伴い、大型車両を保有する必要から区域事業へと切り替え免許申請を行うというケースが常態となっており、この行政事務は事業者、行政庁のいずれの側からも繁雑なものとなっていた(56)」、そこで行政手続きの簡素化の観点から、両者の統合を行った。

③特定自動車運送事業に対する規制の緩和

特定自動車運送事業とは、「特定の者の需用に応じ、一定の範囲の旅客又は貨物を運送する自動車運送事業であって、無償自動車運送事業以外のもの」（第三条第三項）と定義されるが、いわば自家用輸送の代行ともいえるものである。不特定多数の需要者にサービスを提供する、すなわち公益性、公共性の強い一般自動車運送事業と同等の規制を加える必要は弱いといえる。しかしながら、従前においては両者にほぼ同等の規制が実施されていたため、その区分は不分明

図表4－1　道路運送法における貨物自動車運送事業の枠組み

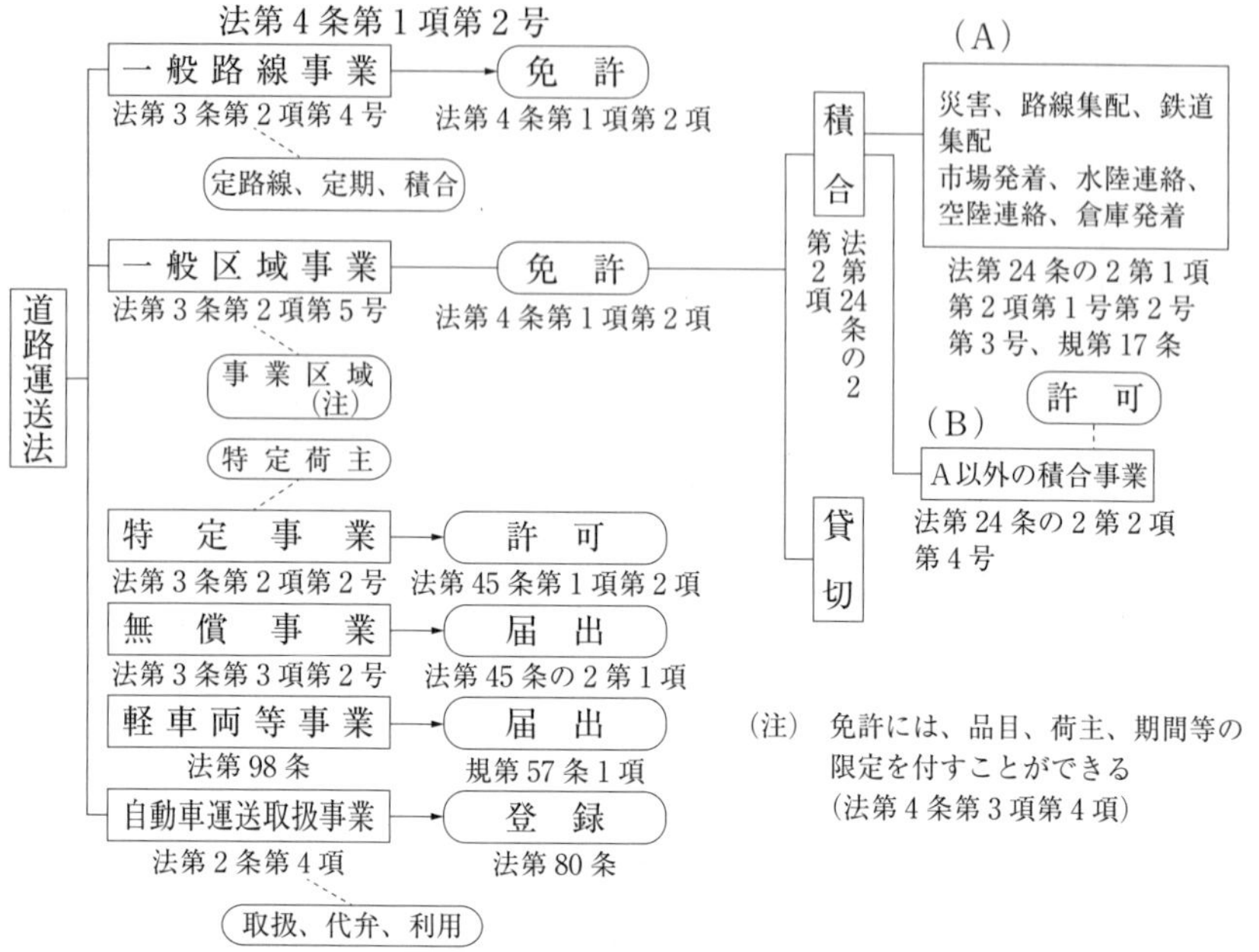

（出所）『トラック運送事業の現状と課題（昭和61年版）』㈳全日本トラック協会。

で実務上は明確な運用区分がなされていなかった。(57)

そこで今次改正においては、不特定多数の者の運送需要に応ずる事業であるか否かの観点から両者の区分を明確にし、特定自動車運送事業を経営しようとする者と運送需要者との間に、真に安定、継続的な運送契約、運送需要が存在し専属的な運送を提供するものである場合には、従来の免許制ではなく事業の許可制とすることとした（第四五条第一項）。

なお、特定貨物自動車運送事業と一般区域貨物自動車運送事業における業務の範囲の限定（荷主限定）との区分は不明瞭で混同され易い。前者は特定の需要者（荷主）に完全に従属していることと、運賃の適用については一般区域貨物自動車運送事業の運賃率によらないことであるもの、の二点において区分されるとされていた。(58)

本改正によって形成された事業の基本的な枠組みは、道路運送法から貨物自動車運送事業が分離される平成元年まで継続されることとなった（図表4－1参照）。

(3) 運賃、料金規制の変更

本改正以前の道路運送法においては、旅客、貨物とも自動車運送事業者は運送行為完了ごとに一定期日までに運賃及び料金を収受すること（いわゆる「定額現払制」）を義務付けられ、これを猶予するときは、その度ごとに許可を受けなければならないこととされていた（改正前道路運送法第一〇条及び第一一条）。

しかし、貨物自動車運送事業の経営の実態をみると特定の荷主と契約し、反覆継続的に貨物を運送する場合が多く、一定期間ごとに運賃及び料金の精算を行っているのが通常である。したがって、これらの手続きは実態にそぐわないばかりか手続的にも非常に繁雑であり、またこれらの規定を廃止しても利用者の保護に欠けることにはならないとの判断から、本改正法においては手続きの簡素化を図るため、運賃及び料金の収受期間に関する規定を廃止することとされた。

なお、貨物自動車運送事業者が他の事業者との競争手段として収受期間の延長を行ったり、荷主によって収受期間を不当に差別する場合には、不当競争の禁止（第三二条第二項）もしくは差別取扱の禁止（第三二条第三項）の違反となる[59]。

本改正は、運賃の支払等に関する手続きの簡素化を内容とするものであるが、すでに貨物自動車運送市場で常態化していた認可割れ運賃（実勢運賃）への本質的な政策上の手当ては回避され、運賃・料金規制の制度と実態の矛盾はますます拡大し続けることとなる[60]。

(4) 自動車運送取扱事業に対する規制の変更

一般貨物自動車運送事業者と荷主の間に介在して、運送取扱、貨物の受取、引渡等を行う自動車運送取扱事業については、事業を継続して経営する等の義務は課されていない。すなわち、改正前の道路運送法においては利用者の保護を図るために必要な事項、例えば、資力、信用、事業遂行能力のチエックのための登録制、運賃及び料金並びに取扱約款の認可制等の規制のみが行われていた。

今次改正においては、次のような手続きの整理、簡素化が行われた。

(ア) 自動車運送取扱事業の登録事項のうち、自動車運送取扱行為の相手方となる自動車運送事業者の氏名又は名称及び住所を削除（第八一条第一項）

(イ) 実態把握のための諸届出―自動車運送取扱事業の営業開始、事業の休止及び事業の施設を変更した場合の届出の廃止（第八四条、第八八条第三項、第九一条第一項）

(ウ) 取扱約款について、一般自動車運送事業の場合と同様に運輸大臣が定めた標準約款と同一の場合は、認可を要せず届出で足りる（第八六条第三項及び第四項）

(エ) 登録事項を変更した場合の自動車運送取扱事業者への通知を廃止（第八八条第二項における第八二条第二項の準用の廃止）。ただし、行政庁が登録事項の変更を拒否する場合の通知については当然に行われる。[61]

なお、本改正に関する国会審議において陸海空の複合輸送問題に関連して、将来においては「運送取扱人法」の検討の必要性が認識され、簡単な討議が行われている。[62] 後々問題となる「総合運送取扱人（業）」あるいは「運送取扱事業」の法制、政策上の位置づけについての論議の萌芽の一つといえよう。

(5) 軽車両等運送事業の追加

本改正によって軽車両運送事業に軽自動車（貨物積載量三五〇kg以下）を使用して貨物を運送する事業が追加され、「軽車両等運送事業」として規制の対象とされた。

従前では、人力、馬力等軽微な運搬具による輸送を軽車両運送事業として道路運送事業の一種としていたが、今次改正法では「軽車両等」として「等」の一文字を挿入することにより、貨物軽自動車（軽トラック）を道路運送事業に追加したことになる。

本改正は許認可の整理の一環として実施されたものであるが、従前、軽貨物自動車については、「運送事業の事業用自動車として把握する必要はない[63]」との認識で、規制の埒外に置かれていた軽自動車による貨物の運送事業を一度規制の枠内に取り込み、その上で許認可の簡素化を行ったといえる。少々違和感を感じる措置であり、法案審議においても論点の一つとされた。[64]

この結果、軽車両等運送事業に対しては事業の開始にあたり三〇日前までに行政庁（都道府県知事）に「届出」ねばならないとし、輸送の安全についての規制に係る規定（第九八条において第三〇条（輸送の安全）の規定を準用すること、及び運送の安全又は旅客若しくは荷主の利益を確保するため運輸省令で定める事項を遵守せねばならないこととなった。

なお、軽自動車を使用して貨物を運送する事業については、道路運送法の規制によるほか、道路運送車両法による整備管理者の選任、道路交通法による安全運転管理者の選任等の規制を受けることとなる[65]。

(6)自家用自動車に対する規制の変更

道路運送法は制定以来、自家用自動車を貸渡すことを一般に禁止してきたが、運輸大臣（都道府県知事に権限委任）の許可があれば有償での貸渡しを容認してきた。今次改正では、有償での貸渡しについて「業として」有償で貸渡す場合の他は、許可を要しないこととした（第一〇一条第二項）。

従前は、自家用自動車の有償での貸渡し行為について、有償運送行為あるいは自動車運送事業の経営に類似するおそれがあり、これを無規制とすると自動車運送事業の健全な発達が阻害されると考えてきたからである。しかし、輸送力の活用という観点からみれば自家用自動車を「業とするもの」（他人の需要に応じ、反覆継続し、又はその意図をもって貸渡すもの）のほかは、自動車運送事業の健全な発達を阻害するとは考えられないので、許可を要するのは「業として」有償で貸渡す場合のみとした[66]。

ところで、従来から自家用自動車による貨物輸送により激しい規制の実施を要請していたのは、貨物自動車運送事業の事業者団体であった[67]。前述のとおり、昭和三〇年代においては事業者団体の要望は自家用自動車規制の法制化であったが、昭和四〇年代後半以降は「輸送秩序確立運動」として展開されることになる。例えば、昭和五〇年一〇月には全日本トラック協会内に「秩序確立専門委員会」が設置され、白トラ問題等を含めた違法営業行為の排除と防止ならびに認可運賃の適正な収受策が検討されるなどした[68]。

しかし、この問題は道路運送法の下では解決することができず、基本的には今日まで継続している。

(7)その他

昭和四六年の改正法は同年一二月一日から施行されたが、自動車運送事業者の既得の権利ないしは地位の尊重、保護の観点から、いくつかの経過措置が取られた他、改正法においては標準約款に関する規定（第一二条第三項及び第四項）、天災等の場合における代替路線による事業の経営（第一九条の二）、事業用自動車の貸渡しの許可（第三七条但書）、道路管理者の意見聴取の範囲の限定（第一二四条但書）等の規定の変更が行われた。

なお、道路運送法は昭和四六年以降も昭和五七、五九、六〇、六一年に法改正が行われた。

第三節　小　括

昭和二六年に制定された道路運送法は、昭和二八、四六年の重要な改正を含む度重なる改正を経ながら、躍進する貨物自動車運送事業の法的基盤を整備、事業の発展に寄与することとなった。高度経済成長による貨物輸送量の増大を支え、担う貨物自動車運送事業数の増加は、「トラックの時代」を形成し、貨物自動車運送事業なしにはわが国の社会、経済活動は成立し得ない状況の形成に大いに貢献した。

しかし他方では、道路運送法は大きな難題を抱えながらの展開でもあった。すなわち、昭和二〇年代後半の貨物運送の需要に対して供給が脆弱な時代に形成された規制の論理は、昭和四〇年代以降に明確に現われる需要に対する供給過剰時代においては、特に経済的規制の側面で論理の矛盾がしばしば表面化することになる。昭和四〇年代の前半には、すでに「規制の緩和化」という用語が行政（運輸省）の公的な文書に散見されるようになるが、昭和時代の末期にはこの問題が貨物自動車運送事業規制政策の主要な課題となる。

貨物運送（物流）市場における需給の逆転は、道路運送法による貨物自動車運送事業規制制度に弔鐘を鳴らすこととなった。

註

（1）衆議院「運輸委員会」（昭和二六年五月一五日）議事録（牛島政府委員の発言）参照。

（2）この点について、当時の運輸省自動車局長は「自家用車の問題」についての見解の中で、次のように述べている。すなわち、「公正競争の観念の具体的適用は、時代と場所によって自ら相違がある。自由放任競争から高度に規制された枠内における限られた競争まで、種々の段階がある。今日の時勢にもっともふさわしい形態を慎重に検討し、かつ、本来の交通機関の持っている公共的本質を勘案して、今後の方針を決定していきたい。」牛島辰彌「貨物自動車輸送の展望」『わだち』（昭和二七年一月号）。三〇頁。

(3) 志鎌一之『自動車交通政策の変遷』二七八頁。
(4) 『㈳東京貨物自動車協会史』昭和四二年九月　一二頁。
(5) 例えば、岡野行秀『陸運業界』昭和五三年一二月　七五～七八参照。
(6) 「トラック業界の好況は心ある者を刺激せずにはおかなかった。即ち、自家用トラックを有する者はいう迄もなく、運転免許証を有する者は、旧陸軍の払下げ車や老朽車を手に入れて、所謂モグリ営業を営む者が現われ、漸時悪質化する傾向を辿るに至った。その頃の道路交通取締は極めて緩慢に過ぎ、路上を車庫代りに使用出来た事もモグリ業者を助長させた要因の一つであった。」『㈳東京貨物自動車協会史』一〇～一一頁。
(7) 『福岡県トラック協会四十年史』昭和六二年五月　九六頁。
(8) 前掲『日ト協二十年史』昭和四二年二月　七三頁。
(9) 中村豊『伸びゆく自動車』交通毎日新聞社昭和二八年三月　一七二頁。
(10) 同右。
(11) 衆議院「運輸委員会」昭和二六年五月一七日議事録　中村（豊）政府委員の答弁。
なお、中村氏は後に自著の中で「審議に際しては理想としては可なるも現在の経済界の実情に副わない行過ぎで、実行不可能であるとか、トラック業者の経理の改善を目的としたものに過ぎないとかの論難はあったが、物価統制令の存続する間は施行されないから、その間に充分業者及び荷主の啓蒙宣伝に努力するし、現払制の実施に至っても法定の猶予期間や特定の場合には許可制のある旨を説明して、実行可能なように努力することとした」と述べている。中村（豊）前掲書　一七三頁。
(12) 『日ト協二十年史』八四頁。
(13) 衆議院「運輸委員会」（昭和二六年五月二一日）における森田公述人（日本トラック協会常務理事　当時）の発言。
(14) 「昭和二七年一一月一一日、早くも日ト協常任理事会は、輸送秩序確立方策の実効が上がらない点から、より抜本的な策として、輸送秩序確立を前提とした道運法改正をはかるべきだとし、その検討点として、免許基準の明確化、自家用自動車使用の規制をあげている。以後、日ト協の輸送秩序確立対策は主として法改正によってそれをはかろうとする方向に向かってゆく・・・」『日ト協二十年史』七九頁。
(15) 同右　五七頁。
(16) 志鎌　前掲書　二八二頁。
(17) 『日ト協二十年史』七三頁。

(18)『茨城県トラック協会　50年のあゆみ』平成二三年六月　六八〜六九頁。
(19)独占禁止法第二二条の範囲を特定するため同右第二項の規定に基づき昭和二三年一一月二〇日に「独占禁止法の適用除外に関する法律」(法律第一三八号)が公布、施行された。自動車交通事業法、小運送業法等は同法を根拠に適用除外とされた。
(20)『独占禁止政策五十年史(上巻)』公正取引協会　平成九年九月　三〇〜三一頁。
(21)「道路運送法の一部を改正する法律」(昭和二八年八月五日)法律第一六八号。
(22)昭和二七年一二月二二日に中曽根康弘議員他一八名によって衆議院に提出(衆法第二四号)され、同日運輸委員会に付託された「道路運送法の一部を改正する法律案」(中曽根法案)の要旨は、次のとおりである。
(1)現行法において免許制を採っている自動車運送事業の中の一部について、免許制を廃止し届出事業に改め、その届出事業の運営に関する法規制の一部を緩和する。
(2)運賃の認可基準を改める。
(3)自家用自動車に関する法規制を簡素化する。
(4)陸運局長の諮問機関である道路運送審議会を廃止する。
(5)自動車運送事業、自動車運送取扱事業、及び自家用自動車に関する権限は、現行法では陸運局長及び都道府県知事に委任することができることとなっているが、之を都道府県知事に対してのみ委任できることとし、陸運局長の権限を都道府県知事に移譲する。
(23)『日ト協二十年史』七六頁。
(24)同法案は、昭和二八年三月一四日の衆議院解散により廃案となった。
(25)衆議院　運輸委員会(昭和二八年三月一三日)議事録参照。
(26)「免廃運動」については、『日ト協二十年史』七二〜七六頁を参照。
なお、この運動は「ときの政府が推進していた行政改革と連動し・・・営業類似行為で生活していた白トラ業者を結集、群馬県であがった火の手はたちまち全国にひろがって連日新聞の紙面をにぎわした。この免廃運動の旗振り役を買って出たのが改進党で売り出し中だった群馬県選出の衆議院議員、中曽根康弘・・・群馬県で結成された自動車運送営業権獲得既成同盟が約三五〇人を集めて決起大会を開いたのは昭和二六年八月で、中曽根代議士や県会議員出席のもと「道路運送法による官僚企業統制の撤廃及び自由営業の再開」を要求する決議を行った。しかし、既成同盟の運動に当初協力的だった県選出の自由党代議士の多くが、群馬県トラック協会の反対運動にあって離反したためこの運動は下火になるが、翌二七年八月全トラック業統制撤廃既成同盟の結成で再燃する。」（「あの日あの時―物流秘話―」(12)　輸送経済新聞　昭和六三年七月三〇日付け）。

(27)　衆議院　運輸委員会（昭和二八年三月一三日）議事録参照。
同法案の骨子は、「免許制は存続するが運用の面で改める必要がある」とするものであった（『日ト協二十年史』　七六頁）。

(28)　第四次吉田内閣のいわゆる「バカヤロー解散」。

(29)　衆議院「運輸委員会」に政府委員として出席した中村豊運輸省自動車局長は「昨年暮れに出しました陸運局長あての通牒に基きまして、現地陸運局長は小型トラック、乗用旅客及び本省権限になっております区域トラックについて、形式的標準にとらわれることなく、地域の実情に応じた免許の処分を実現しておるのであります。特に、小規模の、所有台数の少ない業者に対しても、非常にたくさんの免許をしております」と発言している（衆議院　運輸委員会議事録　昭和二八年七月一五日）。

(30)　『行政監察三十年史［Ｉ］』昭和五三年一〇月　一三〇～一三二頁。

(31)　前出『日ト協十年史』五頁及び『日ト協二十年史』七五頁。

(32)　『日ト協二十年史』九五頁。

(33)　同右　九七頁。

(34)　衆議院「運輸委員会」（昭和二八年七月六日）における西村（英）政府委員の発言。

(35)　免許制度が必要な理由について、政府委員（中村（豊）運輸省自動車局長）は衆議院運輸委員会における委員（川島金次議員）の質問に対して回答している。その大要は次のとおりである。すなわち、第一に、自動車運送事業は公共性の強い公共事業であること。従って、公共の福祉の保護のため諸義務を果たすための資力、信用、遵法精神をもった適格者でなければならない。第二に、交通事業は全体で輸送を完遂する必要があるので、交通全体の秩序保持の意味から他の輸送機関と同様に自動車運送事業も免許制としている。第三に、他人の生命、財産を運送する仕事なので事故等への責任の観点から十分に責任のある者が、十分に資格のある者だけが事業を行うことが必要である。また、欧米各国をはじめ諸外国でも免許制度をとっており、これはいわば交通というものの本質から出た必然の結果であり、洋の東西を問わず、古今を通じて誤らざる交通の大原則であると考えられる。（衆議院「運輸委員会」（昭和二八年七月一一日）議事録）。

(36)　志鎌　前掲書　三〇四頁。

(37)『日ト協二十年史』七六頁。
(38)前出『福岡県トラック協会四〇年史』一〇四頁。
(39)衆議院「運輸委員会」(昭和二八年七月一〇日)における中村(豊)政府委員の発言。
(40)志鎌　前掲書　三〇五頁。
(41)『日ト協二十年史』七六頁。
(42)志鎌　前掲書　三〇五~三〇六頁。
(43)武石章「道路運送法の一部改正の概要」『改正・道路運送法のすべて』一隅社　昭和四六年一二月　五頁。
(44)「運輸行政政策部会報告について」『運輸調査月報』第一〇巻第五号(昭和四三年八月)二一~二五頁。
(45)昭和四六年六月一日　法律第九六号。
(46)衆議院「内閣委員会」(昭和四六年四月一六日)における大出俊委員の発言。
(47)衆議院「内閣委員会」(昭和四六年四月二〇日)における橋本登美三郎国務大臣の発言。
(48)「総合交通体系」については、昭和四六年七月三一日に運輸政策審議会(運輸大臣の諮問機関)が運輸大臣に対して「総合交通体系に関する答申」を行っている。なお、運輸省監修『わが国の総合交通体系』運輸経済研究センター　昭和四七年六月　参照。
(49)「貨物自動車運送事業の免許及び認可申請等の処理について」(昭和四五年六月一五日)自貨第一六七号。
(50)具体的には、同通達「別紙(一)(二)(三)」を参照されたい。
(51)森田朗『許認可行政と官僚制』岩波書店　昭和六三年一月　一八六頁。
(52)武石　前掲書　七頁。
(53)衆議院「内閣委員会」(昭和四六年四月一六日)における小林正興(運輸省自動車局業務部長)政府委員の発言。
(54)同右。
(55)事業者側では従来から「・・・自家用トラックは『無償貨物自動車運送事業』として規制される・・・」との認識があった。㈳全日本トラック協会『トラック輸送40年のあゆみ』(昭和六三年三月)一二六頁。
(56)武石　前掲書　八頁。
(57)同右　九頁。
(58)奥山正晴『トラック運送事業の法制と実務』輸送経済新聞社　昭和五五年二月　三三二頁。

なお、事業の限定とは「一般貨物自動車運送事業（路線、区域とも）においては、法律上その業務を限定して事業の経営が出来ることになっている。業務の範囲を限定するということは、当該事業者の相手となる荷主を限定（これを荷主限定という）が、この場合は通常三者の荷主以内とされる）する場合と、その取り扱うべき貨物の品目についての限定（品目限定事業という）である。また事業の経営期間を定めて（期間限定事業という）一定期間内において事業を経営することもできる」ことをいう（同書　三二頁）。
(59)　同右　一五〜一六頁。
(60)　岡野　前掲書　八五頁。
(61)　武石　前掲書　一八〜一九頁。
(62)　衆議院「内閣委員会」（昭和四六年四月二〇日）議事録参照。
(63)　衆議院「内閣委員会」（昭和四六年四月一六日）における、小林正興政府委員（運輸省自動車局業務部長）の答弁。
(64)　衆議院「内閣委員会」（昭和四六年四月一六日）における、大出俊委員と政府委員の論議を参照されたい。
(65)　武石　前掲書　二〇頁。
(66)　同右　二〇〜二一頁。
(67)　貨物自動車運送事業者の団体（全国組織）は、昭和二三年に任意団体として設立された「日本トラック協会」が昭和二九年に「社団法人日本トラック協会」となり、また昭和四四年にはこれに「全国陸運貨物協会」と「全国貨物運送事業組合連合会」が統合され「社団法人全日本トラック協会」（略称「全ト協」）となった。同協会は、平成二〇（二〇〇八）年の公益法人改革により現在は「公益社団法人全日本トラック協会」となった。
(68)　『トラック輸送40年のあゆみ』全日本トラック協会　昭和六三年三月　一五三頁。

第五章　貨物自動車運送事業の発展と規制政策への批判

第一節　わが国の経済発展と貨物輸送

わが国経済は、戦後の混乱期を経て昭和三〇年頃から高度成長期に入り、激しい経済発展を成し遂げた。しかし、昭和四〇年代終盤には石油危機が到来、その後の低成長、安定成長等、昭和時代の経済、社会は著しい変化を経験した。また、それに伴い貨物輸送量、運輸行政の課題等も激動した。

ここでは昭和三〇年代から六〇年代を大まかに三期に時代区分して、わが国経済の推移、貨物輸送部門の量的変化さらには運輸行政の展開について、主として『運輸省五十年史』[1]の資料をもとに時代の趨勢を概観、確認しておきたい。

一―一　昭和三〇年代（一九五五～一九六四年頃）の展開

昭和三〇年代は高度経済成長の時代であった。昭和三〇～四〇年の十年間の平均成長率は九・八％、国民総生産は二・四倍を記録した。この背景には、技術革新と家電製品を中心とする耐久消費財の普及による大量消費時代の到来がある。もっとも、三〇年代は高い経済成長率の反面、景気変動も激しい時代でもあり、「神武景気」、「岩戸景気」といった好況期と「なべ底景気」などの不況期の繰り返しが生じていた。さらには、貿易自由化による開放体制への移行という重大課題に直面していた。

経済の高度成長は、運輸行政にも多大な影響を与えることとなった。まず、港湾、道路、鉄道等の運輸関連の社会資本の立ち遅れを顕在化させ、これが高度経済成長のボトルネックとして表面化したため、輸送力の増強、整備が三〇年代の運輸行政の最大の課題であった。さらに、交通量の増大と交通機関の高速化は、交通事故の増加と深刻化、社会問題化をもたらし、その対策が喫緊の課題として顕在化した。

貨物輸送の分野についてみると、輸送量は経済の高度成長をほぼ忠実に反映して大幅な増加となっていた。すなわち、輸送トン数では平均一二％の伸びを示し、四〇（一九六五）年度では三〇年度の三倍強に、輸送トンキロは平均伸び率

図表５－１　国内貨物輸送量と一般経済の推移（昭和31年～平成元年度）

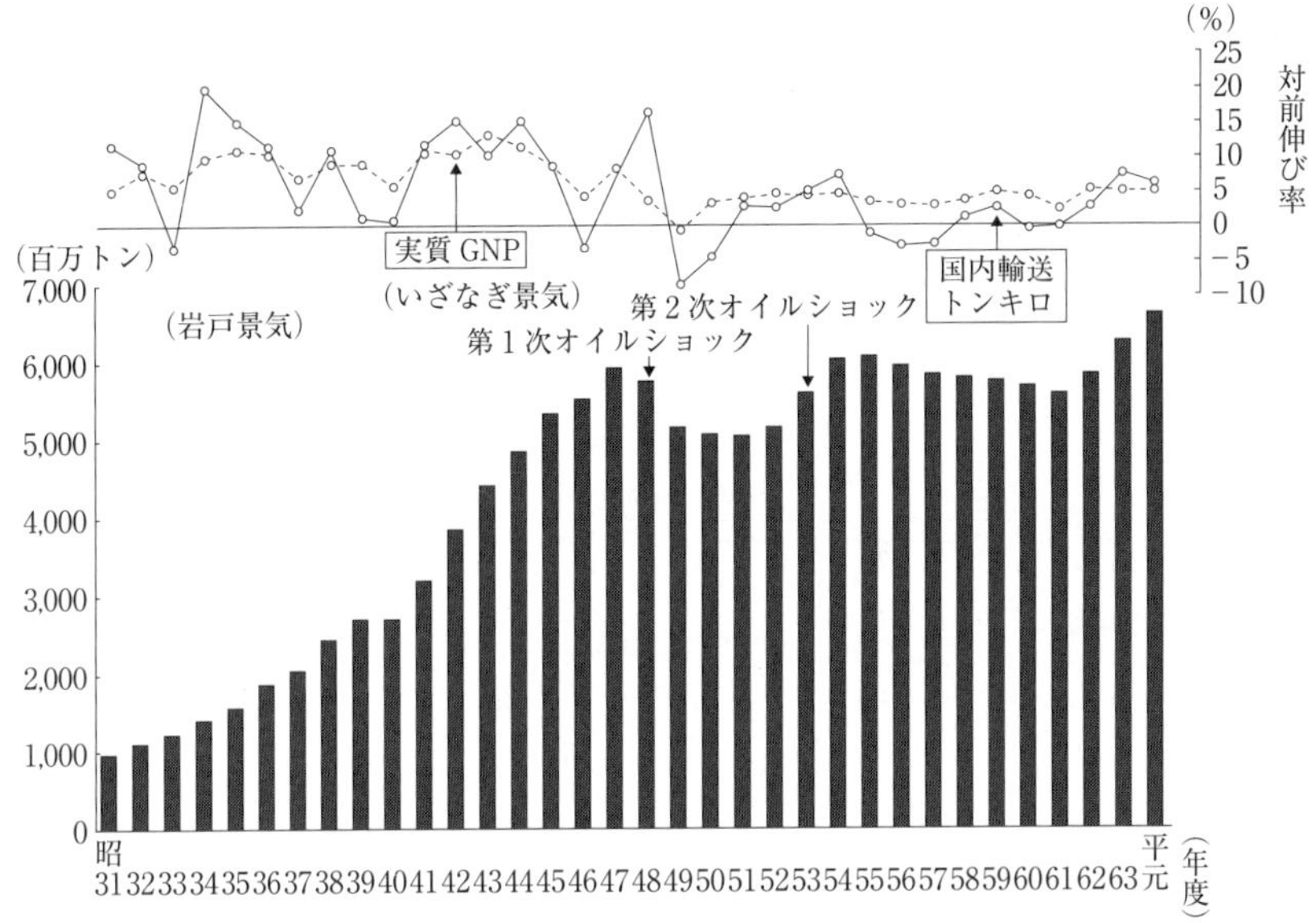

（出所）『運輸白書』（平成２年版）。

八・六％、四〇年度には三〇年度の二倍強に達していた。ただ、この間の不況期には伸び率の鈍化ないし減少を示していた（図表５―１参照）。

貨物輸送量の大幅増加の中で、輸送需要が輸送供給力を大幅に上回り、各地で異常な滞貨が発生して国内産業の正常な運営に支障をきたすという事態が発生した。特に、昭和三一～三二年の「神武景気」の際には、国鉄の貨物輸送を中心に駅頭滞貨、輸送逼迫、貨車不足等、国鉄貨物輸送のマヒ状態が発生し、貨物輸送が経済成長のボトルネックとしてクローズアップされる事態となった。国鉄の輸送能力の不足は、戦中、戦後を通じた設備投資不足を原因とするとの指摘がなされ、三〇年代における運輸行政の最大の課題である輸送部門の社会資本の整備の必要性を表面化させる契機となった。

輸送機関別輸送量では、鉄道輸送と内航海運が経済の動きを忠実に反映する消長を示したのに対し、貨物自動車運送、特に自家用輸送は景気変動のいかんにかかわらず、一貫して年々大幅な伸びを示していた。

輸送機関別の分担率（シェア）でみると、鉄道の輸送量がトン数、トンキロとも毎年漸減傾向をたどり、三〇年度の二三・二％（トン数）、五二・九％（トンキロ）が、四〇年度にはそれぞれ九・六％及び三〇・七％へと低下した

図表５－２　国内貨物輸送の輸送機関分担率の推移（昭和30年～平成元年度）

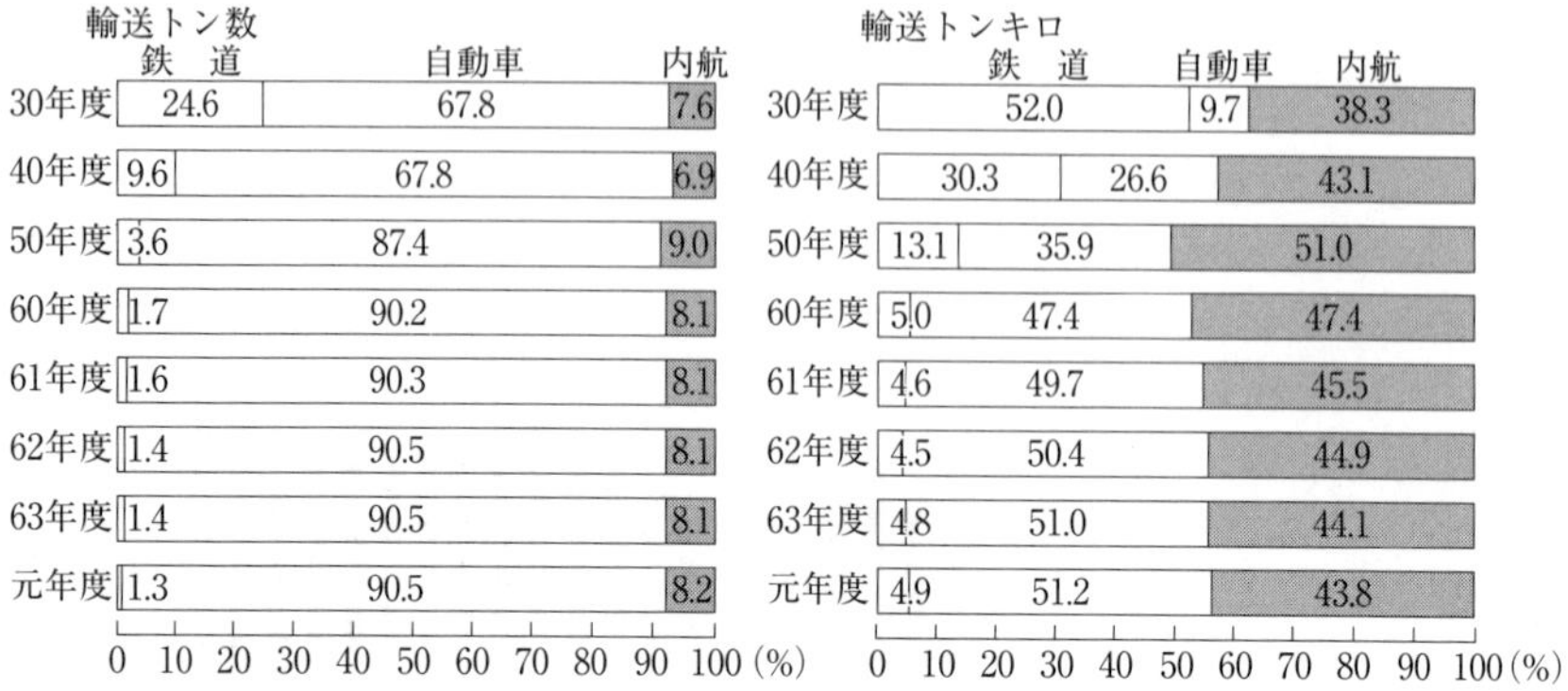

（出所）『運輸白書』（平成２年版）。

のに対し、自動車は三〇年度の六八・四％（トン数）及び一一・六％（トンキロ）に対し、四〇年度にはそれぞれ八三・五％及び二六・〇％へと大きく伸長した（図表５—２参照）。

一—二　昭和四〇年代（一九六五〜一九七四年頃）の展開

昭和四〇年代は、三〇年代に始まった高度経済成長の極大化とそのひずみの顕在化、さらに末期には石油危機を契機として長期不況が始まった。換言すれば、右肩上りの高度成長から減速経済への転換期であったといえる。

昭和四〇年代後半まで続く高度経済成長は、わが国社会に大きな発展をもたらしたが、一方で多くの課題も生起させ四〇年代後半にはそれらが顕在化した。具体的には、物価の高騰、農業、流通部門等の低生産性部門の立遅れ、生活関連社会資本の立遅れ、公害の発生、交通事故の増大及び過疎・過密化の進展等である。なかでも、モータリゼーションの進展に伴う自動車事故の増大により、四一年には交通事故死者が一万三八九五人にのぼり「交通戦争」という新語まで生まれる状況となってしまった。昭和四〇年代半ばになると「自動車はそれまでの『経済の繁栄の象徴』『文明の利器』の地位から、一転して『環境破壊者』『凶器』へと引きずりおろされ[2]」ることになってしまった。この後、交通事故、交通公害（騒音、大気汚染）、エネルギー（燃料油）問題は、貨物自動車運送事業の深刻な課題の一つとなっていく。

昭和四〇年代後半に至るまで続いたわが国の高度経済成長の終焉を決定付けたのは、四六年のニクソンショックによる金・ドル兌換性の停止と円の変

図表５－３　貨物自動車のトン数・トンキロ、事業者及び保有車両数の推移（昭和30年～平成元年度）

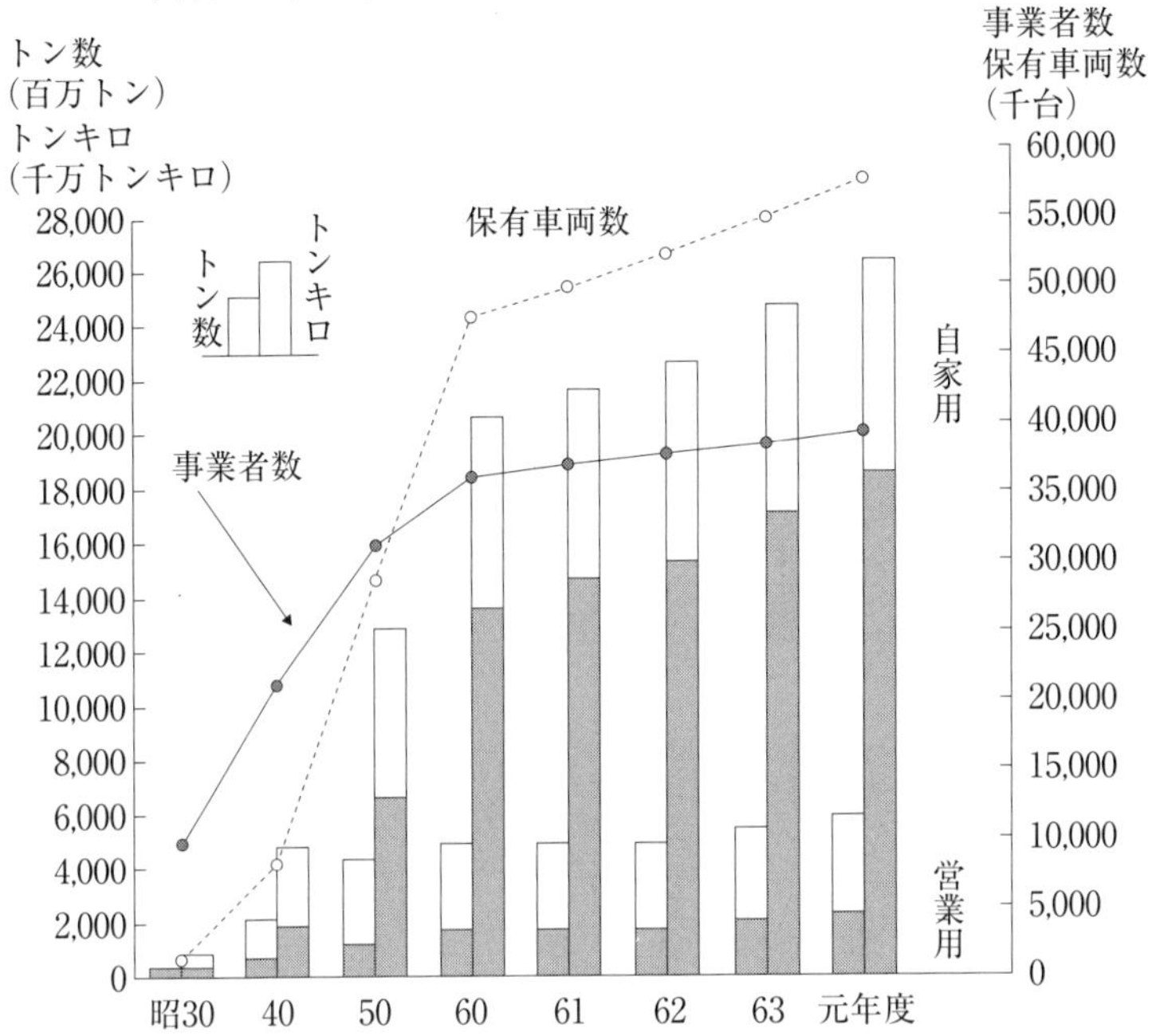

（出所）『運輸白書』（平成２年版）。

動相場制への移行、そして四八年秋に発生した石油危機であった。

貨物輸送の分野では、昭和四〇年代前半（一九六五～七〇年）においては国内の景気の好況を反映して、輸送トン数で平均一四・九％、輸送トンキロで平均一三・五％の伸びを示したが、石油ショックの影響により四八年度には輸送トン数で対前年比二・七％減となった。また、四〇年代後半にはそれまで比較的高い相関関係を保っていた国民総生産の伸び率と輸送トンキロとの伸び率との間に乖離が生じてきたことが注目される。

輸送機関別貨物輸送量をみると、鉄道の輸送量が漸減したのに対し、貨物自動車の輸送量は飛躍的に伸びている。四〇年から四八年度までの間に輸送トン数で一二四・〇％、輸送トンキロでは一九一・三％の伸びを示していた。その内訳をみると、輸送トン数では自家用の伸びが、また輸送トンキロでは営業用の伸びが著しい。この結果、全輸送機関に占める輸送のシェアは、輸送トン数では八〇～九〇％を占め他の輸送機関を大きく引き離し貨物自動車が国内貨物輸送の主役の座を確立した（図表５―２、３参照）。

一―三　昭和五〇、六〇年代（一九七五～一九八九年頃）

昭和五〇年代は、わが国経済の高度成長から安定成長への移行期であった。また、国民生活の面では高度成長期の所得水準の上昇を受けて、ニーズの高度化、多様化が進み、生活についても安全性や安定性の確保、さらには質的充実を求める傾向が明確となった。

こうした社会の変化は貨物輸送の分野にも大きな影響を及ぼしている。すなわち、高度成長期においては増大する輸送需要への追随が貨物輸送の主要な目的とされたが、安定成長期においては産業の物流ニーズに対応した供給サイドの合理化、効率化が求められることになった。具体的には、産業構造の変化に伴う高付加価値商品等の増加等物流ニーズの高度化・多様化等への対応、物流コスト低減のためのトラック（車両）の大型化等の効率化対策、貨物自動車運送の増加に伴う環境及び交通混雑等への対応等が求められた。

輸送機関の分担をみると、貨物自動車運送がいっそう進展し、輸送トン数では五〇年代末には全体の九〇％を占めるにいたった。他方、鉄道輸送の減少傾向は継続し貨物運送分野で地位を著しく低下させている（図表５―２参照）。

昭和六〇年代は、昭和六〇（一九八五）年九月のプラザ合意以降の円高不況に始まり、その後の回復局面で生じたバブルの発生、さらにはバブルの崩壊による未曾有の経済苦境のスタートの時代であった。また、わが国経済のグローバリゼーションの進展、高次の成熟経済社会への転換、少子・高齢社会への移行および情報通信の高度化、地球環境問題の拡大等、わが国社会、経済に大きな質的、構造的変革が生じた時期であった。

昭和時代の終焉となったこの時期は、二一世紀という新たな時代の変革を予感、先取りする事象が多々生じた時代でもあり、運輸、貨物輸送政策の一大転換期であったとも位置づけられる。

第二節　貨物自動車運送事業の発展

昭和三〇年代から六〇年代（一九五五〜九〇年頃）における貨物自動車運送事業は、前述のとおりわが国の経済成長と歩みを軌を一にして急速な発展、拡大、さらには経済、産業構造の変化と共に成熟を短時間に経験し、国内貨物運送分野の主役に躍り出ることになった。ここでは、そうした姿を『トラック輸送40年のあゆみ』[3]（全日本トラック協会昭和六三年）をもとに、簡単に確認しておきたい。同書は、昭和二〇年〜二四年を「トラック輸送の混迷期」、昭和二五年〜二九年を「トラック輸送の発展萌芽期」としたうえで、昭和三〇年以降の展開について五期に分けて説明している。以下に、その概要を要約しておくこととする。

二―一　昭和三〇年代前半の発展

昭和三〇年代前半は、貨物自動車が有する機関としての特性（正確性、迅速性、機動性）が輸送需要の質の要求に合致して発展した。貨物自動車による輸送量が増加するに伴って、輸送距離の伸びも生じてきた。昭和二〇年代に五〇キロメートルの範囲に集中していたものが、三〇年代に入ると二〇〇キロメートルにも及ぶ長距離輸送が見られるようになった。この結果、従来の認識では鉄道輸送の補助的輸送機関であったものが、陸上貨物輸送の基幹的な輸送機関となる基盤が確立されつつあった。事業者数も昭和三〇年に一万弱であったものが、昭和三四年には約一・五倍の一万四〇〇〇を数えている。

なお、この時期は路線貨物自動車（路線トラック）運送事業が脚光を浴びており、今日までを通じても同事業者数がもっとも多かったのが昭和三三年で、五四一事業者となっていた。この時期の路線貨物自動車運送事業者数の増大は、新規路線の開設ラッシュによるもので、東海道路線には新規事業者が殺到し、一時期は約六〇の事業者が一挙に申請、免許されている。このころから、貨物自動車運送事業の路線貨物運送は鉄道の小口貨物を脅かす存在となっていく。

図表５－４　貨物自動車運送事業者数の推移（昭和30年〜昭和62年度）

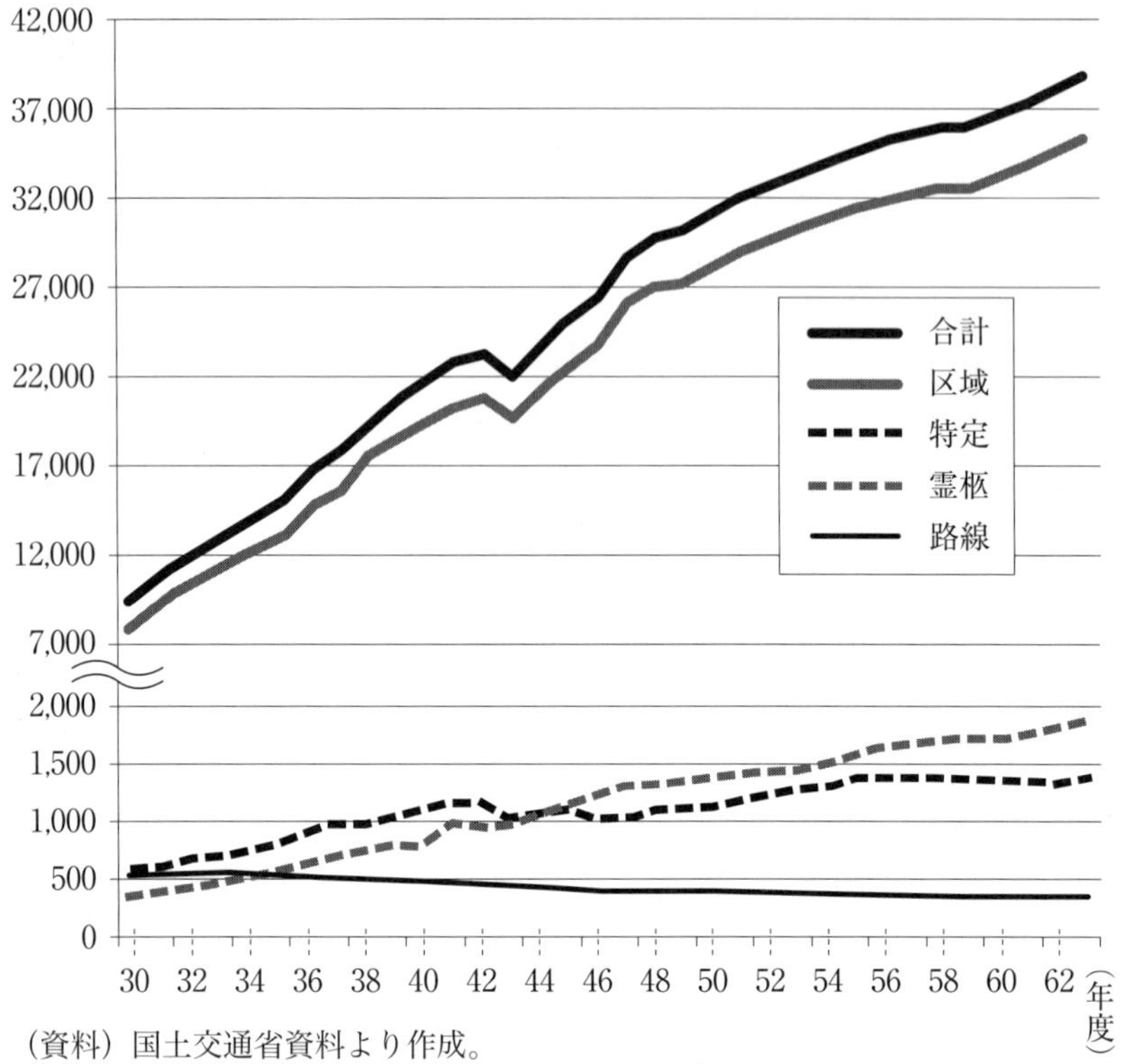

（資料）国土交通省資料より作成。

二―二　昭和三〇年代後半の発展

昭和三〇年代後半、経済の高度成長に伴って貨物輸送量が増大したが、その中でも貨物自動車運送と内航海運の伸びが著しかった。貨物自動車運送のシェアは、昭和三〇年にトン数で六九・三％であったものが三五年には七六・九％、四〇年には八三・五％、またトン・キロでは同様に一一・六％、一五・〇％、二六・〇％と、飛躍的に高めている。

貨物自動車運送は、産業構造の変化による輸送需要の質的変化に適切に対応できたこと、また産業立地の広域化、地方の発展とりわけ消費物資の都市部から地方部への流動について、路線貨物自動車運送事業が大きな役割を果たし、営業用輸送を中心とした貨物自動車運送の長距離化が促進した。

また、この時期には貨物自動車運送の需要の増大により、交通渋滞等の発生や労働力不足問題が顕在化してきた。前者については、昭和三六年に大阪で総合交通規制が実施され大型車の通行禁止、トラックの通り抜け禁止等の交通規制強化策がとられたのをはじめ、その後東京他でも種々の交通規制が強化された。また、後者については他産業での労働条件等の向上で、貨物自動車運送事業分野の労働力の定着性が不安定となり運転者不足問題が発生した。なお、この問題は貨物輸送の合理化の必要が謳われ、新規の概念として「物的流通」(physical distribution)[(4)]が注目を集める背景ともなった。

二―三　昭和四〇年代の発展

この時期には、鉄道輸送の地位低下と貨物自動車運送の飛躍的増加により国内貨物輸送の主役の交代が生じている。昭和三九年に二万社を超した貨物自動車運送事業者数は、四〇年代に入っても増加しつづけ、昭和四九年には三万社を超している（図表5－4参照)。こうした事業者数の増大には昭和四五年の「六・一五通達」が大きく影響していることについては、前述した。

こうした急発展の背景には、四〇年代に入っての産業構造の高度化と産業立地の内陸部への展開、さらには高速道路の整備等がある。特に、昭和四四年には東名高速道路が開通し、名神高速道路と結んで太平洋ベルト地帯に高速・大量のトラック輸送ルートが誕生し、道路輸送の高速道路時代の幕開けとなった。また、幹線輸送部分の高速道路利用によりトラックの高速化、大型化が促進されるとともに、都市内部においては小型車を利用しての集荷配達の実施が必要となり、積替えターミナルの計画的配置が政府により進められた。

ただし、貨物自動車運送事業の制約も拡大を続けた。すでに三〇年代に顕在化した道路混雑や労働力不足は、深刻化を増大させている。

特に、長時間労働が常態化しつつある貨物自動車運送事業においては、労働条件の改善が交通事故防止対策にもつながることから、新たな規制が実施されることとなった。すなわち、昭和四二年二月九日に労働省（当時）が「自動車運転者の労働時間等の改善基準」と題する通達（いわゆる「二・九通達」）を発出して、運転者の労働時間規制が本格化した。

昭和四八年秋に発生した「第一次石油危機」は、わが国経済社会に多大な影響を及ぼしたが、軽油を主な燃料とする貨物自動車運送にとってもその影響は計り知れないものとなった。

二―四　昭和五〇年代の発展

昭和四九年以降の経済のマイナス成長を反映して、昭和五〇年代には輸送量も大きく落ち込んだ。特に、鉄道、内航海運の落ち込みは激しく、これに対して貨物自動車運送は比較的堅調に推移した。これは利用者（荷主）の速配ニーズ、物流合理化ニーズに貨物自動車運送サービスが適合したからであった。その結果、低成長時代に入って鉄道（国鉄）貨物輸送の凋落は著しく、システムの縮小が繰り返されたが、その受け皿としてますます重要性を高めていった。

またこの時期は、従来の重厚長大型の貨物が減少し軽薄短小型の貨物の需要が増加した。それに伴い、輸送は量的な需要が伸び悩み、質的なニーズすなわち多頻度少量輸送といった高質な需要が増大した。物流ニーズの高度化、効率化が社会から求められ始められたのも、この頃からであった。

そして、五〇年代の後半には宅配便や引越専門輸送サービスといった、いわゆる「消費者物流」が脚光をあび、貨物自動車運送はわが国の経済と国民生活に不可欠なサービスとして広く認知されるようになる。

ただし、貨物自動車運送事業者の中に、人件費、燃料費等営業費の上昇、ターミナル等の整備、用地確保に係る経費の増大により、経営の悪化が目立ち始めてきた。また、交通事故、環境問題、労働条件の悪化等、以前からかかえる課題はますます深刻さを増し、例えば昭和五四年八月には自動車運送事業運輸規則の改正により、過積載に対する罰則が強化されるなど、貨物自動車運送事業者への規制強化が図られた。

しかし他方では、貨物自動車運送事業への社会的役割及び関心の増加とともに、従来の事業規制による事業の枠組みに対して、批判の目が向けられはじめ五〇年代後半には規制の緩和が大きなテーマとして取り上げられるようになった。

二―五　昭和六〇年以降の発展

昭和六〇年前後においては、わが国の貨物輸送量は横ばい傾向を示したが、六一年度にトン数で全体の九〇%、トンキロで五〇%を超え、これ以降名実ともに国内貨物輸送の主役の座を確立、維持している。そして、昭和六〇年四月の日本電電公社の民営化と第三次通信回線の自由化等の流れの中で、物流、貨物自動車運送分野の情報化が進展し、トラック輸送の優位性を一層助長した。これらにより貨物自動車運送は、円熟期を迎えたといえる。

しかし、従来からの安全問題、労働力問題、公害問題等の諸課題は依然として未解決のままであり、一層深刻化していった。中でも、公害問題は従来からの騒音・振動問題に加えて、自動車からの排出ガスによる大気汚染問題がクローズアップされ、以後トラックの排出ガス規制は強化の一途をたどることとなる。

また、規制緩和論議が進展し、昭和六〇（一九八五）年七月に臨時行政改革推進審議会が公表した「行政改革の推進方策に関する答申」において、貨物自動車運送事業の規制政策のあり方について具体的な指摘がなされ、規制政策の大転換を迎えることとなる。

第三節　貨物自動車運送事業規制政策への批判

道路運送法による貨物自動車運送事業の規制政策は、事業を取り巻く諸環境、とりわけ市場構造の変化に伴い大きな変化を余儀なくされたが、行政による柔軟な法運用等により一定の現実的な対応が取られてきた。しかし、規制政策そのものや同政策が包含する諸課題が時代とともに顕在化、深刻化し、また昭和五〇年代の経済苦境に直面するに及んで各方面から貨物自動車運送事業政策および規制政策全般に対して、厳しい問題提起や批判が提示されてくることとなった。そしてこれらの批判論は、その後の規制緩和論へとつながっていく。

貨物自動車運送事業政策に対する批判の根源は、事業の「公共性」を基礎とする道路運送法の建前と、市場、事業の実態との乖離にあった。需給調整機能を核とする参入の免許制は、とりわけ区域トラック市場へのなし崩し的な参入容易化の進行によりその機能が不全となり、また、国家容認のカルテルともいうべき人為的な価格設定行為である運賃・料金の認可制は形骸化、名目化し、市場で形成される実勢運賃（ほとんどの場合認可運賃より低位）が常態化し、取引の「目安的」価格として機能するという状況であった。昭和五〇年代には、参入、運賃規制という道路運送法の根幹の仕組みの溶融が、社会の各方面から広範な制度批判を誘引することとなった。

ここでは、経済学的視点、法学的視点及びその他の関係部門からの批判論について、その概略を要約し主要な論点を整理しておくこととする。なお、ここではそれぞれの分野で代表的と考えられる論者の著作、論文を選択、抽出して整理の対象とした。

三―一　経済学からの批判論

経済学とりわけ交通経済学の分野からの交通政策[5]あるいは規制政策に対する批判論は、多種、多様である。しかし、もっとも早くまた本格的にこの問題を論じ、またその後の論議に強い影響を与えたのは、東京大学経済学部の岡野行秀教授（当時）の指摘、主張である。ここでは岡野教授の著作の中から、同教授の批判論を要約しておきたい。

岡野教授は昭和五三年に公刊された自著『陸運業界[6]』において、昭和三〇年代以降の貨物自動車運送事業の急速な発展の要因と特性を分析し、トラック輸送が陸運業で中心となった経緯、理由を検討した上で、貨物自動車運送事業の大きな特徴を指摘する。

すなわち、トラック輸送には同一機関内（トラック業界内）及び他の輸送機関との間に多様な競争関係があること、さらには利用者（荷主）が「運送事業者の供給する輸送サービスとほとんど変わらない輸送サービスを大差ない費用で自給可能である[7]」という特徴を指摘している。つまり、貨物自動車運送事業者は鉄道等とは異なり同業他社との競合ばかりでなく、自家用輸送との間に競争関係が生まれることを指摘する。このことは、自家用自動車が無免許で営業類似行為等を行ういわゆる「白トラ」との競合だけではなく、荷主自身が自動車を保有して輸送サービスの自給を行うことも、また運送事業者の輸送サービスを購入することも選択できるということである。自家用自動車の存在が、規制政策のあり方に大きな影響を与えるという指摘は、道路運送法の制定時点からの大きな課題であった。

岡野教授は、道路運送法による参入規制と運賃・料金規制の採用理由等を検討したうえで、貨物自動車運送事業における経済的規制の困難さと限界を指摘する。すなわち、「・・・自動車運送の市場を人為的に分割し、各事業に分割された一つの市場を受け持たせ、事業免許制によって各市場の需給のバランスを図るという従来の行政の基本的枠組みは、もともとトラック輸送サービスの生産という点では各事業に本質的な差異がないので、市場を人為的に分割すること自体に問題があった。社会の変化する輸送のニーズに対応するために・・・行政そのものが経済・社会の変化とともに各事業の市場分野の境界を実質的に取り払わざるを得なくなり、事業免許制の基本的枠組みは崩れてしまった。料金規制も、トラック輸送市場が本質的に競争的になる条件を備えているだけでなく、企業の間に経営効率の差によるコストの差が存在する以上、その機能には限界がある(8)」とする。

こうした問題の存在により、すでに免許制および運賃・料金規制はその存在意義がゆらぐ事態が生じ、行政（運輸省）および事業者の双方から実質的廃止ないし緩和を示唆する意見が出されてきているとする。具体的には、「現実の市場の変化に対応するために、従来の事業分野に影響を与えるような免許行政の変更を迫られる一方、既得権の温存を図る事業者に、免許規制の強化を迫られ板挟みになった運輸省は、次第に市場に積極的に介入する〝許認可行政〟から消極的介入ないし自由化へ転換しはじめた。他方、業界内にも、免許制自由化を是認する事業者が散見されるようになって来た。・・・いかに免許制による規制強化を唱えたところで、市場自体に本質的に競争的になる条件が備わっている以上、免許規制の強化は業者の期待に反して新たな矛盾を生み出すだけであり、行政も否応なしに自由化を指向せざるを得ないだろう。料金規制も、業界にはダンピング防止規制、すなわち認可運賃の下限を下回る料金の規制を望む声が強いが、一般の利用者の保護を図るための上限についての規制だけが残り、次第に自由化されていくだろう(9)」としている。

以上のように、岡野教授は経済学的視点から政府の規制は「市場の欠陥を是正するには、参入規制、価格規制などに代表される市場への直接介入を避けて、市場における競争の枠組の設定について最小限の規制を実施し、あとは市場の競争に委ねるべきである・・・規制の範囲を安全確保に関する物理的な施設、設備についての必要十分な範囲と労働条件についての規制に限定し、いわゆる経済規制をできるだけ排除すべき[10]」と主張した。

岡野教授は、貨物自動車運送事業を含む交通市場に規制が不可欠とする考え方は、「ほとんど信仰に近い[11]」と断じ、従来からの規制政策に根本的な疑義を提示した。つまり、自動車運送事業が自然独占性を有する産業すなわち被規制産業（regulated industry）であることを強く否定的にみる見解、別言すれば事業の「公共性」を否定する見解を提示したものといえる。そして、規制政策そのものが持つ避けがたい欠陥と、規制の対象である市場の変化による規制の陳腐化を理由に、規制緩和の必要性を主張した[12]。

これらの主張は、この後に続く規制緩和論へ経済学的立場から理論的根拠を提示することとなった。

三―二　法律学からの批判論

運輸行政及び貨物自動車運送事業政策への問題提起、批判は、主として行政法、行政学あるいは経済法学の分野から論じ始められた。ここではこれらの分野の代表的、先駆的な見解、研究について紹介しておくこととする。

(一)　行政法

行政法に関わる議論についてみると、運輸事業、貨物自動車運送事業への関心は、許認可に係る法的問題が中心であった。従来の許認可及び運輸事業規制の法的性質を整理し、本格的に問題点の指摘を行ったのは東京大学法学部の原田尚彦助教授（当時）が昭和四五（一九七〇）年に発表した論文[13]であろう。

同論文では、運送事業は法制上かなり特色のある規制を受けるが、この規制の法的性質について従来からしばしば行政法学上で争いがあったことを踏まえ、旧来の考え方を次のように整理している。

伝統的な行政法学説による運輸事業の免許は、いわゆる「公企業の特許」の性質を持つもので警察許可の性質をもつ営業免許と質的に区別されてきた。すなわち、通常の営業免許は公共の秩序の維持の見地から本来私人の自由に属する営業につき法律でいちおう禁止を課しておき、特定の場合にその禁止を解除して本来の自由を回復させる行為であるのに対し、公企業の特許は本来国が独占する公益事業の経営権を私人に付与し、国に代わってこれを経営させる行為であるとする。したがって、前者は、私人の営業の自由に対する干渉行政の一形態であり「許可」の性質をもつのに対し、後者は国家のみの有する公企業経営権の一部を私人に授与する特典付与行為であり「特許」であるとした。そして営業免許は行政庁が法律の定めに拘束されて実施すべきものであるのに対し、公企業の特許は法律に特別の定めのない限り行政庁の自由裁量に属するものと解釈されてきた。また、特許企業は国に代わって国の事業を代行するものであることを理由にして、事業に対する国の包括的な監督規制を正当化し、この監督関係はいわゆる特別権力関係であって法治行政の適用を受けないと解釈した。すなわち、特許が行政庁の自由裁量行為であること、そしてその監督関係が特別権力関係であること、二つが伝統的な公企業の特許理論の骨子であった[14]、とする。

しかし、少なくとも昭和三〇年代後半以降においては公益事業規制も営業の自由に対する規制行政の一環とする理論が行政法学の主流となっており、また判例もこの理論を踏襲している。その結果、運送事業の免許を自由裁量行為とすることについて、法律で許可基準が列挙されている場合は、その認定はもはや行政庁の自由裁量に委ねられるものでなく法規裁量に属するものであり、また監督関係を特別権力関係とみることについてはこれを法規監督とみることについて、ほとんどの学説が一致している[15]。

行政法学における以上のような理論の展開は、運輸事業をめぐる免許手続きに関する判例あるいは免許基準の認定に関する判例、さらには運賃の認可その他業務監督上の許認可に関する判例等に色濃く反映されている。これら昭和三〇年代後半以降の裁判例では、公企業の特許の理念を放棄し、運送事業に関する許認可を営業の自由の規制行政の一環としてとらえ、許認可について司法審査に積極的に取り組んでいる。この結果、特別権力関係の理論は克服され、監督行政と事業者の関係に法治行政の原理を導入することになった[16]。

以上のような行政法学の理論及び裁判例は、道路運送法の基盤となる許認可に係る法律的な基礎の論拠が実質的に崩壊したことを意味し、政府規制の新たな法的基盤を希求する社会的要請となっていく。

(二) 行政学

行政学の立場からも、規制行政とりわけ許認可行政への批判論が種々展開された。運輸事業の当該問題についての研究の代表的なものとして千葉大学法経学部の森田朗助教授(当時、現在は学習院大学法学部教授)の著作『許認可行政と官僚制』[17]があげられる。同書は、道路運送法の昭和二八改正から四六年改正までの間の規制を基に、自動車運送事業を素材として、政策執行活動、免許制度のしくみ、その運用等を詳細に検討し、また事例研究として貨物自動車運送事業を取り上げている。

森田教授は、一般に法律の目的規定(第一条)は本来、実現すべき政策の目的や執行活動の判断基準を示したものであるべきであるが、「公正な競争」「公共の福祉」等道路運送法で用いられている用語は、解釈によっては矛盾する価値を内包している曖昧かつ抽象的なものであり、「基準としては有効なものとはいいがたく・・・むしろ象徴的用語として使用されることが多い[18]」と指摘し、道路運送法第一条の「公正な競争」「道路運送に関する秩序(=輸送秩序)の確立」について、立場によって具体的意味内容が大きく異なることを論じている。すなわち、「既得利益の維持をめざす事業者にとっては、現状を固定する意味での『輸送秩序』を『確立』することは望ましいものであるが、新規参入の事業者を加えた『公正な競争』は必ずしも望ましいものではない。したがって、既存事業者が『輸送秩序の確立』を望む場合には、自分たちの利益の擁護が合意されているとし・・・輸送秩序の確立は、つねに一方にとって望ましい秩序が他方にとっては望ましくない秩序であるため、まず『確立』されることはない[19]」としている。森田助教授は、道路運送法の目的規定の中に同法の持つ理論的な矛盾、弱点を見出し、さらに制度の枠組みの現実的な限界を論じた後、実際の規制行政は「通達」によって行われ、その結果「法律は実際から遊離していた[20]」と結論付ける。

森田教授の学問的関心は、第一義的には政策を執行する行政機関の活動である執行活動の分析にあるが、この視点から道路運送法の免許制による参入規制について、特に道路運送法第六条の免許基準を素材として詳細な検討を行っている。その上で、「道路運送法の条文は概して抽象的であり、制度の運用にあたって必要とされる大半の事項の決定は、運輸省当局の裁量に委ねられ、実質的な制度のあり方は、運用方針とそれを具体化した多数の通達によって規定されていた[21]」と指摘した。さらに、規制政策を実行する上での最大の問題を行政機関の持つ監督能力の限界であるとしている。

すなわち「行政機関は通常、監督の対象であるすべての者に対して、有効に監督を行い、違反行為を充分に抑制するだけの能力を有していない。そのため、監督行動は、重要な問題について選択的に行われざるをえず、重要と判断されなかった違反行為はある程度放置される・・・トラックの運賃ダンピングなどはその一例であり、現実の運賃の収受状況は、制度の予定するものとは非常に異なった別の秩序を形成していた[22]」としている。

また森田教授は、行政機関は監督活動を有効かつ効率的に行うために事業者の組織化及び業界団体による間接的なコントロールの仕組みが形成されており、「現実の監督活動の大半は、このような業界団体を媒介として行われているといっても過言ではない[23]」ともしている。

結局、森田教授は現実の道路運送法による規制政策は、法の規定の不備、行政機関の監督能力の限界等により、事業者団体を巻き込んだ形で行われていることを指摘しながら、道路運送法による規制行政の限界を論じたのであった。

(三) 経済法

経済法の分野からも様々な形で道路運送法による経済的規制について、批判的検討が行われ公表されてきた[24]。すでに指摘したように、旧道路運送法の制定をめぐる国会での論議の中で独占禁止法の適用除外問題が取り上げられていたように、事業法と独占禁止法の交錯の問題は極めて重要な論点であった。

この交錯に関する初期の論文の一つに、北海道大学法学部の今村成和教授（当時）の論文[25]がある。今村教授は、米国におけるpublic utilityの法的性格を政府から与えられた「許可（license）」によって、「一つの特権を構成し、政府の統制下に、自由競争は排除され・・・法的独占の地位にある[26]」として、一般私企業が禁止される独占について法的に異なる扱いを受けることを論じた。ただ、このような法的対応の基礎となった一八七七年のMunn v. Illinois事件判決[27]も、その後の判例により根拠に動揺が生じつつあることを指摘している。すなわち、マン事件判決は最終的には事業の公共的性格を法的独占の根拠としていたが、その後一九三四年の Nebba v. New York事件判決[28]が従来の裁判所の態度に決定的な転換をもたらし、さらにそれに続くいくつかの判例がマン事件判決に大きな修正、変更を加えていることを指摘した。米国法に強い影響を受けて制定されたわが国独占禁止法の適用除外規定と事業法の規定について、米国ではすでに旧来の考え方に変化が生じていることを論証したものである。

この今村教授の米国における政府による事業規制の性格に関する研究に続くのが、神戸大学法学部の根岸哲教授（当時）による、米国における政府規制と競争政策に関する諸研究である。ここでは米国の運輸事業を素材とし、さらにわが国の運輸事業規制と競争機能の交錯に関して検討した代表的な論文[29]を取り上げておきたい。

根岸教授はそれまでわが国では十分には行われてこなかった、政府により参入規制や価格規制等の経済的規制を受けてきた規制産業について、なぜ特定の産業分野について自由な競争を制限し経済的規制を加えなければならないのかを、本格的に研究、論証した第一人者である。

根岸教授は、各種運送事業法と反トラスト法との交錯についてプライマリー・ジュリスディクション理論（Primary Jurisdiction Doctrine, 以下「ＰＪ理論」）の検討を通じて検討を加えている。ＰＪ理論というのは、「各種規制立法に服する事業者の一定の行為に対して反トラスト法の適用がどの範囲まで可能かあるいは除外されるのかという問題を一定限度内において解決するために裁判所によって形成された理論[30]」である。ＰＪ理論は「ある紛争事項に対する判断権限を第一次的に当該事項に関する法律運用のために特別に創設された専門的行政機関（主としてＩＣＣ、ＣＡＢ等の独立規制機関）に与え、第二次的判断権を行使する裁判所が、その行政機関による判断を尊重すること、あるいはより進んで自らの判断に置き換えることを期待するものであった[31]」が、その起源は一九〇七年のAbilence Cotton Oil事件[32]にあった。この判決の狙いは運賃をめぐる荷主と運送事業者間の紛争について、「少なくとも運賃の合理性に関する判断についてはＩＣＣに権限を集中させること[33]」であったが、この判決以降は一定の範囲において反トラスト法の適用を制限する理論として展開された。

ＰＪ理論及びその後の判例の検討を基に、根岸教授は米国の事業法と反トラスト法の交錯について「各種運送事業法に一定の適切な規制権限あるいは救済権限が定められているという理由では反トラスト法の適用が排除されるという結論を導くことはできず、反トラスト法の適用除外を認めるのは法律上明文で定められた場合でしかも明文で定められた手続きに厳密に従う場合に限る[34]」と結論付けている。

以上のような米国の法制、判例の動向の研究を踏まえて、同教授はわが国における問題点について次のように指摘している。

すなわち、事業法の参入規制[35]によって、つまり政府の行為によって生じると判断される独占的地位の獲得あるいは維持については、独占禁止法の適用問題が生じることはない。しかしながら、「既存事業者の独占的地位の維持が実質的に見て当該業者の行為に基くと判断される場合[36]」には、独占禁止法の適用の問題が生じることになるとしている。例えば、他の事業者の参入を認めない協定の締結、株式保有、役員兼任等の手段により他の事業者の参入申請を妨げる行為、事業者団体において構成事業者の参入路線等を決定する場合などにおいては、当然に独占禁止法の適用が問題となる[37]、とした。

根岸教授の研究は、米国の法制と運用の検討を通じてわが国独占禁止法についても、すでに定説となっている適用除外についての解釈[38]に見直しの方向性を先駆的に提示したものといえる。そして、八〇年代初頭には事業法による「自然独占論」に根拠づけられる、運輸事業等のいわゆる「公益事業」の規制についても「競争政策的観点を少なくとも補完的に導入すべき[39]」という議論が一般化した。

こうした研究を通じて、運輸事業の中でも鉄道事業等が他の公益事業と同じく自然独占産業として独占の容認が必然視されてきたのに対し、バス、タクシー、トラック等の自動車運送事業は本来的にはむしろ競争的な産業分野であり、その適用除外制度について従来から本質的な疑義が生成されてきたが、これらについて独占禁止法の適用の可能性、必要が主張されるにいたる。

経済法分野もしくは競争政策からの事業法及び独占禁止法適用除外の再検討についての各種提言は、貨物自動車運送事業を中心として運輸分野への規制緩和論の有力な理論的根拠となっていく[40]。

第四節　小　括

本章では、昭和三〇年代から六〇年代初頭までの間の貨物自動車運送事業をめぐる問題について、その概要をレビューした。そして、貨物自動車運送の成長、発展とその課題を整理した後、道路運送法に基づく規制政策について、とりわけ経済学、法律学からの批判論を紹介し、同政策の有する限界について言及した。当該政策への批判は、その後、利用者（荷主）、他省庁、さらには外国政府等からも規制の再検討を迫られる事態となり、昭和の終盤には規制緩和の嵐が吹き荒れることとなる。

註

（1）『運輸省五十年史』㈶運輸振興協会　平成一一年一二月。
（2）今野源八郎・岡野行秀編『現代自動車交通論』東京大学出版会　昭和五四年八月　八頁。
（3）㈳全日本トラック協会『トラック輸送40年のあゆみ』昭和六三年三月。
（4）「物的流通」という用語の生成、展開、その後の「物流」への変化については、例えば、唐沢豊『物流概論』（有斐閣　平成元年四月）二六～二八頁を参照。なお、後掲第九章第三節三―一（三）も参照されたい。
（5）本書の関心からみれば、交通政策への本格的な批判論議の端緒は昭和四六年七月の運輸政策審議会答申における「総合交通体系」をめぐって交わされた論議といえる。当該論議については、前掲　今野源八郎・岡野行秀編『現代自動車交通論』、日本交通学会『交通学研究／一九八一年』等の所収論文参照。
（6）岡野行秀『陸運業界』教育社新書　昭和五三年一二月。
（7）同右　五六～五七頁。
（8）同右　二三七～二三八頁。
（9）同右　二三八～二三九頁。
（10）岡野行秀「規制政策のパラドックス」『交通学研究／１９８４年』日本交通学会　三七頁。
（11）同右　二九頁。
（12）同右　三〇～三一頁。
（13）原田尚彦「運送事業と許認可行政」『ジュリスト』No.463（一九七〇年一〇月一日）一八～二四頁。
（14）同右　一八～一九頁。
（15）同右　一九頁。併せて、原田尚彦『行政法要論』（全訂第六版）一七三～一七四頁参照。

(16) 同右　二三頁。
(17) 森田朗『許認可行政と官僚制』岩波書店　昭和六三年一月。
(18) 同右　一六〇頁。
(19) 同右　一六〇〜一六一頁。
(20) 同右　一七六頁。
(21) 同右　三〇一頁。
(22) 同右　三〇三頁。
(23) 同右　三〇四頁。
(24) 政府による事業規制と経済法の問題については、土田和博・須網隆夫編著『政府規制と経済法―規制改革時代の独禁法と事業法』（日本評論社　平成一八年）に詳しい。
(25) 今村成和「public utilityに対する法的規制」『公益事業研究』第六巻一号（昭和二九年六月）。なお、同論文は今村成和『私的独占禁止法の研究（1）』有斐閣（昭和三一年初版）に所収されている。
(26) 同右（昭和四四年再版）一三三頁。
(27) Munn v. Illinois, 94 U.S. 113.
(28) Nebbia v. New York, 291 U.S. 502.
(29) 根岸哲「政府規制産業のおける規制と競争機能との交錯―アメリカの運送事業における展開を中心として」『神戸法学雑誌』第一九巻一・二号及び第三・四号（昭和四四年九月〜昭和四五年三月）なお、同論文は根岸哲『規制産業の経済法研究（Ⅰ）』成文堂（昭和五九年九月）に所収されている。
(30) 根岸哲『規制産業の経済法研究（Ⅰ）』一二六頁。
(31) 同右　一三〇頁。
(32) Texas & Pacific R. Co. v. Abilence Cotton Oil Co., 240 U.S. 426.
(33) 根岸哲　前掲『規制産業の経済法研究（Ⅰ）』一三三頁。
(34) 同右　一五一頁。なお、ＰＪ理論（第一次管轄権）については実方謙二『経済規制と競争政策』（成文堂　昭和五八年五月）第四章もあわせて参照されたい。
(35) 参入規制の問題点については、例えば、実方謙二　前掲書（第一章第一節）に詳しい。

(36) 同右　一五八頁。
(37) 同右　一五九頁。
(38) 例えば、今村成和『独占禁止法』（有斐閣　法律学全集52―II）昭和三六年、正田彬『独占禁止法』日本評論社　昭和四一年　等を参照。
(39) 舟田正之「公共企業法における規制原理―運輸事業法令を中心として―」『政府規制産業と競争政策』経済法学会年報第二号（通巻二四号）有斐閣　一九八一年　五五頁。
(40) 事業法と独占禁止法の関係についての論議の展開及び規制緩和への道筋については、土田和博「公的規制の緩和と法」『法経論集』第六二号（平成元年）に詳しい。

第六章　規制緩和論の展開と政策導入の経緯

第一節　規制緩和論の台頭と展開

一―一　第二臨調以前の規制緩和論

(一) 行政管理庁による行政監察

わが国における規制緩和の淵源を辿れば、広義の行政改革論議にその端緒を求めることができよう。実際、わが国における行政改革[1]（「行政整理」あるいは「行政機構の簡素化」）をめぐる議論は、すでに第一次世界大戦直後の大正中期から昭和初期にかけて行われていた。昭和一〇年代に入ると歴代内閣は行政改革草案を作るなどの努力を重ねたが、「結局は病根である官僚制そのものにふれるところがなく、また、その官僚制改革のための原動力となる国民の政治意志を結集することができなかったために実を結ばなかった[2]」。すなわち、戦前の行政改革は、官僚的形式主義（red tape）による弊害の打開と行政上の経費の節減を図ることが第一の目標とされ、「国民世論の要請に応じてということではなく、政権の都合、判断で進められ[3]」た、といえる。

戦後においては、昭和二四（一九四九）年に吉田内閣が経済安定政策に対応すべく行政機構の縮小を試みたのをはじめ、それ以後の内閣においてたびたびこの問題が取り上げられ、幾度となく行政機構の簡素化と管理の改善等が提案されてきた。

ところで、昭和二三年七月には行政調査部（昭和二一年一〇月設置）および行政監察委員会（昭和二二年九月設置）を母体として行政管理庁が発足し、行政監察制度が整備された[4]。そして、この行政監察は、①行政管理庁が監察主体となり、行政監察委員は行政管理の一翼として任務を遂行すること、②恒久的機関であることの結果、行政運営の全般に対する監察を実施して一般的な結論を出すよりも、個々の行政運営の実情を深く掘り下げて具体的な問題について個々に観察結果を得ることを主要な任務とすること、③非違の摘発それ自体は全然監察の目標とせず、政府職員の服務状況は行政運営の面からのみ附随的に監察することとなること[5]、を原則として行うこととされた。

運輸省の陸運行政のうち、自動車運送行政監察については昭和二五年度を皮切りに、たびたび監察が実施され監察結果が報告されている。[6] ちなみに、昭和二五年度の監察結果のうち「自動車運送事業の免許について」の部分の一部を引用すると以下のとおりである。

すなわち、「自動車運送事業の免許は、道路運送法の委任により、運輸省告示を以て規定する免許基準に基づいてなされているが、その規定は具体性に欠け、裁量の余地が広汎に残されている結果、その運用状況は既存事業者の保護に偏し易く、事業の正常な発達を阻害し、延いては輸送の秩序が乱される傾向さえ覗われる・・・自動車は陸上交通機関として顕著な発達をなすべき必然的趨勢にあることを考慮すれば、(ア)免許基準を法律に具体的に明定し、(イ)その基準に基づき、適当な競争形態に導く如く免許を付与していくこと、が必要と思われる[7]」等、具体的な規制の実態の内容にまで踏み込んだ結論、報告を行っていた。さらに、これらの報告は行政管理庁長官に行ったほか、運輸省当局にも行い「運輸省当局と懇談を行った際、運輸省当局は、自動車運送事業の免許の撤廃乃至緩和に関する問題については、上記結論の趣旨に賛成し得ざる旨の見解を表明した[8]」としている。

行政管理庁による行政監察は、単に行政の表象的な問題点の指摘にとどまらず、前記のように具体的内容に踏み込み、さらに規制のあり方について意見、報告を述べるなど、許認可等の整理、推進という観点から規制行政のあり方、改革に大きな役割を果たしたと評価できる。

今日までの行政管理庁の報告の中で、昭和五七（一九八二）年一一月二四日の『陸上貨物の輸送事業に関する行政監察結果報告書』は、貨物自動車運送事業と通運事業について、活性化や効率化の視点から事業規制の在り方の見直しを指摘するなど、その後の政策に大きく影響する重要なものであった。後述するように、この報告書はこの頃から本格化する規制緩和政策導入への議論の入り口としての役割を果たしたものといえる。

(二)　第一臨調の勧告

昭和三〇年代に入り急激に発展しはじめたわが国経済の高度成長期に、行政への負担が急増したこと、また繁文縟礼で形式的硬直的な事務運営は戦前と変わらないとの批判を受け、能率的な行政機構の編成、行政事務の管理の改革等が求められた。

具体的には、昭和三一年から行われた鳩山一郎内閣の行政改革以降、都合三次にわたり行政審議会が設置され、新たな情勢に即応する責任体制の確立と古い行政慣行の払拭の観点から、行政機構の簡素化と管理の改善が提案されたが、いずれも所期の目的を達成することができなかった。

わが国で本格的な規制の見直し論が登場したのは、昭和三六年一一月に設置され昭和三九年九月に公表された「第一次臨時行政調査会（第一臨調）」の答申（『行政改革に関する意見』）であった、といえる。すなわち、昭和三六年に「臨時行政調査会設置法」[9]が制定され、わが国で初めて国の附属機関としての行政調査会が設置された。[10]同調査会の調査の範囲は、行政に関する問題のすべてとされており、行政上の一般的問題はもとより個別の問題も取り上げることとしたが、直接政治や政策にかかることについては原則的にふれないこととし、また、地方自治の問題については国の行政との関連においてのみ取り上げるものとした。[11]同調査会は、関係機関からの意見の聴取等を行い実態の調査をすすめ、昭和三九年九月二九日に池田勇人内閣総理大臣（当時）への答申（『行政改革に関する意見』）を行った。

第一臨調の答申は、内閣や中央官庁の機能に関して改革を求める等、行政制度および行政運営の改善事項を調査、審議することに主眼が置かれていた。第一臨調はそれ以前の行政改革に関する論議と比べて極めて権威の高い組織であること、あるいは行政の実態について各種の実証的な資料を収集、それをもとに審議をしたといった点で、従前のものとは大きくその性格を異にしている。また、この答申を契機に「行政改革」という言葉が一般に定着しはじめた[12]という意味でも意義は大きい。

同答申の中の運輸関連のものを見ると、共管競合事務の改革に関して「港湾における通関関連行政」が取り上げられている。すなわち、「通関に関連する各種の検査、検疫は、多くの担当機関によって相互に連携なく行われているために、港湾利用者に不便をかけており、また通関にかかる事務手続きの面においても、船舶の出入港や貨物の通関に必要とされる書類がきわめて多く、港湾利用の手続き上負担となっている」[13]とし、四項目にわたる勧告が行われた。

さらに、許認可一般について、「わが国における現行の許認可の中には、必要性が認められないもの、実効性を期待しえないものについてまで、過大な規制と煩雑な手続きを設けている事例が多い。また、すでに不要化したものを漫然と存置したり、事務処理が行政機関の都合中心に行われるため時間がかかり、遅延することが常態となっている」[14]として、次の八項目にわたる勧告を行っている。

すなわち、①許認可等の設定は、統一した基準にしたがい、国民に過大な負担をかけることなく、全体的立場から必要性が明白で、実効を期しうるものに限定する、②運用基準を明確にし、公正迅速な処理を行う、③許認可等の不要な固定化、温存を排除するため、適切な措置を講ずる、④許認可等の処分権限は、国民の身近な機関にゆだねる、⑤共管競合する許認可の整理と合理化を行う、⑥許認可等による規制および地域行政機関に対する権限委譲については、画一主義を排除する、⑦許認可等の改革を推進する機能を確立するとともに、政府部内に許認可等を有効に総括しうる機関を定める、⑧上記①の方針に基づき、各行政にわたる許認可について、別に示す具体的な簡素合理化を行う、というものである。

(三)　第一臨調から第二臨調へ

第一臨調は主として行政手続きの簡素化等について勧告を行ったが、この時期すなわち昭和四〇年代前半はわが国経済が高度成長を謳歌していた時期でもあり、本格的な行政改革や規制の見直しについての議論は行われず、総論的な内容のものであった。また、第一臨調の意見は、理想に走りすぎていた面があったとの指摘もある。内閣機能の強化や事業別予算制度の導入や統一的な行政手続法の制定など、諸外国の先例を参考にとした理想的な意見が出されたが、政府においてはいずれも実施困難として棚上げされてしまった[15]。

この後、わが国は昭和四〇年代終盤から五〇年代前半にかけて二度にわたる石油危機に見舞われ、従前の経済、社会基盤は大きく揺らぎ、経済の高度成長から低成長、安定成長への移行という新たな対応が求められた。

こうしたわが国経済社会を取り巻く環境の変化の中で、第二次石油危機後の昭和五〇年代の中葉（一九七〇年代）に入ると、再び行政改革に関する論議が表面化しはじめた。すなわち、昭和五四年一二月に閣議決定された「昭和五五年行政改革計画」の中で、許認可等行政事務の合理化がうたわれ、特に規制・監督行政等の見直しについて、社会経済情勢の変化と行政需要の推移に即応し、行政の過剰な介入を抑制し、行政の簡素化を図るとともに、民間部門の活力の増進を図る見地から、各行政分野について免許、許可、認可等による規制・監督行政や各種の保護・助成施策の民間部門に対する行政関与について基本的な見直しを行うこととし、行政監理委員会等の審議を求めつつ、改善を促進するとしている。

さらに、翌昭和五五（一九八〇）年一二月の閣議で「今後における行政改革の推進について」が決定され、その中には行政事務・事業の整理、委譲等で許認可等の整理（五六年度以降おおむね二年間に一〇〇〇事項が目途）がうたわれた。行政管理庁においては、昭和五五年度の行政監察の重要なテーマとして、行政の合理化を掲げ貨物自動車運送事業と通運事業を取り上げた。

この監察結果は、昭和五七（一九八二）年一一月二四日に運輸省に対して『陸上貨物の輸送事業に関する行政監察結果に基づく勧告[16]』として提示され、公表された。同勧告では、運輸省は(ア)通運事業の活性化と事業規制の見直し、(イ)トラック運送事業の効率化と事業規制の緩和等の改善措置を講ずる必要があるとされた。このうち(イ)のトラック運送事業について見てみると、トラック運送事業に関する現行の規制は、必ずしも輸送構造の変化等に対応できないものとなっており、輸送の効率化の制約となっている面が認められる、という問題点の指摘がある。

具体的には、一般区域トラック運送事業については、輸送の長距離化等に伴い実車率の向上が緊要となっているが、事業区域が原則として都道府県単位に限定されている等のため、帰り荷の確保等効率的な事業活動を困難にしており、また区域外運送などの違反行為もかなり行われている。また、一般区域限定トラック運送事業については、運送貨物の種類等が制限されているため、帰り荷の確保等事業活動の効率化が困難なものとなっており、また区域外運送などの違反行為もかなり行われている。さらに、いわゆる宅配便は、一個二〇kg未満の小口貨物が多いにもかかわらず、認可運賃は三〇kgまでの路線トラック運賃が適用されることとなっており、また、輸送サービスの内容等に差異がある等のため、認可運賃と乖離が生じているものがある、と指摘した。

そのうえで運輸省に対し、①一般区域トラック運送事業の事業区域の設定については、経済交通単位への拡大を図ること、②一般区域限定トラック運送事業については、業務範囲の限定による事業活動の制約をできるだけ除去する方向で、規制の在り方について検討すること、③宅配便の運賃については、輸送サービスの内容等に対応したものを定め得るようその在り方について検討すること、[17]を勧告した。

こうした行政管理庁の姿勢は、次に述べる公正取引委員会の見解とともに政府部内で徐々に浸透し、これらの論議を契機にわが国における行財政改革、規制の緩和論議が本格的に開始され、昭和五六年の第二臨調の場での議論に移行することとなった。

（四）ＯＥＣＤ勧告と公正取引委員会の見解

昭和五四（一九七九）年九月二五日ＯＥＣＤ（経済協力開発機構）理事会が「競争政策及びその適用除外分野または規制分野に関する理事会勧告」を採択し、加盟各国に対し勧告した。[18]これは、ＯＥＣＤの制限的商慣行専門委員会が同年六月二八日に理事会に上程した文書を採択したもので、政府保護業種への自由競争政策を導入するため、政府規制、独禁法適用除外事業の見直しを求めており、特に、エネルギー、運輸、金融を中心とした規制分野に競争原理を出来るだけ導入することを内容としている。

具体的には、ＯＥＣＤ加盟国政府は規制制度及び制限的商慣行に関する法律の適用除外について、(a)規制又はその特定の側面をもたらした当初の理由、又は状況が現状でも妥当性を有しているかどうか、(b)それらの規制制度又はその特定の側面が、その目的を達成した程度、並びにその目的を規制により達成する場合の利益と比較した、真の社会的、経済的、行政的コスト、(c)現状において同一の目的が制限的商慣行に関する法律による規制に服している競争の実施によって、又は、競争制限の程度がより少ない形の政府介入によって、実際に達成できないかどうか、の観点から再検討を行うことを勧告している。

昭和五五（一九八〇）年四月には、ＯＥＣＤ理事会勧告を受ける形で公正取引委員会と行政管理庁が合同で政府規制の見直しについて検討会議を設置した。この会議の目的について「政府規制及び独占禁止法適用除外に関する合同検討会議設置要綱」は、両官庁が「相互に意思の疎通を図ることにより政府規制及び独占禁止法適用除外の見直しを円滑に行う」としている。

この勧告については、わが国政府内で競争政策を所管する公正取引委員会が主体的に対応し、議論をリードした。公正取引委員会は、後述する第二臨調設置後の昭和五七年八月に「政府規制制度及び独占禁止法適用除外制度の見直しについて」と題する文書を公表して、競争政策の立場から政府規制制度の問題点を指摘した。具体的には、農業、金融、運輸、エネルギー等の産業分野から蚕糸業、銀行業、トラック運送事業、通運事業、電気事業等の一六業種を抽出、検討し、そのあり方を検討して各所管省庁に規制の緩和や手続きの簡素化等の適切な合理化措置を講じるよう結論づけた。

公正取引委員会の考え方は、先のＯＥＣＤ勧告の趣旨と同様、自由経済体制、自由貿易主義をとっているわが国においては、競争政策が経済運営の基本とされるべきであり、政府規制制度は例外的なものとして必要最小限に止められるべきであるとするものであり、経済の低成長下においては、民間活力の維持、活用とそれによる国民経済の活性化のための重要な手段の一つとして、政府規制制度の見直しと緩和を緊要としている。

公正取引委員会の当該見解における貨物自動車運送事業への問題点の指摘は、次のとおりである。すなわち、「現行規制については、導入時の状況とトラック運送量が増大し運送事業者の経営基盤が格段に充実した現在の状況を比べると規制の背景となった経済情勢、運送事業者の経営状況に大きな変化が見られる。現行の参入規制（事業の免許制）では、トラック運送事業を路線トラック事業と区域トラック事業に区分している等細かな規制が行われており、これによって事業者がその創意を発揮し、自由に競争することを妨げられているのではないかと思われるので、今後事業者の創意を活かせるように規制の簡素化及び緩和を検討する必要がある。価格規制（料金の認可制）については、トラック運送事業に占める企業間取引のウェイトが高いこと及び従来物価安定政策会議等で制度の再検討の必要性が指摘されていることを考えると、自由化の方向で検討する必要がある。なお、一般消費者の利用に係るものについては、消費者保護の観点から規制が必要であるとしても、規制の方法としては最高料金制など伸縮性のある料金制度の改めることを検討する必要がある[19]」としている。

なお、公正取引委員会はその後、昭和六三（一九八八）年七月に「政府規制と競争政策に関する研究会」（座長　鶴田俊正専大教授（当時））を設け、日本の経済社会の国際化、情報化、消費者選択の多様化、経済の活性化などを推進する観点から、政府規制制度の見直しについて種々の検討を加え、翌平成元年一〇月にその結果を公表している。それによれば、貨物運送業は「産業構造の変化、技術革新等に伴う貨物の小型軽量化、高付加価値化等の物流環境の変化を背景に、物流ニーズの多様化、多頻度化、複合化が進展しつつあり、その取扱量も年々増加の傾向にある。このような状況下で、今後の我が国の物流合理化、効率化のためには、貨物運送事業における規制緩和を推進することにより、同事業における競争の一層の活発化と事業者の創意工夫の発揮が望まれる[20]」としている。

以上のように、昭和五六年の第二臨調の設置に先立つ時期においては、第一臨調、公正取引委員会、行政管理庁といった政府の機関を中心に規制の見直しが検討されてきていた。しかし、この時期（一九八〇年代）からは、改革の内容も従前の行政手続き等の簡素化から、規制制度のあり方そのものへと大きな変化が生じはじめていた。

一―二　第二臨調の規制緩和論

（一）第二臨調の発足

昭和五〇年代後半（一九八〇年代）になると、世界の先進資本主義諸国のほぼ共通の課題として「小さな政府」論が登場するにいたった。この背景には、二度にわたる石油危機が経済社会の構造を根底から揺るがし、経済構造の大変革を要請するとともに、肥大化した行政組織、機構を簡素で効率的なものに作り変えることが、重要な国家的課題とされたことがある。

わが国においては、昭和五五（一九八〇）年七月に政権の座に就いた鈴木善幸内閣が「増税なき財政再建」を掲げて行財政改革を最重要政策課題とし、「行革」に本格的に取り組む姿勢を表明した[21]。いわゆる「行革」「行財政改革」は、一九八〇年代のわが国の最大の政治的課題となっていく。

具体的には、昭和五六年三月一六日に「第二臨時行政調査会」（第二臨調　会長　土光敏夫経団連名誉会長（当時））を発足させ「行財政改革によって、増税なき財政再建を図る」こととなった。同年四月一七日には、第二臨調の課題として「行政改革の基本的調査審議事項」が公表されたが、その主な項目は、(i)行政改革の理念と行政の中長期ビジョンの確立、(ii)高度成長期に拡大した行政の合理化と責任領域の見直し、(iii)新たな時代に即応するための行政の基本的諸制度の改善、(iv)基本的課題を抱え総合的観点から見直しを要する分野の再編合理化、であった。

以上のような基本課題について、第二臨調は昭和五六年から五八年にかけて都合五次にわたり答申を発表している[22]。すなわち、「行政改革に関する第一次答申」（昭和五六年七月一〇日）、「行政改革に関する第二次答申―許認可等の整理合理化」（昭和五七年二月一〇日）、「行政改革に関する第三次答申―基本答申」（昭和五七年七月三〇日）、「行政改革に関する第四次答申―行革推進体制の在り方」（昭和五八年二月二八日）、「行政改革に関する第五次答申―最終答申」（昭和五八年三月一四日）である。

これらの答申は、単に行政の改革というよりわが国社会経済全般への変革の提言であり、わが国の中長期ビジョンを提示する刺激的なものとなっていた。そのため、答申の内容に対して国民各層から「総論賛成、各論反対」の声があがり、答申内容の実現は第三臨調以降に引き継がれることとなる。

ここでは、第二臨調答申の中で貨物自動車運送事業の規制緩和問題と関連の深い、許認可の整理・合理化等についての諸項目を、簡単にまとめておくこととする。

(一) 第一次答申

昭和五六年七月一〇日の「行政改革に関する第一次答申」は三部構成になっている。第一部では、「行政改革の理念と課題」が、また第二部では緊急課題に関する具体的方策を、そして第三部では今後の調査会としての検討方向を、提起している。

本答申では、まず行政改革の理念として、「変化への対応」、「簡素化、効率化」、「信頼性の確保」が掲げられ、新しい時代が要求する行政の在り方を明らかにするための論議が行われ、課題が提示された。

(二) 第二次答申―許認可等の整理合理化

第二次答申は昭和五七年二月一〇日に出されたが、そこでは当面の許認可等の合理化事項として、車検期間の延長、運転免許更新手続きの簡素化、自家用トラックの届出制の廃止等が、表明された。

（四）　第三次答申──基本答申

第三次答申は同年七月三〇日に出されたが、これは国鉄の民営・分割化問題が中心であった（同答申第五章一三　公社の民営化、合理化）。しかし、本答申が基本答申と題されたゆえんは、「近年の内外の環境変化の下で、国の機構、制度及び政策の全般について幅広く見直しを行い、中長期的な展望に立って行政の在るべき姿、今後の行政改革の基本的な方策を提示[23]」したことにある。

（五）　第四次答申──行革推進体制の在り方

第四次答申は、昭和五八年二月二八日に出されたが、これは同年三月一五日に調査会がその任務を終了するにあたり、行政改革推進体制の整備を引き続き求めるための措置についての提示が中心である。具体的には、臨時行政調査会答申に対する政府の実施状況を見守り、政府の行政改革を推進させていくために、総理府に「行政改革推進委員会（仮称）」を設置すること、及び同委員会の任務、権限、組織等がその内容となっている。

（六）　第五次答申──最終答申

第五次答申は、第二臨調の「最終答申」として昭和五八年三月一四日に提出された。

本答申は、第三次答申以降の審議で得られた成案の提言が中心であるが、最終答申ということもあり第二臨調の答申全体で提起された改革の理念や方策にも言及している。

最終答申の内容は社会全体、行政の各般にわたるが、このうち運輸省への提言（同答申第1章3─(1)─エ）において、運輸行政全体としての政策調整機能の強化を図るべきとして、運輸省内部の再編を提言している。

なお、最終答申でもっとも注目されたのは「現業・特殊法人等」の改革（同答申第三章）である。第二臨調においては、すでに第三次答申において国鉄、電電公社及び専売公社の三公社の改革が取り上げられたが、最終答申においては同改革について早急な改革を愁眉の課題として早急な実施を求めた。さらに、郵政事業、国有林事業、国立病院・療養所等、現業部門の改革、また種々の特殊法人等の整理合理化が提言され、その後の改革に多大の影響を与えたといえる。

最終答申において、貨物運送事業に関してはトラック運送業について講じるべき措置についての提言（第五章「許認可等」2　許認可等の整理合理化　(3)事業規制）がある。すなわち、トラック運送業については、輸送需要の実態に即応した効率的な事業運営を推進するため、当面、(i)一般区域トラック運送事業の事業区域の設定については、経済交通圏単位への拡大を図る、(ii)一般区域限定トラック運送事業については、業務範囲の限定による事業活動の制約をできるだけ除去する方向で、規制の在り方について検討する、(iii)宅配便の運賃については、輸送サービスの内容等に対応したものを定め得るようその在り方について検討する、(iv)事業計画の変更認可等のうち、例えば、運行経路の変更、営業所の位置変更等で軽微なものについては届出制に移行する、となっている。

一―三　ポスト第二臨調の規制緩和論

(一)　旧行革審の規制緩和論

第二臨調の答申が出た後、政府は同答申の実現を確実ならしめるために昭和五八年六月二八日に「臨時行政改革推進審議会」[24]（いわゆる「旧行革審」もしくは「第一次行革審」）を設置した。第二臨調以後の、わが国の規制緩和論議の中心舞台は、この旧行革審に移ることとなった。

旧行革審は、昭和五八（一九八三）年八月四日の「当面の行政改革に関する意見」を皮切りに、都合九度にわたり意見を政府に提出した。[25]旧行革審の意見における公的規制の見直しの基本的な観点は、次の通りであった。すなわち、①公的規制については、社会経済情勢の変化等に即し不断に見直しを行う必要があるが、特に近年のわが国はこれまでの公的規制の在り方の抜本的な再検討を迫る変化にさらされている。②規制を通じてその達成を図ることが特に必要とされる社会的な目的の範囲や、目的の実現のために導入される規制の範囲は、消費者や生産者の自己責任能力の向上に伴い、大幅に縮小することが可能となり、また、抜本的に見直す必要が生じている。③わが国にとって、経済的、技術的な発展段階の違いを理由として、他の諸国とは異なる規制の目的や方式を採用し続ける根拠は、格段に少なくなった。以上のような基本認識のもと、旧行革審は従前より以上の規制の緩和を求めた。

（二）　新行革審の規制緩和論

「小さな政府」による行財政改革を目的として開始された第二臨調による規制緩和も、いつしか国鉄、電電公社等の公企業の民営化を中心とした民間活力の重視にポイントが移行した。さらに、昭和六一（一九八六）年後半になるとわが国は新たな国際問題への対応が急務となってきた。すなわち、貿易収支の黒字が一向に減少傾向を見せない中、諸外国とりわけ米国との経済摩擦が増大し、わが国の対外経済政策を転換し、内需の拡大が要請されるにいたったのである。

こうした状況のもとにおいて政府は、さらに規制緩和を推進すべく昭和六一年一二月に「臨時行政改革推進審議会設置法」[26]を制定して、再度、「臨時行政改革推進審議会」（いわゆる「新行革審」もしくは「第二次行革審」）において、規制の見直しを具体化する作業を開始した。

新行革審は、昭和六二年七月一四日に「当面の行財政改革の推進に関する基本的方策について」と題する答申をはじめ、地価等の土地対策に対する答申（昭和六二年一〇月一二日、昭和六三年六月一五日）等を公表したが、新行革審のもっとも主要な提言は公的規制の緩和に関する答申であった。新行革審においては、個別分野の検討にあたって学識経験者や産業界の有識者を参与とした「小委員会」が設置され、個別に検討が加えられたが、規制緩和問題については昭和六三年一月に「公的規制の在り方に関する小委員会」（委員長　瀬島龍三日本商工会議所特別顧問（当時））が設置され、具体的な規制の見直し作業がおこなわれた。

同小委員会は、昭和六三（一九八八）年一二月一日に『公的規制の緩和等に関する答申』を公表し、規制緩和の実施に向けて大きな一歩を踏み出した。なお、同答申とほぼ同じ内容で昭和六三年一二月一三日に「規制緩和推進要綱」が閣議決定されている。

新行革審の基本的な問題意識は、同答申の巻頭に表明されている。少し長くなるが、以下に引用しておきたい。

「今後、我が国は、対外不均衡の是正と内需主導型経済構造への転換を目指し、製造業、非製造業を問わず広範な産業構造の調整を進めるとともに、これまでの経済発展の成果を国民生活の質的向上に的確に結び付けていく必要がある。

また、我が国の国際的地位にふさわしく市場アクセスの改善を一層進めるとともに、国際化の進展に対応し、制度・仕組みの国際的調和に積極的に取り組むことも重要である。

特に、我が国の経済力を国民一人一人に行きわたらせ、豊かさを実感できる国民生活を実現していくためには、内外価格差の縮小を進め、国際的に均衡のとれた物価水準を実現するとともに、消費者の多様化したニーズに対応して供給構造を変革していく必要がある。中でも消費生活の充実を図る上では、製品輸入を通じ国内市場での競争の促進や国内の生産・流通機構の一層の効率化を進めるとともに、相対的に生産性の低い第一次産業やサービス部門の生産性の向上を促進することが特に必要である。

このような課題にこたえていくには、自由化を進め、個人や企業の創意工夫をいかし、自由な活動をできるかぎり尊重し拡充することを基本とすべきであり、生産・流通機能や価格形成にかかわる規制の緩和や制度等の改善を積極的に進めていく必要がある(27)」。

以上のような視点から、具体的には流通、物流、情報・通信、金融、エネルギー、農産物、ニュービジネスに係る事業規制等が緩和に向けての検討対象とされた。これらの諸産業は当該産業内に占める規制分野のウエートが高いものが多くなっている。

今日から振り返ると、規制緩和法(「貨物自動車運送事業法」他)の制定に向けた具体的な動きは、この『公的規制の緩和等に関する答申』にはじまったといえる。その意味で歴史的にも実際的にも、本答申は極めて重要な提言となった。

本答申は、臨調・旧行革審における公的部門の役割の大幅見直し、行政の簡素化・効率化や民間活力を発揮するため公的規制の緩和に向けて積極的な提言を行ったが、その後のわが国を巡る内外の諸状況の踏まえ改めて公的規制の緩和に向けての改革方策の検討を進めるとしている。

そして、規制緩和の具体的視点として次の九点を上げている(28)。すなわち、(ア)社会経済情勢の変化や技術革新の進展等によりその政策的必要性が失われた規制は、廃止する。特に、短期間の暫定的規制を想定していた規制がその後の事態の変化にかかわらず長期にわたって存続することのないように留意する、(イ)企業・個人の自主性、自己責任の原則の徹底を図るとともに、その創意工夫、民間活力の最大限の発揮を図るため、原則自由・例外規制の立場から規制は最小限のものとし、原則として競争的産業においては、需給調整の視点からの参入規制は行わない、(ウ)市場メカニズムに制限を加えることにより、供給量や価格の安定等を図ろうとする規制が必要な場合であっても、できるだけ市場原理を活用し、供給構造の変革を促進する、(エ)規制を行う場合にあっては、基本的には、(i)異常な事態や特に防止すべき行為に対する規制に限定し、通常は自由とする、(ii)規制の内容・程度を規制の目的や効果に照らし必要な限度にとどめるとともに、規制方式について量的規制から質的規制への転換を図る、(オ)同種・類似や共管競合の検査等については、その重複を排除し、整理合理化する、(カ)技術革新等に伴う事業の転換や多角化、新規産業の創出を促進し、産業の健全な発展を促すため、新たな商品・サービスに係る既存の事業規制の適用は極力限定的なものとするとともに、必要な規制緩和を図る。また、新たな事業規制の創設は、大きな社会的弊害が生ずるおそれが強い場合等特段の事情があるときを除き行わない、(キ)本来の規制目的と乖離した運用についてはその是正を図るとともに、許認可等の明確化を図り、運用の透明性、公平性の確保を図る。また、規制手続については、大幅な簡素化・合理化、処理の迅速化を図る、(ク)本来安全確保等の社会的な規制を目的としていたものであっても、既得権益の保護や参入抑制の効果を有するものに変質してきている規制や、社会的規制を隠れ蓑にしてそれらの効果を期待している規制については、目的の妥当性と規制の有効性を改めて見直す。また、社会経済情勢の変化や技術革新の進展等に対応して規制の内容を合理化する、(ケ)地方公共団体による規制についても、地域の特性等に配慮しつつ、規制に過度のバラツキや行き過ぎのあるものはその是正を図るよう、必要な指導を行う、としている。

以上の諸点は、新行革審の規制緩和の理念、考え方を明確にあらわすものであり、また具体的な規制緩和の際の基本的指針とされた。

(三)『公的規制の緩和等に関する答申』の物流関係部分

新行革審の『公的規制の緩和等に関する答申』は、個別分野の規制緩和等の措置として次の七つの産業分野を名指ししている。すなわち、流通、物流、情報・通信、金融、エネルギー、農産物、ニュービジネス等である。

このうち、「物流」についての答申の大要は、次のとおりである。[29]

まず、答申は物流サービス（トラック事業、運送取扱事業、車両・走行規制、海上運送事業、港湾運送事業、倉庫事業）が、環境の変化により近年にわかに高度化し「国民生活に密着した新たな物流サービスの展開を求められている」

といると認識し、その規制についてはこうした「物流産業を巡る新たな環境に対応した多様な事業展開を進める上で、改めて大幅な見直しが要請される」としている。そして、今後の行政の在り方は「物流サービスの利用者の視点に立ち、市場原理を活用した事業者による自由な事業展開を図ることを基本とし、総合的な物流行政の展開を図るとともに、物流に係る事業規制についてはその抜本的な見直しを行い、従来の量的規制から、安全性、確実性、公平性といった利用者の基本的要請にこたえるための一定の能力水準の確保を中心とした質的規制に転換を図る必要がある」とした。すなわち、従来の経済的規制に対するいわゆる許認可を軸とした運輸事業規制から、社会的規制を重視した新たな規制方式へ変更を求める内容となっている。そして、この答申の中で運輸の中でも最も重点を置かれたのは、貨物自動車運送事業と運送取扱事業であった。

答申の貨物自動車運送事業及び運送取扱事業に係る部分は、以下のとおりである。

①貨物自動車運送事業

以下の方針を基本として、速やかに具体化を図り法制化する。

(i)需給調整規制を廃止し、資格要件を中心とした許可制度に移行する。併せて、許可基準の明確化を図る。

(ii)運賃・料金の認可制を届出制に移行する。

(iii)事業区分を抜本的に見直し、大幅に整理統合する。

上記に併せ、過積載、過労運転等の違法行為に対する規制の実効確保、取締り強化について、関係行政機関の連携・協力の充実を図るとともに、事業者による運行管理の適正化、違反事業者等に対する処分の厳格化、荷主に対する指導の強化等を推進することにより、公的な監視、監督の強化を図るほか、違法行為の予防、是正のためのトラック事業者の自主活動を促進する所要の方策を講ずる。

②運送取扱業

複合一貫輸送の促進を図るため、その制度的位置付けを明確にするとともに、総合的な運送取扱業の制度を創設することとし、以下の方針を基本として速やかに具体化を図り、法制化する。

(i)利用運送事業は許可制、その他の運送取扱事業は登録制とし、それぞれの要件を必要最低限のものとするとともに、許可、登録基準の明確化を図る。また、運賃・料金は届出制とする。
(ii)これに伴い、通運事業及び利用航空運送事業について、需給調整規制を廃止する。
(iii)通運事業法は廃止する。

新行革審は、上記の通り貨物自動車運送事業と運送取扱事業について、具体的かつ明確に規制緩和の方向性を示し、関係省庁機関に所要の方策の実施を求めた。

もっとも、こうした内閣の方針が一人歩きしていた訳ではなかった。すでに第二臨調以降、関係事業分野においては規制緩和に対して賛否両論の立場から熱心な議論が繰り返されていた。旧行革審、新行革審はそうした関係官庁、機関、団体等の動向を踏まえ、水面下で意見の調整等を行いながら、本答申の公表にこぎ着けたといえる。

第二節　規制緩和論に対する運輸関係機関等の対応

二―一　運輸省の施策

(一)　運輸政策審議会の諸答申

新行革審の動向に呼応するかのごとく、事業規制の所管官庁である運輸省内部においても、規制の見直し作業が同時並行的に進められていた。もっとも、運輸省においては、すでに第二臨調、旧行革審、公正取引委員会、行政管理庁等から規制の緩和化を求められた時期から、従来の運輸事業規制の見直しや運輸省内部の機構改革等を実施、新しい時代へ向けての一定の対応を実施していた。

実際にはそれ以前から、すなわち第一臨調答申（昭和三九年九月）において、路線事業以外の自動車運送事業の免許制を廃止すべき旨の勧告に対応して、許認可中心の行政からの脱却を目ざす運輸省の動きと相まって[30]、昭和四〇年代に入ると行政簡素化の動きが本格化する。昭和四五（一九七〇）年六月の運輸省自動車局長通達「貨物自動車運送事業の免許及び許認可申請等の処理について」（いわゆる「六・一五通達」）は、そうした行政簡素化の色彩を強く持ったものであった。

ところで、運輸省においては、かつてほぼ一〇年毎に運輸政策審議会（以下、「運政審」）等の答申を用いて同省の今後の政策方針が打ち出されてきていた。昭和四〇年代（一九六〇年代後半）以降についてみると、昭和四六（一九七一）年七月に発表された運政審『わが国の総合交通体系』がある。

この答申（「四・六答申」）は、一九六〇年代に解決できなかった大都市での交通渋滞や公共交通機関の経営難などの問題を、一九七〇年代に総合交通体系という考え方のもとに解決しようというもので、具体的には国内・国際の人的交流、物的交通の拡大、新しい総合的な交通網の整備、交通需要の増大と多様化、高度化への対応などの課題の克服を目指すというものであった。しかし、貨物輸送については国鉄貨物輸送の中距離陸上貨物輸送の動脈としての特性を発揮させるべく、「フレートライナー、専用輸送基地等に対する重点的な設備投資や、貨物駅の集約化、端末輸送との協調、補完を軸としてシステムチェンジをはかる」[31]等、国鉄を中心とした総合交通体系の確立の必要性が強調されている。貨物輸送特にトラック輸送については、運賃料金制度への若干の指摘はあるものの、具体的な指摘はなく、高度経済成長によって生じた貨物（輸送需要）の量的拡大への対応と質的向上が指摘されているだけであり、その後問題となる「物流」に関しては取り上げられていなかった。

一九八〇年代に入ると、二度にわたる石油危機を経験したわが国経済を取り巻く環境は一変し、それまでの高度成長から安定成長へと移行した。産業構造についても、「重厚長大型産業」から「軽薄短小型産業」へと基調が変化し、貨物輸送にも多大の影響を及ぼすことになった。

こうした環境激変の中で昭和五五（一九八〇）年四月に運輸政策審議会に諮問され、翌昭和五六年七月に同審議会が答申したのが、『長期的展望に基づく総合的な交通政策の基本方向について』（「五・六答申」）である。この答申は、「わが国の経済社会情勢の著しい変化に対応して、長期的な展望の下に八〇年代における交通政策の課題を探り、それを克服して交通政策の目標を実現するための新しい総合的な交通政策を確立[32]」することを目的としたものであった。また、運輸省においても「縦割り行政システムから横割り行政への転換」を図る施策が打ち出された。[33]

「五・六答申」は旅客輸送を中心とした公共交通への関心が強いものであったが、貨物輸送についてはより範囲を広げて他の諸活動をも含めた物流活動を政策の射程距離の中に取り込むという形で、政策が立案されていく契機となったものといえる。なお、この答申から従来運輸省の用語法として貨物輸送とほぼ同義に使われていた「物的流通」から「物流」に用語が変えられ、政策の中にも「物流政策」取り入れられていく。

この答申は二部全八章から構成されるが、第二部第五章に「物流政策のあり方」がおかれ、運輸省における物流政策の課題と方向性が明確にされている。

ここであげられた物流政策の課題は、①産業の物流ニーズへの対応、②物流コストの低減、③強まる制約条件等への対応、④国鉄貨物輸送の再編成、⑤国土の均衡ある発展、⑥国際的相互依存の強まりへの対応、である。この中で特に①は、従来の運輸行政（政策）が運輸事業者の保護、育成の中心であったものを、荷主（利用者）のニーズへの対応を行うとするもので、極めて重要な政策転換の表明といえる。このことは八〇年代から九〇年代、さらに二〇〇〇年代へと続く運輸省の物流政策の基軸となるものであり、後述する規制緩和政策に結び付いていく。

そして、八〇年代における物流体系の形成にあたっては、⑴効率的物流体形の形成、⑵省資源低公害型物流体系の形成、⑶幹線物流ネットワークの形成と重点的、効率的な物流関係施設の整備を行う、としている。

以上のように、運輸省の物流政策が貨物輸送政策の中軸に置かれるなか、貨物自動車運送事業をめぐる規制問題への対応も行われていた。

具体的には、行政管理庁からの指摘にそって、(i)昭和五九（一九八四）年三月に一般区域の事業区域のうち東京、大阪陸運局管内を対象として「拡大事業区域」を設定、(ii)一般区域限定事業について、昭和五九年三月に免許にあたっての「限定」の枠を拡大、(iii)一般路線運賃の中に「宅配便運賃認可基準」を設定、するなどを行った。

さらに運輸省においては、昭和五九年六月二〇日に「新しい運輸行政の展開—新四局の政策を中心に—」と題した新政策研究会の報告書が公表され、「経済社会情勢の変化に伴い運輸行政に課せられた多くの諸問題に総合的、効率的に対応するため、従来の運輸手段ごとのいわゆる縦割り組織を大幅に再編整理し、各輸送手段を横断するいわゆる横割り組織を新設して、新しい運輸省」を打ち出した。特に、規制行政については「抜本的な見直しにより行政の簡素化を図り、諸情勢の変化に敏速に対応して諸政策の検討、実施を行うことができる体制を確立すること」としている。これは、「許認可官庁から政策官庁へ」の脱皮をキャッチフレーズにした運輸省の自己改革の意思の表明であった。

この時期の規制緩和をめぐる論議の中で、運輸規制についていくつかの規制の見直しについての提案、勧告等がみられたが、今日からみるとこれらはいわば対処療法的な対応で規制の根幹を変更するものとはいえなかった。結局、第二臨調、旧行革審の時代の規制緩和論は「小さな政府」の実現に主眼が置かれた行政改革の一部をなすにとどまっていたものと位置付けられよう。

(二) 運輸省における規制緩和法案の策定

運輸省においては、第二臨調の設置以降、必要に応じて対応する施策を実施してきていたが、新行革審での議論が道路運送法に基づく貨物自動車運送事業への規制行政の大幅な変更が求めていることを認識した後、最終的には新行革審の『公的規制の緩和等に関する答申』にそった法案作りへと歩みを進めることとなる。

なお、後に運政審に提示される運輸省案の骨格は、昭和六三(一九八八)年九月二二日に運輸省貨物流通局名で新行革審(「公的規制の在り方に関する小委員会」)のヒアリングの場で「物流事業規制の見直しの基本的検討方向」として公表されていた。その要旨をまとめると、(34) 運輸省は物流に関する事業規制について、(i)事業規制は、国民、利用者に必要な輸送サービスを常に安全かつ良好な状態で安定的に提供するという政策目標達成の手段で必要最小限度の範囲であるべき、(ii)産業消費者構造の転換に伴い高度化・多様化するニーズへの対応が物流事業の課題、である。そして運輸省では、このような物流ニーズの変化に対応して物流事業者がその事業活動を柔軟、的確に行えるようにするとともに、各輸送機関を通じて、効率的な物流システムを形成するため、各般の物流政策を積極的に推進することとし、その一環として、物流に関する事業規制を、これらの観点から見直すこととした。

具体的には、以下のとおりである。

(ア)トラック事業規制の見直しについては、民間事業者の創意工夫を活かした事業活動を推進し、輸送の安全を阻害する行為を防止するとともに、中小トラック事業者の安定的な事業継続に配慮して、次のような規制の見直しを検討する。

①参入規制・・・需給調整規制を廃止し、免許制から許可制へ、また著しい過当競争状況と認められる場合に限り、新規参入の停止措置をとる、
②事業区分・・・積合と貸切による区分を廃止し、路線と区域とを統合する、
③運賃規制・・・認可制を事前届出制に改め、不適当なものに対しては変更命令による是正措置を講じる、また必要に応じ標準運賃・料金を設定する、
④社会的規制の遵守・・・違法行為の予防・是正等トラック事業者の自主的活動による安全確保を促進する、

(イ)複合一貫輸送促進のための規制の見直しを検討する。
①運送取扱事業について横断的、総合的制度の創設し、利用運送は許可制、その他の運送取扱事業は登録制とする、これに伴い通運事業及び利用航空運送事業については、需給調整規制を廃止し、免許制から許可制とする。また通運事業法は廃止し新たな制度に発展的に吸収する、そして運賃料金については、事前届出制に改め不当なものに対しては変更命令による是正措置を講じる、
②複合一貫輸送の法的位置付けを明確にする、というものである。

この運輸省の基本的な検討の方向は、運政審物流部会（部会長　宇野政雄早稲田大学商学部教授（当時））に「トラック事業委員会」と「複合一貫輸送委員会」を発足させ、法案策定に向けた具体的な動きを加速化させた。同部会は新行革審の答申に先立ち、昭和六三（一九八八）年一〇月二五日「トラック事業及び複合一貫輸送に係る事業規制の在り方に関する意見」と題する見解を発表している。これは同年五月から運政審が議論していたトラック事業と複合一貫輸送の規制についての検討結果として公表されたものである。

この運政審の答申と新行革審の答申は、細部では若干の相違はあるものの、基本的認識はほぼ同様とみてよい。同意見における貨物自動車運送事業についての規制改革に係る基本的視点は、以下の三点である。

(i)高度化・多様化するニーズに対応して、民間事業者の創意工夫を生かした事業活動が迅速かつ的確に行えるよう、規制の見直し、手続きの簡素化を図る。
(ii)過労運転、過積載等輸送の安全、輸送秩序の維持を阻害する行為を防止するため、民間による自主的な活動の促進

を含め、その防止の実効性ある措置を講ずる。

(iii)トラック産業が、九九%を占める中小事業者の機動性に富んだ事業活動に支えられていることに鑑み、中小トラック事業者が環境の変化に的確に対応し、円滑かつ安定的に事業を行えることができるよう十分に留意することとする。

以上の基本的視点を踏まえて、改革の基本的方向として貨物自動車運送事業の規制について、次のようにとりまとめられた。

(ア)参入規制

①参入基準

(i)需給調整規定を廃止し、免許制を許可制に改める。

(ii)許可基準は、輸送の安全の確保を含め、的確な事業遂行能力等を審査する資格要件とする。

(iii)なお、著しい過当競争状況と認められる場合には、緊急措置として、期間、地域を限って新規参入の停止措置を講じうることとする。

②事業区分

(i)積合と貸切というサービス形態による区分を廃止し、路線と区域に区分されている一般事業を一本化する。

(ii)小口貨物輸送のネットワークを有する従来の長距離路線事業については、許可に際し、広域積合運送事業（仮称）として、特に、信頼性、確実性等利用者保護を重視した審査を行うこととする。

(iii)軽車両等運送事業のうち、軽自動車による貨物運送事業については届出制とする一方、その他についての規制は廃止する。また、無償貨物自動車運送事業についての規制を廃止する。

③事業計画

(i)増車等車両総数の変更について、認可制を事前届出制に改める。

(ii)宅配便の取次店設置の廃止等その他の事業計画の変更についても、大幅に簡素化する。

(イ)運賃規制

①認可制を事前届出制に改め、不適当なものに対して変更命令による是正措置を講じうることとする。

②必要に応じ、運輸大臣は、標準運賃・料金を定めることができることとし、これを民間団体に代行させることができることとする。

(ウ)社会的規制

①運行管理者について、資格要件の強化及びその地位の向上を図る。

②過労運転等重要な社会的規制の違反行為に対する行政処分について、許可の取消しを含め厳正な運用を図る。

(エ)事業の適正化の確保

①次の事業を行う民間団体を指定して、トラック事業の適正化の実効を期するよう、民間による自主的な活動を促進することとする。

(i)過積載、白トラ行為等違反行為の調査及び是正のための指導

(ii)運輸大臣への調査及び指導の結果の通報

(iii)荷主に対する協力、改善要請

(iv)利用者からの苦情の処理

②運輸大臣は、違反行為を強要する荷主に対して、勧告、指導等の措置を講じうることとする。

(オ)その他

①許可基準については、可能な限りその明確化を図り、透明性を確保することとする。

②手続き、提出書類についても、できるだけ簡素化を図ることとする。

③事務処理について、一層の迅速化を図ることとする。

以上の運政審答申を骨格に、その後昭和六三年一二月一日に新行革審の「公的規制の緩和等に関する答申」を踏まえて、さらに同年一二月一三日の「規制緩和推進要綱」の閣議決定を受けて、最終的にトラック事業の規制緩和法案（貨物自動車運送事業法案）が策定され、制定に向けた動きが始められた。なお、同法案は平成元（一九八九）年三月三〇日に国会に提出された。

政府の公的規制の緩和問題に対する見解の表明に対して、貨物自動車運送事業者の態度は一様ではなかった。もっとも、賛否論でいけば規制緩和の容認派[35]はどちらかというと少数で、多くが反対の立場をとっていた。

この点については、貨物自動車運送事業の事業者団体の全国組織である全日本トラック協会（以下、「全ト協」という。）が、トラック業界の代表として各種の意見の表明、政策の提言等を行っていた。ここでは、全ト協の第二臨調以降の行政改革、規制緩和論への対応についてフォローし、規制緩和問題に対する事業者（事業者団体）の見解をみておきたい。

二―二　事業者、事業者団体の見解

戦後初めての貨物自動車運送事業の事業者団体として、昭和二三年二月に創設された日本トラック協会及びその後継の全ト協が設立以来一貫して腐心したのは、「輸送秩序の確立」問題であった。森田朗助教授が指摘するように「既存事業者が『輸送秩序の確立』を望む場合には、自分たちの利益の擁護が含意されている[36]」という一面はあるものの、いわゆる「白トラ」問題や認可運賃の収受問題等、道路運送法のもとで容易に解決できない種々の問題に対して、事業者あるいは事業者団体の関心が否応なく高まった。

しかし、昭和四〇年代以降の貨物自動車輸送市場での需給の逆転（供給過剰）状況においては、法による需給調整機能の無力さらには価格（運賃・料金）の市場での形成（実勢運賃）への依存、すなわち認可運賃制の機能不全という現実を受容したうえでの事業活動の環境の中で、事業者の制度、行政への不満が蓄積されてきていた。道路運送法による規制制度の根幹については、継続、規制強化を望みながらも、市場の実態に即した事業規制制度あるいは運賃制度の見直しが必要との認識が広まっていた。

全ト協においては、道路運送法における問題点の解消に向けて、昭和五〇（一九七五）年一〇月に「秩序確立専門委員会」を設置、違法行為（白トラ等）排除と認可運賃の適正収受策について、具体的に検討を行った[37]。しかし、全ト協による「輸送秩序の確立」「適正運賃の収受」は、かけ声倒れに終始し一向にその成果の実をあげることはできなかった。道路運送法による法規制の建前と市場の実態の乖離は、否定しようのない現実として周知されるようになる。

第二臨調の答申に対しては、昭和五七年一一月に道路運送事業関連諸問題研究会（道運研）報告書―『トラック運輸事業にかかわる政策及び規制上の諸問題に関する提言』を公表して、トラック運送市場において特異に内在する諸問題を指摘したうえで、貨物自動車運送事業には経済的にも社会的にも参入規制、価格規制をはじめとする一定の規制が必要であるとした。すなわち、同事業においては(ア)事業者の弱小零細性、(イ)激しい市場競争、(ウ)荷主地位の優越性が存在し、またトラック運送市場には(a)需給調整に関する問題点、(b)不公正競争に関する問題点、(c)不公正取引に関する問題点、(d)外部不経済に関する問題点があるため、(i)参入規制では財務条件、施設条件など資格要件を厳しくする、(ii)運賃制度は市場変化に即して見直されるべきで、宅配便については別建て運賃が妥当、(iii)規制の効果的運用を図るために行政管理と併行して、貨物自動車運送事業者自らが行なう自主管理体制の確立等を提言した。[38]

また、第二臨調答申以降の昭和六〇年代（一九八〇年代後半）に入ってからは、政府の規制緩和（道路運送法の改正）方針に対し基本的には規制緩和反対の立場から、種々の活動を行った。そのうち代表的なものとして、昭和六三年三月一六日に全ト協が設置した「規制緩和問題調査会」（会長　岡田清成城大学経済学部教授（当時））がある。同調査会では、具体化しつつある規制緩和問題への対応を業界及び協会の主要な幹部に学識経験者を交えて広く論議、検討が行われた。

同調査会は都合六回の会合の後、同年一〇月に『トラック輸送産業の現状と規制政策について』と題する報告書を公表した。同報告書は、政府の規制緩和の方針に対してトラック産業の有する特異性を主張して、現状維持の主要な根拠としている。[39]具体的には、①トラック事業規制の変遷、②行政改革とトラック事業規制に関する議論の展開、③欧米諸外国の動向を確認、④トラック輸送産業の特質と現状、⑤道路運送法とトラック輸送産業、⑥トラック規制政策に係わる問題点を整理、⑦今後の規制政策の方向性、を提言している。さらには、前記した運輸省が同年九月二二日の新行革審「公的規制の在り方に関する小委員会」の場で提示した改革案（「新しいトラック事業規制の基本的検討方向」）についても、個別項目ごとの検討を行い意見の表明を行っている。

ここで、同報告書の⑦「規制政策の方向を求めて」について、その概要を紹介しておきたい。

(ア)参入規制

貨物自動車運送事業への規制緩和は、利用者利便の低下、輸送における安全性の低下、過長労働といった諸問題を引き起こすので、これらの問題の発生を防止し、トラック輸送業が社会的責任を果たしてくためには、免許制による参入規制が必要である。また、免許基準については、社会的規制の内容を明確化し、事業遂行能力、信頼性、損害賠償能力等の資質を確保することを前提とした、財務条件、施設条件、管理機能条件等の資格要件をより厳しくする必要がある。

(イ)運賃規制

輸送取引の円滑化ならびに利用者保護の観点からも、また事業者が社会的責任を安定的に遂行できるための経営基盤を確立し、利用者に輸送サービスを安定的に供給し、さらに輸送サービスの高度化を図るためにも、運賃認可制は必要である。ただ、市場構造や輸送ニーズの激しい変化により規制と実態に乖離が生じており、現行運賃制度の見直しが必要である。

(ウ)運行管理等の社会的規制

貨物自動車の運行については、法により運行管理者の選任等、所要の規制がなされている。しかしながら、事故の未然防止等のためにも労働時間管理、安全管理、その他諸管理について一層の管理強化が必要である。なお、社会的規制の実効性を高めるためには、荷主の協力が不可欠であり、荷主に対しても社会的責務の一端を担うための規制が必要である。

(エ)事業区分

(a)路線と区域

路線事業と区域事業は、需要対象や輸送形態等に違いがあるので、それぞれの市場は全く異なり、両事業の区分は今後とも維持することが必要である。

(b)近距離と区域積合せ

近距離路線事業と区域事業者による積合せ行為については、両事業ともに都市内および都市周辺といった一定地域内で完結する小口需要を対象とするため、多くの場合競合関係にある。こうした類似の市場に対し、二種類の免許が存在することは制度上の混乱を生じさせる原因ともなるので、整理・統合することが望ましい。

(c)特定と限定

一般免許の限定事業と特定事業については、輸送形態上の差異が不明確となっており、また両事業に対する免許、許可の基準は、各運輸局で解釈が異なっているなど、両事業を統合する必要がある。この統合にあたっては、限定事業をなくし、特定事業を残すことが望まれる。

(オ)事業区域

事業区域については、すでに一部地域で経済圏への拡大が図られている。現在、まだ拡大されていない地域についても、輸送の効率化のために経済圏への拡大を検討する必要がある。

(カ)事業計画

事業計画の変更については、先の行革時において概ね整理されたが、合理化等の観点から、さらに一層の緩和を検討すべきである。ただし、「増車」については、参入規制の基本に係わる問題でもあり、またそれが競争激化の末に安全性を阻害する可能性が強いことを想定すれば、事業者の社会的責任体制の確保の意味からも、現行の認可制を維持すべきである。

(キ)取扱業

取扱業については、今後ますます重要性をおびてくると予想されることから、同業の内容を正確に把握したうえで、事業の整理並びに責任体制の明確化を図るとともに、規制を運送事業と同等にすべきである。

(ク)報告書等の手続きの簡素化

貨物自動車運送事業を遂行するうえで必要な諸手続および報告書等については、再度見直しを行い、一層の簡素化を図ることが望ましい。

(ケ)車両総重量規制

トラック輸送の効率化、合理化等を推し進めるうえで車両の大型化は是非とも必要なことといえる。公害、道路構造等に大きな影響の出ない二五トン程度に車両総重量の制限を緩和すべきである。

(コ)基準緩和車両、特殊車両等の輸送合理化のための緩和

いわゆる基準緩和車両（道路運送車両の保安基準第五四条）や特殊車両（道路法第四七条の二）等については、交通

量削減、省エネ、合理化等の社会的、経済的メリットを得ることができるので緩和すべきである。

以上のように、規制緩和問題調査会の報告書に代表される全ト協の規制緩和問題への姿勢は、手続の簡素化等では賛同するものの基本的には反対であり、参入規制については規制強化の立場を明確にしていた。実際、昭和六三年七月二六日に開催された全国トラック協会長会議で「規制緩和絶対反対」を決議し、その後も規制緩和反対運動が継続された[40]。

しかしながら、同年一二月一三日に政府が「規制緩和推進要綱」を閣議決定し、また平成元年二月一四日に物流業の規制緩和法案（物流二法案）が閣議に報告されるに及んで、絶対反対の立場から事業者の意見を法案に反映させることに対応を転換し、運輸省との間で「トラック事業規制問題連絡会議」を設置した。同連絡会議は、平成元年二月一六日から三月二四日の間四回にわたり開催されたが、事業者サイドの意向が法案に反映されることはほとんどなかった。

二—三 利用者（荷主）の見解

貨物自動車運送サービスを利用する立場（荷主）からの規制緩和への意見は、終始一貫して「賛成」というものであった。特に、大口荷主といわれる第二次産業の利用者は、競争制限的な事業規制の色を薄め、競争促進によるサービス向上と価格（運賃）の低下への期待は大きく、規制緩和政策を導入する推進役となった。

ここでは数多くの規制緩和賛成意見のうち、特に規制緩和政策導入に大きな役割を果たした㈳経済団体連合会（以下、「経団連」）の『規制緩和に関する要望—中間とりまとめ』（昭和六三年三月二一日）の概要を紹介しておきたい。

経団連の要望書は、第一部で「基本的な考え方」を述べた後、第Ⅱ部では「各分野における規制緩和の要望事項」を具体的に掲げている。「運輸」については、取り上げられた一二の事業分野[41]の冒頭に記載されている。

経団連は、同要望において「基本的な考え方」の中で規制緩和の重要性として、「対外経済摩擦の解消、恒常的な内需の拡大、内外需バランスのとれた経済構造への改革は、わが国が目下直面する、最大の政策課題である」としたうえで、規制緩和により①対外経済摩擦の解消、②民間活力の発揮と内需拡大、③経済構造調整、の三点をあげている。そして、規制緩和を進め方として、(i)行政依存体質の是正、(ii)規制の根本的見直し、(iii)アクション・プログラムの策定を行うべき、としている。

「運輸」[42]については、国民生活の多様化や国際化の進展により運輸をめぐる情勢が変化しているとしたうえで、運輸規制緩和についての基本的な考え方として、市場原理の徹底、新たなニーズ、技術革新に対応した運輸サービスの展開、国際化の対応、許認可全般の改善方策を図るべき、とした。そして、運輸業においては荷主の多様なニーズに合わせて適切に対応していくためには異なる輸送手段を組み合わせた複合一貫輸送が不可欠であるが、「各業界毎に輸送業あるいは取扱業の免許、許認可があり、現状では多数の企業が簡単には複合一貫輸送に取り組めない状況にある」[43]ので、各運輸業に係る規制の見直し等を通じて、複合一貫輸送の促進を図る必要があるとしている。このように、経団連はこの要望において国際、国内の複合一貫輸送実現のために規制の見直し、緩和が必要であるとの立場であった。

「トラック運送」に対する具体的な要望は、次のとおりである。[44]

(1)参入、設備、運賃・料金

①基本的には、次のような方向で規制を見直していく必要がある。

(i)参入については、行政の裁量の余地の無い資格基準だけを設ける。

(ii)積合せ需要の増大等、実態に合った事業種類の見直しを検討する。

(iii)事業計画、設備等は、その変更も含めて届出制にする。

(iv)運賃・料金についての標準を設ける。

②当面、次の方策を講ずるべきである。

(i)聴聞、同業者の同意書提出慣行等を撤廃し、要件を満たせば、迅速に免許を与えるようにする。また、公安委員会や道路管理者も処理の迅速化を図る。

(ii)区域トラックの事業区域を経済圏の拡大に対応して、例えば運輸局単位に拡大する。

(iii)路線トラックの路線延長、経由道路、集配拠点等の認可を弾力化する。

(iv)積合せ運送の一層の弾力化を図る。特に、荷主企業間の共同輸送のための区域積合せについては大幅に弾力化する。

(v)区域限定、特定自動車等必要性の薄れた事業区分は廃止する。

(vi)需要の季節波動に適切に対処するため、車両の増車、減車の認可を迅速化する。特殊車両については事業者間の協同化を進めるため、貸借を弾力的に認める。

(vii)出荷の平準化、計画化等、荷主の合理化努力が容易に反映されるよう、幅運賃制の一層の弾力化を図る。その際、中継料や割増率等についても全面的に見直す。

(viii)トラックの性能向上に伴い、有蓋車庫についても規制緩和を一層促進する。

(2)走行

国際的な貨物の移動に適切に対処するため、大型車の高さ、重量、長さ等の制限について、国際水準まで引き上げる必要がある。その際、重量については先進諸国と同様に軸数別に定めるものとし、関係各法毎に差のある制限値を統一する必要がある。新しい基準の策定に当たっては、原則走行自由、例外規制の考えに立ち、新基準で走行不可能な道路については、整備計画をたて、それを実行することが必要である。

当面、以下の措置を講ずべきである。

①大型車について、高さ四・一一m、重量二五t、連結車三六t等の水準まで制限値を引き上げる必要がある。

②特別通行許可手続きの大幅簡素化と有効期間の延長を図るとともに、走行可能な道路については、これを明示する必要がある。

③技術進歩により危険物積載車両の運行安全性は向上してきており、トンネル通行制限を緩和するとともに、関係法毎の基準（交代運転要員の確保等）を統一し、また煩雑な手続き申請について窓口を一本化すべきである。

(3)その他

①トラックの耐久性向上に鑑み、トラックの車検間隔、車検項目を見直す。

②行政事務簡素化の見地から、事業計画の変更等に係る認可事項（運行系統、運行回数、配置する自動車規格等）を見直し、弾力化する。

これらは「見直し」の要望としているものの、実質的には規制の撤廃に近い内容が含まれていることが注目される。

また、具体的な事項は貨物自動車運送事業が現に直面している事業遂行上の課題が多く含まれていることを考慮すると、単なる利用者（荷主）の要望というより、現行事業規制に不満を抱く運輸事業者の意見も含まれているものと思われる。

二―四　労働組合の見解

労働組合は当初から規制緩和問題に関して積極的に種々の主張を行ってきた。ここでは主としてトラックが中心でしかも加盟組合員数のもっとも多い、全日本運輸産業労働組合連合会（以下、「運輸労連」という。）、及びその上部組織としての全日本交通運輸労働組合協議会（以下、「全交運」という。）の取り組みを中心にみておくこととする。なお、交通労連（「全国交通運輸労働組合総連合」）、全運輸（「全運輸省労働組合」（当時））、運輸一般（「全日本運輸一般労働組合」（当時））等、他の労働組合も運輸労連、全交運とほぼ同様の主張のもと、運輸関係労働者の職場と雇用を守る立場から、終始一貫して事業規制の緩和に反対の姿勢を貫いた。

まず、運輸労連・全交運が規制緩和問題を俎上にあげたのは、昭和五四年九月のＯＥＣＤ勧告及び同年一二月の鈴木内閣による「八〇年行政改革計画」の閣議決定からであった。この頃から、運輸労連を中心に事業規制、規制緩和、欧米諸外国の実情等についての、研究、検討が開始された。さらに、昭和五五年の行政管理庁と公取委が「政府規制制度及び独占禁止法適用除外に関する合同検討会」を設置したり、あるいは行政管理庁が陸運の行政監察を行うなどに対し、運輸事業規制制度の根幹を揺るがす問題として運輸産業の将来に強い危機感を持ち、運輸事業で働く者の立場からの意見、意思の表明を開始した。運輸労連においては、昭和五五（一九八〇）年一一月一四日に規制緩和反対統一行動を展開し、行政管理庁、公取委、運輸省に反対の申し入れを行っている。

これらの運動、研究、検討の成果として、昭和五五年五月一一日に第九六回通常国会（参議院）に日本社会党の提案として「貨物自動車に係る道路運送秩序の確立に関する特別措置法案」が提出されている。この法案は、全七章四九ヶ条からなっていた。すなわち、第一章「総則」、第二章「貨物自動車運送事業に関する特例」、第三章「普通自家用貨物自動車の使用に関する特例」、第四章「貨物自動車運送事業に係る秩序確立事業実施機関」、第五章「貨物自動車に係る道路運送秩序確立に関する措置」、第六章「雑則」、第七章「罰則」である。

この法案は、現行の道路運送法の目的の一つである「道路運送秩序の確立を図ること」が主要な目的とされており(同法案第一条)、具体的にはトラック運送事業者の「企業の安定性と安定した輸送を確保し、その公共性と社会的責任を果たせるようにするために、トラック運送事業者の資格要件を明記し、それに該当するものに免許することによって、無秩序かつ不安定なものの新規参入を規制し秩序を確立[45]」しようとするものとなっている。この背景には、トラック事業の規制緩和すなわち参入の「自由化は〝総白トラ化〟につながる[46]」との認識から、参入規制強化、道路運送秩序の維持を強力に推し進めようというものであった。

しかしながら、この法案は「規制緩和に逆行」との強い反対意見が荷主、事業者等から出され[47]、結局成立することはなかった。

運輸労連・交運労協の規制緩和反対運動は、その後も引き続き検討、研究が続けられた[48]。こうした運動の集大成の一つが、昭和六〇年六月一五日に公刊された全交運の『トラック運送事業の規制緩和は何をもたらすか―現状の問題点と規制緩和の影響[49]』と題する冊子である。これは、全交運の規制緩和問題への昭和五四年から昭和六〇年六月までの間の取り組みについて経過報告をした後、規制緩和に批判的(反対論)な立場から意見を取りまとめ、働く者の立場からトラック事業規制の在るべき姿を提示したものである。

ここでは、同冊子を用いて全交運の規制緩和への取り組みについてみておくこととする。

同冊子は、「規制緩和の経過」と「トラック運送事業規制の現状」を確認した後、「トラック輸送の問題点と規制緩和による影響」と「トラック運送事業の規制についてあるべき姿」について述べている。

まず「トラック輸送の問題点と規制緩和による影響」については、以下の諸点を掲げ解説を加えている。すなわち、(ア)公共性が失われ、破壊的競争を招く、(イ)安全が無視され、事故・公害が増える、(ウ)規制緩和は中小零細企業を淘汰する、(エ)荷主従属化と下請化を促進する、(オ)賃金、労働条件の最低規制こそ急務、(カ)無視される労働問題への対応、である。このうち(ア)については、輸送機関の不均等発展の理由、トラック運送事業の公共性、免許制度の維持と改善の必要性、運賃料金の認可制の堅持等の項目をあげ、また(エ)についての記述の中では「総合運送取扱業」の制度化が行われれば、従来からの荷主従属体質が一層深刻化し荷主と運送事業者の対等性の確立がますます遠のくと指摘している。これらの諸項目は労働組合のみでなく、規制緩和のマイナス面に不安をいただく貨物自動車運送事業者に共通する懸念でもあった[50]。

以上のような問題点の指摘を踏まえて、全交運の提言は、まず現状の市場における「輸送秩序の混乱を是正、利用者・国民のニーズに応えるためには、免許制度の維持を前提に、現行道路運送法を新たに積極行政の立場から見直し、次の諸点を中心に改善を図る必要[51]」があるとしている。すなわち、(i)環境破壊の改善が先決、(ii)社会的規制強化と法制整備、(iii)自動車行政の民主化、(iv)事業者の自主性強化、(v)事業区分の明確化、(vi)中小企業の協業化促進、(vii)免許の更新制の導入、である。

なお、このうち最も注目されるのは、(vii)免許の更新制についての提案であろう。現実の既存事業者の法令違反を適切に行政が把握するためには「トラック運送事業に期限つきの免許制度に改める免許の更新制を導入し、その更新の度ごとに事業者をチェックすることによって監督規制行政の実を挙げる[52]」ことが必要であるとするもので、極めて重要な提案であった。

更新制の導入を含めて、これらの事項は後述する「貨物自動車運送事業法案」及び「貨物運送取扱事業法案」の国会審議の中で、社会党議員から発言の中に反映されることとなる。

第三節　小　括

第二次世界大戦前から開始されたわが国の官僚制、行政をめぐる改革の動きが、従来の規制制度の本質的な変更、転換を迫る規制緩和という方向に大きく舵を切ったのは、第二臨調における論議からであった。そして、実質的に政策導入に向けた歩みは昭和六三（一九八八）年の新行革審答申『公的規制の緩和等に関する答申』からであった。その後は、世論の規制緩和に向けての強力な追い風に押されるように、一挙に規制政策の変更が実施されることとなる。

ところで、貨物自動車運送事業の規制緩和問題については、同事業がわが国の諸産業の中で代表的な規制産業の一つと位置づけられ規制のあり方が問題の俎上に載せられ、常に先頭を切って論議の対象とされてきていた。

運輸分野における規制緩和論では、欧米諸国の動向と制度疲労した時代遅れの制度の改革が主要な理由、背景とされてきたが、道路運送法制定以来の法律、法規の柔軟な運用による規制と実態の矛盾による制度破綻という事実も内在的な理由として指摘しておかねばならない。この点、米国の厳格過ぎる硬直的な法運用による破綻とは大きく、その背景を異にすることに注意せねばならない。また、このことはわが国の規制政策及び規制緩和政策の特色の一つとして指摘できる。

本章でみた経緯等により、平成元年一二月には「貨物運送取扱事業法」と「貨物自動車運送事業法」のいわゆる「物流二法」が制定、公布されることになるが、両法はわが国の規制緩和の特質を考えるうえで、極めて重要な事例を提供することとなった。

註

(1) 行政改革とは、「行政が所与の理念なり政策目標を最も適切かつ効果的に実施するために必要とされる制度、施策、組織体制、業務運営の改革措置をいう」とされる。田中一昭編『行政改革』ぎょうせい　平成八年九月　二頁。
(2) 第一次臨時行政調査会「行政改革に関する意見」昭和三九年九月二九日、読売新聞政治部第二臨調取材班『ドキュメント行政改革』潮文社　昭和五六年八月　一八四頁。
(3) 田中一昭編『行政改革』ぎょうせい　平成八年九月　八頁。
(4) 行政管理庁（総務庁行政監察局）が平成一三年一月の中央省庁等改革において、総務省行政評価局に名称が変更されたことに伴い、「監察」という言葉は設置法から消去され、その歴史を閉じた。
(5) 行政管理庁行政監察局『行政監察三十年史（I）』㈶行政管理センター　昭和五三年一〇月　二九頁。
(6) 総務庁行政監察局行政監察史編集委員会『行政監察史』平成一二年一二月　五三五〜六六二頁。
(7) 前掲『行政監察三十年史（I）』　一三〇頁。
(8) 同右。
(9) 昭和三六年一一月九日　法律第一九八号。

(10) 臨時行政調査会は「臨時行政調査会法」第一条の規定により総理府（当時）の附属機関として設置された。なお、事務局長は行政管理事務次官をもって充てられた（第一〇条）。
(11) 前掲『ドキュメント行政改革』一八七頁。
(12) 田中一昭　前掲書　一頁。
(13) 前掲『ドキュメント行政改革』一九四～一九六頁。
(14) 同右　二〇〇～二〇一頁。
(15) 田中一昭　前掲書　一一頁。
(16) 行政管理庁は昭和五七年一一月二四日「陸上貨物の輸送事業に関する行政監察結果に基づく勧告」として、運輸省に対し次のような措置を講ずる必要があるとしている。すなわち、①一般区域トラック運送の事業区域の設定については、経済交通圏単位への拡大を図ること、②一般区域限定トラック運送事業については、業務範囲の限定による事業活動の制約をできるだけ除去する方向で、規制の在り方について検討すること、③宅配便の運賃については、輸送サービスの内容等に対応したものを定め得るようその在り方について検討すること、の三項目である。
なお、運輸省においては上記三項目について、第二臨調答申（昭和五八年三月一四日）をも鑑みて、自動車局長名の通達でそれぞれ一定の措置を講じている。具体的には、①について「一般区域貨物自動車運送事業の事業区域の取扱について」（自貨三三号　昭和五九年三月二二日）、②については「一般区域貨物自動車運送事業の免許のうち業務の範囲を限定して行うものの取扱について」（自貨三四号　昭和五七年三月二二日）、③については「宅配便運賃認可基準について」（自貨一一三号　昭和五八年七月二七日）である。
(17) この勧告は、「第二次臨時行政調査会との連携を緊密にし、要請に応じて審議のための資料を提供する観点から」実施されたものであった。前掲『行政監察史』二二五頁参照。
(18) 公取委渉外室訳「ＯＥＣＤ制限的商慣行専門委員会報告―規制分野における競争政策」『公正取引』昭和五五年三月（No.353）三五～三七頁参照。なお、解説として生駒賢治「規制産業における競争政策―ＯＥＣＤ制限的商慣行委員会報告書」『公正取引』昭和五四年六月（No.344）四～九頁参照。
(19) 公正取引委員会『政府規制制度及び独占禁止法適用除外制度の見直しについて』（昭和五七年八月）（別紙）「各規制分野における問題点（要旨）」参照。
(20) 鶴田俊正編『政府規制の緩和と競争政策』ぎょうせい　平成元年一二月参照。

(21) 昭和五四年一二月二八日に「八〇年行政改革計画」を閣議決定。行政の簡素化と免許、認可等の規制行政も見直しを行う方針が打ち出された。
(22) 本稿においては、第二臨調から行革審の間（昭和五七年七月〜平成二年四月）については、特に断らない限り、臨調・行革審OB会監修『日本を変えた十年―臨調と行革審―』(財)行政管理研究センター　平成三年一二月）所収の関係資料を用いた。
(23) 同右『日本を変えた十年―臨調と行革審―』二一七頁。
(24) 同審議会は、昭和六一年六月二七日に廃止された。
(25) 前掲『日本を変えた十年―臨調と行革審―』四六二〜七〇九頁参照。
(26) 昭和六一年一二月二六日　法律一〇七号。
(27) 臨時行政改革推進審議会事務室監修『行革審・全仕事』ぎょうせい　平成二年七月　九七頁。
(28) 同右　一〇四〜一〇五頁。
(29) 同右　一一三〜一一六頁。
(30)『運輸省三十年史』四四七頁。
(31) 運輸省監修『わが国の総合交通体系』運輸経済研究センター　昭和四七年六月　五七頁。
(32) 運輸省編『八〇年代の交通政策のあり方を探る―運輸政策審議会答申「長期展望に基づく総合的な交通政策の基本方針」』ぎょうせい　昭和五六年一一月　一〇頁。
(33) 運輸省『運輸行政組織の改革について』昭和五七年九月。
(34) 全ト協『物流二法制定の記録』平成九年三月　六八〜六九頁。
(35) 規制緩和賛成の立場の代表的な見解として、例えば、小倉昌男（ヤマト運輸㈱会長（当時））「道路運送法の問題点と規制緩和の必要性―規制撤廃の力は世論にあり―」『経団連月報』（一九八八・五）二六〜三〇頁。
(36) 森田朗『許認可行政と官僚制』一六〇頁。
(37)『全日本トラック協会―50年のあゆみ』五七頁。なお、この検討を受けて運輸省に「貨物輸送監理官」制度が新設された。同五七頁。
(38) 全ト協「道路運送事業関連諸問題研究会答申」昭和五七年一二月四日参照。なお、「トラック輸送業界の運輸規制緩和の動向を探る」『流通設計』昭和五八年一月号　一二〜二八頁参照。

(39) トラック事業は、参入の容易性、即時財的性格・貯蔵不能性、買手独占、需要の波動性と地域性、外部不経済の発生、労働集約型産業等、他の産業にはみられない特質を有するとする。全ト協『トラック輸送産業の現状と規制政策について』(昭和六三年三月) 一九～二〇頁。

(40) 『全日本トラック協会―50年のあゆみ』六六頁。

(41) 経団連『規制緩和に関する要望』で取り上げられたのは、「運輸」「通信」「流通」「農政・食品工業」「エネルギー」「金融・資本市場」「技術開発」「森林・林業」「統計」「経済協力」「情報・通信」「環境・保安の一二分野である。

(42) 経団連　同右要望書では、「運輸」に含まれる分野として、トラック、通運、港湾運送、内航海運、外航海運、航空、鉄道が取り上げられている。

(43) 同右要望書　一一頁。

(44) 同右　一一～一四頁。

(45) 社会党・全交運・運輸労連『トラック輸送の秩序確立にむけて―「貨物自動車に係る道路運送秩序の確立に関する特別措置法」その法案と考え方』(昭和五七年六月一五日) 六頁。

(46) 運輸労連田井委員長(当時)の発言。『輸送経済新聞』昭和五六年一〇月一七日付け。

(47) 例えば、「業界不在の秩序確立法案―各条文に強い反対色」『日本流通新聞』(昭和五七年七月二〇日付け) 等参照。

(48) 研究の成果は、運輸労連編『運輸労連教宣シリーズ』その他として公刊された。テーマをあげると、「通運・トラック運送事業の免許制度堅持にむけて」昭和五六年八月、「八一運政審答申への一五の反論」昭和五七年一月、「規制緩和の動きとトラック行政のあり方」昭和五七年八月、「民主的運輸政策の基本方向(貨物輸送体系を中心に)」昭和五七年九月、「主要先進諸国にみるトラック運送事業の規制概要」昭和五七年一一月、「第二臨調・第三部会報告に対する見解」昭和五八年二月、「トラック運送事業規制に関する臨調答申批判」昭和五九年二月、「アメリカの規制緩和政策のつけ」昭和五九年一二月、「トラック運送事業の規制のあり方と当面の改善方向」昭和六〇年一月、がある。

(49) なお、同時に『トラック運送事業の規制緩和は何をもたらすか―数字でみる規制緩和の問題点』も公刊された。

(50) 例えば、運輸専門誌が実施した規制緩和に関する事業者アンケートでは、路線事業者で規制緩和に「反対」の理由として、・市場の混乱・健全な業界発展が望めない・労働条件の悪化・交通事故の増加・倒産企業の多発の順で回答が寄せられている。また、区域事業者の「反対の理由」もほぼ同様となっている。「特別アンケート　規制緩和の動き・・トラック輸送業者はこう考える」『輸送経済新聞』(昭和六〇年六月一日付け) 参照。

(51) 全交運『トラック運送事業の規制緩和は何をもたらすか―現状の問題点と規制緩和の影響』昭和六〇年六月一五日　三七頁。

(52) 同右　三九頁。

第七章　物流二法案の審議と成立

第一節　貨物自動車運送事業法案の概要と審議

一―一　法案の提出理由と概要

「貨物自動車運送事業法案」及び「貨物運送取扱事業法案」のいわゆる物流二法案は、平成元（一九八九）年三月二八日に閣議決定され、同年三月三〇日国会に提出された。しかし、政治改革論議等による政党間の対立から審議は進まず、同年六月（第一一四通常国会）及び八月（第一一五特別国会）でいずれも継続審議とされた。

その後、両法案は同年九月の第一一六臨時国会において再度上程され、同年一一月一七日に衆議院運輸委員会で、また同年一一月三〇日に参議院運輸委員会で審議が開始され、同年一二月一三日に参議院本会議で「貨物運送取扱事業法」が可決、成立したのに続いて、翌一四日には衆議院本会議で「貨物自動車運送事業法」が可決、成立した。なお、両法の施行日は翌平成二年一二月一日とされた（巻末【参考資料Ⅱ】参照）。

物流二法案のうち、ここではまず「貨物自動車運送事業法案」についてみておきたい(1)。

同法案は、貨物自動車運送事業の運営に係る規制を道路運送法から抜き出して一つの法律にしたもの（すなわち道路運送法の特別法）であり、道路運送法はバス、タクシーの旅客自動車運送事業規制法として存続している。また、旅客と共通する自家用自動車の使用（営業類似行為）等についての規制は道路運送法に存置された。

貨物自動車運送事業法案は、平成元年一一月一五日の衆議院運輸委員会において江藤隆美運輸大臣（当時）から、以下のような提案理由及び概要が説明された。

すなわち、同法案の提案の理由、背景について、「貨物自動車運送事業は、産業基盤資材から生活必需物資まで経済活動や国民生活に必要不可欠な物資輸送を担っており、国内貨物輸送において基幹的役割を担っている、一方において、経済構造の転換や国民生活の向上を背景とした輸送ニーズの多様化、高度化への対応、過労運転等輸送の安全を阻害する行為の防止という課題への取り組みの必要性が高まっている。本法律案は、こうした社会経済情勢の変化に対応して、貨物自動車運送事業者の創意工夫を生かした事業活動が迅速かつ的確に行えるよう、事業規制を抜本的に見直すとともに、貨物自動車運送に関する秩序の確立に資する民間団体等の自主的な活動を促進する措置を講じ、もって貨物自動車運送事業の健全な発達を図ろうとするものである」[2]とする。

また法案の概要については、以下のような説明がなされた。

第一に、貨物自動車運送事業の事業区分を、一般貨物自動車運送事業、特定貨物自動車運送事業及び貨物軽自動車運送事業の三種類に整理し、その簡素化を図る。

第二に、一般貨物自動車運送事業及び特定貨物自動車運送事業の開始については、許可制とし、貨物軽自動車運送事業の開始については届出制とするとともに、事業計画の変更、事業の休止及び廃止等の事業規制についても、現行道路運送法と比較して大幅な規制の緩和、手続の簡素化を図った上で、所要の規定を設けることとする。

第三に、一般貨物自動車運送事業及び特定貨物自動車運送事業については、特定の地域で供給輸送力が輸送需要量に対し著しく過剰となり、当該地域における事業者の相当部分について事業の継続が困難になると認められる場合等には、期間を定めて新規参入の停止の措置等の緊急調整措置を講じることができることとする。

第四に、一般貨物自動車運送事業に係る運賃及び料金については、あらかじめ運輸大臣に届け出ることとし、運輸大臣は一定の事由に該当するときはこれを変更すべきことを命ずることができることとする。

また、経済事情の変動により一般貨物自動車運送事業に係る運賃及び料金が著しく高騰し、または下落するおそれがある場合であって、特に必要があると認められるときは、標準運賃及び標準料金を設定することができることとする。

第五に、輸送の安全に係る事業者の遵守義務として過労運転及び過積載の防止に関する規定を新たに設けるとともに、運輸大臣が行う試験に合格する等一定の要件を備える運行管理者の選任を義務づけることとする。

第六に、輸送の安全を阻害する行為の防止、その他貨物自動車運送事業に関する秩序の確立に資する事業を推進するため、この事業を適正かつ確実に行うことができると認められる公益法人を地方貨物自動車運送適正化事業実施機関及び全国貨物自動車運送適正化実施機関として指定することができることとし、これら実施機関について所要の規定を設けることとする。

第七に、運輸大臣が行う運行管理者試験の実施に関する事務を、指定試験機関に行わせることができることとするとともに、この指定試験機関について所要の規定を設けることとする。

第八に、運輸大臣は、一般貨物自動車運送事業者または特定貨物自動車運送事業者に対し一定の命令または処分をする場合において、当該事業者に違反行為を指示した荷主に対しても、当該違反行為の再発の防止を図るため適当な措置をとるべきことを勧告することができることとする。

一—二　法案の主要規定と国会審議

貨物自動車運送事業法案は全六章七九条及び附則から成るが、その主要な規定は前記の概要に掲げられたものである。法案の中核的規定は、経済的規制の緩和としての参入、運賃・料金規制の緩和及び社会的規制の強化であるが、ここでは国会（衆議院運輸委員会及び参議院運輸委員会）での審議において明らかとされた法案の内容についてみておくこととする。

（一）　規制緩和の背景と性格

江藤運輸大臣による法案の提出理由での説明のとおり、貨物自動車運送事業法案は「社会経済情勢の変化に対応して、貨物自動車運送事業者の創意工夫を生かした事業活動が迅速かつ的確に行えるよう」従前の事業規制を「抜本的に見直す」こととされたが、この点について両院の委員会審議の中でより具体的な理由、背景等が明らかにされた。

それらを要約すれば、法案提出の強い契機となったのは昭和六三（一九八八）年一二月の新行革審『公的規制の緩和等に関する答申』や「規制緩和推進要綱」の公表、さらには同年一〇月の運政審「トラック事業及び複合一貫輸送に係る事業規制の在り方に関する意見」があるが、さらにその背景には日米経済構造会議等による諸外国とりわけ米国からの要請（圧力）[3]等があげられる。

しかし、より的確に当時の状況を表しているのは、江藤運輸大臣の「規制の緩和というのはこれは時代の流れでありますから、一定の規制をちゃんと置きつつも規制の緩和を図る」[4]という発言であろう。規制緩和という世論（「時代の趨勢」）の大勢に押されて、あるいは利用して長年の課題であった法改正を実施するものの、規制を全面的に廃止するわけではないということである。

また規制緩和の性格については、法案の「・・・規制緩和措置は、米国のやり方をそのままとったものではございません・・・野放しの自由化をするものではございません」[5]という政府委員の発言に端的に表れている。米国の一九八〇年のディレギュレーション政策により倒産、離職者さらには交通事故が増えたという否定的な見解の存在を認めつつ、わが国の規制緩和は規制の撤廃に近い米国の政策とは、その内容、性格を異にするとの見解であった。

法案で提示された規制緩和の内容は、米国や欧州（ＥＵ）の政策とは異質な、すなわち関係業界の激変とりわけ貨物自動車運送事業者の大多数を占める中小零細企業への悪影響を回避した方策を内在させた、わが国流の規制緩和政策、別言すれば「秩序ある競争の促進」であることを表明したものといえる。[6]

（二）　参入規制の緩和

法案においては、一般貨物自動車運送事業の参入について従前の道路運送法における参入規制が事業免許制であったものを、許可制に改める（法案第三条）としている。許可の申請に当たっては、参入申請者は事業計画等の事項を記載した申請書を運輸大臣に提出しなければならず（法案第四条）、また運輸大臣は許可にあたっては、その基準として(a)輸送の安全の確保のための適切な事業計画（法案第六条一項）、(b)その他事業遂行に適切な計画（法案第六条二項）、(c)適確な事業遂行能力（法案第六条三項）を掲げ、[7]この「基準に適合していると認めるときでなければ、同条（第三条）の許可をしてはならない」（法案第六条）としている。

なお、急激な参入規制の緩和化により供給輸送力が過剰となった場合には、特定の地域を指定して参入許可の制限等を内容とする「緊急調整措置」を発動する（法案第七条）とした。

①参入規制緩和の性格

両院の運輸委員会における参入規制緩和に関する最大の論点は、許可制に伴いそれまでの需給調整機能が失われ、新規参入の増加による事業者の供給過剰への懸念であった。道路運送法の下において昭和四五（一九七〇）年の通達（「六・一五通達」）以降、実質的には参入容易化が進み事業者数が増加しており（図表5－4参照）、これ以上の事業者数の増加は混乱を増幅し、業界の抱える諸課題をさらに深刻化させるとの危惧をいただく意見が出された。

これに対して政府委員の回答は、参入には要件を課しているので急激な事業者数の増加は考えられない、とするものであった。代表的な見解とし参議院運輸委員会における次の発言があげられる。すなわち、今回の参入規制緩和は「必ずしも野放しの参入の自由化ではございませんで、事業者の適切な事業計画あるいは事業遂行能力というのは従来どおり厳正にチェックをいたしますので、いいかげんな事業者が入ってくるということはございません。従来の免許制の運用におきましても必ずしも新規参入を制限的に扱ってきたわけではございませんので、新法移行後も飛躍的な新規参入の増加ということは私どもとしては想定をいたしておりません[8]」というものであった。さらには「最低保有車両数の規定、基準、これは今後も維持していきたい。したがいまして、一人一車というような零細事業者が続発するというような事態は決して招くことはございません[9]」とも述べている。

つまり法案による参入規制の緩和化は、実質的には従来の道路運送法における参入規制を踏襲してほぼ同様であり、急激な新規参入による事業者数の急増は生じないとの見方である。

②参入の基準

法案は、新規参入に際して参入申請者に求める基準は前記のとおり、(a)輸送の安全を確保するための適切な事業計画、(b)その他事業遂行上適切な計画、(c)適確な事業遂行能力の三点である。これら基準の具体的な審査項目は通達で決めるとしながらも、具体的に(a)については休憩施設の整備、運行管理者の選任、車庫の整備等、また(b)については事業用施設の維持、規模、あるいは使用の根拠等、さらに(c)については運送事業に必要な知識あるいは経営組織、財政的な基盤等を、地方の特性に応じて合理的に設定し公示するとしている[10]。

これらの基準について、両院の運輸委員会の場での質疑を通じていくつかの確認が行われた。

まず(a)の輸送の安全についてては、法案の別の条項にある「輸送の安全」（法案第一七条）との関連について、特に同条第一項にほぼ同様の規定がある。これについては(a)には第一七条一項が含まれるとの理解が、そして同条同項についても通達で基準を設けるとの考えが示された。[11] また(b)の基準は、利用者の利便の確保する上で十分な体制が整っているか否かの判断を行うことになり、具体的には各事業用施設の位置、規模、営業区域の範囲、事業収支の見通し等[12]である。さらに、(c)の基準は申請者が法令遵守等に関する資質、またその企業の財政的基盤がチェックされる[13]ことになる。

以上に示された基準の具体的内容は、従前の道路運送法における基準とほぼ同一であり、果たして両者に差異があるのか否かが不分明であるといえる。この点について政府委員は、免許制から許可制への移行にともない需給調整に係る従前の基準はなくなるものの、残りの基準すなわち「事業計画とか事業遂行能力等につきましては、従来同様のチェックをしていく[14]」と説明している。

貨物自動車運送事業法案の審議においては、道路運送法において実質的に空文化していた需給調整規制を除いて、参入規制の具体的基準は不変であり、基準の内容についての緩和化は行われてはいないとの説明がくり返された。

③緊急調整措置

法案は、参入規制の緩和化による新規事業者の急増は考えられないとしながらも、仮に著しい過当競争状態に陥ったときのためのセーフガードとして、緊急調整措置（法案第七条）をおいた。これは特定の地域で供給輸送力が輸送需要に対して著しく過剰となっている場合で、かつ供給輸送力がさらに増加することにより、当該特定地域に営業区域の全部または大部分が含まれる貨物自動車運送事業者の相当部分の事業の継続が困難となると認められる場合に、期間を定めて新規の許可あるいは増車を認めないとする制度である。なお、全部または大部分の事業者の相当部分というのはおおむね三分の一ないし二分の一、期間を定めてというのは一年程度の期間というのが、基本的な考え方として示された。[15]

この規定の発動については、輸送関係諸統計、報告書等のデータを活用して明確な運用を図るものの、そうした市場の事態を実感しているのは事業者自身であるので「業界からの要望というのは重要な一つの参考になる[16]」としているのが注目される。

なお、緊急調整措置に係る法案第七条の規定は、中小企業対策の観点も含むという説明もなされた。すなわち、特定の地域での供給輸送力が極端に増えた場合には著しい過当競争が招来される可能性があるが、過当競争によって影響をもっとも受けやすいのは中小企業であるので、この緊急措置の発動は中小企業対策として重要な要素をもっている。さらには、こうした過当競争は「極端なコストの引き下げさらには過労運転、過積載というような危険を社会的にもたらしまして看過し得ない事態になりますので、これを防止することも（本法の）保護法益[17]」であると説明している。

④許可の更新制

営業の許可に一定の時間的制約（期限）を設ける、すなわち「更新制」の議論は運輸労連等の強い要望[18]を背景に、導入をめぐる論議が行われた。

両院の運輸委員会においては、複数の委員から不適確な事業者の参入の阻止や参入後の不適当な事業活動を防止するためには、五年ごとの許可の更新制の導入が必要との意見が出された。しかし、政府は更新手続に行政や事業者に多くのの負担がかかること、また監査の定期的、計画的な実施により悪質事案については五年を待たず直ちに処分を行う必要があること、さらには違反行為者に更新しないという措置は行政改革の流れに反することになる等の理由で、更新制の採用を否定している[19]。

また、違反行為の発見等については後出の貨物自動車運送適正化事業実施機関を活用して実施するが、事業許可の取消し等の処分については、運輸省及び運輸省の出先機関が個々の具体的な案件に即して裁量的な判断を行う必要があるため、行政機関以外では困難としている。

なお、委員からの質問の中には諸外国の事例を引き合いにわが国への導入を求める意見も出されたが、政府委員は「英国等で更新制あるいは有期制を採用している事実もございますが・・・英国でこのような制度があるからといって、当然に我が国でこれを導入すべきものであるということには必ずしもならないと考える[20]」と一蹴している。

結局、更新制をめぐる委員会での論議は、違法活動の摘発、監視活動の充実強化等により確認された違法行為に対しては、「有効期間制（＝更新制）が導入された場合と同様の効果を確保[21]」するという政府委員の発言で一応の結末が付けられた。

(三)　運賃・料金規制の緩和

①認可制から事前届出制へ

法案は運賃及び料金について、道路運送法の認可制から事前届出制への緩和化を図っている（法案第一一条一項）。これは認可運賃制が、もし競争ありせば市場で形成されるであろう運賃を人為的に設定するものであるのに対し、今後は実際に市場で形成されている運賃を事業者に届け出させる制度に変更しようというものである。また、認可運賃で認められていた幅運賃（上下二〇％）の継続も容認している[22]。

まず、道路運送法の認可運賃の収受の実態についての認識に関する委員の質問に対し、政府委員は「完全に認可どおりに収受されているということが言えないということは、残念ながら御指摘のとおり[23]」と回答し、行政も市場において運賃の認可制が有効に機能していないことを認めている。事実、貨物自動車運送市場においては「認可割運賃」あるいは「実勢運賃」と称される市場で形成された運賃が支配している実態、すなわち規制の形骸化が常識とされていた[24]。

こうした規制が有効に機能しない事実を踏まえて、両院の運輸委員会の質疑ではさらなる過当競争への危惧とその防止装置をめぐり議論が展開された。

ところで、法案では貨物自動車運送事業者は自社の運賃、料金を「あらかじめ運輸大臣に届け出でること」とされたが、荷主に対して事前に届出をしない運賃を適用した場合、及び事前届出運賃とは別の運賃を適用した場合が問題となる。届出をしない運賃の適用は当然罰則の対象となるが、届出運賃の不収受は事業者が現実に適用している運賃の再届出が必要であり、また届出運賃と異なる運賃で事業活動を行った場合は、いずれも法案第七六条二項の規定により刑事罰の対象となることが確認された[25]。

さらに、不当な運賃には運賃変更命令あるいは刑事罰をもって臨むという強い姿勢が規制当局から示された。

②運賃の変更命令

運賃のダンピング競争は、貨物自動車運送業界の長年の最大の課題であり、また市場経済（競争）下において価格をコントロールすることは、人為的な制度では極めて解決が困難な問題であることについては、歴史的にも、またわが国及び諸外国の事例から明白となっている。

法案は、規制の緩和化は図ったものの運賃・料金の自由化を選択したわけではなく、不当な運賃設定に対しては「変更すべきことを命ずることができる」（法案第一一条二項）とした。同項は、一〜三の各号で具体的に変更命令の対象となる行為を掲げている。すなわち、(a)適正原価、適正利潤を超過した場合、(b)特定の荷主への差別的取扱をする場合、(c)他の事業者との間に不当な競争を惹起するおそれのある場合、である。

この中でもっとも問題となるのは、(c)の不当な競争の惹起の基準についてである。この点に関して政府委員は委員会において次のように述べている。すなわち「不当競争の基準でありますが、事業者間の健全で公正な競争を確保するために、同種のサービスを提供する他者との関係においてこれまた不当に安い運賃の設定を防止する・・・基準につきまして具体的な指標、数字につきましては、その時点あるいはその当該地域におきます適正原価を基礎としまして適切な判断を加えていきたい[26]」としている。

市場競争が活発化し、サービス内容、運賃等のいっそうの多様化の進展が予測される中で、果たして適正原価、適正利潤の算定、決定は可能なのであろうか、現実には不可能であることは多言を要さない。

なお、運賃に関する違法行為については、後述する貨物自動車運送適正化事業実施機関による指導あるいは荷主への勧告制度を活用して、その防止、指導を図る仕組みが提案されている。

③標準運賃及び標準料金

法案においては、運輸大臣は異常な事態の発生時に「期間を定めて標準運賃及び標準料金を定めることができる」（法案第六三条）としている。従って、常時この運賃、料金が公示される訳ではなく、「需給バランスが著しく不均衡になっている、あるいは物価等が急激に変動しているというような異常な事態に、運賃の安定化を目的として期間を定めて設定されるもので・・・めったに設定されるものでは[27]」ない、と説明された。認可制のもとならともかくとして届出制のもとで、さらに運賃の変更命令も存在する中で、この規定にどのような実質的な意味があるのか不明である。しかも、法案では通常時と異常時の区分は極めて曖昧であり、その有効性も疑問と言わざるを得ない。

当然のことながら、異常時にしか設定されない運賃制度をあえて新法の中に入れる必要があるのか、という疑問は委員会審議の中でも出された。この疑問に対して政府委員の答弁においては、異常な経済状況の中で供給輸送力が極めて不足する事態における運賃急騰の防止、また逆に供給輸送力が著しく過剰になった場合には運賃の急落が考えられるので、その「下支えを図る必要[28]」から規定が導入されたと説明された。おそらく参入規制緩和に対する緊急調整措置に対応する形で、運賃規制緩和による運賃競争の活発化、運賃水準の低下の懸念に配慮したセーフティネットとして規定されたものと考えられる。

なお、運賃変更命令との関係については、「個々の事業者に対して運賃の変更命令という強制的な措置をとることも可能ではございますが、むしろ運輸大臣があらかじめ標準的な水準として標準運賃を示すことによりまして、運賃変更命令を頻繁かつ広範囲に発動することを未然に避ける[29]」ことをあげたとしている。

(四) 社会的規制の強化

①社会的規制の位置づけ

経済的規制の緩和に対応する形で、法案では社会的規制の強化が図られている。すなわち、経済的規制の緩和により貨物自動車運送市場の競争の激化またそれによる種々の悪影響とりわけ過労運転、過積載等の増加により輸送の安全性が阻害するおそれがあり、そうした競争の激化によるデメリットを最小限にしようという目的で、社会的規制の強化が図られたものといえる。

具体的には、委員会審議の中で政府委員から「トラック事業における安全の確保を図るための措置をいろいろ設けております。法律自体にそのような規定を設けると同時に貨物自動車運送適正化事業を指定法人に実施させるという措置を講じます。また、悪質な荷主に対する勧告制度も設けております[30]」と説明されている。

道路運送法においても「輸送の安全等」（同法第三〇条）の規定が置かれ、遵守すべき事項については運輸省令で定め、また同省令に違反する場合には「是正のために必要な措置を講ずべきことを命ずることができる」（同法第三〇条第二項）とされていたが、法案においては「輸送の安全」（法案第一七条）のほか、運行管理者に関する規定、貨物自動車運送適正化事業に関する具体的な規定が置かれている。特に、従来には無かった「輸送の安全確保の命令」（法案第二三条）が置かれ、事業者に必要な員数の運転者の確保や運行計画の改善等の措置を命ずることとされたほか、この命令に従わなかった場合には最終的には許可の取消しもできる（法案第三三条）という厳しい規定がおかれることとなった。

少なくとも、社会的規制に関する法律の規定上は従前よりも強化されたと評価できる。

②貨物自動車運送適正化事業実施機関

法案は新たに貨物自動車運送適正化事業実施機関を設けて、「民間団体等による貨物自動車運送の適正化に関する事業の推進」（法案第三章　第三八条〜第四五条）を図ることとしている。

法案は、参入規制の緩和措置により参入の容易化を図り、事業者への諸規制は参入後に事後チェックを行うことによって安全等の社会的規制を行うこととしているが、その実施上の手段として貨物自動車運送適正化事業実施機関を設け「役所の手の及ばざるところは民間の団体の自主的な活動によって補強していくという措置」[31]を講じている。小さな政府、行政の簡素化を目的の一つとする規制緩和政策の中で、行政上の負担を軽減して予防的に違法行為の防止を行うとともに、法令遵守の徹底を図るという考えである。

両院の運輸委員会での審議で論点となったのは、指定機関の権限と法人格に関する問題であった。

まず、実施機関及び実施機関の指導員への権限付与については、例えば新規参入の許可あるいは取消し等の行政処分は行政機関自身が行う必要があることから困難とされた。従って、貨物自動車運送適正化事業実施機関は法案第三九条に列挙された五つの事業について、事業者への指導、啓発活動、苦情の処理、協力等を行うこととされ、違法行為については「事実としての違法行為の発見に努める」[32]という限界が明確にされた。

また実施機関の法人格の問題というのは、運輸大臣の指定に係る貨物自動車運送適正化事業実施機関（地方及び全国）は法案第三八条の規定により民法第三四条の法人（公益法人）とされるが、より客観性を強めるために既存の社団法人（当時、具体的には全国及び地方のトラック協会）にするか、新たに財団法人を設立して行わせるかという問題である。この点については、参考人として招致された運輸労連の代表から明確な意見、すなわち「地方に財団法人を、中央にその連合体を設置し、それを実施機関として指定する」[33]よう求める提案がなされ、また委員の中からもそれを支持する意見が出されていた。[34]

これに対して政府は、適正化事業を行う意欲のある民間法人を指定してその後押しをすることを基本と考え、「現在このような適正化事業に相応する事業をおこなっております全日本トラック協会あるいは都道府県のトラック協会の実績、その意欲を尊重して」[35]指定したいとした。なお、この事業が公正かつ着実に推進される必要に鑑み関係行政機関、学識経験者、事業者団体、関係労働団体等の代表で構成される意見交換の場を設けることとされた。

③運行管理者制度の充実

法案においては、輸送の安全の確保等の実効性を高める手段の一つとして、運行管理者（法案第一八条）の体制の強化が図られている。具体的には、運行管理者の資格要件の強化及び地位の向上を図る措置が採られている。

従前の道路運送法においては、一定の経験があれば運行管理者になれたが、法案では一定の実務の経験を有する者が運行管理者試験（法案二一条）に合格した場合などに交付される「運行管理者資格者証」（法案第一九条）の保持を義務づけている。また、運行管理者の企業内における地位向上のために、運行管理者の誠実な業務の執行義務、経営者が運行管理者に対して業務を行うために必要な権限をあたえること、また経営者の運行管理者による助言の尊重義務及び従業員の運行管理者による指導に対する遵守義務を定めて（法案第二二条）、運行管理者による管理体制の強化が図られている。

両院の委員会においては、同制度の実効性について論議が交わされた。特に、貨物自動車運送事業の大部分を占める中小零細企業において果たして運行管理者による管理が徹底されるのか、あるいは安全運行に対する事業者の責任の所在等について委員から疑義が表明されたが、運行管理者制度の強化そのものについては大きな論議にはならなかった。

④荷主勧告制度

貨物自動車運送事業においては、以前から不公正な取引の存在が大きな問題となっていた。中小貨物自動車運送事業者に対する荷主あるいは元請貨物自動車運送事業者の優越的地位の濫用行為については、しばしば公正取引委員会から改善指導の要望が関係官庁及び全日本トラック協会に出されていた。[36]

この問題は、内容的には同業者間の取引をめぐる問題と荷主との取引をめぐる問題に大別できる。このうち前者については、本法案に規定される不当な運賃、適正化事業等により解決が図られることが企図されている。

法案は後者の取引について、荷主への勧告（法案第六四条）に係る制度を新設して解決を図る手立てを講じている。

すなわち、「トラック事業者が、安全規定に違反したことによりましてこの法律に基づく処分を受ける場合に、その処分に係る違反行為が荷主の指示に基づいて行われたことが明らかである場合には、当該トラック事業者に対する命令とか処分だけでは再発の防止ができない、困難であると認められるときに、当該荷主に対しても、運輸大臣が違反行為の再発の防止を図るために適当な措置をとるべきことを勧告することができる」[37]というものである。

本条の発動要件を整理すると、次の三点があげられている。(i)トラック事業者の安全関係の規定の違反についての行政処分であること、(ii)当該違反行為が荷主の行為に原因があって生じたこと、(iii)トラック事業者への処分等だけでは再発の防止ができないと認められるとき、であり「この三つの要件を満足する場合に荷主に対して運輸大臣が直接勧告をする」[38]こととされた。

この制度は「悪質な荷主に対しては利用者であっても運輸大臣が勧告することができる新しい制度を関係省庁の理解の上で創設したもの」[39]という制定の経緯に起因するものといえる。但し、当該勧告を行う場合には「あらかじめ、当該勧告の対象となる荷主が行う事業を所管する大臣の意見を聴かなければならない」(法案第六四条第二項)ものとされている。また、勧告は強制力もしくは制裁という性格のものではないので、直接的な罰則規定等は用意されていない。

なお、ここでいう荷主には貨物自動車運送事業者と運送契約を締結する運送取扱事業者も当然に該当するとされる。

ところで、運輸事業の事業規制の相手方に荷主(利用者)が含まれるという法制度は、国際的にも稀なものであり、わが国の貨物自動車運送市場の取引の実態を直視した画期的な制度といえる。今次の改正法の中でももっとも評価されるべき規定で、いわば「伝家の宝刀」といえるものである。しかし、それ故に法の具体的運用については当初から前途の多難が予想されていた。

(五) その他

①法案の修正

法案は両院の運輸委員会で審議されたのち、平成元年一一月二八日衆議院運輸委員会で、また同年一二月一二日に参議院運輸委員会で可決された。まず、衆議院運輸委員会では原案に対して与野党共同提案の修正案が出され可決されたが、それは「法施行後の適当な時期に法律の施行状況に検討を加え、その結果に基づいて必要な措置を講ずる」[40]ための規定の追加（附則五二条）であり、また参議院運輸委員会における修正は「事業用自動車の運転者の適切な勤務時間及び乗務時間の設定を加え、輸送の安全に係る規制について遺漏なきを期[41]」すための規定の追加（法案第一七条一項の修正）である。

②両院の附帯決議

両院の運輸委員会は、前記した修正案を可決したが、注目すべきは他に類をみないような多くの項目（衆議院一五項目、参議院一九項目）からなる附帯決議が行われたことである。これらは委員会審議を通じて政府（法案提出側）と委員との間の論議が不十分で論議がかみ合わなかった事項、特に参入の緩和化、社会的規制の強化について法施行後の強い懸念、危惧が表明された事項が多くなっており、本法案の背景や課題を理解する上で大変有用といえる。

両院の附帯決議の内容をみると、重複するものが多くなっているが参議院においては、衆議院には無い事項として、「更新制と同様の効果が期せられるよう計画的かつ着実な監査を実施する」（参議院附帯決議（三））、あるいは「下請・傭車に関する本法の適用関係を明確にする」（参議院附帯決議（十））等が掲げられていることが注目される。

今日的視点からみると、これら附帯決議の趣旨が実際の法の運用において十分に認識、活用されたかについては、多くの疑問が残る結果となってしまった。本法の施行に際して出された貨物流通局長名の通達[42]では、立法に際しての附帯決議を十分に踏まえて法運用をするよう指示されていたが、法的拘束力の無い附帯決議には限界があった、という他ない。

第二節　貨物自動車運送事業法の主要規定

貨物自動車運送事業法案は若干の修正があったものの、ほぼ政府提案通り可決、制定された。また、法案の内容も両院の委員会での審議等を通じて主要な論点が明らかにされた。

ここでは、貨物自動車運送事業法の内容について確認的に重要条項のみを紹介することとしたい。

二―一　本法の目的（第一条）

本法は、貨物自動車運送事業に係る経済的規制、社会的規制及び事業の適正化のための制度を一体的に実施することにより「貨物自動車運送事業の健全な発達を図り、もって公共の福祉の増進に資する」（第一条）ことを目的に制定されたものである。

ところで、従前は貨物自動車運送事業は旅客自動車運送事業、自動車道事業、自家用自動車の使用に関することなどとともに、道路運送法によって規制が行われてきた。本法の制定により、貨物自動車運送事業については同事業に固有な事項は本法により規制が行われることとなる。但し、上記各事業に関し相互に関連する事項及び道路運送の総合的な発達を図ることについては、引き続き道路運送法が適用されることとされた。

なお、本法の目的規定においては、従前の目的規定に挿入されていた事業の「適正な運営」、「公正な競争を確保」、「道路運送に関する秩序の確立」等の文言が含まれていないことに注意を払う必要がある。

二―二　定義と事業区分（第二条）

本法は、貨物自動車運送事業を一般貨物自動車運送事業、特定貨物自動車運送事業及び貨物軽自動車運送事業の三つに区分している。

ここで貨物自動車運送事業とは、他人の需要に応じ、有償で、自動車を使用して貨物を運送する事業であるとされるが、このうち一般貨物自動車運送事業は「特定貨物自動車運送事業以外のものをいう」（第二条第二項）とされ、また特定貨物自動車運送事業とは「特定の者の需要に応じ」て貨物自動車運送事業を行う者をいう（第二条第三項）とされる。

ところで、従前においては一般路線貨物自動車運送事業と一般区域貨物自動車運送事業に区分されていたが、本法ではこの区分を廃止した。それは「近年の貨物の小口化、共同輸配送の進展などを踏まえ、高度化・多様化する利用者ニーズに適確に対応し得るよう、従来の一般区域貨物自動車運送事業にも自由に積合せ貨物の運送を認める政策的必要性が高

図表7－1　貨物自動車運送事業法における事業の種類

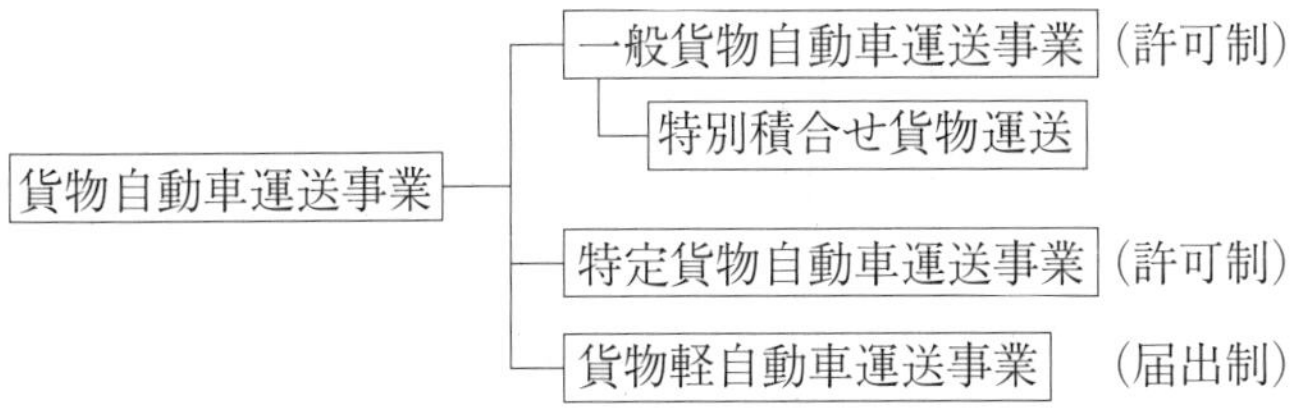

まったこと、従来の一般路線貨物自動車運送事業の定期性、定路線性が弾力化されたこと、さらに、将来的に事業者の創意工夫により新たな業態が現出した場合にも弾力的に対応でき得る[43]」ようにするために廃止、統合したと説明される。

なお、本法により一般貨物自動車運送事業の範疇の一部として「特別積合せ貨物運送事業」が新設された。

これは従前の一般路線貨物自動車運送事業と極めて類似したものであるが、定路線性がないことに大きな違いがある。要するに、宅配便事業のような比較的不特定多数かつ小口の貨物の利用者を想定した事業であり、後述するように一般貨物自動車運送事業より若干厳しい参入規制を行うこととした（図表7－1参照）。

二―三　参入規制（第三条）

本法は、一般貨物自動車運送事業の参入について「運輸大臣の許可を受けなければならない」（第三条）として「許可制」を採っている。従前の道路運送法においては需給調整を伴う「免許制」であったので、形式上は規制の緩和化が図られたことになる。しかし、許可基準については需給調整を行わない以外は道路運送法の基準と同様（第六条第一～三項）となっている。従来の道路運送法における需給調整は有効に機能していなかった（特に「区域事業」）ので、実質的には従前の追認である。

また、許可の申請に当たっては、営業区域の記載が必要とされる（第四条第一項二号、施行規則第二条）。ここで営業区域とは、貨物自動車運送事業の「営業活動の適正な遂行及び輸送の安全の確保の観点から設定される営業所の位置を含む一定の合理的な地理的範囲[44]」のことで、原則として地方運輸局、陸運支局を単位として設定されてきたが、徐々に拡大化（拡大営業区域）が図られてきていた。

なお、特別積合せ貨物運送事業については、前記基準に加えて上乗せ基準が法定されている（第六条第四項）。これは当該事業が「貨物の紛失・損傷や過労運転といった事故につながりやすい活動が行われやすい[45]」ことが理由とされた。

また、貨物自動車運送事業への参入の容易化に伴う「著しい需給のアンバランスにより生ずる過当競争を例外的かつ臨時的に防止する制度として・・・事業者の自主性の尊重と過当競争を防止し公益を確保するという二つの要請のバランスをとった[46]」制度として緊急調整措置が設けられた（第七条）。緊急調整措置の発動については、通達（「緊急調整措置の発動要件等について[47]」）が発出され具体的な要件が公表された。

さらに、特定貨物自動車運送事業についても「許可制」とした。もともと特定貨物自動車運送事業は経済的機能としては自家用運送と同じ役割を果たすもので、道路運送法においても許可制とされていたが、本法においては輸送の安全を果たすための規制は一般貨物自動車運送事業と同様であることが必要であるとの考えから、引き続き参入は許可制とし事業計画の審査を行うこととされた[48]。

二―四　運賃・料金規制（第一一条）

本法は、運賃・料金について従前の「認可制」から「事前届出制」（第一一条第一項）へと変更し、規制の緩和化を図った。ただし、認可運賃制についてはかなり以前からその形骸化を指摘する声が多く、実際の貨物自動車運送市場では「実勢運賃」と称する運賃が市場を支配していた。従って、現実の「認可運賃」は市場における運賃の目安の一つにすぎないというのが実態であった[49]。このことから、運賃・料金規制については「緩和化」という用語に変えて、「弾力化」という用語で改正の内容を表現されることが多い。

また、本法においては一定の場合に運輸大臣が一般貨物自動車運送事業者に対し、「期限を定めてその運賃又は料金を変更すべきことを命ずることができる」（第一一条第二項）としている。同項で規定された基準によれば、(i)適正原価に適正利潤を加えたものを超えるような不当に高いものであるとき（第一号）、(ii)特定の荷主に対し不当な差別的取扱いをするものであるとき（第二号）、(iii)他の事業者との間に不当な競争を引き起こすおそれがあるとき（第三号）、に発動される[50]。

なお、本法は第六三条に「標準運賃及び標準料金」に関する規定を置いている。これは供給輸送力の不足状態、人件費、燃料費などの物価の高騰等の理由により運賃や料金が急騰するおそれのある場合、また逆に供給輸送力の過剰等により運賃や料金が下落するおそれのある場合が生じる可能性を踏まえて、「運輸大臣があらかじめ標準的な水準を示すことにより、変更命令を頻繁かつ広範囲に発動することのないようにして、利用者の利便を確保し、事業の健全な運営を図る[51]」趣旨により策定されたものである。

二—五　輸送の安全（第一七条）

本法は、一般貨物自動車運送事業者に過労運転の防止等輸送の安全に係る措置を講じなければならない（第一七条第一項）、としている。また、従業員に過積載による運送の指示をしてはならない（第一七条第二項）、ともしている。さらに、一般貨物自動車運送事業者と従業員に輸送、運行の安全に係る運輸省令[52]（「安全規則」）の遵守を求めている（第一七条第三、四項）。

貨物自動車運送事業は、ともすると長時間労働や過積載等の輸送の安全を阻害する行為を生じやすい事業特性を有するところから、交通事故等の防止が極めて重要である。しかし、「個々の運転者に対する不注意な運転や危険な運転行為の禁止などではその実効は期し難く、これらの原因となる環境を除去することが必要である。このため、本法では輸送の安全を確保する阻害行為は、運転者の責任のみならず事業者の事業活動から生じる責任が重大であるという考えのもとに、事業者に包括的な輸送の安全の確保義務を課している[53]」のである。

二—六　運行管理者制度の充実、強化（第一八条）

今次の法改正の目的の一つでもある「輸送の安全」を徹底させるために、従来から制度化されていた運行管理者の資格要件等の強化措置がとられた。すなわち、事業者に一定規模（車両数）以上の営業所等において運行管理者の選任義務を負わせ、また当該運行管理者は運行管理者試験に合格した者（「運行管理者資格者証」の保持者）のうちから選任せねばならない（第一八条）としている。従前には無かった運行管理者への公的な試験制度の導入により、運行管理者の質的向上を図り、事業者に代わって事業用自動車の運行の一層の安全確保を達成しようというのが目的である。

二―七　貨物自動車運送適正化事業実施機関（第三章）

本法は、第三章（第三八条～第四五条）に「民間団体による貨物自動車運送の適正化に関する事業の推進」係る規定をおき、「事業者における遵法意識の啓発及び高揚、違法行為を行っている事業者に対する指導、荷主に対する要請などの活動を行う事業を適正化事業と位置づけ、これを民間団体が自主的に行うことを促進することにより、事業者の意識を改善し、貨物自動車運送に関する法令が遵守されやすい環境を整備し、貨物自動車運送に関する秩序の確立に資すること」[54]とした。

適正化事業は、地方ごとにこれを行う地方実施機関、また中央においてその調整などを行う全国実施機関によって行われるが、実施機関の指定の要件として、過去の実績、実施のための組織、運営、要員確保等があげられた。[55]その結果、地方実施機関としては社団法人（当時）各都道府県トラック協会が、また全国実施機関としては社団法人（当時）全日本トラック協会が指定された。

二―八　荷主への勧告（第六四条）

貨物自動車運送事業者の多くは中小零細事業者であって、その事業も基本的には受注産業であるところから、荷主に対して弱い立場に立つことが多く、輸送の安全を脅かす行為を荷主に強要されるケースがたびたび報告されてきていた。そこで本法においては「事業者に対する規制の遵守と厳正な処分のみならず、必要最小限の範囲内で荷主に対して適当

図表７－２　貨物自動車運送事業法の骨格（新旧比較）

	事　項	旧法（道運法）	新法（貨自法）	意　　義
経済的規制	新規参入	免許制 適切な事業計画 事業遂行能力 需給バランス	許可制 適切な事業計画 事業遂行能力 緊急調整措置 既存事業者の経営悪化が著しい場合には，新規参入させない例外措置	・創意工夫に満ちた輸送活動を促進
経済的規制	事業の種類	路線 定期，定路線，積合せ可 区域 貸切が原則	事業区分を一本化 ただし，特別積合わせ運送（定期的・定区間）はこれに対応する設備・能力を審査	・区域事業者にも貨物の積合せを認め，中小事業者の活性化を促進
経済的規制	運賃	認可制	事前届出・変更命令制 不当なものについて変更命令	・従来の認可運賃以外の新しい運賃の設定に容易 ・運賃改定手続の簡素化 ・公正競争の確保及び荷主・消費者保護の観点から変更命令により適正な水準に維持
社会的規制	輸送の安全	過労防止，過積載の禁止 運輸省令にて規定，法律には規定なし	過労防止，過積載の禁止 法律にて規定	・過労防止，過積載の禁止を安全確保上重視する政策意図を明確化
社会的規制	通行管理者	実務経験 運転歴７年以上等	試験制 ただし，試験合格者と同等以上の知識・能力があると認定されれば可	・運行管理者の質の向上
社会的規制	指導機関	各都道府県トラック協会の輸送秩序改善指導員による監視・予防活動 局長通達により協会を指導	地方適正化事業実施機関及び全国適正化事業実施機関の指定 都道府県単位の公益法人を指定し，活動を監督	・違法行為の自主的な監視・予防活動等の適正化事業を法定化 ・行政組織の膨張を抑制
社会的規制	荷主勧告	荷主の事業所管省庁に対する協力要請 局長通達により関係省庁に要請，関係省庁の局長通達により荷主業界を指導	運輸大臣の勧告 違法行為を強要した悪質な荷主に対してその是正を勧告できる	・悪質な荷主に対して個別に是正指導しうる途を開く

（出所）運輸省作成資料。

な措置を執るべきことを運輸大臣が勧告できる制度を創設した[56]」ものである。なお、ここでいう荷主には製造業や卸売業等のほかに貨物運送取扱事業者[57]（現行法では「貨物利用運送事業者」）も含まれる。

荷主への勧告の発動については、輸送の安全確保に係る命令を発動したとき、または貨物自動車運送事業の秩序の確立に係る行政処分を行ったときに限定される。これは「荷主は基本的にその利益を保護されるべきものと位置づけられており、荷主に対して広く勧告する制度は望ましいものではない[58]」との考えからである。また、発動に際しては「あらかじめ、当該勧告の対象となる荷主が行う事業を所管する大臣の意見を聴かねばならない」（第六四条二項）とされる。

第三節　貨物運送取扱事業法

三―一　新法制定の経緯

「物流二法」という言葉が表すように貨物自動車運送事業法と貨物運送取扱事業法（平成一五年に法律名が改正され現在は「貨物利用運送事業法」）の二つの法律は、時を同じくして、また同じような背景、経緯により制定された。すでに述べたように、一九八〇年代初頭に運輸省は「縦割り行政システムから横割り行政への転換」を標榜し、利用者ニーズに即した効率的物流体系の構築を指向、具体的には複合一貫輸送制度の創設へと歩みを進めていくが、その延長線上に本法を位置づけることができる。

本法の場合も貨物自動車運送事業法の場合と同様に、旧行革審（昭和六〇年七月）、新行革審（昭和六三年一月）の検討、指摘、さらには運輸政策審議会物流部会答申（『トラック事業及び複合一貫輸送に係る事業規制の在り方に関する意見』昭和六三年一〇月）、新行革審の提言（『公的規制の緩和等に関する答申』昭和六三年一二月一日）及び規制緩和推進要綱の閣議決定（昭和六三年一二月一三日）を踏まえて、法案が作成、上程された。また、その後の両院の運輸委員会での審議も貨物自動車運送事業法と一括して行われ、制定にいたる経過も前記した貨物自動車運送事業法とほぼ同一である（巻末【参考資料Ⅱ】参照）。

三―二　法案の提案理由と概要

貨物運送取扱事業法案について、平成元年一一月一五日の衆議院運輸委員会において江藤運輸大臣（当時）から、以下のような提案理由及び概要が説明された。

すなわち、「経済構造の転換、国民生活の向上を背景として、貨物運送に対する需要は多様化、高度化の傾向を強めており、貨物運送取扱事業は、利用者の需要を各種の運送サービスに的確に結びつける機能を果たすものとして、一層重要な役割を担う・・・このような貨物運送取扱事業の円滑な機能の発揮と事業の適正かつ合理的な運営を確保するため、現在、通運事業法等各運送機関ごとの個別の法律において規定されている貨物運送取扱事業の規制制度について、その内容を見直し、それぞれの機能に応じた横断的、総合的な制度を整備する」[59]ために法案を提出した。その概要は、次のとおりである。

第一に、貨物運送取扱事業が果たす機能及び利用者に対する契約上の責任の内容に応じて、貨物運送取扱事業を、運送事業者の行う運送を利用して貨物の運送を行う利用運送業と、自己の名をもってする貨物の運送の取り次ぎ等を行う運送取次事業とに区分。なお、利用運送業のうち航空または鉄道運送に係る利用運送と自動車による集配の運送を一貫して行う事業を第二種利用運送事業とし、その他の利用運送事業を第一種利用運送事業とする。

第二に、利用運送事業について、その開始を許可制とするとともに、事業計画の変更、利用運送約款、事業の休止及び廃止等について、それぞれ所要の規定を設ける。

第三に、運送取次事業について、その開始を登録制とするとともに、利用運送事業に準じて、変更登録、運送取次約款について、所要の規定を設ける。

第四に、貨物運送取扱事業に係る運賃及び料金については、あらかじめ運輸大臣に届け出ることとし、運輸大臣は一定の事由に該当するときは、これを変更すべきことを命ずることができることとする。

第五に、外国人等の行う国際貨物運送に係る利用運送事業及び運送取次事業について、所要の規定を設ける。
第六に、附則において、通運事業法を廃止するほか、現在貨物運送取扱事業に関して規定している関係法律について、所要の改正を行う。

三―三　貨物運送取扱事業の位置づけ

一九世紀末から二〇世紀中葉にかけて形成された米国の運輸事業法においては、基本的には「実運送事業者（actual carrier）」が法制の中核に据えられ、実運送事業者と荷主の間に入り貨物運送サービスの様々なアレンジを行う「運送取扱事業者（freight forwarder）」は、貨物運送の第三者（third-party）として法制上附随的な立場に置かれていた。そして、実運送事業者と貨物運送取扱事業者の法的能力、責任、役割等は明確に区分され、法制上も実務上も両者が混同されることはなかった[60]。

第二次世界大戦後米国の法制を受け入れたわが国の運輸事業法制においても、運送取扱事業は当初ほぼ同様の位置づけがなされ、各輸送機関ごとの運輸事業法の中にそれぞれ限定的、補完的な役割や地位を与えられ、存在してきていた。ただし、鉄道貨物輸送の運送取扱業である通運事業については、固有の事業法として昭和二五（一九五〇）年に「通運事業法」が制定され他とは異なった扱いを受けてきていた。

しかしながら、一九七〇年代以降になるとわが国経済社会の変化に伴い貨物運送、物流の分野でも大きな変革が生じたこと、周知のとおりである。特に、一九八〇年代に入り効率的物流体系の構築への要請が高まり、物流政策は利用者（荷主）のニーズの変化に対応した制度の立案、創設が急務とされた。具体的には、利用者（荷主）がそのニーズに応じて適宜適切に輸送機関等の選択を可能にし、各輸送機関を横断的に利用して物流コストの低減やサービスの質的向上を図れる体制の整備が要請されるにいたった。一方、物流事業者においては利用者ニーズの変化、高度化に対応して、専門性と総合性を兼ね備えた事業の新しい展開が要請されることになった。

以上のような物流の高度化、効率化等への要請に応えるべく、昭和五六（一九八一）年の運政審答申で提言されたのが「総合運送取扱業制度の創設」[61]である。

もっとも、こうした総合的な物流事業の形成についてはそれ以前にも種々の論議がなされていた。一九六〇年代に物流の近代化、合理化による物流革新の旗手として華々しく喧伝されていた「協同一貫輸送」は、輸送をコンテナやパレットでユニット化し、複数の輸送機関が協同してドア・ツー・ドア（door-to-door）を一貫して輸送システムであり、この論議の嚆矢であった。実際、昭和四二（一九六七）年に発足した運輸経済懇談会（運輸大臣の私的諮問機関）において「一貫運送取扱人」という用語が用いられ、それはその後「総合運送取扱人」という用語に転じたと思われる[62]。また昭和四五年に設置された運輸政策審議会の物的流通部会ワーキンググループ報告[63]では「総合物流業」という用語が用いられ、通運事業者を含めた運送事業者が社会の要請に応じた総合物流営業への指向を求めていた。

以上のような経緯を踏まえて、貨物運送取扱事業法においては貨物運送取扱事業の整理、統合等が行われ、物流のソフトのビジネスが脚光を浴びることとなった。

三―四　貨物運送取扱事業法の主要規定

（一）目的及び実運送との関係

本法は、物流ニーズの高度化・多様化の中で高まりつつある貨物運送取扱事業について、総合的、横断的に所要の規制を行うことを通じて、利用者（荷主）ニーズを適確に把握しニーズに応じた運送サービスの提供を円滑に行う同事業の健全な発達を図るとともに、利用者（荷主）ニーズの合致した運送サービスの実現を図り、もって利用者の利益の保護及び利便の増進を図ることを目的としている（貨取法第一条）。

ところで、本法は貨物運送取扱事業を規制する法律であり、基本的には貨物運送取扱事業者と実運送事業者との関係を適正なものとすることを直接の目的とはしていない。しかしながら、同事業は実運送事業と密接な関係を有しているので、両者の関係を適正なものにするため訓示規定という形で間接的に規制している。

具体的には、施行規則で「貨物運送取扱事業者は、実運送事業者の行う事業及び貨物運送取扱事業に関連する貨物の流通に関するその他の事業の正常な運営を阻害しないよう配慮しなければならない」（貨取法施行規則第二条第二項）としている。これは、貨物運送取扱事業者が実運送事業者に対し、過積載、運賃のダンピング等を強要することにより実運送事業の正常な運営を阻害することのないよう配慮を求めたものである。(64)

図表７－３　貨物運送取扱事業法における事業の種類

- 貨物運送取扱事業
  - 利用運送事業（許可制）
    - 第一種利用運送事業
    - 第二種利用運送事業
  - 運送取次事業（登録制）

（二）事業区分

本法で「貨物運送取扱事業」とは、自ら運送は行わないものの、自ら運送を行う者（実運送事業者）の行う運送を利用し、あるいは実運送事業者(65)の運送に取次ぐことにより利用者（荷主）の物流ニーズに応えた運送サービスを提供する者をいう(66)、とされる。すなわち、貨物運送取扱事業とは「利用運送事業及び運送取次事業をいう」（貨取法第二条第六項）とされる。

ここで利用運送事業とは、他人（荷主）の需要に応じ、有償で、利用運送を行う事業とされるが、さらに同法は同事業を第一種利用運送事業と第二種利用運送事業に区分している。同法は、第二種利用運送事業を航空運送または鉄道運送の利用運送とその前後のトラック（軽自動車は除く）による集配を一貫して行い利用者にドア・ツー・ドアの輸送サービスを提供するものをいうとし、第二種利用運送事業以外の利用運送事業を第一種利用運送事業という、としている。第一種利用運送事業には、外航、内航の海上運送の利用運送事業、トラックの利用運送事業及び集配を伴わない航空、鉄道の利用運送事業が含まれる。

また、運送取次事業というのは、荷主に対して運送責任を負わずに、対価を得て運送の取次を行う者である。従来から、一般には「水屋」等の俗称で呼ばれる多様なサービス形態を有する比較的小規模の事業者が多く、本法制定以前には「取次」、「代弁」、「仲立（媒介）」等と称された行為を行う事業者である。

これらの事業者は、いずれも自らの運送機関を使用、運航しない者が他の者の運送を利用する等により利用者に運送サービスを提供するものであるが、両者はその利用者に対する責任の度合い、実運送に対する影響等を考慮して区分されたものである[67]。

なお、事業、作業形態の類似点が多くまた複合一貫輸送に極めて重要な役割を担う可能性がある港湾運送事業は、本法の適用除外となっていることに注意する必要がある。

(三)　参入規制

本法は、利用運送事業については参入に際して「許可制」を、また運送取次事業については「登録制」を採用した。

まず、利用運送事業については荷主に対する運送責任を負うことなどから、適切な事業計画と事業遂行能力を有する者である必要から、「禁止の解除」の法的性格を有する許可制（貨取法第三条）としている。

なお、従前においては通運事業法による通運事業、航空法による利用航空運送事業は事業の免許制が採られていた（なお、内航海運業法による内航運送取扱業も法律上は「許可」であったが、実質的には「免許」であった）が、事業規制の簡素・合理化の観点から規制が緩和されたものである。

また、運送取次事業については利用運送事業に比べて荷主に対する責任の範囲が限られていること、さらに実運送対する影響の度合いも利用運送事業ほどでないことから「登録制」（貨取法第二三条）として、事業に最低限必要な施設を有するか否か、一定の財産的基礎を有するか否か等のチェックにとどめるとした[68]。

(四)　運賃・料金規制

本法は利用運送事業について運賃及び料金の「事前届出制」（貨取法第九条）を、また運送取次事業の料金も同様に「事前届出制」（貨取法第二八条）を採用した。

なお、いずれも不当な運賃もしくは料金に対しては運輸大臣の変更命令制度が規定されている。利用運送事業者及び運送取次事業者に対する運賃もしくは料金の変更命令は、(a)適正原価に適正な利潤を加えたものを超えるとき（適正原価主義）、(b)特定の荷主に差別的な取扱をするとき（差別的取扱の禁止）、(c)他の事業者との間に不当な競争引き起こす

図表７－４　貨物運送取扱事業法の骨格（新旧比較）

事　項	旧　　法（道運法他）	新　　法（貨運法）	意　　義
新規参入	各輸送機関毎の規制制度 免許制 〔通運事業（鉄道運送取扱業），利用航空運送事業〕 適切な事業計画 事業遂行能力 需要バランス	一元的，総合的な規制制度 許可制 利用運送事業〔集配も一貫して行う事業も対象（鉄道・航空関係）（第二種利用運送事業）〕 荷主に対し運送責任を負う事業 適切な事業計画 事業遂行能力 登録制 運送取次事業	・創意工夫に満ちた輸送活動を促進
運賃・料金	許可制 〔通運事業（鉄道運送取扱業），利用航空運送事業，自動車運送取扱事業〕	事前届出・変更命令制 不当なものについては変更命令	・新しいサービスに対応して弾力的な運賃料金接待が可能 ・運賃改定手続きの簡素化 ・公正競争の確保及び荷主・消費者保護の観点から変更命令により適正な水準に維持
実運送事業者と貨物運送取扱事業者との関係（特にトラック関係）	両者の契約関係は不明確	両者の契約関係の明確化 ・荷主と運送人の関係となるのが利用運送事業，その他が運送取次事業 ・不公正な取引の強要については，事業改善命令等の制度活用	・実運送事業者と貨物運送取扱事業者の契約関係を明確化
（参考） 通運事業の扱い	鉄道運送取扱業，鉄道集配業，貨物積卸業＝免許制 運賃・料金＝認可制 通運計算事業＝認可制	通運事業法は廃止 ①鉄道運送取扱業は，利用運送事業（許可制）又は運送取次事業（登録制）に ②鉄道集配業は，鉄道の利用運送事業と一体の事業（第二種利用運送事業）に ③貨車積卸業は規制を廃止 ④通運計算事業は，届出制に	

（出所）運輸省作成資料。

おそれのあるとき（過当競争の防止）、発動される（貨取法第九条第二項一～三号、第二八条第二項）。

（五）その他・・・外国人等による利用運送事業

本法は、国際貨物に係る利用運送事業について相互主義の観点から、日本で外国人、外国法人等が行う場合と外国で日本人、日本法人等が行う場合との間で公正な仕組みとなるよう、第四章（貨取法第三五条乃至第五〇条）の規定をおいている。

外国人等がわが国で利用運送事業を行う場合には、事業の「許可制」が採用（貨取法第三五条）されているが、「外国においては日本人、日本法人等の行う国際貨物運送に係る利用運送事業に対して、外航海運と国際航空運送に係る利用運送事業で異なった態様の規制をしていることが考えられ(69)」るので、わが国においても別々の対応が採られることとなった。すなわち、外国人等の行う国際貨物運送に係る利用運送事業は、①外航海運に係る第一種利用運送事業、②国際航空運送に係る第一種利用運送事業、③国際航空運送に係る第二種利用運送事業の三種類に区分された。

第四節　小　括

貨物自動車運送事業法の制定をめぐっては、賛否が激しく対立し、関係者間で百家争鳴ともいうべき論議が行われた。ただし、いずれの立場の論者も制定から四〇年近く経過した道路運送法がすでに時代遅れのものとなり、種々の制度疲労が露呈し何らかの法改正が必要であることについては、認識の一致をみていた。

物流に係る新法の制定に賛成する立場からは、旧態依然とした法制度から物流の合理化、効率化という時代の要請にかなう規制の緩和を求める意見が、また反対の立場からは規制の緩和による事業（業界）の混乱、さらには市場競争の活発化による運賃値下げ競争ひいては事業者のコストダウンの必要から労働条件の悪化、事故の多発を懸念する意見が出されていた。

図表7－5　物流二法の新旧関係対照

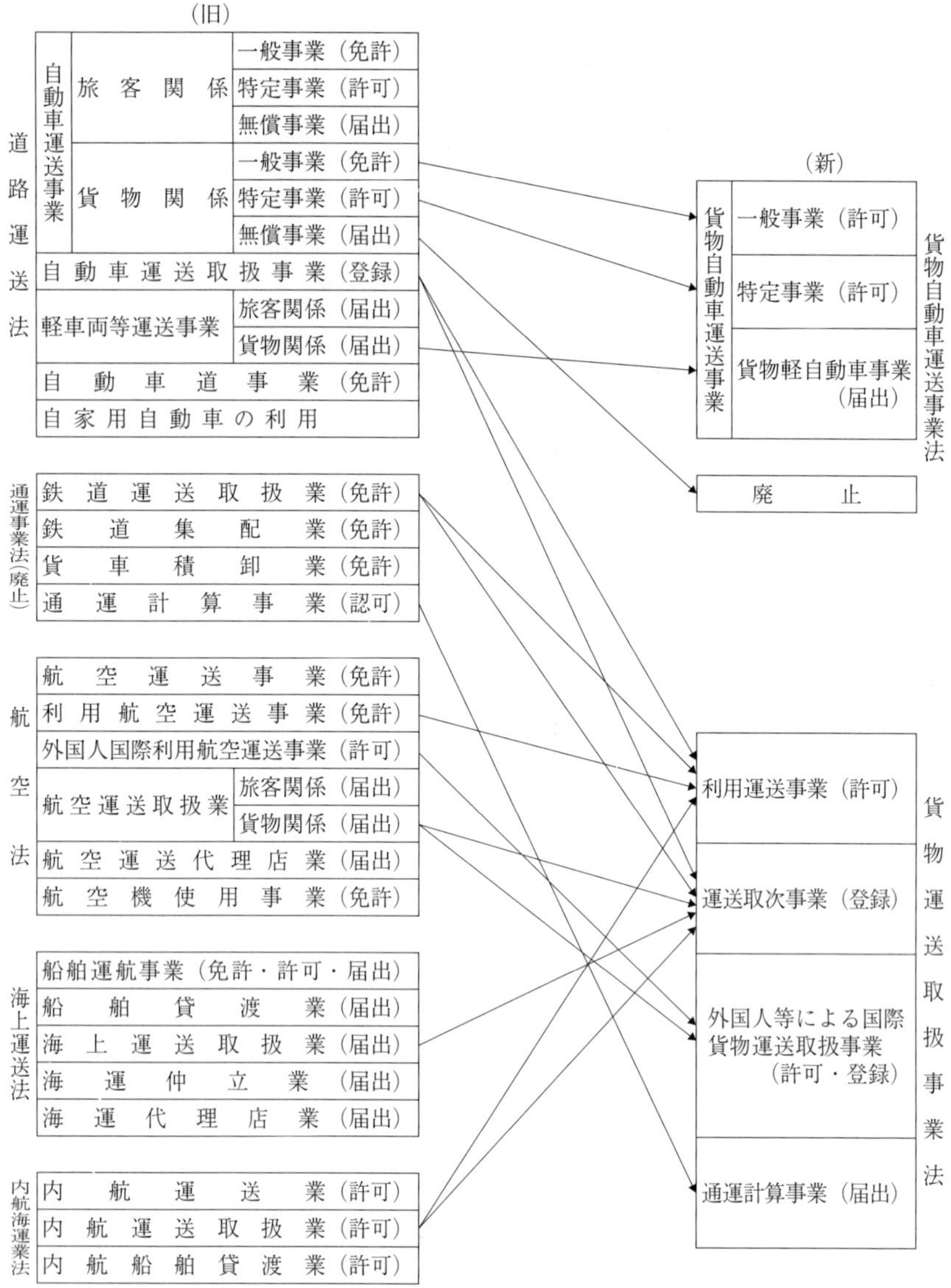
(旧)
道路運送法
自動車運送事業
旅客関係
一般事業（免許）
特定事業（許可）
無償事業（届出）
貨物関係
一般事業（免許）
特定事業（許可）
無償事業（届出）
自動車運送取扱事業（登録）
軽車両等運送事業
旅客関係（届出）
貨物関係（届出）
自動車道事業（免許）
自家用自動車の利用
通運事業法（廃止）
鉄道運送取扱業（免許）
鉄道集配業（免許）
貨車積卸業（免許）
通運計算事業（認可）
航空法
航空運送事業（免許）
利用航空運送事業（免許）
外国人国際利用航空運送事業（許可）
航空運送取扱業
旅客関係（届出）
貨物関係（届出）
航空運送代理店業（届出）
航空機使用事業（免許）
海上運送法
船舶運航事業（免許・許可・届出）
船舶貸渡業（届出）
海上運送取扱業（届出）
海運仲立業（届出）
海運代理店業（届出）
内航海運業法
内航運送業（許可）
内航運送取扱業（許可）
内航船舶貸渡業（許可）
(新)
貨物自動車運送事業
一般事業（許可）
特定事業（許可）
貨物軽自動車事業（届出）
貨物自動車運送事業法
廃止
利用運送事業（許可）
運送取次事業（登録）
外国人等による国際貨物運送取扱事業（許可・登録）
通運計算事業（届出）
貨物運送取扱事業法

（出所）運輸省作成資料。

こうした論議を背景に制定された新法（貨物自動車運送事業法）は、すでに見たように米国のディレギュレーションとは基本的な内容、性格を異にする、わが国流の規制緩和法であるといえる。すなわち、経済的規制については「現状追認型」規制緩和であった。所管官庁である運輸省の表現を借りれば、同法は規制緩和ではなく「規制の見直し」であり「規制の弾力化、柔軟化」ということになる。

また、社会的規制についても運行管理者制度の充実、民間団体による適正化事業の実施等がその中核となっていたが、労働条件や安全については他省庁の管轄に係る部分が多く、運輸省独自の政策的視点を全面に押し出すことは困難な状況であった。こうしたことから規制緩和を推し進める立場の論者からは、物流二法とりわけ貨物自動車運送事業法は「果たして規制緩和法と呼べるのか？」という疑義も出されていた。

平成の時代の幕開けとともに開始された、わが国運輸事業とりわけ貨物自動車運送事業の規制緩和をめぐる政策は、その後社会、経済の趨勢に翻弄されつつ変質と混迷の過程をたどることとなる。わが国社会全般の規制緩和論の中から産み落とされた貨物自動車運送事業法は、時代の要請に応える形でわが国物流の効率化に資するための基本的な法律と期待されて施行のときを迎え、混沌の大海へ船出することとなった。

註

（1）拙稿「物流二法の制定経緯とその意義」『運輸と経済』第五一巻第二号（一九九一年二月）四二～四九頁も参照されたい。

（2）平成元年一一月一五日　衆議院運輸委員会議事録参照。なお、同年一一月三〇日には参議院運輸委員会においても、ほぼ同様の法案の趣旨及び概要の説明が行われた。

（3）衆議院運輸委員会尾形智矩委員の質問に対し江藤大臣は「日米経済構造協議におきましては、例えば良質な新規参入を規制が厳しく受け入れないために運賃が割高になったり、ありは物流が順調にいかなかったりして、今後の輸入拡大というものに対して阻害要因になるのではないか。これらのことが指摘されたわけであります」と答弁している（平成元年一一月一七日衆議院運輸委員会議事録三―四頁参照）。なお、より具体的には寺崎昭久委員の質問に対する寺嶋政府委員（運輸省貨物流通局長（当時））の答弁も参照されたい（平成元年一二月五日　参議院運輸委員会議事録三〇頁）。

（4）田渕勲二委員の質問に対する江藤大臣の答弁（平成元年一二月五日　参議院運輸委員会議事録参照）。

(5) 新盛辰雄委員の質問に対する寺嶋潔政府委員の答弁（平成元年一一月一七日　衆議院運輸委員会議事録四頁参照）。
(6) わが国と欧米の規制緩和政策の性格の比較については、前掲拙稿「物流二法の制定経緯と意義」四七頁以下を参照されたい。
(7) なお、特別積合せ貨物運送の申請については、特に必要となる事項について追加的な基準が定められた（法案第六条四項）。
(8) 田渕委員の質問に対する寺嶋政府委員の答弁（平成元年一二月五日　参議院運輸委員会議事録一二頁参照）。
(9) 同右。
(10) 緒方克陽委員の質問に対する土坂泰敏（運輸省貨物流通局審議官　当時）政府説明員の答弁（平成元年一一月一七日　衆議院運輸委員会議事録一一―一二頁参照）。
(11) 緒方委員の質問に対する寺嶋政府委員の答弁（平成元年一一月一七日　衆議院運輸委員会議事録一二頁参照）。
(12) 西中清委員の質問に対する寺嶋政府委員の答弁（平成元年一一月一七日　衆議院運輸委員会議事録一四頁参照）。
(13) 同右。なお「特別積合せ貨物運送を行う場合には上乗せ基準が設定されている（法案第六条第四号）が、これは貨物の紛失、滅失等の防止の観点から、事業場の積みおろし施設の能力、貨物の追跡等の方法について審査する」とされる（平成元年一一月一七日　衆議院運輸委員会議事録一四―一五頁参照）。
(14) 同右（平成元年一一月一七日　衆議院運輸委員会議事録一五頁参照）。また、土坂政府説明員も「基準そのものが旧法と新法で遂行能力の点に関して大きく違うということではございません。基本的には同じものでございます」と度々答弁している（平成元年一二月五日　参議院運輸委員会議事録三一頁参照）。
(15) 同右。
(16) 同右（平成元年一一月一七日　衆議院運輸委員会議事録一六頁参照）。
(17) 緒方委員の質問に対する寺嶋政府委員の答弁（平成元年一一月一七日　衆議院運輸委員会議事録一一頁参照）。
(18) 秋田哲也参考人（全日本運輸産業労働組合連合会中央執行委員長　当時）の発言参照（平成元年一一月二一日　衆議院運輸委員会議事録四頁）。
(19) 緒方委員の質問に対する寺嶋政府委員の答弁（平成元年一一月一七日　衆議院運輸委員会議事録一〇頁参照）。
(20) 田渕委員の質問に対する寺嶋政府委員の答弁（平成元年一二月五日　参議院運輸委員会議事録二頁参照）。
(21) 田渕委員の質問に対する寺嶋政府委員の答弁（平成元年一二月一二日　参議院運輸委員会議事録一三頁参照）。
(22) 小笠原貞子委員に対する寺嶋政府委員の答弁（平成元年一二月五日　参議院運輸委員会議事録参照二六頁）。

(23) 同右（平成元年一二月五日　参議院運輸委員会議事録四頁参照）。
(24) 経済企画庁総合計画局編『規制緩和の経済理論』（平成元年六月）九頁。
(25) 戸田委員の質問に対する寺嶋政府委員の答弁（平成元年一一月二八日　衆議院運輸委員会議事録一頁参照）。
(26) 西中清委員の質問に対する寺嶋政府委員の答弁（平成元年一一月一七日　衆議院運輸委員会議事録一六頁参照）。
(27) 同右。
(28) 小渕正義委員の質問に対する寺嶋政府委員の答弁（平成元年一一月一七日　衆議院運輸委員会議事録二二頁参照）。
(29) 同右。
(30) 寺嶋政府委員の説明（平成元年一一月一七日　衆議院運輸委員会議事録一頁）。
(31) 尾形委員の質問に対する寺嶋政府委員の答弁（平成元年一一月一七日　衆議院運輸委員会議事録二頁参照）。
(32) 緒方委員の質問に対する寺嶋政府委員の答弁（平成元年一一月一七日　衆議院運輸委員会議事録一〇頁参照）。
(33) 前出、秋田参考人の意見参照。
(34) 例えば、平成一二年一二月五日の参議院運輸委員会における田渕委員の発言（平成元年一二月五日　参議院運輸委員会議事録参照九－一〇頁）。
(35) 田渕委員の質問に対する寺嶋政府委員の答弁（平成元年一二月五日　参議院運輸委員会議事録一〇頁参照）。
(36) 例えば、『公正取引委員会年次報告書』（昭和六二年版）一四八～一五二頁参照。
(37) 西中委員の質問に対する寺嶋政府委員の答弁（平成元年一一月一七日　衆議院運輸委員会議事録一八頁参照）。
(38) 中路雅弘委員の質問に対する土坂政府説明員の答弁（平成元年一一月一七日　衆議院運輸委員会議事録二七頁参照）。
(39) 田渕委員の質問に対する寺嶋政府委員の答弁（平成元年一二月五日　参議院運輸委員会議事録五頁参照）。
(40) 久間章生委員による修正案提案理由の説明（平成元年一一月二八日　衆議院運輸委員会議事録一五頁参照）。
(41) 田渕委員による修正案提案理由の説明（平成元年一二月一二日　参議院運輸委員会議事録二八頁参照）。
(42) 「一般貨物自動車運送事業及び特定貨物自動車運送事業の許可及び事業計画変更認可申請等の処理について」（平成二年八月二三日　貨陸第八三号）参照。
(43) 運輸省貨物流通局陸上貨物課監修『逐条問答　貨物自動車運送事業法の運用』第一法規　平成三年三月　一〇～一一頁。
(44) 同右　三〇頁。
(45) 同右　四九頁。

(46) 同右　五一～五二頁。
(47) 平成二年一一月三〇日　貨陸第一三九号。
(48) 前掲『逐条問答　貨物自動車運送事業法の運用』一九一頁。
(49) 例えば、昭和六三年五月二八日付け『輸送経済新聞』掲載記事参照。
(50) 具体的な発動基準については、「一般貨物自動車運送事業等の運賃・料金の届出及び変更命令の処理方針について」（平成二年一一月一九日　貨陸第一〇九号）参照。
(51) 前掲『逐条問答　貨物自動車運送事業法の運用』二七五頁。
(52) 「貨物自動車運送事業輸送安全規則」平成二年七月三〇日　運輸省令第二二号。
(53) 前掲『逐条問答　貨物自動車運送事業法の運用』一一一～一一二頁。
(54) 同右　二〇七頁。
(55) 「民間団体等による貨物自動車運送の適正化に関する事業の推進について」（平成二年一一月一四日　貨陸第一〇八号）。
(56) 同右　二八〇頁。
(57) 「荷主への勧告について」（平成二年一一月一九日　貨陸第一二〇号）参照。
(58) 荷主への勧告の発動要件については「荷主への勧告について」（平成二年一一月一九日　貨陸第一二〇号）参照。
(59) 平成元年一一月一五日衆議院運輸委員会議事録参照。なお、同年一一月三〇日には参議院運輸委員会においてもほぼ同様の趣旨説明、法案概要説明が行われた。
(60) アメリカの貨物輸送のサードパーティについては、拙著『USフレイト・インダストリーズ』白桃書房　昭和六三年六月　一二九～一五九頁を参照されたい。
(61) 運輸省編『八〇年代の交通政策のあり方を探る―運輸政策審議会答申「長期展望に基づく総合的な交通政策の基本方向」』ぎょうせい　昭和五六年一一月　一三八～一三九頁。
(62) 『総合物流業に関する調査研究』㈶運輸経済研究センター　昭和六〇年三月　四～五頁。
(63) 『鉄道と自動車による協同一貫輸送の推進について―コンテナ輸送を中心として―』昭和四九年八月。
(64) 運輸省運輸政策局複合貨物流通課監修『逐条解説　貨物運送取扱事業法』第一法規　平成四年三月　一二頁。
(65) 「実運送」とは、他に委託しないで自ら使用、運航する運送機関により行う貨物の運送をいうが、本法においては船舶運航事業者、航空運送事業者、鉄道運送事業者、貨物自動車運送事業者を指すとされる（第二条第一項）。従って、例えばロープウエー、軽自動車あるいは港湾運送による運送は実運送ではなく、これらの運送を利用して運送し、又はこれらの運送に取次ぐ事業は、本法にいう貨物運送取扱事業ではないとされる。同右、一四〜一五頁参照。

(66) 同右　一一頁。

(67) 同右　一七頁。

(68) 同右　八二頁。

(69) 同右　一一七頁。

第八章　規制改革と貨物自動車運送事業法の改正

第一節　規制緩和の進展

一―一　一九九〇年代の規制緩和政策

平成（一九九〇）年代初頭のわが国経済は、バブル崩壊による不況、対外経済摩擦の深刻化等をうけ、閉塞状況に陥り、否応なしに政治、行政、経済の改革に取り組まざるを得ない事態に直面し、新たな政策課題として規制緩和問題が再度脚光を浴びることとなった。

すなわち、当時の細川内閣が平成五（一九九三）年の夏に最初の経済政策として打ち出したのが規制緩和と円高差益の還元であったが、以降、同年一〇月の行革審最終答申、行革大綱の決定（平成六年二月）と許認可等一括整理法案、行政改革委員会設置法案の国会提出をはじめとして、「世を挙げて規制緩和の大合唱」[1]の様相を呈するにいたった。

すでにみたように、規制緩和につながるわが国の一連の行政改革は、昭和五六（一九八一）年の第二臨時行政調査会（第二臨調、土光敏夫会長）から開始され、後をうけた臨時行政改革推進審議会（第二次行革審、大槻文平会長）が昭和六三（一九八八）年一二月に『公的規制の緩和等に関する答申』、また平成二（一九九〇）年四月に『最終答申』を提出したことで一定の役割を果たした。[2]その後、平成二（一九九〇）年一〇月から平成五（一九九三）年一〇月にかけて設置された臨時行政改革推進審議会（第三次行革審、鈴木永二会長）による『最終答申』（平成五年一〇月）へと進められてきた。

ところで、財政再建のための「小さな政府」を目指す行政改革の一環としてスタートした規制緩和は、一九八〇年代中盤に旧日本電信電話公社（電電公社）、旧日本国有鉄道（国鉄）、旧日本専売公社の民営化をはじめとする公益事業の規制緩和が主要なターゲットとなり、九〇年代前半には対外経済開放、経済構造改革、内需拡大等のわが国経済の直面する課題に対するマクロ経済政策の柱と位置づけられた。規制緩和政策は、当初における規制の整理、合理化から国際経済摩擦への対応、そしてわが国経済の再活性化への起爆剤としての位置づけに変化してきていた。

さらに、平成時代に入ると規制緩和が時の政権の主要な課題とされ、その内容もより総合的な施策として推進されることとなり、性格も徐々に変化をきたすことになる。そして、平成一〇（二〇〇〇）年頃からは「規制緩和」に代えて「規制改革」という用語が使われはじめるが、その契機となったのは平成五（一九九三）年のいわゆる『平岩レポート』の公表であった。

一―二　平岩レポートと規制緩和推進計画

(一)　平岩レポート

平成五（一九九三）年九月に細川護熙首相（当時）が私的諮問機関として設置した経済改革研究会（平岩外四座長）は、同年一一月八日に『規制緩和について（中間報告）』（以下、『平岩レポート』という。）を提出した。

『平岩レポート』が作成された背景には、過去の行革審はそれぞれの時代の財界の大立て者である土光、大槻、鈴木の各氏が主導し、審議会方式によって行政改革のプラン作りが行われたものの、「強大な官僚群を相手にして、その権力の源である公的規制にメスを入れてきたが・・・せっかくの答申は、官僚の抵抗によって実行に移されず〝絵に描いた餅〟になってしまった(3)」という認識、反省がある。これを踏まえて、総理の私的諮問機関として設置された経済改革研究会が作成した『平岩レポート』の基本的な考え方は、「公的規制は、これまで産業の発展と国民生活の安定にそれなりの寄与をしてきた。しかし、いまでは、かえって経済社会の硬直性を強め、今後の経済社会構造の変革を妨げている面が強まっている。したがって、これら公的規制は従来の経緯にとらわれず、廃止を含め抜本的に見直されるべきである」というものであり、公的規制の果たしてきた役割の終焉を宣言した。そして、「経済的規制は『原則自由』に、社会的規制は『自己責任』を原則に最小限に」を基本理念に、「聖域」を設けずに規制の緩和（廃止）を推進することを表明した。

なお、同研究会は同年一二月一六日に『経済改革について』と題して最終報告を公表したが(4)、そこで示された「改革のための五つの政策の柱」の第一に規制緩和（緩和という場合、廃止を含めた見直しをいう）が掲げられ、中間報告と同様に経済的規制の「原則自由・例外規制」と社会的規制の透明化・簡素化が強調されている。[5]

（二）規制緩和の推進計画

『平岩レポート』の後をうけて、細川内閣は平成六（一九九四）年二月に「今後における行政改革の推進方策」を閣議決定し、「行政改革委員会」の設置、「規制緩和推進計画」の策定等が行われた。このうち、「行政改革委員会」（飯田庸太郎委員長）は同年一二月一九日に設置（平成九年一二月一八日に解散）されたが、これは行政改革の実施状況の監視と、行政情報公開に係る法制度に関する調査審議を任務とする第三者機関であった。[6]また、平成七年四月には、規制緩和の実施状況を監視するため「規制緩和小委員会」が設けられた。これはこの後、「行政改革推進本部規制緩和委員会」（平成一〇年一月）、同「規制改革委員会」（改称、平成一一年四月）、「総合規制改革会議」（平成一三年四月）、「規制改革・民間開放推進会議」（平成一六年四月）、「規制改革会議」（平成一九年一月）と続く規制緩和・改革に関する監視・審議組織の先駆けとなったものである。

平成七年三月には、村山富市内閣において「規制緩和推進計画（三ヶ年計画）」（以下、「旧計画[7]」という。）が閣議決定されたが、これは規制緩和の総合的な実施計画といえるものであった。同計画は、わが国の経済社会を「国際的に開かれた」、「自己責任原則と市場原理に立つ自由な経済社会」とすることを基本とし、国民負担の軽減や行政事務簡素化等の観点から規制緩和等を計画的に進めるものとしている。そして、経済的規制については「原則自由・例外規制」、社会的規制については「本来の政策目的に沿った必要最小限度のもの」とするとした。また、具体的な規制緩和措置と実施予定年度が明記され、以後の規制緩和・改革の三ヶ年計画の原型となった。

行政改革委員会の最初の答申は、平成七（一九九五）年一二月一四日に「規制緩和の推進に関する意見（第一次）―光り輝く国を目指して―[8]」と題して公表された。これは上記したように、規制緩和の実施状況を監視する目的で同年四月に設置された規制緩和小委員会の検討結果（「光り輝く国をめざして―平成七年度規制緩和推進計画の改定に向けて―」）をもとに行政改革委員会が所要の修正を行った後に村山総理大臣（当時）に提出されたものである。[9]

この意見は、まず「総論」として規制緩和に関する基本認識等を示したのち、「各論」では運輸を含む一二の分野について多くの規制緩和方策が示された。運輸分野については、車検制度の見直し、内航海運業の船腹調整制度及び運賃協定の見直し、旅客鉄道運賃の価格設定の見直しとともに、貨物自動車運送事業の参入・価格規制の見直しが俎上にあげられた。

この中で貨物自動車運送事業については、平成二年の貨物自動車運送事業法の施行により規制緩和が行われ「新規参入者の増加、営業用車両の交通事故の減少等市場の活性化と輸送の安全の向上が進んでいる(10)」としながらも、「貨物自動車輸送に対する輸送ニーズの高度化・多様化等に弾力的に対応するとともに、市場の一層の活性化、事業者負担の軽減等を図るため、参入規制、運賃・料金規制等についてさらなる緩和を進め(11)」ることを継続すべきとしている。具体的には、(ア)営業区域規制については、引き続き拡大を推進すべき、(イ)最低車両台数規制については、将来的に全国一律五台となるよう、スケジュールを明確化して段階的に引き下げていくべき、(ウ)運賃・料金規制については、市場原理に基づく運賃の設定を促進するため、将来的に事後届出制その他のより自由な運賃・料金規制にする方向で検討すべき、(エ)分割不可能な重量物を輸送する基準緩和車両に関する規制緩和等、トラック輸送の効率化に資する規制緩和について、安全性の確保も十分考慮しながら検討すべき、としている。

次いで、平成一〇（一九九八）年には新たな「規制緩和推進三か年計画」（以下、「新計画」という）がまとめられた。ここでも旧計画と基本的には同じ理念、すなわち「引き続き規制緩和とそれを通じたシステム改革により我が国経済社会の抜本的な構造改革を図り、国際的に開かれ、自己責任原則と市場原理に立つ自由かつ公正で民間活力が最大限に発揮される創造的な経済社会へと変革し、行政の在り方をいわゆる事前規制型から事後チェック（事後監視）型に変換していく(12)」としている。

新計画では、事前規制型から事後チェック型の行政への転換を表明しており、そのために①経済的規制は原則自由、社会的規制は必要最小限との原則のもと、規制の撤廃、またはより緩やかな規制への移行、②検査の民間移行等規制方式の合理化、③規制内容の明確化、簡素化、④規制の国際整合化、⑤規制関連手続の迅速化、⑥規制制定手続の透明化、を重視するとの観点から、規制緩和等を計画的に推進するとしている(13)。

第二節　規制改革と競争政策

二―一　規制改革の時代へ

平成一〇年代になると「規制緩和」に代えて「規制改革」という用語が一般的に使われ始める。例えば、平成一一（一九九九）年四月には前出の「規制緩和委員会」が「規制改革委員会」と改称されたが、その意味するところは「従来の規制緩和推進にとどまらず、新規参入や競争を促進する制度・ルールの整備なども含んだ規制制度の再構築としての意味合いを持つものに内容が拡がった」[14]と理解できよう。規制改革は、規制の緩和、撤廃を包含しつつ事後チェック型規制への転換、さらには競争政策の積極的展開に、その本質があるといえる。

平成一三（二〇〇一）年三月には、森喜朗内閣のもとで新たに規制改革を全面に出した「規制改革推進三ヶ年計画」が閣議決定された。この計画は、従来の公的規制を超えてＩＴ、医療、福祉、雇用・労働、教育、環境等、社会全般の問題について戦略的かつ抜本的な改革を企図した点に特色があり、規制改革の重点的な対象分野が経済分野から大きな広がりを見せている。

さらに、こうした改革を一層進展させたのが、「聖域なき構造改革」をスローガンに掲げた小泉純一郎内閣の登場（平成一三年四月）であった。先の閣議決定をもとに、平成一五（二〇〇三）年までに新規参入の自由化、行政手続きの簡素化、資格免許制度の合理化等、計二二二件の規制緩和措置がとられる等、いわゆる「小泉改革」により規制改革が加速した。

二―二　競争政策からの提言

（一）　公取委規制研レポート

公正取引委員会は昭和五四（一九七九）年九月のＯＥＣＤ理事会勧告を契機に、政府規制と独占禁止法適用除外について競争政策導入の視点から見直しを表明、事業規制の見直しに積極的な役割を果たしてきた。同委員会の規制緩和問題に対する見解は、その後たびたび公表されているが、もっとも基本的な見解の表明は昭和六三（一九八八）年七月から開始された「政府規制等と競争政策に関する研究会」（鶴田俊正座長、以下「公取委規制研」という）における検討であり、その成果は『政府規制の緩和と競争政策』と題して平成元（一九八九）年一二月に公表された。

同報告書によれば、民間の経済活動である事業への参入、価格決定等の事業活動への規制は「本来、自由を原則とすべきであって、例外的に規制が必要な場合においても、事業者間の競争を制限する効果が最小限になるよう、あるいは可能な限り競争が機能する余地を残すようにする[15]」ために、「現行の規制の在り方を見直し、自由な競争を通じた事業者活力の活用により我が国経済を活性化させ、より豊かな国民生活の実現を図るべき[16]」としている。

さらに、公取委規制研は平成三（一九九一）年九月に『独占禁止法適用除外制度の現状と改善の方向』と題した報告書を公表し、適用除外制度[17]の見直しの推進を表明した。すなわち、独占禁止法の適用を例外的に除外する「適用除外制度は、自由経済体制の下ではあくまでも例外的な制度であり、必要最小限にとどめるとともに経済情勢の変化に対応して常にその在り方を見直すことが必要である[18]」とする。同報告書は、適用除外制度の問題点として、(ア)消費者利益の侵害、(イ)事業者と産業の活力の阻害、(ウ)事業者間の競争制限的行為の拡大と波及、(エ)適用除外制度の政策手段としての限界、の四点を掲げ[19]、カルテル等の適用除外制度（「政策手段としての有効性・適切さに疑問があると考えられる適用除外カルテル」及び「政府規制分野における適用除外制度」）と再販売価格維持行為の適用除外制度の見直しを提言した[20]。

独占禁止法の適用除外制度には、①独占禁止法自体に基づく適用除外制度（不況カルテル、合理化カルテル等）、②適用除外法に基づく適用除外制度（一定の団体などを独占禁止法の適用除外とするもの等）、③個別の法律に基づく適用除外制度、があった。平成九（一九九七）年六月に政府は、従来の「独占禁止法適用除外制度見直しに係る関係省庁等連絡会議」において、その検討対象をすでに先行していた個別法に基づく適用除外制度に加え、適用除外法に基づく適用除外制度及びそれに関連する独占禁止法第二四条（当時）に基づく適用除外制度を含めることを決め、検討を開始した[21]。

ところで、前出の『平沼レポート』が公表された平成五（一九九三）年頃に、公取委の規制緩和に関する姿勢が大きく変化する。すなわち、この時期までは規制の「見直し」による規制制度の問題点の改善の方向性を体系的に指摘したものが中心であったが、この後は制度そのものの改廃を含めた規制制度の抜本的改正、規制の改革が全面に押し出されてくる。

こうした姿勢が明確になるのは、公取委規制研が平成五年一二月に『競争政策の観点からの政府規制の問題点と見直しの方向』と題する報告書の公表であった。これは政府の平成五年九月の緊急経済対策において、重要な項目の一つとして規制緩和の推進が取り上げられたのを契機に、「規制撤廃を含めた規制の見直しの機運が高まってきている(22)」との認識のもと、平成元年に公表した報告書の再検討を行い、以下のような「政府規制見直しのための基本的な考え方(23)」を打ち出した。

すなわち、政府規制の見直しを行う際には、その規制の政策的効果が競争によってもたらされる利益よりも優先されると判断される場合でない限り、その規制の存続を認めるべきではない、また例外的に規制が必要な場合においても、可能な限り競争が行われ、市場メカニズムが働く余地を残すようにすることによって、経済の活力及び消費者の利益を確保すべきである、とした。そして、参入規制については需給調整要件の原則、撤廃すべき、価格規制についても原則撤廃すべきである、とした。

(二) 物流規制緩和への提言

物流分野に対する規制の見直しに関する公取委規制研の基本的な考え方は、平成六年八月に示された。すなわち「物流分野における需給調整的参入規制、細分化された事業分野ごとの参入規制、価格規制、これらに係る独占禁止法適用除外制度、許認可に際しての事業者団体の関与等の問題点と見直しの方向性を示すとともに、独占禁止法の厳格な運用の必要性の指摘(24)」が行われた。この背景には、「我が国の物流産業は、規制とその下での慣行によって効率化が妨げられ、高コスト・低サービスとなっており、他の産業の空洞化の一因となったり、外国からの市場アクセスの障害になっていると指摘されてきている。物流産業の効率化を図るためには、特に、新規参入を抑制し、既存事業者を保護する結果となっている需給調整規制を撤廃していくことがもとめられる(25)」という公取委の考え方がある。

そして、貨物自動車運送事業に対しては「物流二法によるトラック事業の改革についても、単に実態を追認したものにすぎないとの評価もあり、引き続き、規制緩和要望が出されており、営業区域規制、最低保有台数規制等が徐々に緩和されてきている」[26]として、一層の規制の緩和を強く求める意見の表明が行われた。

このような公正取引委員会の規制緩和に対する考え方は、前記した行政改革委員会の考え方と軌を一にするものといえる。

さらに、公取委規制研は平成一三（二〇〇一）年一月には「公益事業分野における規制緩和と競争政策」と題する報告書を公表したが、これは平成九年から平成一二年にかけて、国内定期旅客運送（航空）、電気事業・ガス事業、電気通信、郵便事業について出された報告書の集大成といえるものである。

また、平成一四年六月には「電気事業分野における競争促進のための環境整備」、同年一一月には「電気通信分野の制度改革及び競争施策の在り方」等の報告が次々と出され、その結果、平成一五年度には、電気通信事業法、電気事業法、ガス事業法等の大幅な改正が行われ、事業法への競争促進が進展した。[27]

第三節　貨物自動車運送事業法の運用と影響

三―一　経済、社会状況の変化と物流業

貨物自動車運送事業法がもたらしたさまざまな影響、効果について簡単に検討しておきたい。ここでは九〇年代の物流、貨物自動車運送事業を取り巻く社会、経済の状況についての確認からはじめたい。

周知のように、平成時代当初においては昭和時代の末期から続くバブル景気（昭和六一年一二月から平成三年二月の五一ヶ月間）の影響を受けて、内需拡大に伴う貨物輸送量が拡大、増加した。これに伴って、貨物自動車運送事業では運賃の単価水準が大幅に上昇するとともに、需要も引き続き大幅な増加を示したため、営業収入・売上高は引き続き好

調となり、その結果事業者の経営損益をみると黒字であるとする企業が九一%を占め、良好な収支状況となっていた。[28]

こうした旺盛な市場の輸送需要に支えられた貨物自動車運送事業者の中には、市場での取引において利用者（荷主）より優位な立場に立つケースも見られた。バブル景気の最盛期には、一時的に運転者不足が生じ車両（トラック）を動かすことができないといった状況、すなわち輸送の需要と供給の逆転現象も散見された。従って、この時期における最大の課題は物流サービスの安定的、継続的な供給、具体的には物流事業への労働力の安定的な確保にあった。

ちなみに、平成二（一九九〇）年一二月に公表された運輸政策審議会答申『物流業における労働力問題への対応策について―二一世紀に向けての物流戦略―』[29]では、物流業をめぐっては、道路混雑の激化、地球温暖化問題、環境問題の深刻化等の制約要因が急速に顕在化している、としながらも、特に物流業の労働集約的性格を考えれば、労働力不足問題が最も深刻であり、このまま放置すれば労働力不足がネックとなって円滑な輸送サービスの提供に支障を生ずる恐れが強まっている[30]、としている。この時期においては、わが国産業全体に労働力不足による供給の制約、賃金の上昇が大きな課題であったが、二一世紀を見据える運輸政策の基本的なあり方を提言した運政審答申でも、そのほとんどすべてを労働力不足問題に費やし、規制緩和後の市場の激変等を念頭においた記述は見当たらない。例えば、この後大きな問題となる物流の「効率化」問題も、「労働力不足に対応した物流効率化のための方策」という位置づけであった。[31]

また、物流の需要サイドからの意見においても、社会システムとしての物流の構築（物流システム化）に高い関心が寄せられ、具体的には「物流効率化対策」を総合的に推進すべき、とする主張が打ち出されたが、そこには事業規制に関する記述はなされていない。[32]

おそらくこの時点では、関係行政機関の内部に貨物自動車運送事業をはじめとする運輸事業の規制緩和は一段落したとの認識が広まっていたものと推測できる。

しかし、バブル景気は平成三年二月に崩壊、その後の日本経済は「失われた一〇年」とも呼ばれる、長く厳しい経済の苦難（いわゆる「平成不況」）に突入する。この結果、バブル期の旺盛な内需拡大による貨物輸送量の増加傾向は一転、平成四年度以降は前年割れの輸送量の減少が続くこととなる（図表8―1参照）。さらには、この時期にはわが国

図表８－１　貨物自動車運送事業の推移（平成２年～平成14年度）

	平成２年度	平成５年度	平成10年度	平成11年度	平成12年度	平成13年度	平成14年度
事業者数（者）	40,072 (100)	43,450 (108)	52,119 (130)	54,019 (135)	55,427 (138)	56,871 (143)	58,146 (145)
従業員数（千人）	1,144 (100)	1,176 (103)	1,195 (104)	1,190 (104)	1,156 (101)	1,173 (103)	1,160 (101)
車両台数（千台）	883 (100)	975 (110)	1,088 (123)	1,091 (124)	1,105 (125)	1,102 (125)	1,095 (124)
営業収入（十億円）	104,214 (100)	121,586 (105)	117,728 (113)	113,484 (109)	113,332 (109)	110,754 (107)	114,818 (111)
トンキロ（億トンキロ）	1,942 (100)	2,049 (105)	2,356 (121)	2,456 (126)	2,556 (131)	2,598 (134)	2,618 (135)
営業収入／トンキロ	100	111	93	86	83	79	82

※車両台数には、特種（殊）用途車は含まれない。
※（　）内の数字は平成２年度を100としたときの指数。
※営業収入／トンキロの数値は平成２年度を100とした場合の指標の推移。
（資料）国土交通省情報管理部『陸運統計要覧』他。

の対米貿易黒字の増大を背景に日米間の経済摩擦が深刻化し、わが国市場の対外開放要請が強まるなど、わが国経済社会の転換期に差し掛かっていた。

九〇年代後半以降の物流分野においては、荷主の物流サービスの高度化、低コスト化、効率化等の厳しい要請に、いかに応えるかという重い課題が突きつけられていた。サードパーティ・ロジスティクス（３ＰＬ）はその回答の一つでもあったが、革新的なサービスを提供できる物流事業者の数は限定的であり、事業の大部分を占める中小零細事業者は荷主に隷属的な立場あるいは大手貨物自動車運送事業者（運送取扱事業者）の下請としての役割を果たすことになった。九〇年代後半になると、こうした傾向が一層強まり市場競争の激化を背景に徐々に貨物自動車運送事業者間の較差が顕著になってきた。

以上のような時代背景のもとに、平成五（一九九三）年に『平岩レポート』が出され、規制の撤廃を含めた公的規制の緩和問題が新しいステージを迎えたこと、前記のとおりである。

三－二　貨物自動車運送事業法の影響

わが国の運輸事業規制緩和法である貨物自動車運送事業法は、欧米の政策とは異なり従来の事業規制の見直し、現状追認を前提にした競争の促進、事業の活性化、別言すれば事業の実態に急激な変化を及ぼさない「秩序ある規制緩和」であった。道路運送法の下で実質的に規制の緩和状態にあった市場の実態に合わせて、規制政策を変更するというのがその主旨であったので、「実際、新法が施行された平成二年度は新規参入が前年度より減少し、新法施行後の一年余りは、運輸省の意図が的中したかのように混乱は見受けられない[33]」との評価、実態[34]があった。

しかし、平成三年度には新規参入が急増、その後も参入の増加傾向は継続し、平成二年度に約四万者であった事業者数は、平成一二（二〇〇〇）年度には五万五千者を超えている（巻末【参考資料I】参照）。法案審議過程で示された「新法移行後も飛躍的な新規参入の増加・・・は想定しておりません[35]」という見解とは大きく異なる現実が出現したことになる。

この背景には、規制官庁である運輸省が『平岩レポート』以降の政府全体での規制緩和策に応じたこと、また旺盛な事業への参入希望者の存在もあって一層の緩和化を図ったこと、さらに、平成五年に「行政手続法[36]」が制定されたことにより、許認可等の行政庁による処分、行政指導及び各種届出の処理の迅速化、明確化等も影響を与えているものと考えられる。いずれにしても、貨物自動車運送事業法制定時の理念は大きく変容し、一段の規制緩和の進展が図られた。

こうした行政のさらなる規制政策の質的変更の背景には、規制緩和により事業展開の自由を経験した事業者及び事業者団体による一層の緩和化の要請もあった。例えば、車庫規制の緩和、営業区域の拡大、運賃・料金規制の緩和化などは、事業者及び事業者団体の強い要望を受けての行政の措置という一面もあったことを指摘しておきたい。

なお、貨物自動車運送事業分野においては騒音、交通渋滞とともに、大気汚染源としての車両の排出ガス規制が行われて来ていたが、平成九年には京都において地球温暖化防止会議において京都議定書が採択され厳しい削減目標が設定されたのに応じて、運輸部門とりわけ貨物自動車運送事業分野での厳しい環境規制が今日まで実施されてきている。

（一）事業への参入と事業展開の容易化

わが国貨物自動車運送事業者の総数は、昭和四五（一九七〇）年度に約二万五〇〇〇者、昭和五五（一九八〇）年度に約三万五〇〇〇者、昭和六〇（一九八五）年度に約三万六六〇〇者と継続的に増加してきていた。貨物自動車運送事業法が成立した平成元年度は三万九五五五者、施行された平成二年度は四万七二者であったが、一〇年後の平成一一年度には五万四〇一九者と急激に増加した（巻末【参考資料Ⅰ】参照）。

しかし、平成二年から平成一一年までのトラックの保有台数はほぼ横ばい、貨物取扱量は減少、個々の事業者の収入も減少傾向にあった。すなわち、貨物輸送量の減少が継続、総保有車両数は横ばいという傾向の中で、零細、小規模事業者数が急増、その結果として市場競争の一層の激化というのが、貨物自動車運送事業法の一〇年を経過した姿であった。

なお、事業者のほとんどがいわゆる中小企業[37]であり、零細規模[38]の企業が圧倒的に多く（平成一一年度で、保有車両数一〇両以下が四五・六％、従業員一〇名以下が三八・三％、資本金一億円超が一・〇％）、また同産業で働く労働者の労働条件は労働時間、平均賃金等いずれも他産業に比べて劣っていた[39]ことを確認しておく必要がある。

すでに見たように、平成三年頃以降は国内貨物輸送量が停滞し、トラック運賃の水準はほとんど変化がなく、また運送効率も低下傾向にあった。従って、総市場規模は拡大しておらず、そこでの付加価値は小さくなっており、一般的に考えれば事業参入への意欲は減少するはずであるし、退出数も増加傾向を見せると考えられる。しかし、貨物自動車運送事業の事業者数は増加を続けている。その理由の一つは、前述の通り既存事業者からの分化、あるいは内部の関係者の拡散にあり、他産業分野からの新規参入は必ずしも多くなかったということにある。このことは、事業者数の増加に対して保有車両数の増加の割合が少ないことからも、類推できよう。

この時期、参入の容易化にもっとも大きな影響を与えたものの一つは、自動車の保管場所すなわち「車庫」に関する規制であろう。車庫については、昭和三七年の「自動車の保管場所の確保等に関する法律[40]」により、自動車の保有者は「道路上の場所以外の場所において、当該自動車の保管場所を確保しなければならない」（同法第三条）とされていた。また車庫は、「原則として営業所に併設されるもの[41]」であること、さらに「車両のうち最大のものを収容できる広さを有する自動車点検等のための有がい施設」（「有蓋車庫」）を有するもの[42]とされていた。貨物自動車運送事業を開業するには、少なくとも車両の整備等を雨天でも行えるための屋根を有した一台分の車庫スペースが必要とされていた。

しかし、この車庫規制はバブル期の都市内、近郊の事業者にとっては地価高騰により車庫用地の確保が大きな財政的負担となっており、事業展開への大きな障壁となっていた。そこで運輸省は、既存及び参入希望事業者の要請に応える形でこれらの規制を通達等により緩和化を実施した。このうち有蓋車庫については、平成五年一二月の通達[43]により、事業者の負担軽減、参入の容易化の目的で有蓋車庫に係る規制を廃止した。

また、車庫については原則として営業所に併設されるものとされていたものが、平成七年六月には「併設できない場合は、営業所からの距離が概ね五キロメートル以内[44]」とされ、以後車庫の遠隔地化が進められていく。

車庫規制の変化を例に挙げたが、運輸省は平成五年以降に貨物自動車運送事業法により規定された許可基準（法第六条）を実質的に変更するような通達等を順次発出し、制度的な裏付けとしたのであった。別言すれば、「禁止の解除」である許可制にもかかわらず、運用上は形式的に要件をチェック（審査）するものの、事業遂行能力等について積極的には審査しない、実質上の登録制になってしまったといえよう。ここにおいて、「秩序ある規制緩和」は崩壊し、貨物自動車運送事業法の法案審議における議論の内容と大きく状況を異にする、参入の自由化に近い状況が現出する。

事業法改正によらない、すなわち法律事項ではないことを理由とする通達等による規制の緩和は、平成五年頃からはじまりその後継続する（図表8―2参照）。

実際、この期に通達等で行われた規制緩和により、事業展開が容易になり市場での競争が一層活発化したということがある。平成八年一〇月に行われた全日本トラック協会の調査によれば、調査への回答件数（六五件、複数回答あり）のうち、五五・四%が「拡大営業区域の設定により、営業区域を拡大できた」、五三・八%が「事業計画の変更により、他地域への進出が容易になった」、四四・六%が「有蓋車庫の設置が不要とされたため、営業所の増設が可能となった」、四一・五%が「積合せ輸送が可能となった」、そして二四・六%が「リース車両導入の拡大により、車両の効率的運用が可能となった[45]」と回答している。

営業区域の拡大、有蓋車庫廃止、リース車両の利用拡大等通達による規制緩和は、事業者の事業活動の活発化に大いに貢献したと評価できよう。ビジネス拡大マインドにあふれ、創意工夫により新ビジネスを展開した貨物自動車運送事業者が、市場の活性化と物流サービスの向上をもたらしたといえる。

しかしながら、平成二年以降のトラック運賃はほぼ横ばい、または低下傾向にあり、貨物自動車運送事業全体として

図表８－２　貨物自動車運送事業関係施策・規制等の推移（平成５年～平成13年　主要なもののみ）

平5.11	トラック車両の総重量の緩和（単車20トン→25トン、トレーラ20トン→28トン）
5.12	有蓋車庫に係る規制の廃止
6.2	トラック運賃・料金の届出規制の緩和（事前届出期間の短縮、原価計算書の添付を省略できる範囲を設定）
6.3	貨物自動車運送適正化事業実施機関の見直し
6.4	トラック事業に係る「裳」の取扱いの見直し（行政処分期間中でも増減車届可等）
6.5	道交法改正により過積載取締り強化（運転者及び使用者への罰則強化、他）
6.10	行政手続法の施行に伴う審査、標準処理期間の設定
6.11	拡大営業区域の新設増加等（北東北圏、南東北圏、北陸圏、四国圏、南九州圏）
7.4	事業用自動車の貸渡し許可の廃止
7.6	車庫の原則併設を緩和（営業所から概ね５キロ以内に）
8.3	自動車のリースに係る規制の緩和
8.4	最低車両台数基準の引下げと営業区域の拡大
8.4	貨物自動車運送事業に係る運賃・料金規制の弾力化
8.4	拡大営業区域の拡大（京阪神圏区域、南中国圏区域）
9.3	トラック運賃・料金届出時の原価計算書等の添付書類を省略できる範囲の拡大
9.4	トラック事業者の法令違反に対する点数制度、行政処分等の基準改正及び運行管理者資格者証の返納命令発令基準の創設
9.4	拡大営業区域の拡大（中国圏区域、九州圏区域）
9.6	貨物自動車運送事業法の独占禁止法適用除外規定（旧第16条）削除
10.4	拡大営業区域の拡大（関東圏区域、中部圏区域、近畿圏区域）
11.4	営業区域の拡大（全国を８の経済ブロック単位への拡大完了）
11.3	運賃・料金規制の緩和（原価計算書等の添付を不要とする範囲の拡大）
13.4	最低車両台数規制の緩和（全国一律５台）

（資料）国交省資料他により作成。

の収支状況は決して芳しいものではなかった。これは平成三年以降の景気低迷による貨物輸送量の減少と参入容易化による事業数の増加、それに伴う市場競争の激化によるものである。

市場競争が激しく、収益も厳しい状況にある貨物自動車運送事業への新規参入は、どのようなものであったのであろうか。

この点については、四国地区で実施された興味深い調査[46]がある。同調査は、規制緩和後十年間の影響について、四国での検証を行ったものであるが、その中で「新規参入経営者の前身」という項目では、「トラック業界（ドライバー）」が三〇・一％、自家用輸送を行っていた「建設業界」が二八・三％と、この両者で六割近くに達している。また「新規参入のキッカケ」という項目では、「荷主からの依頼」が三五・〇％、「親会社の運輸部門を分社化・独立させた（物流子会社として設立）」が二三・九％となっている。さらに、「新規参入者の創業時の苦労」という項目では、「資金調達」が三二・五％と圧倒的に多く、次いで「ドライバー確保・教育」が一九・四％となっており、本来新規参入者がもっとも困難を感ずると思われる「顧客獲得」は一六・九％となっている。

また、全日本トラック協会がほぼ同時期に行った調査[47]においても、規制緩和後「全く新たに事業を起こした」とするものは一二・九％、その他は「自家用車両により運送を行っていたが、新たに運送会社を設立した」（三四・〇％）、「本社の事業の多角化の一環として、運送会社を設立した」（一一・六％）、「既存の運送会社より分離して新会社を設立した」（七・五％）、「本社の一部としてトラック運送を行っていたが、新たに分社した」（四・八％）等と、何らかの形でそれまで運送事業に関わりのあったとするものが全体の六〇％近くとなっている。

これらの調査結果から類推できることは、少なくとも貨物自動車運送事業法による参入規制の緩和により新規参入した事業者の多くは、従前からトラック運送（営業用もしくは自家用）と何らかの関係を有し、分社化（物流子会社化）等により参入後の事業継続の保証（荷主の確保）をある程度得られた、零細な資金規模を有する事業者という姿が見えてくる。すなわち、新規参入による事業者の多くは、貨物運送に何らかのかかわりを持つ既存の事業者の一部が分化、分裂し、事業規模が小規模な事業者が増加したものといえる。産業全体の収益性が極めて低く、運送効率が低下傾向にあり、また取引条件、労働条件等の悪化など、事業を取り巻く環境が大変厳しい中でも、参入希望者が現れ新規参入数が退出を上回り事業者数が増加傾向を続けるという状況は[48]、平成二年から二〇年以上続いている。しかし、こうした新規参入の実相は、後々大きな課題となって現れてくる。

(二)　運賃・料金規制と市場競争

道路運送法においては運賃・料金について認可制（幅運賃制）が採用されていたが、実際の市場では長年にわたり、「実勢運賃」という名の認可割れ運賃が横行していたこと、繰り返し述べたとおりである。

こうした法と現実の乖離を埋めるべく、貨物自動車運送事業法においては運賃・料金が事前届出制とされた（第一一条一項）。これは、荷主との実際の運賃・料金を事前に事業者に届出させるというものであるが、その目的は新規のサービスに対する弾力的な運賃・料金の設定可能とし、また運賃改定手続の簡素化を図ることであった。一方、公正競争の確保、荷主、消費者保護の観点から不当な届出に対しては、変更命令（第一一条二項）により適正な運賃水準の維持を図ることとしている。さらに、場合によっては特定の地域において標準運賃及び標準料金の設定（第六三条）を行うこととし、運賃規制の緩和による運賃・料金の混乱の回避を措置している。

本法施行後の運賃・料金規制は、平成六年二月に事前届出期間の短縮等の措置[49]により一層の緩和化が開始され、その後さらなる緩和化が順次実施された。

ところで、本法の下での運賃・料金規制についての大きな問題は、貨物自動車運送事業者のほとんどが規制政策の変更に伴う認可制と届出制の実質的な差異を認識、実感しなかった、という点にある。実際、道路運送法で認可されていた運賃・料金が貨物自動車運送事業法施行後に事前に届け出られたものと見なされた[50]ため、同法の規定に沿って運賃・料金の事前届出の手続を行った事業者は、極めて少数であったという。その結果、貨物自動車運送事業者の多くは自ら運賃等の変更手続を行わなかったこともあり、従前の運賃規制制度と新制度の現実的な差異を認識せず、市場の実際に任せた運賃・料金制度の継続を受け入れた。

本法第一一条は運賃及び料金は「あらかじめ、運輸大臣に届け出なければならない」とし、また同法施行規則[51]第九条三項四号は、運輸大臣が「必要がないと認めたとき」には届出書への原価計算書等の書類の添付の省略を認めている。

また新規参入の場合においても、通達[52]により「現に適用されている」運賃・料金で算定すれば可能、すなわち既存事業者が使用する運賃・料金を準用すればほぼ自動的に受理された。

新制度は、運賃・料金について、市場の実情に合わせて頻繁に変更が可能なように柔軟に対応すべく、届出制により制度と実勢の乖離を排除し、市場で不当な運賃が形成されることを阻止する目的があったが、貨物自動車運送事業法の下においても乖離現象は依然として継続されることになった。すなわち、本来自社で荷主に適用している（適用しようとしている）運賃（表）は、事前に届け出るべきものであったが、実際の届出は（事後にも）行われず旧道路運送法のもとでの最後の認可運賃（表）が形式的な届出運賃となっていたため、ここでも被規制運賃である届出運賃と市場における実勢運賃の乖離[53]という奇妙な現象が生起することになった。

この結果、道路運送法時代の問題は新法下においても何ら解決されないまま時を重ねることになり、ついには実質的に運賃・料金規制の廃止、自由化へ歩みを進めることとなる。

参入の容易化による事業者数の増加に伴う激しい市場競争を前提に、利用者の利便、物流サービスの向上を図ろうとする制度の下で、価格（運賃・料金）を人為的にコントロール（規制）することはできるものではない。市場競争の基盤の整備、競争の公正さの監視、不当な競争の取締りにより、市場での事業者間の競争の公正、自由を維持、確保することが規制緩和下での運賃・料金に対する規制（行政）の役割といえる。

なお、貨物自動車運送事業法の施行後の二〇年間において、運賃変更命令（法第一一条二項）の発動、標準運賃・標準料金の設定（第六三条）は一度も実施されていない。

(三)　社会的規制の強化・・・貨物自動車運送適正化事業

貨物自動車運送事業法の制定にあたってのキャッチフレーズは、「経済的規制の緩和、社会的規制の強化」であった。本法においては、輸送の安全を図るために過労運転や過積載に係る禁止規定（第一七条一項、二項）や運行管理者制度の強化（第一八条及び第一九条）を規定したが、社会的規制の強化の中核として創設されたのが「貨物自動車運送適正化事業」であった。

すなわち、貨物自動車運送事業法は参入の容易化を図る一方で、参入後に安全等の事後チェックを行うこととしているが、行政の負担軽減の要請の中でこれを行うのは困難が予想された。そこで本法は、第三章（第三八条～第四五条）に「民間団体等による貨物自動車運送の適正化に関する事業の推進」を置いて、所期の目的を達成する手法を採用した。これは民間団体等による「自主的な活動を運輸大臣の指導監督の下で確実かつ効率的に実施していくことにより、貨物自動車運送に関する秩序の確立を強化すること」(54)が目的とされたものであるが、こうした行政（規制）権限を有しない民間団体の自主的な取組の活用は他国に例をみないものである。

そして、同事業を実施するため「地方貨物自動車運送適正化事業実施機関」（以下、「地方実施機関」という。）を設置し、輸送の安全阻害行為、非許可事業者の行為の防止、荷主からの苦情処理、行政の本法の施行のための措置への協力等を行うこととしている（第三九条）。また、地方適正化事業の基本的な指針、連絡調整及び指導、指導員の研修等を行うため「全国貨物自動車運送適正化事業実施機関」（以下、「全国実施機関」という。）を設置した（第四四条）。なお、地方実施機関については各都道府県トラック協会(55)が、また全国については㈳全日本トラック協会が指定された(56)。さらに、適正化事業の円滑な実施を図るため全国実施機関の基本的な指針の策定等の事業活動の徹底を図るため、運輸省（国交省）職員、事業者の代表、労働団体の代表及び学識経験者で構成される「貨物自動車運送適正化事業対策協議会(57)」が設置され、定期的に協議等が実施されている。

各適正化実施機関は、専任及び非常勤の「適正化事業指導員」を配置し、貨物自動車運送事業者の事業所への巡回指導を実施、具体的な指導項目を定めて事後チェック体制を補強している(58)。

適正化事業は運送に関する秩序の確立が眼目とされたが、ここでいう「秩序」は従来のような認可運賃の遵守を目的とするものではなく、公正な競争秩序の確立、輸送の安全に関する法令の遵守が主な内容とされた。例えば、平成一三年七月に行われた調査(59)によれば、回答者（二六七八件）の六二・八％が「全車両とも過積載はしていない」とするものの、「五〇％以下の車両が過積載」（一七・五％）、「五〇％以上の車両が過積載」（一・五％）、「ほとんどの車両が過積載」（三・三％）と、事故に直接的に結びつくなんらかの過積載が全車両の二割以上に達するという現実がある。

この他、安全、労働条件、環境規制等に係る事業者の取組は多くの課題を抱えながら推移してきており、改善に向けての適正化事業の役割、期待は増進しつつある。

なお、後述するように平成一五年四月以降は適正化事業の業務を基礎に「安全性優良事業者認定制度（通称「Gマーク制度」）」が創設され、安全性の向上にむけていっそうの取組が行われている。

(四) 調査結果にみる影響

貨物自動車運送事業法もしくは規制緩和の影響に関する調査、研究は多数行われているが、ここでは前出の全日本トラック協会『トラック運送事業の規制緩和に関する影響調査』（平成九年三月）結果から、事業者の同法の影響についての見解（意識）を紹介しておきたい。

同調査は、アンケート調査（平成八年一二月実施、有効回答六一〇件）を主体として行われたが、回答された内容を要約すると以下の通りになる。
(a)経営状況への影響
全体の経営状況は、平成二年当時と比べると営業収入および営業利益とも悪化している事業者が多くなっている。また、運転者の人件費の上昇、競合する事業者の増加、荷主に対する交渉力の低下傾向がある。
(b)事業展開上の影響
全体としては、事業展開が行いにくくなる傾向にある。ただし、営業区域の拡大、事業計画の変更等事業展開が行いやすくなったとするものもある。
(c)参入増加の影響
参入増加による競争激化により、運賃の低下を招いている。競争激化の対応策として、人件費以外のコストの削減、運賃値下げとするものが多くなっている。
(d)運賃規制緩和の影響
運賃規制緩和により、荷主との交渉が行いにくくなったとするものが多くなる傾向があり、それが運賃水準の低下という結果を招いている。

(e)大型車両導入の有無
大型車両を導入したところは、自社の判断で行ったものが多く、この効果として過積載の減少をあげるところが多い。
(f)規制緩和の必要性に対する意向
今後の一層の規制緩和について、その必要性の意向は、「わからない」(三八・四%)、「必要ない」(三一・一%)、「必要あり」(二六・九%)と分散している。このうち、「必要あり」との回答の内容は、車両の保安基準の緩和など輸送の効率化に資するもの等が多くなっている。なお、こうした回答者においても一様に安全面などの社会的規制の強化を求めている。また、規制緩和を求めるものは、車両重量規制、(運転)免許制度、市街化調整区域内での施設整備等である。
以上のように、アンケートに回答した貨物自動車運送事業者は規制緩和に対して、とりわけ参入事業者の増加による市場競争の激化を強く意識し、規制緩和に懐疑的な見解を有するものが多くなっている。

三―三　規制緩和の評価と物流政策

(一)　運輸分野の規制緩和の効果

平成時代に入ってわが国の規制緩和政策は継続、一層強化され、平成一〇年前後(一九九〇年代の終盤)には、「規制緩和」に変って「規制改革」という用語が一般化した。このような流れの中で、許認可等の公的規制については平成六(一九九四)年七月の「規制緩和推進要綱[60]」において、「新規事業の拡大、内外価格差の縮小等経済的効果を期する観点から、公的規制の抜本的見直しに重点的に取り組む」ことが宣言され、規制の廃止を含む抜本的見直しが開始された。

こうした公的規制の抜本的見直しは経済分野の各般で実施されたが、運輸分野については「需給調整機能の撤廃」という形で行われた。運輸省は平成八(一九九六)年一二月に交通、運輸の全分野で運輸行政の根幹をなしてきた需給調整規制を、目標期限を定めて原則として廃しすることを決定した。この方針にそって運輸審議会等の部会で各モード毎の審議が行われ、国内航空事業(平成一〇年四月九日)、貸切バス事業(平成一〇年六月二日)、国内旅客船事業(平成一〇年六月一一日)、旅客鉄道事業(平成一〇年六月一五日)、乗合バス・タクシー事業(平成一一年四月九日)、港湾運送事業(平成一一年六月一〇日)に答申がまとめられ、順次所要の法律の改正を行うこととされた。

九〇年代の規制緩和政策は、運輸分野のほか、情報・通信、流通、教育、法務等多くの分野で実施されたが、これらは多様で豊かな国民生活の実現、経済の活性化、国際的整合化などの実現、国民負担の軽減等の観点から取組まれたものである。これらの効果、成果については順次公表されたが、例えば『九九年版 規制緩和白書』によれば、「近年の規制緩和により消費や投資が拡大された効果(需要効果)は、九〇~九七年度の年平均で八・二兆円程度、また、規制緩和による価格低下で利用者が支出を節約できた効果(利用者メリット効果)は、同期間で六・六兆円程度[61]」としている。

規制緩和の経済効果は、需要効果とともに利用者へのメリットが求められるが、図表8―3は内閣府による利用者メリットの試算結果である。このうち、「運輸分野」をみると「国内航空」と「トラック」で顕著なメリットがあるとされた。「トラック」は平成元年(一九八九年)と比較して平成一四(二〇〇二)年には価格が二三・二%下落、需要が八・八%増加して三兆八七六三億円の利用者メリットを生み出すとしている。内閣府はこの試算における全メリットの合計を一四兆三三三八億円としているので、「トラック」だけで全体の二七%に当たる利用者メリットを生み出したことになる。

なお、他の試算結果[62]によれば運輸分野のうちタクシーではそのメリットがまったく出ていない。タクシーについては、平成九年二月にゾーン運賃制、初乗り距離短縮という緩和化が実施されたが、「不況もあろうが、同時に実施された参入規制(最低車両台数規制が大都市部において大幅に緩和された)および事業区域規制の緩和が零細な新規参入者の増加を呼び、各社とも実車率が大幅に下がって運賃引き下げのゆとりを失ってしまったこと[63]」が原因とする見方がある。また、「金融(投資信託)」分野においてもこの時点では利用者メリットはゼロとなっている。

ところで、九〇年代末になると政府の資料等の中にも、規制緩和、規制改革に対する評価にマイナス面を指摘するものが出てくる。例えば、先に挙げた『九九年版規制緩和白書』においては規制緩和の「影の部分」が指摘された。すなわち、規制緩和・規制撤廃により特に「雇用」と「公正競争」の側面からの悪影響について指摘がなされた。このうち後者については、「規制緩和後の市場の公正な競争秩序を確保する観点からは、中小事業者等に不当な不利益を与える

図表8－3　規制緩和による利用者のメリット（運輸分野）

分野			① 基準年度	② 規制改革による価格下落率 （推計）	③ 規制改革による需要量増加率 （推計）	④ 2002年度における利用者メリット （推計）
運輸	国内航空		1992	－23.0%	15.5%	2,739億円
	鉄道*	JR	1996	－2.0%	0.0%	2,390億円
		大手民鉄	1996	－16.3%	4.6%	
	タクシー*		1996	－2.0%	0.1%	52億円
	トラック*		1989	－23.2%	8.8%	38,763億円
	自動車登録検査制度*		1994	—	—	8,298億円

（注）①　分析対象とした規制改革が始まる前の年度。
②③は、基準年度と2002年度との比較。④は基準年度から2002年度までの利用者メリット増加額。
（ただし、＊の分野における価格低下率・需要量増加率は2001年度との比較。従って，2002年度における利用者メリットは見込値）
②　価格は規制改革以外にも原材料費等の変動により変化するが、ここではこれらを除く「規制改革による価格低下」を推計。
③　推計された「規制改革による価格低下」（②）によって生じる理論的な需要増加率。
④　②③を基に推計。
（出所）内閣府『80年代以降の規制改革の経済効果―利用者メリットの分析―』（平成15（2003）年12月）より抜粋。

などの不公正な取引に対して厳正・迅速に対処する[64]」ことが重要であるとしたことは、注目すべきである。

（二）　総合物流施策大綱の策定

政府は規制緩和の効果を見定めつつ、多数の省庁に関わりのある物流について総合的、網羅的な施策を構築するため、平成九年四月に「総合物流施策大綱[65]」を策定した。

本大綱については、後に詳しく触れる（第九章第三節）が、規制緩和については、物流に関するビジネスチャンスの拡大と事業者間の競争を促進し、物流コストの低減、サービス内容の多様化・高度化を図るため、次のような考え方に基づき、物流分野の規制緩和を推進するとしている。すなわち、(i)（規制緩和のあり方）物流分野の規制緩和は、物流市場への参入・退出に係わる規制を簡素化して、できる限り参入・退出を容易にするとともに、物流サービスの内容及び価格に関する政府の関与はできる限り縮小することで、事業者間の競争を促進することを基本とする。中でも、物流分野の参入規制については、必要な環境・条件整備の措置を講じつつ、原則として、おおむね三〜五年後を目標期限として需給調整を廃止することとし、規制緩和推進計画において示された手順、スケジュール等に沿って進める。なお、競争制限的な行為に対しては独占禁止法の厳正な運用を行う、(ii)（安全規制のあり方）安全規制は、その厳正な運用が図られるとともに安全が確保されるものであることを前提としつつ、近年の技術水準の向上を踏まえてコストの低減や輸送効率の改善を図るという観点と、わが国独自の規制があれば国際的に調和のとれたものとするという観点に立って、民間からの要望も勘案しつつ規制の見直しを検討し、規制緩和推進計画の着実な実施を図る、とした。

また、貨物自動車運送事業の活性化を進めるために、平成一二年度までに経済ブロック単位で拡大営業区域を設定し、最低車両台数を全国一律五台となるよう段階的に引き下げる、とした。

第四節　規制緩和後の一〇年の課題と法改正

四―一　「物流二法施行後のあり方の検証懇談会」による検討

国土交通省[66]は物流二法施行後一〇年が経過したことにより、物流事業を取り巻く経済社会の情勢、行政の措置による規制の変化、さらには内閣による規制改革の進捗等を踏まえて、平成一三（二〇〇一）年八月に「貨物自動車運送事業及び貨物運送取扱事業の在り方に関する懇談会」（座長　杉山武彦一橋大学教授（当時））を設置した。同懇談会は、「トラック事業関係」と「貨物運送取扱事業関係」の二つの部会に分かれて、それぞれ検討を行った。

まず、「トラック部会」の検討課題は、①輸送の効率化・活性化、②事業規制のあり方、③社会的要請への対応、④その他、であった。

このうち②については、物流二法施行後一〇年を経過し、情報化の進展や高度化するニーズ、事業活動の実態等を踏まえ、事業規制制度のあり方の見直しが必要となったとの認識のもとに検討が行われた。具体的には、(ア)業界の実態を踏まえた運賃・料金制度のあり方、(イ)情報化の進展を踏まえた営業区域制度のあり方、(ウ)その他の事業規制のあり方、が取り上げられた。

また「貨物運送取扱事業部会」においては、(ア)利用者ニーズの多様化、高度化に対応した良質のサービスの提供、(イ)産業競争力を支える効率的な物流システムの構築、(ウ)消費者等の利益の適切な保護、(エ)新たな社会的要請への対応、(オ)市場及び事業活動の成熟等に対応した制度の簡素合理化、が検討課題とされた。

さらに、元請（利用運送）・下請（実運送）関係のあり方については、両部会共通の検討課題とされた。

両部会は、関係者（荷主、事業者、労働組合）からのヒアリング及びアンケート調査を行い、実態を踏まえた上で論点について検討を行い、報告書を公表した。

四―二　懇談会報告の内容

前記した「貨物自動車運送事業及び貨物運送取扱事業の在り方に関する懇談会」は、平成一三年一二月一三日に『今後のトラック事業の在り方について[67]』と題する報告書を公表して、今後の貨物自動車運送事業規制について提言を行った。この報告書は、後述する貨物自動車運送事業法の平成一四年改正論議に多大の影響を与えるものとなった。

ここでは、その概要を確認しておくこととする。[68]

(一)　基本的な考え方

①事業規制のあり方については、方向として、経済的な事業規制は実態を踏まえて見直すべきであるが、同時に、すべての貨物自動車運送事業者が公平で平等な条件で競争できるよう、安全、環境等の社会的要請を受けた最低限のルールを守らせることが必要であり、そのための事後チェック体制の強化を図るべきである。

②上記の基本認識のもと、今後の貨物自動車運送事業のあり方については、次の(i)、(ii)により、より自由な、かつ、社会的ルールを守った競争による活力ある市場の実現を図るべきである。

(i)経済的な事業規制はできる限り見直し、事後チェック型へ移行することにより、より自由な事業活動を実現する。
(ii)併せて、公平な競争条件の確保、安全、環境等の社会的要請への的確な対応を図る。

(二) 運賃料金規制

①事前届出制から事後届出制へ変更する。具体的には、届出手続きについて、事前から事後へ、すなわち実施後またはその変更の際、一定期間内に国へ届け出る手続きへと変更すべきである。
②その際、特定の荷主に係る不当な差別的取扱いや他の貨物自動車運送事業者との間に不当な競争を引き起こすおそれがある場合など、貨物自動車運送事業の適正かつ合理的な運営を確保するため必要があると認めるときは、事後的なチェックにより改善指導・命令が行えるよう事業改善命令の一環とすることが適当である。
③こうした事後チェック型への制度変更に併せて、原価計算書の添付義務は廃止することが適当である。
④掲示義務については、消費者物流を除き、貨物自動車運送事業者の負担を考慮して廃止することが適当である。

(三) 営業区域制度

①営業区域規制については、その営業範囲の限定を取り外し、貨物自動車運送事業者がより自由な経営戦略により、荷主ニーズに的確に対応した運送サービスの提供や、帰り荷等の増加による積載効率の向上など輸送の効率化を実現できるようにすることが適当である。
②営業区域規制の廃止に当たっては、適切な運行管理システム等の安全規制による安全面の担保が重要である。

(四) 公平な競争条件の確保

事業規制の緩和にあたっては、その前提として公平な競争条件の確保が重要である。さもなければ、安全対策や環境対策、労働条件等で社会的な責務を果たす貨物自動車運送事業者ほどコスト面で不利になり、いわゆる正直者がバカを見るような事態になりかねない。そこで、貨物自動車運送事業者間の公平な競争条件から以下のような諸対応を図る必要がある。
①社会的ルールについて、必要な事前チェックの厳正化と適切な事後チェック体制。
②新規参入時にきめ細かな審査（安全確保面）。
③不適格事業者の許可取り消しを含めた厳正な対応。
④貨物自動車運送事業法違反の場合の行政処分基準や罰則の強化。
⑤許可取り消し事業者の再営業の規定の整備。
⑥監査、行政処分の専門組織の設置。
⑦貨物自動車運送適正化事業実施機関の何らかの形で独立性、中立性を高め、権限の強化。

（五）　安全面の充実に向けた課題

貨物自動車運送事業においては、実運送事業者を利用しての運送が一般的に行われているが、その安全運行のための運行責任については、元請（利用運送）と下請（実運送）のどちらに責任があるのか不明確な場合がある。そこで、元請、下請間の運行管理責任の明確化にあたっては、従来通り下請が運行管理のすべてを行い、その責任を負うこととするが、元請は下請による運行管理を阻害してはならないことを法文上明確化することが適当である。併せて、元請が下請に対して違法な行為（過積載等）に至ることを要求するような場合には、下請に対する阻害行為として、その責任を元請に問うこととするのが適当である。

（六）　環境面の社会的要請

環境面の社会的要請に的確に対応していくためには、個々のトラック事業者や事業者団体自らがその社会的責任や使命に基づき自主的な行うことが基本であるが、この問題の公共性、緊急性並びに今日的経済情勢を踏まえると、トラック業界のみならず、荷主、運転者、トラック・メーカー並びに国及び地方公共団体等のあらゆる関係者が一体となった取り組みが必要である。

（七）その他の施策・・・事業者の評価制度

本法の運用を厳正なものとしていくため、事後チェック体制の強化と相まって機能する事業者の評価制度等を、奨励制度として検討する価値があると考えられる。

第五節　平成一五年貨物自動車運送事業法改正

五―一　改正の背景と法案の審議

わが国の情報技術の一層の進展などによる企業活動や国民生活の多様化に対応して、高度かつ効率的な物流サービスの提供への要請が高まった。このため貨物自動車運送事業や貨物運送取扱事業に対して事業者が柔軟な事業展開を可能にするための規制緩和措置を講じ、各々の事業が有機的に連携して物流サービス全体の多様化、効率化、活性化を図ることができるよう、事業法の改正を行うこととなった。

貨物自動車運送事業法については、経済的規制を見直し、規制は「事後チェック型」へ移行する。また公平な競争条件確保の観点から「事後チェック体制等の強化」を行い、併せて「社会的要請」への的確な対応のため、安全、環境面への対応も行うこととされた。

以上のような経緯を経て、平成一四（二〇〇二）年三月に貨物自動車運送事業法及び貨物運送取扱事業法の改正法案が閣議決定され、国会に上程された。なお、上程にあたって両法案は鉄道事業法の改正法案と一括して「鉄道事業法等の一部を改正する法案[69]」とされ、両院の国土交通委員会で参考人による公聴会での意見陳述[70]や、審議がなされた。

なお、「貨物運送取扱事業法」は、参入規制の緩和や運賃料金規制の緩和等の措置及び法律名の変更が提案され、「貨物利用運送事業法」に変更された。

国会（両院の委員会）での審議においては、主として以下の点について論議がなされた。

(一)　法改正の目的

改正法案の提出は、平成二年以降の貨物自動車運送事業の実情を鑑みて、「経済的な事業規制をできる限り見直して、事後チェックへ移行することによって、自由な事業活動を実現することができるようにする。そして公平な競争力の確保と、安全と、環境等への社会的な要請に的確に対応していける[71]ようにする、との考えに基づいている。すなわち、規制緩和後の一〇年を顧みて、事業者の活力等を阻害する経済的規制については整理、見直しを行い、競争条件の公正化を行い、安全、環境面について規制の強化を図りつつ、行政の支援措置や誘導措置を行うという考え方である[72]。また安全、環境等の社会的要請については、規制の強化と行政による支援等の介入を増進させるというものである。

換言すれば、平成五年以降の法運用(通達等)により促進された経済的規制の一層の緩和策を追認し、法制上の位置づけを明確化するとともに、平成一〇年以降に生じた事業の諸課題について、社会的規制の強化の方向性を明らかにすることを目的とするものであるといえる。

(二)　営業区域の撤廃

事業活動の一層の活発化を図るため、営業区域規制の廃止が提案された。

すなわち、社会における情報化の進展に伴い実際の物流市場ではネットでの求車求貨システム等により、既存の営業区域を越えるようなサービスの要請が増加した。さらに、高速道路をはじめとする道路網の整備により、車両の活動範囲も広域化が可能となってきており、事業の活性化や利用者のニーズへの対応を行うためにも、営業区域についてはすでにその規制の根拠が失われたといえる。ただし、営業区域規制の廃止は、事業活動を活発化、活性化させる可能性がある反面、中小零細企業への悪影響、長時間労働等労働条件の悪化、運行管理の徹底について懸念が表明された。

このうち、営業区域の撤廃に伴う中小企業の経営の悪影響の懸念については、「例えば意欲のある中小企業者にとっては逆に活動の範囲が広がるという面もございますし、そういう意味で荷主獲得の余地というのが拡大する余地も出てこようかと思う・・・営業区域の撤廃によって中小企業の経営がさらに悪化するという心配は余りない[73]」とした。

しかし、自社の事業場以外での業務が中心となり、また長距離運行が多々ある貨物自動車運送事業においては、運行管理等輸送の安全面での懸念は払拭されず、従来には規定されていなかった業務途中での点呼の実施の義務づけ等安全規制の強化を図ることとされた。同時に「安全規制の違反行為に対する行政処分の基準というものをきちんと定めまし、悪質な事業者に対しては重点的な監査を行うなど、そういう事後の監督体制を強化することによって輸送の安全確保の徹底[74]」を図るとの意向が行政から示された。

(三) 運賃・料金規制

貨物自動車運送事業の運賃・料金については、荷主と事業者の契約に基づいて市場原理で決定されるべきものであり、原則として行政がこれに介入することなく、自由に決定されるべきとするのが行政の基本的な考え方である。[75] ただし、法案においては事前届出制が廃止されることになっているものの、このことは運賃規制を全廃するものではなく、国交省の有する報告聴取権限（第六〇条）に基づいて事業者が事後的に設定している運賃を把握する仕組み（事後チェック）への移行を内容とする変更である。従って、不当な競争を引き起こすような運賃・料金の設定に対しては変更命令によって是正措置を講ずることとするとされた。

(四) 元請・下請関係

規制緩和後の物流市場においては、サードパーティ・ロジスティクス（3PL）等のサービスが登場し、取引の多段階、多層化が顕著になってきていた。こうした動きは、物流コストの低減、効率化への寄与は認められるものの、特に元請・下請関係等について法令遵守の面からは徐々に課題が顕在化してきた。

貨物自動車運送事業法においては、元請貨物自動車運送事業者が下請貨物自動車運送事業者の行う運行管理を阻害するような行為についての直接的な取締り規定はない。現実の市場では「大企業である元請が中小零細企業の下請に対して優越的な地位を利用して不適切な運行管理を行っているというケースが見受けられるというのが現状になっておりまして、こういう元請が下請の行う運行管理を阻害することを排除して、下請が適切な運行管理を行うことが大きな課題・・・今回の法改正におきまして、トラック事業者自身が元請となって下請のトラック事業者を利用するような場合に、下請の行う運行管理を阻害してはならない」[76]こととし、違反した場合には国土交通大臣から輸送の安全の確保を阻害する行為の停止命令を発動することができるように制度を改めるとした。

従来、貨物運送取扱事業法上の第一種利用運送事業として取り扱われてきた、トラックの実運送事業者が行うトラックの利用運送事業については、実態としては両者が一体として運営されている。従って、安全や環境等に係る規制については一体として改善、調整する必要がある。また、参入規制や運賃・料金規制等も一括して課すことが合理的であると言えるので、この形態の利用運送事業については貨物自動車運送事業法に包含し、実運送と一体化した施策の実施を図ることが適当であるとの理由から、新たに貨物自動車運送事業法の一般貨物自動車運送事業の一つとして「貨物自動車利用運送事業」の創設が提案された。

五―二　平成一五年改正法の概要

貨物自動車運送事業法は、平成一五年四月一日から同改正法[77]が施行された。

すでに述べたように、同改正法は経済的規制の一層の緩和による弾力的な事業の経営を可能としつつ、輸送の安全確保等に係る社会的規制の強化が目的とされている。改正法の概要は、以下のとおりである（巻末【参考資料Ⅲ】参照）。

（一）　事業の種類

今次の改正により、貨物自動車運送事業の一般貨物自動車運送事業に貨物自動車利用運送が追加された（図表8―4参照）。

「貨物自動車利用運送」とは、一般貨物自動車運送事業または特定貨物自動車運送事業を経営するものが、他の事業者（一般または特定貨物自動車運送事業者）の行う実運送を利用して行う貨物の運送とされる（第二条七項）。こうした自ら引き受けた運送を他の事業者に下請として出す輸送形態は、典型的な貨物自動車利用運送であり、こうした輸送の形態については従来は貨物運送取扱事業法上の第一種利用運送事業として取り扱われてきた。しかし、今次改正で貨

図表８－４　平成15年改正法における事業の種類

- 貨物自動車運送事業
  - 一般貨物自動車運送事業（許可制）
    - 特別積合せ貨物運送
    - 貨物自動車利用運送
  - 特定貨物自動車運送事業（許可制）
  - 貨物軽自動車運送事業（届出制）

物自動車運送事業の一形態として整理された(78)。

すなわち、輸送の安全確保への要請が社会的に強まっていたが、貨物自動車運送事業においては利用運送の実質的な意味は下請に出す行為であり、下請事業者の事業活動については元請事業者の指示命令や指揮監督が大きな影響を与えている。そこで、貨物自動車運送事業者が行う同業者への下請行為（利用運送）については、実運送と一元的な見地から規制を行うことが適切との見地から、貨物自動車利用運送事業が創設されたものである。なお、同事業は一般貨物自動車運送事業の許可を受けるための申請に際して事業計画（第四条第一項第二号）を提出する際に、申請書への記載及び関係書類の添付が求められる（施行規則第三条第五号）。

当該事業の創設により、旧道路運送法以来の基本的な考え方である「実運送」と「利用（運送取扱）事業」の法制上の分離（責任の明確化）という考え方が放棄されたことになった。このことにより、貨物自動車運送業界の多層構造（元請・下請関係）がいっそう進捗、複雑化する懸念が生じたといえる。

（二）　一般貨物自動車運送事業の営業区域規制の廃止

一般貨物自動車運送事業について、発地及び着地のいずれもが営業区域外に存する貨物の運送を禁止する営業区域規制を廃止する。

（三）　一般貨物自動車運送事業の運賃・料金規制の見直し

①一般貨物自動車運送事業の運賃及び料金の事前届出制を廃止する。

②国土交通大臣は、一般貨物自動車運送事業の運賃又は料金が利用者の利便その他公共の利便を阻害している事実があると認めるときは、当該運賃又は料金の変更を命ずることができることとする。

（四）　元請・下請関係の規制の適正化

①一般貨物自動車運送事業者の行う貨物自動車利用運送について、一般貨物自動車運送事業の規制を適用することとする。

②一般貨物自動車運送事業者が貨物自動車利用運送を行う場合には、その利用する一般貨物自動車運送事業者又は特定貨物自動車運送事業者が輸送の安全を確保することを阻害する行為をしてはならないこととする。

（五）　地方貨物自動車運送適正化事業実施機関の権限の見直し

地方貨物自動車運送適正化事業実施機関は、苦情の解決、その他の事業の実施に必要な限度において、貨物自動車運送事業者に対し、文書若しくは口頭による説明又は資料の提供を求めることができることとする。

（六）　その他

①特定貨物自動車運送事業について、上記（二）（三）①及び（四）と同様の改正を行う。

②罰則に関し所要の改正を行う。

③社会的規制の強化を行う・・・今次改正の目的の一つに、安全の確保がある。特に、営業区域規制が廃止されたこともあり、輸送の安全の確保の観点から過労運転の防止、過積載運行の禁止について明確な定め（法第一七条）とともに、通達等により具体的な遵守事項[79]が定められた。一例を挙げれば、「輸送の安全確保」の観点から、連続運転について一四四時間（六日間）以上の禁止や運行指示書の携行が義務づけられた。[80]

第六節　小　括

貨物自動車運送事業をめぐる政策の一大転換、規制緩和は平成元年の貨物自動車運送事業法の制定によって行われた。同法案の審議の過程で明確にされたように、同法による規制緩和は政策変更による事業への急激な悪影響を回避するために、現状追認を前提とした「秩序ある規制緩和」であった。

しかしながら、同法の運用が開始された一九九〇年代はわが国社会経済の変化等により、多くの被規制事業分野において一層の規制の緩和化が求められ、具体策が実施されることになった。九〇年代末には、「規制緩和」という用語に代えて「規制改革」という用語が一般に用いられるようになり、事業規制の緩和政策に質的な変化が生起する。

また、九〇年代は経済活動のボーダレス化等のグローバリゼーションの進展、地球環境問題の深刻化等わが国を取り巻く環境が大きく変化するとともに、国内では高次の成熟経済社会、高齢化社会の到来、そして情報通信の高度化など、諸環境の著しい変化が生じた時代でもあった。こうした経済、社会環境の変化とりわけ産業の「重厚長大から軽薄短小へ」、「産業のソフト化・サービス化の進展」等の動向等に影響されて、物流分野においてもジャスト・イン・タイム（ＪＩＴ）要請等サービスの高度化、コストの低減、ロジスティクスによる効率化等、多くの課題が顕在化した時期でもあった。規制緩和政策の変質は、こうした諸環境の変化への処方箋の一つでもあった。

本章においては、貨物自動車運送事業法制定後ほぼ十年間の同法の施行、運用、事業への影響について検討を行った。経済的規制に関しては、規制の緩和から撤廃を前提にした改革が、特に、平成一四年以降はいわゆる「小泉改革」の中で、規制改革が加速化された。また、貨物自動車運送事業を取り巻く環境の変化は、荷主、事業者ともに新たな環境への適合、すなわちサービス提供、事業展開のさらなる容易性を求め、そうした要請に応じて、行政が法運用（通達等）を通じて対応していくこととなった。

一方、経済の低迷にともなう貨物輸送量の低減と急激な参入増加による市場競争の激化は、環境問題、労働問題、交通事故問題等の問題を一層深刻化させることとなった。

以上のような経緯、問題の顕在化に対応して平成一四年には貨物自動車運送事業法の改正が行われたが、九〇年代に生起した諸問題は未解決のまま二〇〇〇年代、二〇一〇年代へと引き継がれていくこととなった。

註

(1)「規制緩和と行革①」(日本経済新聞　平成六年七月一二日付)。
(2) 臨調・行革審の活動、成果の詳細については、臨時行政改革推進審議会監修『行革審・全仕事』ぎょうせい　平成二年七月、臨調・行革審ＯＢ会監修『日本を変えた十年―臨調と行革審』行政管理研究センター　平成三年一二月を参照。
(3) 日刊工業新聞特別取材班編『平岩レポート―世界に示す日本の進路』にっかん書房　平成六年一月　三四頁。
(4) 経済改革研究会『規制緩和について(中間報告)』参照。なお、同レポートは同右書(『平岩レポート―世界に示す日本の進路』)に所収(一八九～二〇四頁)されている。
(5) 経済改革研究会『経済改革について』　同右書　二〇五～二一三頁参照。
(6) 行政改革委員会の活動内容の詳細については、行政改革委員会事務局編『行政の役割を問いなおす―行政関与の在り方に関する基準―』大蔵省印刷局　平成九年三月、行政改革委員会ＯＢ会監修『行政改革委員会　総理への全提言』行政管理研究センター　平成一〇年三月を参照。
(7) 総務庁編『規制緩和推進の現況』大蔵省印刷局　平成八年七月　参照。
(8) 行政改革委員会ＯＢ会監修『行政改革委員会　総理への全提言』行政管理研究センター　平成一〇年三月　二五～一〇三頁参照。
(9) 政府の「規制緩和推進計画」は、行政改革委員会の議論をもとに規制緩和のアクションプログラムとして閣議決定されている。最初の閣議決定は平成七年三月三一日であったが、その後平成八年三月二九日に「改定計画」、さらに平成九年三月二八日に「再改定計画」がそれぞれ閣議決定された。
(10) 同右　七〇頁。
(11) 同右。
(12) 総務庁編『九八年版　規制緩和白書―事前規制型行政から事後チェック型行政への転換を目指して―』大蔵省印刷局　平成一〇年八月　一頁。

(13) 同右　八四頁。
(14) 山口広文「規制改革の経緯と調査の概要」国立国会図書館調査及び法考査局編『経済分野における規制改革の影響と対策』平成二一年三月　五頁。
なお、川本明は自著の中で「アメリカでの一九七〇年代の改革開始期の用語を踏襲し、日本でもこれまで『規制緩和』(deregulation) という言葉が使われてきた。しかし、規制緩和という語の欠点は、規制のレベルが低くなればすべて規制の『緩和』に該当し、市場競争が実現されたかどうかという肝心の点が焦点にならないことである。規制制度の全体的な質(クオリティ) を問う、『規制改革』(regulatory reform) という用語が現在ではＯＥＣＤ(経済協力開発機構) や欧米諸国で一般化しているのも、こうした事情による」としている(『規制改革　競争と協調』中公新書　平成一〇年一月) 四～五頁。

但し、一九八〇年代のアメリカにおいてはregulatory reformという用語は、上記したderegulationをより進化させた政策という意味で使われてはおらず、deregulationとreregulation (再規制) を包含した一般的、包括的な用語、意味として使用されていた。例えば、Kenneth J. Meier "REGULATION—Politics,Bureaucracy, and Economics" (St. Martin's Press 1985) pp.284-289 参照。
(15) 鶴田俊正編『政府規制の緩和と競争政策』ぎょうせい　平成元年一二月　七頁。
(16) 同右　八頁。
(17) 運輸事業の独占禁止法適用除外については、瀧本峰男『貨物自動車運送事業法と独占禁止法』(第一法規　平成五年六月) 一六八～一七四頁を参照されたい。
(18) 公正取引委員会事務局編『独占禁止法適用除外制度の現状と改善の方向—適用除外カルテル・再販売価格維持制度の見直し』大蔵省印刷局　平成三年九月　四頁。
なお、同報告書の「各論—個別の適用除外制度に対する考え方—」においては、[運輸業関係]として陸上交通事業調整法、道路運送法(バス事業、タクシー事業)、自動車ターミナル法、航空法、海上運送法、内航海運組合法、港湾運送事業法、倉庫業法の各法による適用除外カルテルが検討対象とされた。
(19) 同右　一四～一八頁。
(20) 同右　二一～三〇頁。これらの提言は、平成一三年の独占禁止法改正の際に「自然独占の適用除外規定(旧第二一条) の廃止」という形で結実する。なお、貨物自動車運送事業法の独占禁止法適用除外規定(旧第一六条) は、同法の平成九年改正（同年法律第九六号）により削除された。
(21) 総務庁編『九七年版　規制緩和白書―根本からの発想の転換を目指して―』大蔵省印刷局　平成九年八月　一六四～一六五頁。
(22) 公正取引委員会事務局経済部経済法令調査室「競争政策の観点からの政府規制の問題点と見直しの方向―政府規制等と競争政策に関する研究会報告書の概要―」『公正取引』No.520（一九九四年二月）二四頁。
(23) 同右　二六～二七頁。
(24) 公正取引委員会事務局編集『独占禁止政策五十年史（上巻）』公正取引協会　平成九年九月　五五六頁。
(25) 同右　五五七頁。
(26) 同右。
(27) 岸井大太郎「政府規制分野において公正取引委員会に期待される役割―公益事業分野の制度改革を中心に―」『公正取引』No.747（二〇一三年一月）二六頁。
(28) 全ト協編『トラック輸送産業の現状と課題（平成四年版）』五一頁。
(29) 同答申は、運輸省貨物流通局編集協力『新時代の物流戦略―先進企業の知恵―』（ぎょうせい　平成三年六月）に全文が所収されている。
(30) 「運輸審議会答申の要旨」参照。同右書　一七六頁。
(31) 同右「運政審答申」第三章参照。
(32) 例えば、通商産業省産業政策局流通産業課編『九〇年代の物流効率化ビジョン―社会システムとしての物流の構築にむけて―』(財)通商産業調査会　平成四年四月）参照。
(33) 高橋しま「貨物自動車運送事業法施行後の変化」『流通問題研究』流通経済大学流通問題研究所　平成四年二月　七三頁。
(34) 「規制緩和と行革⑳」（日本経済新聞　平成六年八月四日付）は、トラック事業の規制緩和によって「免許制を許可制にした、それによって需給調整条項を外したというが、その代わりに手の込んだ参入障壁を新たに作った・・・事実新法施行後、新規参入件数はあまり増えていない。運賃も認可制から届け出制に変ったが手間は同じうえに、届け出に原価計算書を添付せねばならず、その納得が得られないと届け出不受理となり、実態は認可制となんらかわらないという」と指摘している。
(35) 田淵勲二委員の質問に対する寺嶋潔政府委員の答弁（平成元年一二月五日　参議院運輸委員会議事録一二頁参照。
(36) 平成五年一一月一二日　法律第八八号。

(37) 運輸業における中小企業とは、「資本金の額又は出資の総額が三億円以下の会社並びに常時使用する従業員の数が三〇〇人以下の会社」とされる(「中小企業基本法」第二条第一項)。
(38) 平成一一年三月末現在のもの。全ト協『トラック輸送産業の現状と課題(平成一二年版)』五六頁。
(39) 同右 七九~八六頁参照。
(40) 昭和三七年六月一日 法律第一四五号。
(41) 「一般貨物自動車運送事業及び特定貨物自動車運送事業に係る許可及び事業計画変更認可等に関する処理方針について」(別紙)平成二年八月二三日 貨陸第八三号(五)①。
(42) 同右(五)④。
(43) 近運貨一公示第一号及び近運貨二公示第二号(近畿運輸局長 平成五年一二月二四日)。
(44) 「一般貨物自動車運送事業及び特定貨物自動車運送事業に係る許可及び事業計画変更認可等に関する処理方針について」(平成七年六月二三日 中国運輸局公示第七三号)。
(45) 全ト協『トラック運送事業の規制緩和に関する影響調査』(平成九年三月) 三六頁。
(46) 四国運輸局企画部貨物流通課・同自動車部貨物課・四国トラック協会連合会『四国における物流関係二法施行後一〇年のトラック事業者の検証』平成一四年一月。
(47) 全ト協『物流二法の影響に関する調査』平成一四年三月 六二頁。
(48) 規制緩和の直接的な結果トラック事業者の増加が継続する理由として、中田信哉教授は次のような見解があることを紹介している。
(ア) それまで免許を得ないでモグリで営業行為を行っていた白ナンバー・トラックが規制緩和によって許可が得やすくなった結果、営業用許可をとろうとしてきているため。
(イ) 荷主企業(メーカー、流通業)の物流子会社には実運送を行わず取扱許可だけで存在していたものもあったがこれらが一部にトラックを自己保有し、一般貨物運送事業の許可を得るようになったため。
(ウ) トラック運送業以外の各種の業界(製造業、流通業、サービス業)の企業が事業活動の一環としてトラック運送を行い始めてその許可を取ろうとしてきたため。
(エ) 不況によって仕事を探している人や企業が資金的参入障壁が低く、比較的ビジネスの開始が楽なトラック運送業に手をつけ始めたため。

(オ)　これまで事情があって黙認されていたダンプ・トラック、鮮魚輸送など非営業トラックを各県のトラック協会がトラック運送の許可を取るように指導したため。

(カ)　経済構造が大きく変る中で部分的に新たな物流需要が起こり、それに対応したトラック運送業が許可を取って参入していたため。

(キ)　産業構造が変化し始め、下部構造において分割が起こったため。

(49)　中田信哉「貨物自動車運送業界の構造再編」『東経大学会誌』（第二五四号）平成一九年三月　七四〜七五頁。

(50)　「原価計算書等の添付を省略できる範囲について」平成六年二月一五日　自貨第一一号。

(51)　「貨物自動車運送事業法の施行時における係属事案等の取扱いについて」平成二年一一月九日　事務連絡　第一二参照。

(52)　平成二年七月三〇日　運輸省令第二一号。

(53)　「一般貨物自動車運送事業等の運賃・料金の届出及び変更命令の処理方針について」平成二年一一月一九日　貨陸第一〇九号。

(54)　届出運賃と実勢運賃の乖離については、行政もその存在を認識していた（平成一四年六月五日　衆議院運輸委員会における洞駿政府委員の発言）。

(55)　「民間団体等による貨物自動車運送の適正化に関する事業の推進について」（平成二年一一月一四日　貨陸第一〇八号）参照。

(56)　「地方貨物自動車運送適正化実施機関の指定について」（平成二年一二月一日　各運輸局公示）参照。

(57)　「貨物自動車運送事業法第四三条の規定により全国貨物自動車運送適正化実施機関を指定した件」（平成二年一二月一日運輸省告示第五九二号）参照。

(58)　「貨物自動車運送適正化事業対策協議会について」（平成二年一二月一日　貨陸第一一三号）。

(59)　適正化事業の具体的内容については、www.jta.or.jp/tekiseika/teki_gaiyo/tekiseika_gaiyo.pdf　参照。

(60)　全ト協『輸送秩序に関する実態調査報告書』平成一三年一一月　一六〜一七頁。

(61)　「今後における規制緩和の推進等について」（平成六年七月五日　閣議決定）参照。

(62)　総務庁編『九九年版　規制緩和白書―様々な分野での規制緩和の歩みと横断的な取組―』　大蔵省印刷局　平成一一年九月　一〇七頁。

(63)　住友生命総合研究所編『規制緩和の経済効果』東洋経済新報社　平成一一年一二月　二二頁。

(64)　同右　二二頁。

(64) 総務庁編『九九年版　規制緩和白書―様々な分野での規制緩和の歩みと横断的な取組―』大蔵省印刷局　平成一一年九月　二四三〜二四四頁。
(65) 総合物流施策大綱については国交省ＨＰ（http://www.mlit.go.jp/seisakutokatsu/freight/butsuryu03100.html）を参照。
(66) 平成一三（二〇〇一）年一月に実施された中央省庁改編に伴い、運輸省、建設省、北海道開発庁、国土庁の四省庁を統合して誕生し、旧運輸省の自動車交通局がそのまま移行し自動車関連行政を担当している。
(67) 同報告書については、国交省ＨＰ（http://www.mlit.go.jp/common/000043144.pdf#search）を参照。
(68) 運輸労連ＨＰ（http://www.unyuroren.or.jp/home/forum_10/katsudo/katsudo_04.htm）から引用。
(69) 同法(案)は、「物流三法（案）」などと呼称されることもあった。
なお、鉄道事業法（昭和六一年　法律第九二号）の一部改正の内容は、①貨物鉄道事業の許可に係る需給調整規制を廃止する、②貨物鉄道事業の運賃・料金の上限認可制を廃止する、③鉄道事業者に対し、他の運送事業者との乗り継ぎを円滑にするための措置を講ずるよう努力義務を課す、というものであった。
(70) 著者の同法案に対する意見表明については、平成一四年六月七日衆議院国土交通委員会における陳述を参照されたい。
(71) 平成一四年六月五日衆議院国土交通委員会における扇千景国交大臣の答弁。
(72) 平成一四年四月九日　参議院国土交通委員会における荒井正吾委員の質問に対する丸山博政府委員（国交省政策統括官）の回答を参照。
(73) 同右、一川保夫委員の質問に対する洞駿政府委員（国交省自動車交通局長）の回答。
(74) 同右、谷林正昭委員の質問に対する洞駿政府委員の回答。
(75) 平成一四年六月五日衆議院国土交通委員会における瀬古由起子委員に対する洞駿政府委員の回答。
(76) 同右、一川保夫委員への洞駿政府委員の回答。
(77) 平成一四年六月一九日　法律第七七号。
(78) 国土交通省自動車交通局貨物課監修『やさしい貨物自動車運送事業法ハンドブック』全日本トラック協会　平成一五年三月　九頁。
(79) 「貨物自動車運送事業の事業用自動車の運転者の勤務時間及び乗務時間に係る基準を定める件」（国土交通省告示第一三六五号　平成一三年八月二〇日）参照。
(80) 貨物自動車運送事業輸送安全規則　第九条の三参照。

第九章　ポスト規制緩和への対応と規制緩和見直し論の台頭

第一節　貨物自動車運送事業の現況と課題

一―一　貨物自動車運送事業の現況

国土交通省の資料によれば、平成二〇（二〇〇八）年度の国内物流事業の営業収入は約一九兆円、これに外航海運を加えると二四・六兆円に達するものと推計される。このうち、貨物自動車運送の占める営業収入のシェアは五二・八％で約一三兆円となり、他の輸送機関を圧倒している。また、平成二三（二〇一一）年度におけるわが国の貨物自動車運送事業者数は六万三〇八三者、売上高は約一二兆二四三七億円、総従業員数は約一一五万人、車両数は約一〇七万両となっている。

さらに、営業用の貨物自動車運送の全国内貨物輸送量（トン・ベース）に占める割合は六四・四％、これに自家用の貨物自動車運送（二七・四％）を加えると九一・四％となる。貨物自動車運送は昭和四〇年代から一貫して時代の主たる国内輸送機関としての地位を占め続けており、今後も当分この地位は揺るがないであろう。

また、今や国民生活になくてはならないサービスとなった宅配便サービスについてみると、平成二一年度には三一億三六九四万個の取扱い数となった。昭和五一（一九七六）年一月に、ヤマト運輸㈱の「宅急便」がサービスを開始した初日の取扱い個数がわずか一一個であった[1]ことを考えると、驚異的な成長を成し遂げたといえる。宅配便の九九％はトラックによって運ばれており、貨物自動車運送事業の重要性は確固たるものとなっている。また、書籍、雑誌、カタログ等を郵便受箱等に投函するいわゆる「メール便」も近年急増を続け、平成二一年度には五一億三二七八万冊（ゆうメールを含む）となっている。さらには、近年ネット通販の拡大に伴い物流量（個数）が急伸している。

しかしながら、貨物自動車運送事業者の事業規模をみると、九九・九％が中小企業（資本金三億円以下又は従業員三〇〇人以下）となっている。このうち、従業員数一〇人以下が全体の五〇・五％、保有車両数一〇両以下が全体の五八・一％（いずれも平成二三年度）と、零細規模の事業者が大多数を占めており、事業基盤の脆弱性が危惧されている。

図表９－１　事業者数、輸送量、車両数の推移（平成２年～平成23年度）

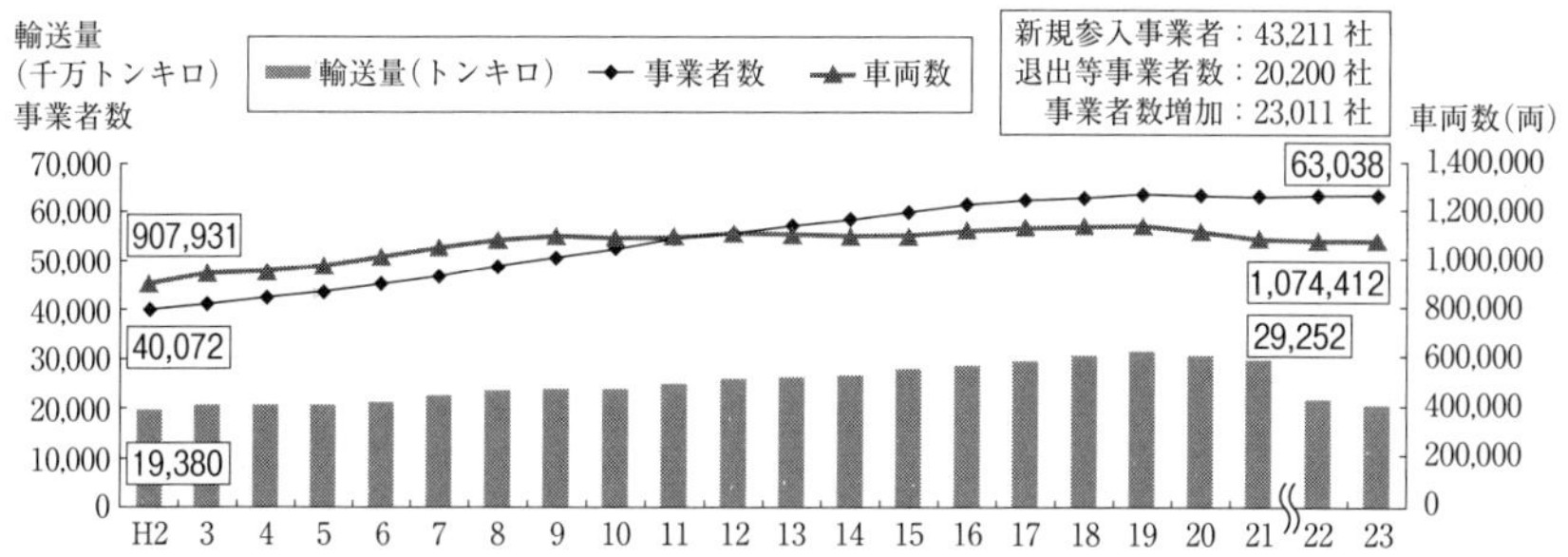

（出所）国土交通省作成資料。

一方、従業員一〇〇一人以上の事業者は全体の〇・一%、保有車両数五〇一両以上はやはり〇・一%となっている。従業員数五一人以上でも全体の九%、車両数五一両以上でも六・一%である。貨物自動車運送事業は圧倒的多数の中小零細事業者と少数の大企業が存在する構造を有している、という特徴がある。

図表９―１は、貨物輸送量（トン・キロ）、事業者数、車両数（普通、小型トラック、トレーラー）について、規制緩和が実施された平成二年から二三年（貨物輸送量は平成二一年）までの推移を表したものである。貨物輸送量がこの間約一・五倍であるのに対し、事業者数は約一・六倍、車両数は約一・二倍となっている。また、個別事業者の収入（売上高）は、近年をみても平成一八年度から二二年度まで四年連続の減収となっている(2)。

事業者数の推移については、この間に一・六倍の二万三〇一一者（新規参入が四万三二一一者、退出が二万二〇〇者）に増加している。車両数の増加の割合が一・二倍であるので、単純に考えれば一者あたりの保有車両数が減少したこと、すなわち平均的な企業の規模が縮小したことになる。

すでに指摘（第八章）したように、新規参入事業者の大部分は零細事業者であることから、ある意味当然の帰結といえよう。また、営業戦力等を保持しない、保持出来ない事業者の増加は、物流産業の中に多層構造を作り出す結果に連なっている。

輸送量が減少し競争激化により収入が低下し、退出の二倍以上の新規参入により供給過剰となった市場に対し、依然として参入者が増え続けている実態の説明は容易ではない。個別の事業者の企業経営努力の結果との見方もできようが、市場における競争基盤の公正性、ルールの遵守の度合如何に関心を向けざるを得ない。

一―二　貨物自動車運送事業の課題の深刻化

中小零細事業者が多くを占める貨物自動車運送事業は、ますます高度化する利用者の多様なニーズに、機動性、定時性、サービス力といった点で柔軟に対応できるという利点がある。さらに、地域に根差したサービスの提供を行うなど、今や社会的インフラとして国民生活やわが国経済にとって不可欠の存在となっている。

しかしながら一方で、現在の貨物自動車運送事業は多くの課題に直面していることも併せて指摘しておかねばならない。おそらく最大の課題は事業経営の安定化に関する事項であろうが、ここでは同事業を取り巻く諸環境に係る喫緊の課題について概観しておきたい。また、近年の燃料油価格の高騰も事業経営の根幹を揺るがす大きな課題となっている。

(一)　若年労働力の減少と高齢化

周知のとおり、わが国は急激な少子・高齢化社会を迎え労働力人口の減少に直面している。

労働集約産業の側面が強い貨物自動車運送事業の分野においては、他産業に比べて相対的に低い賃金、長時間労働が一般化しており、労働力の確保とりわけ男性若年労働力の安定的確保が深刻さを増している。国交省の推計によれば、平成二七（二〇一五）年には必要とされるドライバー数八八万三〇〇〇人に対して供給されるのは七四万二〇〇〇人で、一四万一〇〇〇人の不足が予想されている。

若年労働力の確保については、平成一九年六月の道路交通法改正[3]で中型運転免許が創設されたことにより、当該免許の取得には二〇歳以上でかつ運転免許を取得していることが必要とされたことから、高校卒業直後の運転者には現在主流となっている五トン積載車が運転できない状況になっており、若年労働力の不足問題を一層増幅させている[4]。

また平均年齢を見てみると、貨物自動車運送事業の運転者、事務職などすべての職種の平均年齢（平成二二年度）は、他産業と比べて一・九歳高い四三・一歳であるが、大型トラック運転者の平均年齢は四五・七歳となっている。さらに、近年女性の運転者の平均年齢が急上昇している。すなわち、平成一五年度は三五・九歳であったものが四〇・一歳となっており、この七年で四歳以上あがっている。

労働力不足、とりわけ若年労働力の不足問題は、高度化された質の高い物流サービスの維持に不可欠であり、今後の貨物自動車運送事業の最大かつ最難関の課題の一つといえる。労働環境、条件を改善して、働く人に魅力ある職場、産業への脱皮を急がねばならない。

（二）環境問題への対応

環境問題はさまざまな課題が山積しているが、貨物自動車運送事業が当面する主要な課題としては、大気汚染問題、地球温暖化問題等がある。このうち、大気汚染問題については、現在使用されているトラックの大半がディーゼルエンジンを搭載した車両となっているためＮＯｘ、ＰＭ等、トラックからの排出ガスが大きな問題とされている。特に、首都圏、阪神地区、名古屋市周辺のような大都市周辺及び幹線道路沿いにおいては重大な問題となっている。政府による自動車ＮＯｘ・ＰＭ法等による車種規制や各自治体のディーゼル車規制により、改善の方策と目標が設定され、また最近では、「改正自動車ＮＯｘ・ＰＭ法(5)」や自治体による車両流入車規制等により、一定の効果があげられつつあるが、今後も一層の取組が求められている。

また、地球温暖化問題は深刻さを増幅させ、地球規模での対応が模索されている。わが国においては平成九（一九九七）年に京都で行われた「気候変動枠組条約第三回締結国会議」での京都議定書により、広くこの問題に対する関心が高まり二酸化炭素（CO_2）、メタン、フロンガスといった温室効果ガスの総排出量の削減に向けた取組が本格化した。このうち、CO_2対策については運輸部門（自動車、船舶等）全体での排出量は年々削減の方向性が明確になりつつある。ただし、CO_2排出量については経済情勢により輸送量等が変化することもあり、抜本的な解決への道筋は見えてきていない。

以上のような環境に係る問題の深刻化を受けて、トラック業界でも自主的にさまざまな対策を打ち出している。例えば、全日本トラック協会では平成一三（二〇〇一）年二月に『環境基本行動計画(6)』を立案、公表し、エコドライブ普及対策、アイドリングストップ対策、低公害車導入促進対策等の実施、一定の効果をあげつつある。

(三) 交通事故削減対策

本書の冒頭でも述べたように、わが国最初の自動車は「わが国最初の事故車」となった、という事実からも明らかなように、自動車と事故は今日まで宿命的な課題となっている。そして、永年の努力にもかかわらず依然として自動車事故による悲劇は一向になくならない。もっとも、近年では交通事故死者数は年々減少し、人身事故件数についても平成一六年をピークに着実に減少してきている。

政府においては、昭和四五年の「交通安全対策基本法[7]」を受けて昭和四六年以降、交通安全に関する総合的かつ長期的な施策を「交通安全基本計画（五か年計画）」として取りまとめ、実施してきている。こうした中、よりいっそうの事故削減を目指して政府全体の新たな目標を掲げる内閣総理大臣談話が発表された。すなわち、平成二一（二〇〇九）年一月二日麻生太郎内閣総理大臣（当時）は、新年にあたり「今後一〇年間を目途に、更に交通事故死者数を、半減させる決意[8]」を表明した。

こうした政府を挙げての交通安全に係る取組に呼応する形で、国土交通省においては平成二一年三月に『事業用自動車総合安全プラン２００９―死者数半減、飲酒運転ゼロを目指して―[9]』（以下、「プラン２００９」という。）を公表、「今後一〇年間を事故削減のための集中期間」と位置づけて、具体的な取り組みが開始された。この背景には、自家用車と比べて事業用自動車による事故死者、件数ともに減少の歩みが遅いことがある。運送のプロとして乗客の生命、顧客の財産を預かる運転者は、より高度な安全性が求められねばならず、関係者が共通の認識をもって施策に取組む必要がある。

「プラン２００９」は、ＰＤＣＡサイクルに沿って次のような取組の方策を掲げている。

まず、「事故削減目標の設定」（Plan）として、①一〇年間で死者数半減（平成二〇年五一三人を一〇年後に二五〇人、中間年である五年後には三八〇人）、②一〇年間で人身事故件数半減（平成二〇年五万六二九五件を一〇年後に三万件、中間年である五年後には四万三千件）、③飲酒運転をゼロに、という三つの大きな目標を掲げた。そして、この目標達成のため「当面講ずべき施策」（Do）として、(i)安全体質の確立、(ii)コンプライアンスの徹底、(iii)飲酒運転の根絶、(iv)ＩＴ・新技術の活用、(v)道路交通環境の改善を挙げている。さらに「フォローアップ」（Check、Act）については、施策の進捗状況、目標の達成状況の確認を行いつつ、交通事故の要因分析等を行い必要な場合には新たな施策の検討も行う、としている。

なお、交通事故をはじめとする「輸送の安全性の確保」にむけて、事業経営者の安全確保義務を明確にする目的で、平成一八年一〇月から「運輸安全マネジメント[10]」が自動車運送にも適用され、関係法令（道路運送法及び貨物自動車運送事業法）の一部改正[11]が行われた。

これにより、すべての運送事業者は経営トップから現場の運転者に至るまで輸送の安全が最も重要であることを自覚し、運輸安全マネジメントにより絶えず輸送の安全性の向上に努めることが義務付けられた[12]。

第二節　ポスト規制緩和への政策的対応

二─一　貨物自動車運送事業法による取引の公正性の確保

（一）市場の競争に係る実態調査結果

規制緩和により市場競争のメリットを引き出す大前提は、市場における事業者間の競争が公正かつ自由に行われるということにある。規制緩和後（ポスト規制緩和）の政策は、市場の公正な競争秩序の確立、維持に最大のポイントがあり、この如何により規制緩和の成否、評価が決まるといっても過言ではない。この意味からも、規制緩和の弱点をフォローすべき政策（ポスト規制緩和政策）が提言されて久しいが[13]、その機運が高まったのは平成一五（二〇〇三）年以降であった。

前述のとおり、平成一五年には改正貨物自動車運送事業法が施行され事業活動の自由度がいっそう拡張したが、同年九月には道路交通法が改正され、スピードリミッター装着義務付けが実施された。また、翌年以降は公正取引、社会的規制の強化施策、行政処分の厳格化が実施されている（図表9─2参照）。こうした施策の導入、実施は一定の評価ができるものの、規制の強化が図られた事項について、従前の問題点が氷解したわけではない。規制に係る行政の「執行力」の問題が浮き彫りになるケースも多く、今後の課題が明確となった。

ところで、すでに度々述べているように貨物自動車運送事業法は規制緩和政策を進める際に、従来の参入、価格（運賃）規制を中心とした公的規制による「輸送秩序維持」の考え方を改め、「輸送の安全の維持、促進」を政策の中核に置いた。そして、各種措置の遵守等のチェックを主務官庁が直接実行するのではなく、民間の活動（地方及び全国適正化実施機関）に委ねるという仕組みを採用した。規制緩和政策の導入を期に、理想主義的な規制の手法を大胆に採用したといえる。

しかしながら、依然として市場の公正競争や輸送の安全を脅かす行為はなくなってはいない。こうした点について、全日本トラック協会では平成一一年以降数度にわたり市場の実態調査を行い、調査結果を公表している。(14) ここでは、平成一五年一一月に実査を行い平成一六年三月に報告書(15)が公表された調査結果について、その概要を紹介しておきたい。

同調査は、全国の貨物自動車運送事業者の中から企業規模別に分類した約五〇〇〇事業者（全事業者の約一〇％）に調査票を郵送し、一二四七社からの回答を得たものであり、回答者の資本金は約八〇％以上が五〇〇〇万円以下の小規模事業者となっている。また、その過半数は保有車両台数が二〇両以下、同様に従業員数も三〇人以下が過半数を占めている。

調査内容は多岐にわたるが、そのうちまず「運賃問題」に係る調査結果を見てみると、「荷主企業に対する運賃値上げ交渉の可否」（有効回答一二〇九社）についてみると、当該設問への回答の七二・四％が運賃交渉は不可能としており、「可能」とするものは八・〇％であった。その理由としては、そもそも「対等な運賃値上げ交渉はできない」とするものが五六・六％、「荷主企業の経営状況が苦しい」とするものが四五・五％（複数回答）あった。また、業務を受注するため「コストを度外視した受注」については、頻繁、時々あるとするものが五一・三％となっている。その理由としては、八〇・五％が「取引先との関係維持」と回答している。

次に、「取引相手方からの要求」（有効回答六四五社）については、契約時または更新時に「荷主等から不当に安い運賃を強要された」とするものが七二・七％、「協力金の要請を受けた」とするものが三三・五％、「付帯作業の要請をう

図表９－２　貨物自動車運送事業関係施策・規制等の推移（平成15年～平成25年　主要なもののみ）

平15.4	改正貨物自動車運送事業法（営業区域規制の廃止、運賃料金の事後届出制、監査項目等の重点化）
15.6	下請法の改正（施行は平成16年４月）
15.9	道路交通法改正・・・スピードリミッター装着義務付け
16.4	公取委「独禁法物流特殊指定」告示
18.2	監査機能の強化（新規参入事業者等に対する早期監査、フォローアップ監査等）
18.4	改正省エネ法の実施
18.6	道路交通法の改正・・・駐車違反取締強化
18.8	行政処分基準の強化（悪質違反を行った事業者への即時事業停止等の行政処分の厳格化）
18.10	貨物自動車運送事業法の改正
	自動車運運送事業者における「運輸安全マネジメント」の実施
19.5	「安全運行パートナーシップ・ガイドライン」公表
19.6	道路交通法改正・・・中型運転免許制度創設
20.3	「トラック運送業における下請・荷主適正取引推進ガイドライン」公表
20.3	「トラック運送業における燃料サーチャージ緊急ガイドライン」公表
20.4	トラック事業者に対する厚生労働省との合同監査・監督の実施
20.4	荷主勧告制度の拡充（勧告の対象となる違反に過労運転、速度超過を追加）
20.7	新規許可事業者等に対する法令試験の導入
20.7	社会保険等未加入事業者に対する行政処分の導入及び新規事業者等への法令試験導入
21.3	事業用自動車総合安全プラン2009～死者数半減、飲酒運転ゼロを目指して
21.10	監査及び行政処分基準の強化（飲酒運転、社会保険未加入、指導監督等に係る処分基準の強化等）
22.4	安全規則の改正（点呼における酒気帯びの確認及び乗務の禁止の明確化）
23.4	監査及び行政処分の改正（文書警告の公表、停止対象車両の基準の明確化等）
	Ｇマーク事業所へのインセンティブの拡大（IT点呼を16時間に拡大）
23.5	安全規則の改正（アルコール検知器の使用の義務化）
25.3	新規許可申請者等に対する法令試験の見直し
25.5	安全規則の改正（５両未満事業所への運行管理者選任義務付け）
25.10	監査及び行政処分基準の改正（悪質・重大な法令違反への処分の厳格化等）
25.11	受委託点呼（共同点呼）の導入
25.12	参入時基準の強化改正（自己資金、損害賠償能力の引き上げ）

（資料）国土交通省資料により作成。

けた」とするものが二四・七％あった。これらの要請を受け入れる理由としては、「仕事から外される」からとするものが五七・九％、「日常のお付き合い」があるからとするものが三五・七％、「契約を解除する等の圧力がある」からとするものが二八・七％あった。

また、「社会保険の付保」（有効回答一二四二社）についての設問では、労災保険・雇用保険を支払っている回答事業者は九二％程度、健康保険・厚生年金については八六％であった。回答の割合は多くないものの、これら法定の社会保険が支払えない理由として「やむをえず支払えない」とするものが六七・五％、「従業員が国民保険、国民年金等に加入しているので」とするのもが四四六・九％、「従業員の手取額を下げたくないから」とするものが三九・七％、「従業員からの要望」とするものが二八・九％あった（複数回答）。

以上のような市場の実態をもたらした要因について、回答者（有効回答一一三四社）の約七六％が「運賃ダンピングを行い仕事を奪う事業者の存在」とし、約六〇％が「コストアップ要因による経営の圧迫」、四七・四％が「法規制を無視し公正競争を逸脱する事業者の存在」を挙げている。

本調査結果から、回答貨物自動車運送事業者においては、市場における同業者間の競争が激化し極度に安価な運賃の設定が行われていること、そしてその結果として取引の相手方（荷主）との関係で相対的に劣位に立たされ、また法定の社会保険の付保ができない等、コンプライアンス（法令遵守）が不十分な事業者が存在していること等が明らかとなった。市場の一部には、公正な競争の実現の観点からみて等閑視できない実態が存在しており、事業者に共通する市場競争基盤の整備への対応が必要な事態といえる。

（二）改正貨物自動車運送事業法における対応

上記の調査のほか、ほぼ同時期に同様の調査が国土交通省、公取委等でも実施された。これらの調査結果は、運賃規制が実態と乖離していること等貨物自動車運送事業法の規制の枠組みが形骸化していること、また貨物自動車運送事業においては「輸送の安全」を阻害するおそれのある行為の原因の一つに、貨物自動車運送事業者と荷主あるいは元請（物流事業者）との取引に大きな問題があること、またこの問題は独占禁止法の優越的地位の濫用行為（独禁法第一九条）

に深い係わりがあることを指摘している。

そこで、貨物自動車運送事業法の平成一五年改正にあたり、貨物自動車運送事業者と荷主あるいは元請との関係について、関係規定を改正するとともに、その後も、事後チェック体制の強化、監査、行政処分の強化等により、輸送の安全性の向上に向けて規制の強化が図られていること、前記の通りである。

具体的には、輸送の安全確保を図るため規定（第一七条、第二九条）に基づいて、貨物自動車運送事業輸送安全規則を改正して過労運転の防止や過積載の防止を明確にするとともに、輸送の安全が確保されていない場合には是正命令を発動できるようにした（第二三条）。このうち、過積載については違反行為の再発防止の観点から荷主（元請、利用運送事業者を含む）に対して勧告を行うことができるようにした（第六四条）。なお、荷主への勧告については平成二〇年八月に、過労運転と速度超過が追加された。

また、輸送の安全と深く係わる運賃・料金については「事前届出制」から「事後届出制」へと規制を緩和[16]する一方で、特定の荷主に対する差別的運賃や他の貨物自動車運送事業者との間に不当な競争を引き起こすおそれがある場合など、貨物自動車運送事業の適正かつ合理的な運営を確保するために必要があると認められるときは、事後的なチェックにより改善指導・命令が行えるようにした。

さらに、貨物自動車運送事業の公正な競争環境の整備に向けて、貨物自動車運送事業適正化実施機関の充実と活用、連携強化が図られた。

規制緩和下の公正競争の確保について、貨物自動車運送事業法は「輸送の安全」の確保を命題に規制制度の枠組みを構成した。しかし、その実効性については現在もなお不十分の誹りを免れない。

二―二　改正下請法による取引の公正化

（一）下請法改正の背景と概要

昭和三一（一九五六）年に制定された「下請法」（正式名称は「下請代金支払遅延等防止法[17]」）は、制定当時問題とされた親事業者の下請事業者に対する下請代金等の支払遅延行為の規制から、時代を経るにともなって広く事業者の「優越的地位の濫用」を規制する内容に変化してきている。

下請法は、独占禁止法の補完法として制定されたものであるが、これは本来独占禁止法で規制されるべき行為（ここでは「優越的地位の濫用」）を、独占禁止法の有する限界と、下請取引に固有な特徴、つまり関係当事者以外に外部からは容易に取引内容を知ることが出来ないこと等を意識して制定されたもので、下請取引の公正化及び下請事業者の利益の保護が目的（下請法第一条）とされている。

ところで、独占禁止法第一九条違反については個別の事例について「公正競争阻害性」の有無を判断することになるが、下請法では資本金規模の格差に基づいて取引場裡における企業間の力の強弱を外形的に定め、基本金規模の大きな親事業者が下請事業者に対して取引上優越的地位にあることを前提とし、親事業者に対して書面の作成（下請法第三条）、及び交付、保存（下請法第五条）等の義務を課している。また、親事業者の行為については事前に優越的地位の濫用に当たる行為を明示（下請法第四条）するとともに、親事業者の違反行為によって受けた下請事業者の利益の回復措置、速やかな排除措置（下請法第七条）等を規定している。さらに、親事業者の違反行為を発見するために公取委に広範な調査権（下請法第九条）を認めている。

平成一五（二〇〇三）年六月の改正（施行は平成一六年四月）により、下請法はその規制の対象（下請法第二条）を大きく拡大して貨物自動車運送事業等、サービス（役務）分野も包含することになった[18]。

従来、下請法は物品の製造及び修理に係る下請取引を規制の対象としてきたが、わが国経済のサービス化・ソフト化の進展に対応するため、役務（サービス）の提供に係る下請取引、及び情報成果物（プログラム、放送番組、デザイン等）の作成に係る下請取引、さらには金型の製造に係る下請取引が規制の対象として追加されたのである。なお、建設業は「建設業法[19]」の規定が適用されるため下請法の適用は除外される[20]。

貨物自動車運送事業の役務提供委託において改正下請法の適用対象となる事業者の範囲は、「資本金三億円超の法人事業者が親事業者となり、資本金三億円以下の法人又は個人を下請事業者とする場合」及び「資本金一千万円超三億円以下の法人事業者が親事業者となり、資本金一千万円以下の法人又は個人を下請事業者とする場合」である。

なお、改正下請法が適用される取引は同業者間の下請取引であり、貨物自動車運送事業についていえば事業者と荷主との取引については、規制の対象とならない点に留意する必要がある。貨物自動車運送事業においては、同業者である親事業者（元請貨物自動車運送事業者もしくは元請[21]）との取引とともに、荷主との取引にも大きな課題を有している。しかし、下請法が規制の対象とするのは基本的に同業者間の取引であるので、荷主との取引の適正化は下請法の範囲を逸脱することになる。

これをカバーすべく改正下請法と同時に制定されたのが、後述する独禁法の「物流特殊指定」である。[22]

（二）改正下請法等の運用状況

平成一六年四月の改正下請法の施行により、従来の「製造委託」「修理委託」に加えて「情報成果物作成委託」「役務提供委託」が規制の対象となった。なお、「役務」の委託取引については、公正取引委員会が従前に行っていた実態調査[23]等から、貨物自動車運送業、ソフトウエア業、広告業、放送番組制作業、内航海運業等が当面の主要な規制対象分野となった。[24]

下請取引については、その性格上下請事業者から違反被疑事実について積極的な申告（情報提供）が期待できないことがあるため、親事業者及び下請事業者への書面調査が実施されている。このうち役務委託取引については、平成一六年七月二六日に五〇〇〇社（全体では一万五〇〇〇社）あてに調査票が発送され、同年九月から被疑事件調査が開始された。

貨物自動車運送事業関係では、平成一七年一二月にF通運株式会社が初めての勧告公表事案となって以降、平成二四年末までの間に合計二一件の下請法違反の改善勧告がなされている（図表9—3参照）。事案の内容は、一件を除いてすべて「下請代金の減額」（下請法第四条一項三号）違反に係るものとなっている。下請法全体の違反事案の多くが「支払い遅延」違反（下請法第四条一項二号）であることからみると、大きな特徴である。減額の内容は、親事業者が本来下請事業者に支払うべき下請代金から「手数料」と称して下請代金額に一定率を乗じた額を減じたり、あるいは単に「値引き」と称して下請代金を減ずる事例がみられる。

ところで、下請法が適用される以前の貨物自動車運送業界においては、元請による低額の下請代金の一方的提示（強

図表９－３　貨物自動車運送事業関係下請法違反勧告件数（平成17年～平成24年度）

平成（年度）	17	18	19	20	21	22	23	24
代金減額（４条１項３号）	3	3	7	1	3	—	3	—
購入・利用強制（４条１項６号）	—	—	—	1	—	—	—	—

（資料）公正取引委員会資料より作成。

制）がしばしば問題とされ、上記した平成一三年度全ト協調査では元請事業者の優越的地位の濫用として問題とされていた「運賃の不当な値引き」、「著しい低い対価での要請」への取組、解決が強く求められていた。下請法では親事業者が下請代金を決定する際に限度を越えた低価格を下請事業者に一方的に押し付けることは下請事業者の利益を損なうものとして、「買いたたき」の禁止（下請法第四条一項五号）として規定を置き、下請取引公正化のシンボルの一つともされるものである。別言すれば、下請法の運用については「買いたたき」の禁止がいかに有効に作用するかが、そのメルクマールの一つという見方もできよう。

この点について、平成一六年から平成二〇年上期までの間に貨物自動車運送事業を含めた物流事業に対する「勧告」のうち、いわゆる「買いたたき」（下請法第四条一項五号）については一件もなされていない。ただし、「警告」については同期間内に六件発出されており注目される。主な事例としては、元請企業が「従来の運送単価から一定率で単価を一方的に引き下げて」あるいは「下請事業者と協議することなく、自社の目標額をもって一方的に通常支払われる対価より低い金額で」下請代金を決定した等がある。(25)

なお、公正取引委員会が平成一九年六月に行った書面調査において、貨物自動車運送事業における違反についてみると、調査対象となった二四〇社のうち、勧告が四社（いずれも下請代金の減額）、警告が一九〇社に達しており、下請法に違反する行為が極めて多い。その主な原因は、元請による下請法の理解不足、誤った認識にあるものと考えられる。さらには、下請法上問題があると認識しながら、業務に支障がないことを理由に違反行為を改善しないまま取引を継続するなど遵法意識に欠ける親事業者（元請）も一部に見られる、(26)との指摘がなされている。

二―三　「物流特殊指定」による取引の公正化

(一)　物流業に対する特殊指定

独占禁止法は禁止の三本柱として、「私的独占の禁止」(独禁法第三条前段)、「不当な取引制限(カルテル)の禁止」(同第三条後段)とともに、「不公正な取引方法の禁止」(同第一九条)を定めている。

独占禁止法が禁止する「不公正な取引方法」は、平成二一年の独占禁止法改正[27]により法定化されたが、従来の具体的な行為類型を公取委が告示によって指定する規制も残されている。この告示には二つの種類があり、その一つはすべての業種に共通で適用される「一般指定」であり、他の一つは特定の業種のみに適用される「特殊指定」である。

平成一五年四月に物流事業に対して独禁法の特殊指定(「特定荷主が物品の運送又は保管を委託する場合の不公正な取引方法[28]」、以下「物流特殊指定」という)が告示(施行は平成一六年四月)されたが、これは改正下請法の施行と連動してなされた措置である。すなわち、上記のとおり改正下請法の対象となる取引は物流事業者間の委託取引に限られるが、物流業における取引の公正化のためには物流事業者と荷主との間の取引の公正化も極めて重要であり、特殊指定によりこれをカバーすることとしたものといえる。

物流特殊指定に規定される行為類型は、特定荷主が特定物流事業者に対して行う優越的地位の濫用行為を具体的に指定したものであり、具体的には、代金支払遅延、代金の減額、買いたたき等の行為(第一項一～七号)と不利益取扱い(第一項八号及び第二項)行為である。これらは改正下請法第四条に掲げる親事業者の禁止行為とほぼ同一であり、また特殊指定の対象となる取引は、改正下請法と同一の資本金規模の事業者間の取引とされている。

(二)　物流特殊指定の運用状況

公正取引委員会は物流特殊指定の告示が行われた直後の平成一七年度に、荷主と物流事業者の取引の実態について調査を行い、平成一八年三月にその結果を公表した[29]。同調査は、物流事業者四〇〇〇社(回答は一三〇八社)及び荷主六七五四社(回答は三五二七社)に対して書面で行ったもので、告示で指定された項目にそって広範な項目が設定され、いずれも興味深い結果が出されている。

特殊指定の行為類型全般についてみると、物流事業者の回答のうち「代金の引下げ要請」について「よくあった」「ときどきあった」とするものが、合わせて三〇・七％ともっとも多い。これは物流特殊指定第一項三号すなわち一方的な運賃・料金の引下げ（いわゆる「買いたたき」）に該当する可能性のある項目で、物流事業者と荷主の取引上の力関係がもっとも端的に現れるものといえる。荷主のこのような要請に対して物流事業者は、「承諾せずに、元の額での取引を認めてもらった」のはわずかに四・二％で、「承諾せずに、自社の判断で取引自体を取りやめた」とするものが〇・七％、また「承諾しなかったところ、荷主から取引停止させられた」とするものが一・七％あった。あとの約九三％は何らかの形で荷主の要請に応じて引き続き取引を行っている、と回答している。

公正取引委員会は、この調査結果を受けて今後の対応を表明したが、その要旨は次の三点である。[30]

(1) 荷主と物流事業者との取引においては、荷主が優越的地位に立つ傾向が高く、その地位を利用した優越的地位の濫用行為が生じやすい。

(2) 今回の調査の結果、一部の荷主は、物流事業者と十分協議することなく一方的に代金の引下げ要請を行い、物流事業者は、要請に応じないと取引上不利になることを懸念して、これを受け入れざるを得ない状況にあることがうかがわれた。

独占禁止法上問題となる行為を未然に防止し、荷主と物流事業者の取引の公正化を図っていくためには、取引条件を決定するに当たり、荷主と物流事業者の間であらかじめ十分な協議を行うことが重要であると考えられる。

(3) 公取委としては、今後とも、荷主と物流事業者との取引実態の把握や違反行為の未然の防止に努めるとともに、具体的な情報提供が行われた場合には調査を行い、物流特殊指定に違反する事実が認められた場合には厳正に対処していく、としている。

次に、公取委は平成一九年度に物流特殊指定の遵守状況を監視、問題となる事案の端緒を見出すため、物流事業者一万四一二六社に対して書面調査等を行った。これにより問題となる疑いのある行為を行っていると指摘のあった荷主一社に対して、問題となる疑いのある行為について指摘するとともに、その是正を要請している。

さらに公取委は、平成二〇年二月二〇日の『年度末に向けた中小企業対策について』に係る関係閣僚による会合申し合わせ」において、運賃等の料金改定交渉をめぐる不当行為を含めて、荷主による物流特殊指定違反行為及び物流分野における下請法違反行為に対する監視の強化のため、「物流調査タスクフォース」を設置し、同年三月二八日に物流事業者二万八五三〇社に対して調査票を発送した。[31]

この調査に基づいて、公取委は平成二〇年度に荷主二社に「警告」及び荷主二五社に「注意」を行った。[32] こうした公取委の姿勢は、物流（貨物自動車運送事業）市場における、取引の公正化に向けたマイルストーンとなるものと思われる。

二―四　下請取引適正化ガイドライン（国交省）

平成一六年四月からの改正下請法の適用及び物流特殊指定の施行後も、依然として貨物自動車運送事業をめぐる取引の適正化の足取りは大変重く、関係官庁においてはそれぞれの所管分野において改善へ努力が行われた。

国交省においては、貨物自動車運送事業者に対して下請法等を周知するために、遵法のメルクマールとなるガイドラインの設定の必要性を強く認識して、平成一九年一一月に自動車交通局に「下請適正取引等推進ガイドライン検討委員会」を設けて、検討を開始した。

同検討委員会は都合五回にわたる会議を実施した後、平成二〇年三月に結論を取りまとめて自動車交通局長に答申した。そして、同答申に沿った内容で同年三月一四日「トラック運送業における下請・荷主適正取引推進ガイドライン」[33]が発出された。

同ガイドラインの貨物自動車運送事業の現状についての基本的な認識は、①規制緩和後の新規参入事業者の急増で極めて激しい市場競争が展開されている、また新規参入の九割弱が車両五両以下の零細事業者であり、荷主・元請事業者から提示される低運賃を受け入れざるを得ない、②規制緩和の行われた平成二年以降運賃は一貫して低下している、③荷主ニーズや季節波動による荷動き量の変動への対応などにより貨物自動車運送事業では下請構造の多層化が進行し、事業者間の不適正な取引の実態が顕在化している、である。また、この時期（平成一九年ごろ）の軽油価格の高騰や安全対策へのコスト負担の増加等による運送原価の上昇も多く影響していた。

以上のような認識をもとに、①関係者間（垂直及び水平関係）における問題認識、ルール等の共有化、②中小企業の成長力底上げ、③荷主とのパートナーシップの推進、④健全な競争環境の整備、を実現する目的で上記ガイドラインが策定された。

同ガイドラインは、貨物自動車運送事業において下請法あるいは独占禁止法（物流特殊指定）との関係で問題となる可能性の高いと思われる事項を取り上げ、それぞれに①問題となる具体的行為類型、②関連法規の留意点、③求められる取引慣行、④望ましい取引実例、を示している。ここで問題となる可能性のある事項として取り上げられたのは、(ア)運賃の設定、(イ)運賃（代金）の減額、(ウ)運送内容の変更。(エ)運賃の支払い遅延、(オ)運送に係る付帯作業の提供、(カ)購入・利用強制の禁止、(キ)長期手形の交付、(ク)報復措置の禁止、(ケ)書面の交付、作成、保存、である。

このガイドラインは、従来からもっとも大きな課題となっていた運賃・料金に関連した事項について、一定の目安を提示したことは評価できよう。特に、下請法上の「買いたたき」の行為と貨物自動車運送事業法上の事業改善命令、荷主勧告制度との関連を明示したことは、大きな意義がある。

なお、本ガイドラインの趣旨の徹底と公正取引の実現のためには、取引の相手方である荷主の理解と協力が不可欠であることに鑑みて、平成二〇年五月に「トラック輸送適正取引推進パートナーシップ会議[34]」が設置、開催されている。同会議は国及び地方で原則として毎年開催され、荷主と貨物自動車運送事業者の相互理解の促進に寄与している。

二—五　貨物自動車運送業界による自主的対応・・・「Gマーク制度」の活用

貨物自動車運送事業法は、規制緩和後における事業者の「遵法意識の啓発及び高揚、違法行為を行っている事業者に対する指導、荷主に対する要請などの活動を行う事業を適正化事業と位置付け、これを民間団体が自主的に行うことを促進することにより、事業者の意識を改善し、貨物自動車運送に関する法令が遵守されやすい環境を整備し、貨物自動車運送に関する秩序の確立に資する[35]」目的で、貨物自動車運送適正化の実施に係る規定（第三八条～第四五条）を設け

図表９－４　「Gマーク」取得・未取得事業所の事故発生件数比較（平成24年1月～12月）

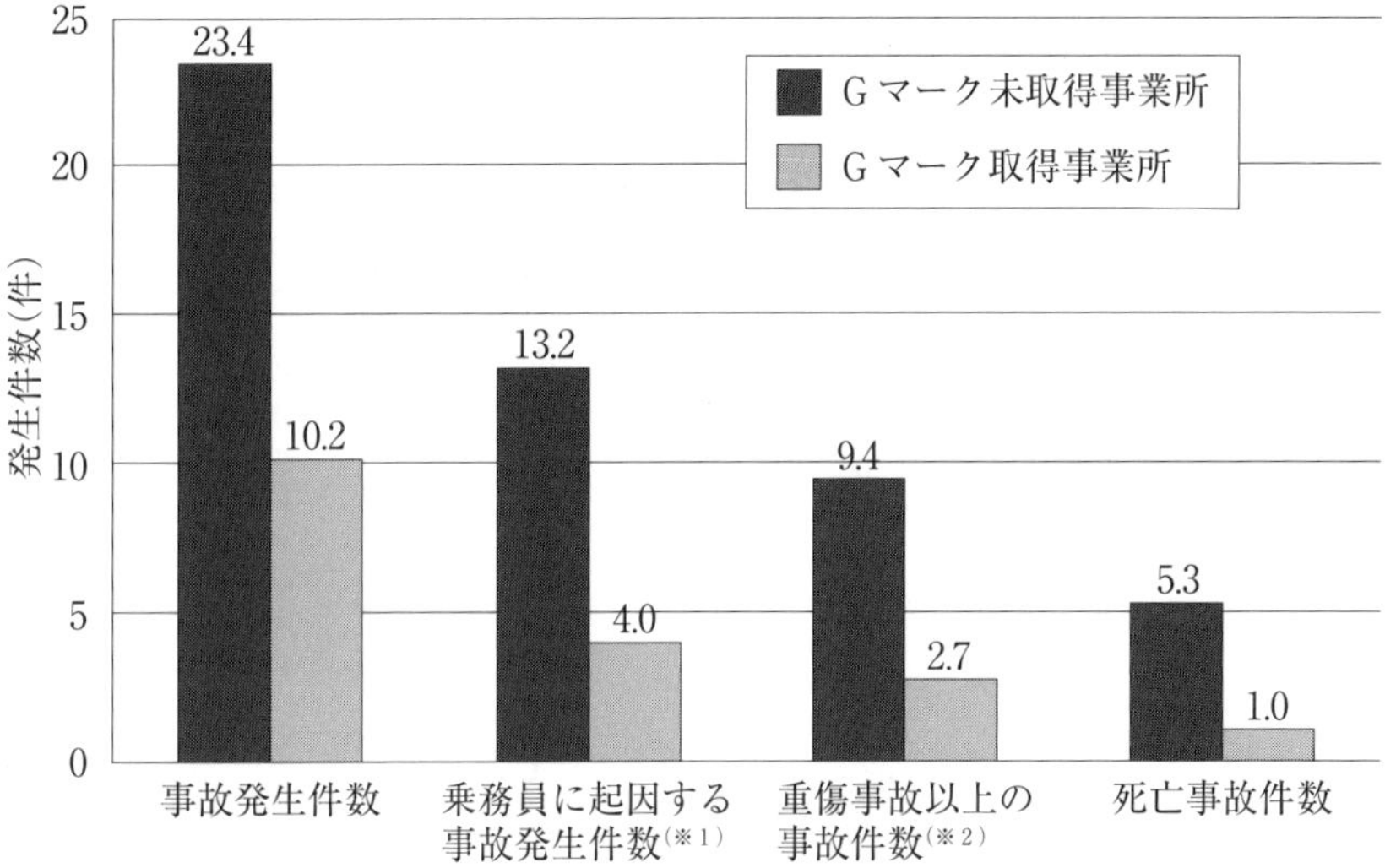

※１　乗務員に起因する事故とは、事故原因が「運転操作不良」と「健康状態」に該当する事故をいう。

※２　重傷事故とは、30日以上医師の治療を要する傷害等が発生した事故をいう（自動車損害賠償保障法施行令 第５条第２号又は第３号）。

（出所）国交省自動車局貨物課。

た。また、民間団体については、全日本トラック協会及び各都道府県トラック協会が指定を受け、事業所への巡回指導等をとおして、適正化実施機関として活動している。

ところで、貨物自動車運送事業者が行っている輸送の安全に係る諸活動については、荷主等利用者による事業者選択の際の有力な客観的情報となる。さらに、事業者が行う安全性向上への取り組みを評価し、公表する仕組みを構築することは、事業者の安全への取組のインセンティブにも連なる。そこで、米国における同様の取組を参考に、[36] わが国においても安全性評価の公表制度の構築が行われた。

具体的には、「貨物自動車運送事業安全性評価事業（Gマーク制度）」が平成一五年度から実施されている。この制度は、①安全性に対する法令の遵守状況、②事故や違反の状況、③安全性に対する取組の積極性、について客観的な評価を行う、さらには法に基づく認可申請、届出、報告事項が適正になされているか、また社会保険等への加入が適正に行われているか等を認定要件に定め、事業所単位で認定を行うものである。

制度開始一〇年を経て「Gマーク」の認定を受け

た事業所数は、全体の二三・〇％に当たる一万九二五七事業所、事業者数では全体の一四・四％に当たる九〇八八事業者、また認定事業所が保有する車両は全営業用トラックの三八・一％に該当する五一万八五八〇台（平成二五年一二月現在）となっている。

これら「Gマーク」取得認定事業所の事故の発生件数は、未取得の事業所に比べて明らかに低く、安全性が高くなっている。特に、「死亡事故件数」については、顕著な差異がみられており、この制度の有効性が立証されている（図表9—4参照）。

第三節　物流施策の生成、展開と総合物流施策大綱

三—一　物流政策の系譜

(一)　わが国における物流政策の展開

平成時代（一九九〇年代）に入ると、総合的な物流に係る施策が講じられるようになるが、ここでは時代を遡りわが国における物流政策の系譜、展開を確認しておきたい。

わが国における自動車による貨物の運送事業に係る政策については、第二次世界大戦後の昭和二〇年代から個別事業法によって行われてきた。しかしながら、大量生産、大量消費の時代が到来すると単純な二地点間の貨物運送という概念では対応できない状況が生じ、わが国においても物流（初期は「物的流通」）という新たな概念の導入が促進された。この結果、貨物運送に係る政策、立法も物流概念を取り入れた新しい視点での施策が必要とされ、関係省庁により種々の施策が策定されることとなった。ここでは、わが国における物流政策を瞥見し、近年における同政策の中核となっている総合物流施策大綱について、その概要を紹介しておくこととする。

わが国で初めて米国の概念である〝Physical Distribution〟の邦訳として「物的流通」という用語が紹介、使用され

始めたのは昭和三五（一九六〇）年頃から、またそれが一般化し概念として確立したのは昭和三九年以降のことと言われている。[37]したがって、わが国における物流に関する政府の諸政策（物流政策）が開始されたのは、それ以降のこととなる。しかし、わが国で物流の概念が認識、定着するには時間を要し、本格的な意味での物流政策の登場は、昭和五〇年代後半（一九八〇年代）まで待たねばならない。

そして、実際にわが国の関係各省庁が横断的かつ総合的に物流政策に取り組んだのは、平成九（一九九七）年の「総合物流施策大綱」の策定からである。

ところで、わが国の物流政策を振り返ってみると、昭和四〇年代後半（一九七〇年代）以前においてはもっぱら物流の主要な構成要素である交通、運輸（貨物運送）に関する政策が実施されていた。

すなわち、昭和三〇年代までは当時の極めて重要な輸送機関である、鉄道（国鉄）に対する政策が中心であった。特に、当時は輸送供給力の不足が常態化しており、鉄道における幹線の輸送力不足の解決が主要な課題とされた。

また、昭和三〇年代後半になると、わが国の高度経済成長のただ中にあって、貨物の輸送需要が増えるものの、輸送のインフラは不十分な状況であった。ちなみに、昭和三五（一九六〇）年度の国内輸送量（トン）の大部分は鉄道（三八・二％）と内航海運（四三・三％）が占めており、貨物自動車運送は全体の二割弱の輸送量（一八・五％）を占めるにすぎなかった。こうした脆弱な貨物輸送体制の整備、インフラの充実を図る方途が論議、展開されるのは昭和四〇年代になってからであった。

わが国の各種の政策、施策は、その多くが関係官庁の審議会等が公表する答申、報告書等に記載、公表され、その後具体的な施策により実施、実行されることが多い。そこで、ここではわが国の物流政策に関する各種審議会、委員会等の公刊資料をもとに整理を行うこととする。[38]

ところで、物流は多様な要素、多面的な関連事項を持つ総合的な施策を必要とするため、その政策についても多数の省庁が関係しているということである。例えば、平成九（一九九七）年に発表された政府の「総合物流施策大綱」においては、実に一四省庁（平成一三年一月の「中央省庁再編[39]」以前）が何らかの形で物流に関連した施策を行っており、それぞれの所管分野を横断する政策、施策の立案はかならずしも容易ではなかった。

ここでは、物流政策の中核をなす国土交通省（旧運輸省、旧建設省）及び経済産業省（旧通商産業省）の政策を中心に整理を行うこととする。[40]

なお、総合物流施策大綱ができるまでは旧運輸省は主として輸送機関、物流事業者の視点が、また旧通産省は主として流通システム、荷主（利用者）企業の流通活動の視点が、物流政策の基本的視座に据えられていた。

（二）　関係官庁の物流政策の概要

(1)経済産業省（通商産業省）の物流政策

物流政策に先鞭をつけたのは経済産業省の前身である通商産業省（以下、「通産省」）であった。同省の物流政策の契機は、高度経済成長期に物流量が急増、交通混雑、インフラ整備の立ち遅れ等の課題が顕在化した際に、物流の重要性をいち早く認識し、拡大する物流量を処理するための施策の策定に取り掛かったことにある。

昭和四一（一九六六）年に「流通業務市街地の整備に関する法律」[41]（通産省、経企庁、運輸省、建設省の共管）が制定されたことをもって旧通産省の物流政策の嚆矢とされるが、[42]同法は、流通業務団地等の物流施設すなわち物流のハード面での整備等について大きな役割を果たすことになる。取引等ソフト面での政策としては昭和四四（一九六九）年七月に旧通産省産業構造審議会流通部会が、その答申として「流通活動のシステム化について」を公表したことに淵源を求めることができる。[43]この中で、その後の通商省の物流政策の基本となる四つの施策提言が行われている。すなわち、①流通システム化推進会議（仮称）の設置、②ガイド・ポストの提示と標準化の推進、③流通関係情報の提供体制の整備、④金融、税制などの面でのインセンティブの付与、である。

この答申をうけて昭和四六（一九七一）年に「流通システム化基本方針」が、また昭和四八年に「流通システム化実施計画」が作成されたが、それらの中では、在庫管理の適正化、高層自動倉庫、ダイヤグラム配送、受発注の自動化、パレットの標準化など、具体的な物流活動や施設が取り上げられた。

以上のように、昭和四〇年代後半の流通システム化政策は、流通に関連する諸要素を有機的に結び付けてシステム統合を行おうとするものであるが、機能面での要素としての物流機能に着目し、わが国流通全体の「近代化」へむけての政策の中で「物流」の重要性が認識され、一定の対応がなされたものといえる。

次いで、昭和五五（一九八〇）年四月には、産業構造審議会から『八〇年代の通産政策ビジョン』が公刊された。同ビジョンにおいては、わが国の流通産業は極めて柔軟かつ競争的な体質を有しており、今後の流通政策においては、競争体質を維持し、創意と努力をできる限り活用していくことが最も重要であるとしている。そして、流通政策は、流通近代化・高度化推進のための誘導もしくは補完的施策との位置づけの下に四つの施策の項目があげられ、その一つに「物流合理化の促進」があげられている。その内容は「物流機能を高度化、効率化し、物流コストを軽減するため、大規模物流拠点の適正化配置、物流施設の整備などの施策を引き続き実施するとともに、企業間の物流共同化、都市内物流改善などの施策を講じていく」(44)、というものである。この時期（一九八〇年代）までの通産省の物流政策は、流通政策の一部分として位置づけられていたという特徴がある。

平成四（一九九二）年には、『九〇年代の物流効率化ビジョン―社会システムとしての物流の構築に向けて』が公刊された。

同ビジョンは、通産省で初めて物流政策、特に物流効率化を本格的なテーマとして掲げている。わが国の企業では、石油危機後の一九七〇年代後半には物流が第三の利潤源との認識が高まり、コストを意識した効率的な物流が求められるようになっていたが、こうした考えが具体的に施策に反映されることとなった。同ビジョンは全四部から構成されるが、そのうち物流効率化対策の総合的推進について（第一部）では、わが国物流の現状と問題点、物流に対する取組みの現状、物流を巡る諸問題に対応する基本的考え方、物流効率化対策の総合的推進、について論述されている。このうち、物流効率化対策については「事業者の取組の方向性」とともに「行政に求められる対応策」が記載され、社会システムの一環として物流の効率化を図るため、以下の施策を講ずる必要があるとしている。すなわち、①個別事業者の物流効率化の助成、②個別事業者が物流効率化努力を円滑に行うための環境整備、③個別事業者を超えた物流の合理化の推進(45)、である。

この時期（一九九〇年代）の通産省の物流政策は、物流効率化がキーワードとされたが、その背景にはさまざまな物流に関する課題、特に「多頻度小口配送」問題があった。これは「ジャストインタイム（ＪＩＴ）配送」、あるいは

「看板（カンバン）システム」と呼ばれることもあったが、わが国で発展した高質、高度な物流（配送）システムであり、わが国企業の生産性を支えるシステムでもあった。しかし、一方では大幅な流通コストの引き上げ、都市部の交通渋滞、環境問題の元凶、といったマイナス面での評価もあり、社会の各方面の関心をよび社会問題化したテーマであった。これらの問題の解決に向けた議論を通して、物流問題は国民生活に深く根差した問題であり、もはや個別企業のみでの対応では解決できない社会システムの問題であり、物流に関する総合的な政策が必要であることが認識されるにいたっている。

さらに、物流効率化施策に関わる重要なものとして、平成七（一九九五）年六月の産構審・中政審合同会議答申『二一世紀に向けた流通ビジョン―我が国流通の現状と課題』がある。

同答申において「物流システムの効率化」は、「流通システムの効率化と課題」の章（第三章）に位置づけられている。そして物流効率化の課題としては「取引慣行の見直しと共通手法による物流コストの把握を実現することが物流に価格メカニズムを機能させるには不可欠である。こうした価格メカニズムが機能することになれば、個別事業者段階及び複数事業者段階での取引段階の双方において効率化が進展する[46]」としている。これは物流の問題が「取引問題」の一環としてとらえられ、物流効率化の条件として「価格メカニズム」が強調されていることである。すなわち、物流の効率化を促進する上では、取引慣行を事業者が自律的に見直すことが必要であり、物流に必要なコストを商品価格の中に含めて取引している現状を改め、物流コストを別建てにし、コストとサービスとの対応関係を明らかにすることが必要であるとしている。従来から、わが国の物流非効率の原因の一つに取引条件があげられることがあったが、ここでは非効率な取引によりトータルの物流コストが上昇するという懸念に基づいた指摘である。物流のコスト問題は、その後の政策の主要な課題の一つとなる。

通産省の「物流政策」は、「流通政策」から開始され「流通システム化政策」へと展開され、そして「物流効率化政策」へと継受されてきたといえる。

(2)国土交通省（旧運輸省）の物流政策

旧運輸省（以下、「運輸省」）は物流の主要な機能である貨物運送を所管する官庁として、物流（当初は「物的流通」）に極めて深いかかわりを持ってきた。

しかし、昭和五五（一九八〇）年以前の運輸省においては、物流＝貨物輸送とする考え方が主流であり、当時の政策は交通政策、運輸政策であったとの指摘がある。[47]したがって、運輸省における物流政策は実質的には昭和五〇年代後半（一九八〇年代）に入ってから開始されたといえる。なお、運輸省においても通産省と同様、省内の関係審議会、委員会等の答申、報告という形で政策方針が先取り的に公表され、その後具体的な方策、施策が実施されている。ここでは、いくつかの重要な答申等を取り上げて運輸省及び国土交通省（国交省）の物流政策を整理しておくこととする。

運輸省においては、かつてほぼ一〇年毎に審議会等の答申を用いて同省の今後の政策方針を打ち出していた。「物流」という用語が本格的に使われ始めた昭和四〇年代以降についてみると、昭和四六（一九七一）年七月に発表された運輸政策審議会『わが国の総合交通体系』がある。この答申は、それ以前に解決できなかった大都市での交通渋滞や公共交通機関の経営難などの問題を、一九七〇年代に総合交通体系という考え方のもとに解決しようというもので、具体的には国内・国際の人的交流、物的交通の拡大、新しい総合的な交通網の整備、交通需要の増大と多様化、高度化への対応などの課題の克服を目指すというものである。しかし、物流（物的流通）についての具体的な指摘はなく、高度経済成長によって生じている貨物（輸送需要）の量的拡大への対応と質的向上が指摘されているだけであった。

昭和五〇年代後半（一九八〇年代）に入ると、二度にわたる石油危機を経験したわが国経済を取り巻く環境は一変し、それまでの高度成長から安定成長へと移行した。産業構造についても、重厚長大型産業から軽薄短小型産業へと基調が変化し、貨物輸送にも多大の影響を及ぼすことになった。

こうした環境激変の中で昭和五五年四月に運輸政策審議会に諮問され、翌昭和五六年七月に同審議会が答申したのが、『長期的展望に基づく総合的な交通政策の基本方向について』である。この答申は、それ以前の政策が運輸・交通を中心としたものを、より範囲を広げて他の諸活動をも含めた物流活動を政策の射程距離の中に取り込むという形で政策が立案されていく契機となったものといえる。

この答申には、「物流政策のあり方」と題する一章がおかれ、運輸省における物流政策の課題と方向性が明確にされている。ここで取り上げられた物流政策の課題は、①産業の物流ニーズへの対応、②物流コストの低減、③強まる制約条件等への対応、④国鉄貨物輸送の再編成、⑤国土の均衡ある発展、⑥国際的相互依存の強まりへの対応、である。この中で特に①は、従来の運輸行政（政策）が運輸事業者の保護、育成の中心であったものを、荷主（利用者）のニーズへの対応を行うとするもので、極めて重要な政策転換の表明といえる。このことはその後の運輸省（国交省）の物流政策の基軸となるものであり、その後の規制緩和政策に結び付いていく。

平成二（一九九〇）年一二月には、運輸政策審議会の答申として『物流業における労働力問題への対応方策について―二一世紀に向けての物流戦略[48]』が公表された。

この答申は、その副題からわかるように当時もっとも深刻な問題の一つとして議論されていた、物流業の労働力不足問題を中心に据えて政策提言が行われている。すなわち、労働力確保のための方策、労働力不足に対応した物流効率化のための方策等が検討された。

ところで、昭和六〇年代の初頭には物流政策に新たなテーマが加わった。

昭和五〇年代の前半から新たな物流サービスとして登場した宅配便、引越運送、トランクルーム等のいわゆる「消費者物流」が、昭和五〇年代後半（一九七〇年代）には急成長し、国民生活に深くかかわる物流サービスとなってきた。しかし、それに伴って物流事業者と消費者の間で種々のトラブルが発生、大きな問題となってきていた。こうした中、昭和五八年一一月には消費者物流に係る約款の適正化を求める答申が、国民生活審議会消費者政策部会から公表された[49]。プロ対プロの取引が前提とされた物流の分野に、一般消費者という物流のアマチュアが登場、取引の内容について消費者保護を求める動きが加速化し、運輸省の政策の中に「消費者保護」の視点が追加されることとなった。

こうした動きを受けて運輸省は、関係約款の見直しに着手、宅配便、引越運送について㈳全日本トラック協会で草案作りの作業が行われた。具体的には、同協会は昭和五九年一〇月に「消費者ニーズに対応した運送約款研究会」を設置、翌六〇年三月に「宅配便約款草案」を、また翌六一年五月に「引越運送約款草案」を取りまとめて、運輸政策審議会物流部会に報告した。そして、これらの報告をもとに昭和六〇年九一九日に「標準宅配便運送約款」が公示され（運輸省告示第四〇〇号）され、また昭和六一年一〇月一三日に「標準引越運送・取扱約款」が公示（運輸省公示四五九号）された[50]。

三―二　総合物流施策大綱

(一)　第一次総合物流施策大綱（平成九年四月閣議決定）

政府は、各関係省庁がそれぞれ行っていた物流に係る政策を総合的に実施するため、平成九年（一九九七年）にはじめて「総合物流施策大綱（一九九七～二〇〇一）」（以下、「第一次物流大綱」という）を閣議決定し、実施に移した。物流の有する多様な機能、役割を最大限発揮させるため、物流に関わりのある諸官庁が物流全体に関する問題意識と目標を共有、連携して施策を速やかに講じるために決定されたのが第一次物流大綱である。

すでに指摘したように、物流大綱策定の背景には、経済のグローバル化に伴うわが国産業の立地競争力強化の必要から、物流の重要性が認識されたこと。また、流通コストや流通システムに対する意識が高まり、物流に対する国民のニーズが多様化、高度化してきたこと。さらに、物流分野はエネルギー問題、環境問題、交通渋滞等の社会的課題に対応しつつ、情報化・国際化に対応した物流の新しい業態・サービスへの取り組みが求められたこと、等がある。

第一次物流大綱では、おおむね平成一三年（二〇〇一年）を目途に次の三点を実現することを目標として設定した。すなわち、①アジア太平洋地域で最も利便性が高く魅力的な物流サービスが提供されるようにすること、②このような物流サービスが、産業立地競争力の阻害要因とならない水準のコストで提供されるようにすること、③物流に係るエネルギー問題、環境問題及び交通の安全等に対応していくこと、としている。

これら三つの目標を実現するため、政府は(ア)規制緩和の推進、(イ)社会資本の整備及び(ウ)物流システムの高度化に関する施策を講じるとしている。

(ア)規制緩和の推進・・・物流コストの低減、サービス内容の多様化・高度化を図る観点から、物流分野の参入規制については必要な環境・条件整備の措置を講じつつ、原則としておおむね三～五年後を目標期間として需給調整を廃止する。また、安全規制については近年の技術水準の向上を踏まえてコスト低減や輸送効率の改善を図り、わが国の独自の規制については国際的に調和のとれたものとする。

(イ)社会資本の整備・・・物流に必要な社会資本については、環境の保全に配慮しつつ、モノの移動に係る時間の短縮とコストの縮減等に資するよう、重点的・効率的な整備と利用効率の改善を図る。
(ウ)物流システムの高度化・・・物流システムの高度化を図るため、情報化、標準化、技術開発及び商慣行改善の施策を行う、としている。このうち商慣行の改善については、多頻度小口配送やリードタイムの短い受注等、労働時間の短縮や物流効率化の阻害要因となる等社会的非効率を招くおそれのある商慣行を改善するためには、物流コストに関する価格メカニズムが有効に機能しうる環境の整備を進めるとともに、ユーザーの多様なニーズへの適切な対応が可能となる物流システムを、情報化、標準化などを通じて構築していくことが必要である、としている。

さらに、総合物流施策大綱においては、単に施策を掲げるにとどまらず、実現に向けての努力目標が設定されている。例えば、都市内物流については二一世紀初頭にはトラックの積載効率を五割の水準にすること、また、国際物流については平成一三年までに港湾関連のコスト及びサービス水準を国際的に遜色ない水準にすること、等である。

(二) 第二次総合物流施策大綱（平成一三年七月閣議決定）

第一次総合物流施策大綱で設定した期間の満了を受けて、平成一三年（二〇〇一年）七月に「新総合物流施策大綱（二〇〇一～二〇〇五）」（以下、「第二次物流大綱」という）が閣議決定された。

第二次物流大綱は第一次物流大綱で掲げた三つの目標について、一定の効果を上げてきたものの「さらなる取り組みが必要」としたうえで、二一世紀を迎えたわが国経済社会にふさわしい新たな物流システムの形成を目指し、遅くとも平成一七年（二〇〇五年）までに取り組むべき施策として、①コストを含めて国際的に競争力のある水準の物流市場の構築、②環境負荷を低減させる物流体系の構築と循環型社会への貢献、の二つを設定した。

そして、施策を推進するために、(ア)各主体の適切な役割分担（政府・民間、国と地方公共団体）、(イ)公正かつ競争的な物流サービス市場の構築、(ウ)物流インフラの重点的・効率的な整備や既存インフラの有効活用、の三点が視座に据えられた。

上記の目標を達成するため、わが国の物流システムが目指すべき三つの方向性を明確にしたうえで、それぞれに具体的な数値目標を設定した。

まず、「国際競争力のある社会実現のための高度かつ全体効率的な物流システムの構築」として、平成一七（二〇〇五）年までに、パレット輸送が可能な貨物のパレット化率を約九割とする（現在は七七％）とともに、標準パレット比率を欧米並みに引き上げる（現在は日本約四割、欧米約五〜六割）。これらの達成を内容とした「高度かつ全体効率的な物流システムの構築」をすること。

次いで、二一世紀初頭に、輸出入コンテナの陸上輸送費用を、平成九年大綱策定当時の施設配置を前提とした場合と比較して約三割削減することを目指し（現状の約一割削減）、港湾の二四時間フルオープン化、輸出入・港湾手続きの電子化・ワンストップ化等を進め、国際港湾物流の効率を大幅に改善する。そして、平成一七年度までに、船舶が入港してから貨物がコンテナヤードを出ることが可能となるまでに必要な時間を二日程度へ短縮（現状は三〜四日）することを内容とする、「国際物流拠点の機能強化」がある。

さらに、「社会的課題に対応した物流システムの構築」には、地球温暖化問題への対応、大気汚染等環境問題への対応、循環型社会実現のための静脈物流システムの構築、事故防止等の物流の安全問題への対応、があげられた。

そして、「国民生活を支える物流システムの構築」については、(ア)物流事業規制の緩和後においても安定した物流サービスと消費者保護の確保。(イ)街づくりにおける物流の円滑化への配慮（都市内建築物等への荷捌き施設の付置等）(ウ)安定的な物流システムの構築（既存インフラの耐震性等の向上、緊急時の代替手段・ルートの確保）、が掲げられた。

(三)　第三次総合物流施策大綱（平成一七年一一月閣議決定）

第一次及び第二次の物流大綱を踏まえて、新たに「総合物流施策大綱（二〇〇五〜二〇〇九）」（以下、「第三次物流大綱」という。）が平成一七年一一月に閣議決定された。

第三次物流大綱では、今後の物流施策の展開にあたっては行政内部での省庁間連携や地方公共団体との連携をさらに強化することに加えて、官民連携や民間の業種を超えた連携、さらには広く国民の理解と協力を得ていくことが重要であるとし、また大綱の役割としてこうした連携・協働による広範な施策の推進の拠り所、そして国民への情報発信と啓発を担うものとしての要請が強まっているとしている。

以上のような認識に基づいて、次のような具体的な施策が決定されている。

まず、基本的な施策の視座として、①スピーディでシームレスかつ低廉な国際・国内物流一体となった物流の実現、②「グリーン物流」など効率的で環境にやさしい物流の実現、③ディマンドサイドを重視した効率的物流システムの実現、④国民生活の安全・安心を支える物流システムの実現、の四点が据えられ、それぞれ具体的な施策が掲げられた。

具体的な施策として、「国際物流・国内物流の一体的展開」については、(ア)国際拠点港湾・空港の機能向上、(イ)国内外の物流ネットワークの構築、(ウ)国際物流におけるロジスティクス機能の高度化、の三点が掲げられた。

次いで、「効率的で環境負荷の小さな物流」については、(ア)グリーン物流の推進、(イ)貨物交通のマネジメントの推進、(ウ)情報化・標準化の推進、(エ)物流効率化を支える人材の育成等、があげられている。

そして、「国民生活の安全・安心を支える物流」については、(ア)物流セキュリティの確保、(イ)交通安全の確保、(ウ)災害時の的確な対応、(エ)消費者ニーズに応じた流通システム及び食の安全・信頼の確保、があげられた。

なお、第三次物流大綱においても「進捗状況を把握する指標」が提示された。

(四) 第四次総合物流施策大綱(平成二一年七月閣議決定)

平成二一年七月に「総合物流施策大綱(二〇〇九〜二〇一三)」(以下、「第四次物流大綱」という。)が閣議決定された。

第四次物流大綱では、上記した第三次物流大綱を見直し、諸施策の総合的・一体的な推進を図ることが目的とされているが、具体的には、①グローバル・サプライチェーンを支える効率的な物流の実現、②環境負荷の少ない物流の実現等、③安全・確実な物流の確保等、である。

第四次物流大綱は、わが国の物流産業がおかれた立場、特にグローバル化への対応の遅れを意識しつつ、二〇一〇年代の克服すべき課題を列挙している。いずれの目標も、今後のわが国物流が抱える重要な課題であり一挙の解決は困難と思われるものが含まれる。総合物流施策大綱は、第一次以来四年間を目途に施策が設定されてきたが、より長期の目標の設定およびそれへのロードマップの提示等、新たな視点の必要性が明確になってきた。

(五)　第五次総合物流施策大綱（平成二五年六月閣議決定）

平成二五年六月には「第五次総合物流施策大綱（二〇一三～二〇一七）[51]」（以下、「第五次物流大綱」という。）が、閣議決定された。

第五次物流大綱は、従前の四次にわたる物流大綱によりわが国の物流の効率化に「一定の成果」をあげたものの、物流サービスの国際競争力の強化の視点が弱かったこと、また重点的な取り組み事項が不明確であったこと、さらに国がスピード感を持って施策を展開する必要があること、を踏まえて策定したとしている。この背景には、これまでの物流大綱の内容が施策の網羅的な羅列に終始し、施策を実行していく際の優先順位の考え方がはっきりしていなかった、あるいは施策が総花的で計画期間中に実現しないものがあった、などの批判[52]を受けてのことといえる。

さらに、物流については東日本大震災（平成二三年三月一一日）をはじめとする大規模災害発生時あるいはその後の復興支援における担い手としての役割が広く再認識され、物流機能の社会的重要性の一層の高まり、期待が国民各層に生じていることも指摘されている。

第五次物流大綱においては、わが国の物流を取り巻く現状とこれまでの施策を確認したうえで、今後の物流施策の方向性と取組を掲げている。

まず、今後の物流施策が目指すべき方向性として、「強い経済の再生と成長を支える物流システムの構築～国内外でムリ、ムダ、ムラのない全体最適な物流の実現～」を目標に掲げ、施策の総合的・一体的な推進を図るとともに、荷主、物流事業者等の関係者が適切な役割分担の下、連携・協働して取組を進めるとしている。具体的には、(ア)産業活動と国民生活を支える効率的な物流の実現のための取組、(イ)さらなる環境負荷低減に向けた取組、(ウ)安全・安心の確保に向けた取組、である。

また、今後の推進体制として、具体的な物流施策をプログラムとして取りまとめ、工程表を作成した上で、ＰＤＣＡ方式により進捗管理を適切に行うこととしている。

第四節　規制緩和政策の見直しへの胎動

四―一　「行き過ぎた規制緩和論」の登場

平成二一（二〇〇九）年九月に誕生した鳩山由紀夫内閣は、選挙にあたって民主党が掲げたマニュフェストの主題である「国民の生活が第一。」を実現するべく、それ以前の政権が進めてきた政策、支出の全てを見直す方針を打ち出した。

こうした政策の一大転換を契機に、以前から問題となっていた規制緩和への批判が一挙に顕在化し、「行き過ぎた規制緩和[53]」として、従来の政策に大きな修正を迫る動きに連なった。この問題は、労働法制（労働者派遣法改正問題）等で先行的に議論されていたが、運輸の分野ではタクシー事業の規制緩和がまず取り上げられた。

タクシー事業においては、平成五（一九九三）年頃から著しい供給過剰状況が進行し、激しい運賃競争により事業の経営や労働条件が悪化するなどの問題が発生し、平成二一年六月に「特定地域における一般乗用旅客自動車運送事業の適正化及び活性化に関する特別措置法[54]」が成立、同年一〇月一日から施行された。同法案は、政府、与党の提出法案を軸に野党四会派（当時）がともに賛成する形で成立をみている[55]。以上のような背景をもとに、貨物自動車運送事業の分野においても行き過ぎた規制緩和の見直し論が登場してきた。

ただし、タクシーの利用者は消費者個人でありまた一回限りの利用である場合が多く、情報の非対称性や選択性が低くなる可能性が高いといえる。これに対して、貨物自動車運送事業の場合は、宅配便、引越運送等を除いて、利用者の大部分は企業等の荷主であり、利用の相手方（顧客）も貨物運送の「エキスパート」であることが多い点で、タクシー事業の場合とは前提条件に大きな違いがあることを指摘しておかねばならない。

また、平成二四年四月二九日に群馬県藤岡市で起きた「関越自動車道高速バス居眠り運転事故」は、貸切バス事業の規制緩和[56]（平成一二年二月　道路運送法改正）による参入規制の緩和により新規参入者が急増、それに伴い事業者のコスト削減、安全対策の軽視等によってもたらされたとの認識が高まり、一気に規制緩和政策批判が高まった。同年六月二〇日の参議院国土交通委員会で羽田雄一郎国交相（当時）も、バス事故を受けて「安全基準の強化、監査の強化、処分の厳格化に加えて、参入規制のあり方についても検討したい[57]」と答弁し、事実上行き過ぎた規制緩和の見直しを表明した。

貨物自動車運送事業については、参入事業者の増加、市場競争の活発化、運賃・料金の低下、さらには労働条件の悪化、事故の増加等を背景に、規制緩和政策が実施された当初から批判論が展開されてきていた。ただし、これらの問題は貨物自動車運送事業法による規制緩和以前から生じていた問題であり、同事業が抱える本質的な問題、すなわち事業への広義の「参入障壁の低さ」から来る問題であることを確認しておきたい。

もっとも、この時代に改めて規制緩和への強い疑義が登場した背景には、環境問題の深刻化、グローバル時代の到来（産業の空洞化等）、リーマンショックの影響等、継続する経済不振による需要（貨物量）の低迷、少子高齢化による若年労働力の不足の深刻化、さらには燃料油価格の国際的高騰の影響等、時代の変化により生起した新たな課題への貨物自動車運送事業者の強い危機感があったということもある。

四―二　「トラック産業の将来ビジョンに関する検討会」

（一）　検討会の設置と「中間整理」の公表

平成二二年三月国土交通省は自動車交通局（当時）に「トラック産業の将来ビジョンに関する検討会[58]」（以下、「ビジョン検討会」という）を設置して、二〇二〇年に向けて今後のトラック産業をいかに持続的かつ収益力のある成長産業としていくのかとの視点から、トラック産業の目標とすべき「あるべき姿」を議論し、その実現に向けた検討を行う、こととした。

検討に当たっては、①トラック産業を取り巻く経済社会環境の変化とその影響、②経済社会環境の変化に対応したトラック産業のあるべき姿、の二つの課題が取り上げられた。

①については、(a)環境問題・安全対策に対する社会的要請の高まり、(b)少子高齢化・人口減社会の到来、(c)グローバル化の進展、(d)ＩＴＳ等技術開発の進展、(e)規制緩和後の変化、(f)高速道路の無料化、港湾と連携の必要性等が、また②については、(a)環境問題・安全対策の一層の推進、(b)荷主・利用者ニーズに対応したトラック事業の高度化・高付加価値化（一般消費者向けサービスを含む）、(c)アジア市場等への海外進出、(d)労働力の確保、(e)新技術の活用、(f)公平・公正な競争環境の整備等が、具体的な検討事項とされた。

これらの課題に対して、学識経験者、有識者、経済団体、事業者団体（全日本トラック協会）、事業者、労働組合の代表をメンバーとする合議体である「ビジョン検討会」で、活発な議論が行われたが、もっとも強い危機意識を有していたのは、事業に直接的に関与する事業者と労働組合（「全日本運輸産業労働組合連合会」、「全国交通運輸労働組合総連合」）であった。検討会においては、事業者（事業者団体）、労働組合から、規制緩和により中小零細事業者（一〇両以下保有）の事業者の増加、運賃低下、労働力確保困難、社会保険未加入、労働法規の不遵守等、規制緩和による負の影響について、見直しを求める意見が噴出した[59]。特に、事業者の代表からは、最低車両台数引上げ、適正運賃収受に向けた取組み、五台未満事業者への運行管理者選任の義務付け、五台未満事業者の減車に対する規制強化、社会保険未加入事業者の取り締まり強化、中型運転免許の取得要件改善等の要望が強く出された[60]。

「ビジョン検討会」は都合三回の検討会を開き、議論を進めた後、第四回（平成二二年七月七日）の検討会で『トラック産業の将来ビジョンに関する中間整理』[61]（以下、『中間整理』という）を報告、公表した。

『中間整理』は、規制緩和により市場への参入が増加し市場が活性化したこと、さらには利用者ニーズに対応した弾力的な運賃設定や多様な運賃割引等により新たなサービスの提供、物流コストの低減が実現できたとしてうえで、規制緩和により事業者に大変厳しい経営環境や労働環境に関する問題が顕在化したとしている。そして、上記した検討課題について行われた議論について、それぞれ取りまとめられているが、より関心が集まったのが上記①(e)規制緩和後の変化と、②(f)公平・公正な競争環境の整備、についてであった。いずれも規制緩和の影響、評価をめぐる中心的な論点であり、『中間整理』においては、「規制緩和後の変化と克服すべき課題」として取りまとめられた。

まず〈規制緩和後の克服すべき課題〉として、「事業者の大幅な増加等に伴い過当競争が激化し、トラック運送事業者にとって大変厳しい経営環境となっており、法令遵守やドライバーの労働環境に関する問題が顕在化しつつある」としたうえで、小規模事業者の増加、不適正事業者の増大、運賃・料金等の問題を確認、指摘している。そして、これら課題の克服には、(ア)経済的な環境整備の視点、(イ)社会的な環境整備の視点、からの整理が必要としている。具体的には、前者については「トラック産業に係る適切な経済環境を創出することが必要」であり、また後者については「荷主、元請、下請事業者等の関係者の役割・責務の明確化」と「正直者が損をしない体制の整備」が必要とした。

これらについては、調査等を踏まえて具体的な検討が必要であることから、第四回検討会が開催されたのち、検討会の議論を一度中断する形でワーキング・グループを設置して検討をすすめることとした。

「ビジョン検討会」の論議を通じて、また『中間整理』の公表により、平成（一九九〇年代）当初から本格化した国土交通省による貨物自動車運送事業への規制緩和政策について、その課題の露呈を直視して政策の軌道修正を表明したものといえる。とりわけ、平成一五年改正法による事実上経済的規制の撤廃に近い措置に対して、平成二年貨物自動車運送事業法制定時の運用への回帰が指向されたものといえる。

ただし、こうした政策の修正においても、規制緩和による事業の活性化、利用者利便の向上等のメリット、さらには事業者間の取引の円滑性の確保等適切な改革の方向性は、今後も確保していかねばならないことの確認はなされた。

(二)　ワーキング・グループによる検討

『中間整理』における前記〈克服すべき課題〉の提起を受けて、「ビジョン検討会」のもとに「最低車両数・適正運賃収受ワーキング・グループ」（以下、「最低車両・適正運賃WG」という）が平成二二（二〇一〇）年一〇月一三日に設置され、①最低車両台数のあり方について、②市場構造の健全化等に向けての方策、③適正運賃収受に向けた取組について、より具体的な検討が行われた。

検討にあたっての具体的な課題として、①については、(a)基本的な視点及びこれに基づく具体的な指標・データについての議論、(b)これらの視点・指標による実態調査の実施、(c)調査結果を踏まえた最低車両台数のあり方、等が、また③については、(a)トラック運賃の現状把握及びこれを踏まえた課題について議論、(b)要望等を踏まえた具体的な対応案毎の制度的・実態的な面からの検討、(c)検証結果を踏まえた具体的な対応策のあり方、等があげられた。

「最低車両・適正運賃WG」は、東日本大震災（平成二三年三月一一日）や関越道高速バス居眠り運転事故（平成二四年四月二九日）の発生等により議論が遅れたが、第七回（平成二四年一〇月一五日）の会議において『最低車両台数・適正運賃収受ワーキング・グループ報告書』[62]が報告、公表された。

同報告書は、①最低車両台数のあり方については、(i)直ちに最低車両台数基準を引き上げる状況にはない、(ii)新規参入時の事前チェックについて現行の許可基準や運用につき強化策を検討すべき、(iii)緊急調整措置（第七条）については現段階で発動すべき状況にない、とした。

また、②市場構造の健全化については、(i)不適正事業者の指導強化・退出促進及び優良事業者への配慮等については、(a)監査及び行政処分の強化、(b)事業許可の更新制が有効、(ii)五両未満事業者に対しては減車に係る事業計画の変更等について許可制とする措置の可能性の検討、(iii)転廃業支援・経営改善支援の支援が重要、(iv)多層構造の適正化については、契約の書面化について義務化を含めた推進対策の実施が必要、(v)水平構造の改善についいは、事業者の連携を図り、規模や経営の強みを拡大することが有効、とした。

そして、③運賃料金の適正収受については、(i)標準運賃（第六三条）は現段階で法定要件を満たさず発動する状況ではない、(ii)運賃変更命令（第二六条五項）の要件に該当する場合は適切に対応する、(iii)旧認可運賃時の運賃タリフなどの活用については、運賃の多様化あるいは独禁法に抵触する可能性もあり慎重な対応が必要、(iv)最低賃金法違反に係る通報が労総基準監督部局からあった場合は適切に対処すべき、とした。

この報告書においては、参入規制や運賃・料金規制の緩和により現実の貨物自動車運送事業において公平、公正な市場競争環境が損なわれている事実を認めつつも、最低車両台数の引き上げによる参入規制強化や運賃に対する行政の直接的介入については、否定的な見解が表明された。そして、今後検討すべき新たな措置として「許可の更新制」と契約等の「書面化」が提示されたことは、規制緩和の負の側面の解決策として大きな成果といえよう。

なお、同報告書は平成二四年一二月二五日に開催された第五回「ビジョン検討会」に報告され、同検討会では今後これらの報告内容を具体化するために「トラック産業に係る取組作業部会」の設置が提案、承認された。

（三）　作業部会による検討

「トラック産業に係る取組作業部会」（以下、「作業部会」という）の第一回会合は、平成二五年二月二一日に開催された。上記のとおり、この「作業部会」においては「最低車両・適正運賃ＷＧ」で提言された参入に係る事項や必要な対策を推進するための具体策が検討課題とされた。すなわち、「作業部会」での検討課題は、①参入時基準の強化について、②多層構造の弊害の解消に向けた施策について、③水平構造の改善について、④適正化事業の充実について、⑤事後チェックの充実について、⑥その他[63]、である。

「作業部会」では上記の課題を論議しながら、「ビジョン検討会」で出された方向性に基づいて諸施策を実施に移すことになっている。すでに、省令改正により「五両未満営業所に対する運行管理者の選任義務付け[64]」（平成二五年三月二九日、施行は同年五月一日）や通達の改正により「受委託点呼（共同点呼）の導入[65]」（平成二五年七月三〇日、施行は同年一一月一日）、「参入時基準の強化改正[66]」（平成二五年一〇月三一日、施行は同年一二月一日）等の措置が実施されている。今後は、「安全性優良事業所認定制度（Ｇマーク制度）へのインセンティブの拡大」や「契約等の書面化[67]」の実施が予定されている。

これらの措置により、「ビジョン検討会」は一定の役割を果たし終えたことになる。

第五節　小　括

貨物自動車運送事業に係る政府の規制については、平成二年以降「経済的規制の緩和、社会的規制の強化」が指向され政策が実施されてきた。そして、具体的な政策では経済的規制の緩和が先行し、社会的規制については順次強化の方向で施策が講じられてきた。

本章では、貨物自動車運送事業が抱える諸課題を確認したうえで、平成二〇年代になって本格化した「行き過ぎた規制緩和」をめぐる議論を背景にした政策の見直し論、さらには将来の貨物自動車運送事業のある方をめぐる議論を紹介した。しかし、これらの議論も現時点ではその先行きが不透明であり、今後の展開を注意深く見守るほかない。

言うまでもなく、わが国経済、社会の重要な基盤の一つとなった物流、そしてそれを支える貨物自動車運送事業の維持、発展の基礎は事業者の公正、円滑な事業活動にあり、政府の関与はその阻害要因となってはならない。事業経営者の経営努力の成果を最大限に発揮できる経営環境の整備のためには、政府の規制は最小限度のものであることが望ましい。

しかしながら、現実に市場で展開されている事業者間の競争には、一部に「不公正さ」の存在を否定できない部分があり、かかる意味では市場機能は未だ万能とはいえない。社会的規制（安心、安全）を基本に、市場の公正性を担保するための政府の必要最小限の介入は当分必要であろう。ただし、政府による規制（政策）も、ともすると自己完結を指向するあまり、事業者のスムーズな事業活動を脅かすおそれを排除できず、不断の見直しが求められる。

規制緩和後の貨物自動車運送事業の抱える最大の課題は、平成の当初からの継続した「失われた二〇年」と呼ばれた経済不振と、新規参入者の増加による輸送力の供給過剰が根源にある。わが国や欧米諸国の過去の経験をみても、物流市場における需給のバランスを人為的にとることは極めて困難、不可能であり、公正な競争、取引環境を前提とした市場の原理に任せるほかなく、政策の中心は社会的規制の強化を図りつつ、競争市場場裡の整備を第一義とするほかない。

註

（1）小倉昌男『経営学』日経BP社　平成一一年一〇月　一一四頁。
（2）『トラック輸送産業の現状と課題（平成二二年度版）』全日本トラック協会　平成二三年三月　三八頁。
（3）昭和三五年六月二五日　法律第一〇五号、平成一九（二〇〇七）年六月二日の改正により、「普通自動車」及び「大型自動車」の区分を、「中型自動車」及び「大型自動車」に見直し。
（4）この問題については、㈳埼玉県トラック協会『中型運転免許の新設による今後の物流及び社会生活等に及ぼす影響に関する報告書』（平成二三年五月）に詳しい。
（5）「自動車から排出される窒素酸化物及び粒子状物質の特定地域における総量の削減等に関する特別措置法」平成四年六月

三日　法律第七〇号。なお、同法の改正の内容等についてはhttp://www.env.go.jp/car/NOxPM.html　を参照。
(6) 同計画については、全日本トラック協会『環境基本行動計画策定調査報告書―社会との共生とトラック運送事業の持続的発展を目指して―』（平成一三年二月）参照。
(7) 昭和四五年六月一日　法律第一一〇号。
(8) 「交通事故死者数が第八次交通安全基本計画の目標を下回ったことに関する内閣総理大臣（中央交通安全対策会議会長）の談話」（平成二一年一月二日）。
(9) 同プランについては、www.mlit.go.jp/jidosha/anzen/news/.../anzenplan2009/　参照。
(10) 同マネジメントの概要については、http://www.mlit.go.jp/jidosya/anzen/03management/laws.html　参照。
(11) 平成一八年三月三一日　法律第一九号。
(12) 「貨物自動車運送事業に係る安全マネジメントに関する指針」（平成一八年九月一九日　国土交通省告示第一〇九〇号）参照。
(13) 著者はポスト規制緩和政策の中核となるべき制度として「物流基本法」を提案したが、法制化を実現することはできなかった。拙稿「物流基本政策確立のための提言―物流基本法の制定―」『運輸省広報誌 Transport』一九九六年一二月号一六―一七頁、同「物流基本法はなぜ必要か」『流通設計』一九九七年四月号　一九頁。
(14) 平成一三年度調査の内容、分析についての詳細は、拙稿「独占禁止法と貨物自動車運送事業規制の交錯に関する一考察～貨物自動車運送事業法における優越的地位の濫用について」『流通経済大学法学部開校記念論文集』（平成一四年一〇月）を参照されたい。
(15) ㈳全日本トラック協会『輸送秩序に関する実態調査報告書』平成一六年三月。
(16) 貨物自動車運送事業報告規則　第二条の二。
(17) 昭和三一年六月一日　法律第一二〇号。
(18) 下請法改正の背景、経緯については、例えば鈴木満著『新下請法マニュアル』（商事法務　平成一六年五月）五二～五四頁参照。
(19) 昭和二四年五月二四日　法律第一〇〇号。
(20) 建設業への下請法適用除外の問題点については、鈴木満前掲書　七九―八一頁参照。
(21) 下請法の用語では、「親事業者」とされるが、貨物自動車運送事業においては通例「元請貨物自動車運送事業者」もしくは「元請」と表現されている。
(22) 下請法は役務の委託取引のうち、過去の経緯等から当面の主なターゲットとして貨物自動車運送事業(貨物自動車運送事業)を対象としているが、物流特殊指定においては貨物自動車運送業にとどまらず倉庫業等、広く物流事業一般を対象としている。
(23) 公正取引委員会事務総局『役務の委託取引に関する実態踏査結果報告書』(平成九年六月)。なお、同報告書における貨物自動車運送事業の調査結果については、一五～二四頁参照。
(24) これらの分野が主な対象とされた背景については、『企業取引研究会報告書―役務の委託取引の公正化を目指して』(平成一四年一一月) 参照。
(25) 下請法においては、「勧告」事案とは異なり「警告」の事案については事案の内容等が公表されない。
(26) 「平成一九年度における下請法の運用状況及び企業間取引の公正化への取組(概要)」(公取委　平成二〇年五月一四日) 六～七頁。
(27) 平成二一年六月一〇日　法律第五一号。
(28) 公取委HP(http://www.jftc.go.jp/dk/guideline/tokuteiunsou.html) 参照。
(29) 公取委「荷主と物流事業者との取引に関する実態調査報告書」平成一八年三月一日。
(30) 上記調査報告書　三〇頁。
(31) 公取委「平成一九年度における下請法の運用状況及び企業間取引の公正化への取組(概要)」平成二〇年五月一四日 一一～一二頁。
(32) 「荷主と物流事業者との取引の公正化に向けた取組について」公正取引委員会　平成二一年四月一五日　参照。
(33) 国交省HP(http://www.mlit.go.jp/kisha/kisha08/09/090314_2/01.pdf)　参照。
(34) 国交省HP(http://www.mlit.go.jp/jidosya_tk4_000011.html) 参照。
(35) 運輸省貨物流通局陸上貨物課監修『貨物自動車運送事業法の運用』第一法規　平成三年　二〇七頁。
(36) アメリカの安全性評価制度については、『自動車運送事業者安全情報提供事業に係る調査研究報告書』(運輸省　平成一二年)を参照されたい。
(37) 中田　前掲『物流政策と物流拠点』三頁。なお、同書第三部第一五章『物的流通』なる言葉の誕生時の事情(三六一～三八〇頁)、を合わせて参照されたい。

(38) 物流政策に関する各種審議会、委員会等の資料をもとに経時的に整理されているものとして、中田　前掲書がある。
(39) 「中央省庁等改革基本法」（平成一〇年　法律第一〇三号）により平成一三年一月六日に中央省庁の再編統合（中央省庁等改革）が実施され、従前の一府二二省庁から一府一二省庁となった。
(40) 建設省、農林水産省、経済企画庁における物流政策の展開については、『物流効率化大事典』産業調査会　平成五年七八〜九五頁に詳しい。
(41) 昭和四一年七月一日　法律第一一〇号。
(42) 前掲『物流効率化大事典』六三頁。なお、一九六五年の『経済審議会答申』の「中期経済計画」の前年の昭和三九年に全国紙に「旧通産省が物的流通を重要な経済政策に取り上げることを決めた」とする報道されたことをもって用語が定着したとする見解もある（中田信哉他著『現代物流システム論』有斐閣アルマ　平成一五年）。
(43) 中田　前掲書　二七頁参照。
(44) 旧通産省産業構造審議会編『八〇年代の通産政策ビジョン』通商産業調査会　昭和五五年四月　一四二頁。
(45) 通商産業省産業政策局流通産業課編『九〇年代の物流効率化ビジョン―社会システムとしての物流の構築に向けて』㈶通商産業調査会　平成四年四月　二九〜四〇頁。
(46) 通商産業省産業政策局・中小企業庁編『二一世紀に向けた物流ビジョン―我が国流通の現状と課題』㈶通商産業調査会　平成七年六月　四四頁。
(47) 中田　前掲書　一四頁。
(48) 同答申の全文は、運輸省貨物流通局編集協力『新時代の物流戦略―先進企業の知恵―』（ぎょうせい　平成三年）に収録されている。
(49) 国民生活審議会「消費者取引に用いられる約款の適正化について」昭和五九年三月。
なお、宅配便、引越運送、トランクルールについては昭和五八年一一月に「中間報告」として、約款の適正化を求める答申が公表された。
(50) トランクルームについては、昭和六一年五月一五日に「標準トランクルームサービス約款」（運輸省公示第二三七号）として公示された。なお、これらの約款については、阿部三夫『宅配便・引越運送・トランクルームサービス　標準三約款の解説』（白桃書房　昭和六二年一月）を参照されたい。
(51) 第五次統合物流施策大綱の詳細は、国交省ＨＰ（http://www.mlit.go.jp/common/001001845.pdf）参照。

(52) 例えば、経団連の意見について http://www.keidanren.or.jp/policy/2013/032_honbun.pdf を参照。
(53) 「行き過ぎた規制緩和」という論点は、二〇〇〇年代から登場していた。例えば、溝上一生「行き過ぎた規制緩和 安全やルールが守られる社会的規制を絶対条件に」『まなぶ』No.585（二〇〇六年九月）二四〜二六頁参照。
(54) 平成二一年六月二六日 法律第六四号。
(55) 同法の成立の経緯等については、山越伸浩「与野党の一致によるタクシー規制緩和の見直し―特定地域における一般乗用旅客自動車運送事業の適正化及び活性化に関する特別措置法」『立法と調査』No.295（二〇〇九年八月）五三―六四頁に詳しい。
(56) バス事業の規制緩和については、寺田一薫『バス産業の規制緩和』（日本評論社 平成一四年一月）に詳しい。
(57) 参議院国土交通委員会（平成二四年六月二〇日）における吉田忠智委員の質問に対する羽田雄一郎国務大臣の答弁。
(58) ビジョン検討会の議事録、資料等については、国交省ＨＰ（http://www.mlit.go.jp/jidosha/jidosha_tk4_000019.html）参照。
(59) 「第一回トラック産業の将来ビジョンに関する検討会の概要について」参照。
(60) 「第三回トラック産業の将来ビジョンに関する検討会の概要について」参照。
(61) 国交省ＨＰ（http://www.mlit.go.jp/common/00011957.pdf）参照。
(62) 国交省ＨＰ（http://www.mlit.go.jp/jidosya/jidosya_tk4_000023.html）参照。
(63) 国交省ＨＰ（http://www.mlit.go.jp/common/001001063.pdf）参照。
(64) 「五両未満の保有車両で事業を運営する者への運行管理者選任の義務付けについて（貨物自動車運送事業輸送安全規則の一部を改正する省令について）」国土交通省自動車局 平成二五年三月二九日。
(65) 「貨物自動車運送事業に係る輸送の安全に関する業務の管理の受委託について」国土交通省自動車局 平成二五年七月三〇日。なお、この制度は貨物自動車運送事業法第二九条に基づく運行管理の受委託としての対応である。
(66) 「『一般貨物自動車運送事業及び特定自動車運送事業の許可及び事業計画変更認可申請等の処理について』『一般貨物自動車運送事業及び特定貨物自動車運送事業の許可及び事業計画変更認可等の処理について』の一部改正及び（いわゆる許可基準等の）一部改正について」国土交通省自動車局貨物課 平成二五年一〇月三一日。
(67) トラック事業における書面化の推進にあたり「貨物自動車運送事業輸送・安全規制の改正」、「標準貨物自動車運送約款の改正」等の措置がとられた。これらの措置は平成二六年一月二二日に発出、同年四月一日からの施行が予定されている。

第十章（補論）　米国における規制緩和政策の展開

第一節　一九八〇年代、九〇年代の規制緩和政策

わが国に先駆けて一九七〇年代から開始された米国における事業規制の改革は、一九八〇年代以降のわが国での議論、展開に大きな影響を及ぼした。すなわち、わが国市場への参入を希望する米国企業にとって、わが国の規制が妨げとなっているとして、わが国政府に規制の見直し、撤廃を直接的に要求したほか、米国における規制に関する研究の進展により自然独占、市場の失敗等を根拠とする事業規制の正当性に疑問が投げかけられ、わが国の規制緩和政策の導入について直接、間接に強い影響を及ぼした。

一―一　米国の規制緩和政策の性格

米国においては州際（interstate）自動車運送事業の事業規制について、一九三五年自動車運送事業者法（The Motor Carrier Act of 1935、以下「ＭＣＡ35」と略記）を、一九八〇年に一九八〇年自動車運送事業者法（The Motor Carrier Act of 一九八〇、以下「ＭＣＡ80」と略記）により改正、事業規制の緩和化を行った。ＭＣＡ80の市場に及ぼした影響は極めて甚大で、米国の州際貨物自動車運送事業は急激な新規参入による事業者数の増大及び激しい運賃競争の展開により、従来の「規制産業」から「競争産業」へと大きく変貌した(1)。

ところで、ここで注意せねばならないのは、制定当初のＭＣＡ80は規制機関である民間航空委員会（Civil Aeronautics Board：CAB）の廃止を含む徹底的な規制の撤廃を眼目とした航空輸送事業のderegulation(2)とは、その性格、内容を大いに異にしているということである。すなわち、例えば、ＭＣＡ80は参入規制の変更にあたって参入要件は変更せず挙証責任の転換による対応を行う(3)、あるいは運賃・料金規制における変更手続きの容易化(4)、さらには「適用除外」の拡大等、「不必要な規制の削減」が主たる目的であり、政府による事業規制制度、規制機関の廃止等を含むderegulationという性格を有するものではなかった。

しかしながら、ＭＣＡ80は一九九〇年代に入ると米国の社会、経済全般にわたるさらなるderegulationの進展の中で、

次第にderegulationの本旨である「規制の全廃・撤廃」にむけた法の運用・解釈等がなされてくる。そして、最終的には州際貨物自動車運送事業に対する「経済的規制」の執行機関である州際通商委員会（Interstate Commerce Commission: ICC）が、一九九五年のＩＣＣ廃止法（ICC Termination Act of 1995）[5]により廃止されるという結果にいたった。

これにより、一九三五年から六〇年間続いた貨物自動車運送事業に対する連邦政府による経済的規制が終焉し、完全なる規制撤廃（Total Deregulation）が完成した。

後述するように、一九九〇年代以降今日においても米国における貨物自動車運送事業への政府の規制的関与が全く無くなったわけではない。事業への参入は「登録制」に、また運賃規制はほぼ無くなり、自由市場に等しい実態となった。しかしながら、環境、労働条件等いわゆる社会的規制の側面での規制は、連邦運輸省（U.S. Department of Transportation: USDOT）により今日まで継続、強化されている。

一―二　ＭＣＡ80による規制緩和

米国の貨物自動車運送事業に大きな変革をもたらしたＭＣＡ80は、長い議論の末の関係当事者間の「大変微妙な妥協」（a very delicate compromise）により成立したものであり[6]、前述のとおりＭＣＡ80の本旨は「不必要な規制の削減」すなわち「不完全な規制緩和（partial deregulation）」であった[7]。そのためもあってか、法の規定は暫定的かつ曖昧なものが数多く存在していた[8]。

ここではＭＣＡ80の主要な規定について、その後に生じた事態及び現在の規制の状況、実態を念頭に置きながら、要点のみを簡単にレビューしておくこととする。

（一）　参入規制

一九三〇年代に開始されたＭＣＡ35における参入規制の基本的な考え方は、鉄道産業保護の観点から貨物自動車運送事業者の数を制限すること、すなわち新規参入を極力認めず一九三五年のＭＣＡ35の施行時点ですでに営業を行っていた事業者への祖父権（条項）の容認のみに留めようとするものであった。従って、ＭＣＡ35の参入に関する規定は厳格に解釈、運用され、結果として州際貨物自動車運送市場への新規の参入は極めて困難なものであった。[9]

ＭＣＡ35の参入規制に係るキーワードは、「公共の便益と必要性」（public convenience and necessity）であった。すなわち、一般自動車運送事業への参入にあたってはＩＣＣから事業「免許」（certificate）の取得が義務付けられていたが、その際の判断基準は、⑴当該運行もしくはサービスが公共の需要と必要（a public demand and need）に応えるという有用な公共の目的（a useful public purpose）に役立つかどうか、⑵当該目的は既存の事業者によって十分に達成しうるものではないかどうか、⑶申請者がこの公共の目的を達成するに際し、既存の事業者の事業を脅かし、公共の利益に反する事態をもたらすことがないかどうか、である。[10]これらの判断基準は、Pan American Bus事件判決で出されたものであったが、結果としてこれらの判断基準は既存事業者保護、新規参入困難をもたらした。前述のとおり、の参入規制政策は既存事業者に極めて有利に働き、新規事業者の参入の道は大きく閉ざされ、参入にあたっては既存事業者との合併、買収が基本的な方途とされていた。

こうした厳格な参入規制にはかなり以前から批判があったが、ＩＣＣはＭＣＡ80の制定に先立つ一九七七年六月に出された「勧告」以降、行政的な手法により参入の緩和化を図り、新規参入の容易化を実施していた。[11]

ＭＣＡ80は、同法第四条に規定された国家運輸政策（National Transport Policy）[12]の主旨に照らして参入規制の緩和化、参入の容易化を図っているが、具体的にはＭＣＡ35の規定の修正という形でなされた。すなわち、同法第五条[13]は従前の規定の具体的判断基準である上記「公共の便益と必要性」について新規参入申請事業者に課せられていた立証の責任を既存事業者に転換し、事実上参入の自由化を実施したこと。さらに、既存事業者の事業免許に付加されていた運行の制限を大幅に緩和し、他の市場への参入の容易化を図ること、[14]によって貨物自動車運送市場における競争の活発化を企図したのであった。

ＭＣＡ80における参入規制の態様は、法文上「免許制」が続けられていたものの、実質的には緩やかな「許可制」となっていた、といえよう。

（二）運賃規制

米国における運送事業者の運賃・料金規制の原則は、一八八七年の州際通商法により確立された。すなわち、利用者への差別的取扱いの禁止を前提とした「正当かつ合理的」(just and reasonable) な運賃の原則である。そしてこの原則は、MCA35にも承継され貨物自動車運送事業へも適用され、運賃規制の基本となった[15]。

MCA35における運賃の原則は、①各運送事業は「正当かつ合理的な」運賃を定めてこれを遵守すること、②各運送事業者は運賃表（タリフ）を定めてICCに登録（file）し、かつこれを一般に公表すること、③ICCはタリフが違法と認めるときは、これを却下することができ、また却下されたタリフは効力を有せず使用が禁止されること、④ICCは特定の運賃が違法であると認めたときは、適法な運賃を決定することができること、とされた[16]。なお、運賃はICCに「登録」されることとなっているが、上記の運賃規制の原則から明らかなとおり、ICCは運賃に対して強力な介入、規制の権限をもち、制度としては「認可制」に相当するといえる。

ところで、MCA35のもとでのICCによる運賃規制は、極めて多様かつ複雑である。すべての運送事業者は、運賃(rates)、貨物等級（classification）、運賃に関する規則（rules）、慣行（practices）、連絡運送（through routes）、連絡運賃（joint rates）が合理的（reasonable）であることが求められ[17]、運賃規制をめぐる数多くの訴訟それに伴う判例の蓄積の結果、規制による「がんじがらめ」の運賃制度となり、事業者間の運賃競争は極めて限定的であった。また、この結果トラックの運賃は、もし市場に事業者間の競争があれば形成されるであろう価格より「少なくとも五～二〇％程度高くなっている[18]」という指摘も、議会においてなされていた。

こうした状況に対してMCA80は、大きな改革を行った。ただし、上記した参入規制と同様にMCA80の運賃規制の改革は、MCA35の制度を根本的に改めたものではなく、制度の一部改正に留まっていたことに注意せねばならない。

MCA80の運賃に関連する規定は数多くあるが、このうち第一一条は貨物自動車運送事業（およびフレイトフォワーダー）の「運賃自由決定ゾーン」(zone of rate freedom) に関する規定である。これは、次に掲げる範囲内であれば、ICCが当該運賃を合理的と認め、審査、停止、取り消し等の措置を取らない、とするものである。すなわち、①運賃値上げの場合、値上げ後の運賃が当該運賃改訂の効力発生の日の一年前の運賃を一〇％以上上回るものでないこと、②

運賃値下げの場合、値下げ後の運賃が、一九八〇年七月一日現在の運賃または当該運賃改訂の効力発生の日の一年前の運賃の、いずれか低い額の運賃より一〇％以上下回るものでないこと、③一九八〇年七月一日以降に新たに開始された業務（新規参入者の業務または既存事業者の新規業務）のために設定された運賃を値下げする場合、当該運賃が最初に効力を生じた日の運賃または当該運賃改訂の効力発生の日の一年前の運賃のうち、いずれか低い額の運賃の一〇％以上を下回るものでないこと、[19]である場合に、事業者は自由に運賃の設定、変更が行えることとなった。

「運賃自由決定ゾーン」の規定に基づく運賃変更は、既存の運賃規制制度の重要な変更を含んでいた。それは、従前ＩＣＣの認可に係る運賃（タリフ）のほとんどが、反トラスト法の適用を除外されていたが、「運賃自由決定ゾーン」手続きによって行われた運賃には反トラスト法が適用される、ということである。

（三）反トラスト法適用除外制度・・・レイト・ビューロー

米国においては一八〇〇年代中葉の鉄道事業者間の激しい運賃競争の歴史を踏まえて、事業者間で種々の事項について自主的な「協定」を結ぶことが容認されていた。なかでも、「認可制」運賃制度を支える基盤となったのが、複数事業者による共同運賃設定行為（collective ratemaking）であり、これは一九四八年のリード・バルウィンクル法（Reed-Bulwinkle Act）[20]の規定に基づき反トラスト法適用除外（anti-trust immunity）とされ、競争法規の適用を免れていた。[21]また、運賃の共同設定行為のほとんどは地域ごとに設立されたレイト・ビューロー（rate bureau）と呼ばれる非営利の団体（機関）を通じて行われていた。この背景には、運送事業者が運賃の設定もしくは変更を申請する際に、ＩＣＣは膨大な関連資料の提出を要請したこともあり、個々の事業者では対応が困難であったということもある。

このレイト・ビューローのシステムについては、従前から賛否の議論が活発に行われており、ＭＣＡ80においてもその取扱が大きな関心事であった。

ＭＣＡ80は、第一四条に規定を置きこの問題に一定の対応を図っているが、結論的には暫定的かつ曖昧なものに終わっている。すなわち、複数事業者による運賃の共同設定行為についてはいくつかの大きな制約は加えつつも、それを禁止することはせず、またレイト・ビューローについては、その行動について次のような制約を加え存続を容認している。ＭＣＡ80のレイト・ビューローに対する制約を列挙すれば、以下のとおりである。

①　レイト・ビューローは（新規もしくは改訂の）届出のあった提案に対して、加盟運送事業者に当該提案を審議（discuss）させることができるものとする。ただし、一九八一年一月一日以降は、提案に係る運賃が適用される運送と同一の運送を行う免許を有する事業者のみが票決に参加することができる、

②　レイト・ビューローは、加盟事業者の独自の行動（independent rate action）の権利の行使を妨げてはならず、またその運賃を変更したり取消してはならない、

③　レイト・ビューローは、加盟事業者により公表されたタリフの項目に関してＩＣＣに異議もしくは不服を申し立てることはできない、

④　レイト・ビューローは、加盟事業者により公表されたタリフの項目を変更する提案に対して、レイト・ビューローの職員またはその職員をもって組織する委員会等に当該事項を処理させてはならない、

⑤　レイト・ビューローは、要求があったときには誰に対しても提案のあった運賃もしくは規則もしくは運賃の提案者の氏名を開示し、誰に対しても審議、票決等を開示すること、

⑥　レイト・ビューローは、運送事業者が他の事業者に代わって投票することを認めてはならない、

⑦　レイト・ビューローは、提案された運賃または規則について当該提案がなされた日から一二〇日以内に、最終的な処理を行わなければならない、というものである[22]。

なお、連邦議会は運賃の共同設定行為およびレイト・ビューロー制度について、ＭＣＡ80の規定に基づいて「運賃決定調査委員会」（Motor Carrier Ratemaking Study Commission）を設置し、一九八三年一月一日までにその結論を求めることとした。

一—三　MCA80の展開とICCの終焉

(一) TDAにおける論議（一九八五年）

関係当事者間の「微妙な妥協」によって不完全な形で成立したMCA80が成立した直後から、政府（連邦運輸省）においては完全な形でのderegulationを求める声が高まってきた。

一九八五年になると議会に一九八五年トラック運送事業規制撤廃法（The Trucking Deregulation Act of 1985、以下「TDA」と略記）が提案され、審議が行われた。同法案は最終的には「廃案」になるが、審議を通じて連邦政府（連邦運輸省）のトラック事業規制に対する姿勢が明確に表明されたとい点で意義深い。

ここではTDAの審議を通じて出された規制の廃止へ向けてのUSDOTの考え方（議会におけるエリザベス・ドール運輸長官の意見陳述）を整理しておくこととする。(23)

TDAは、MCA80で残存した経済的規制の要素（elements）をすべて除去する目的で上程されたものであるが、USDOTは本法案を強力に支持するとしている。TDAの主要規定について、具体的に以下のように支持している。

①運賃と参入についてのICCの残存する規制の全廃

TDAの規定では、州際貨物自動車運送事業者は自身の意思でどんな貨物（品目）でも、どんな経路でどこへでも、荷主と相互に合意すればどんな運賃ででも、運送することが可能となる、としている。

現行の制度ですでに運送事業者に実質的な運賃設定の自由が与えられており、ICCが提案された運賃を拒絶することはなく、運送事業者は荷主と合意すればいつでも運賃変更が可能となっている。しかしながら、コモン・キャリアのすべての運賃はICCの承認が必要とされ、かつ発効までに一定期間が必要とされている。また法律上の「タリフ登録要件」（tariff filling requirements）によって、年間何百万件もの不要な文書の山が作られている。

貨物自動車運送事業は、州際貨物自動車運送産業への参入や新規市場の拡大のために、もはやICCにオペレーティング・オーソリティ（operating authority：営業権）の申請を行うことはない。しかし、運送事業者は引き続き州際貨物自動車運送事業に従事するために連邦安全規制や財務責任基準（financial responsibility standards）に合致することを要求されている。参入や事業の拡張は比較的容易となっているものの、オペレーティング・オーソリティを得る過程においては、法律上まだ種々の膨大な書類作成が必要とされている。ＩＣＣは最近一九八〇年七月一日以降にＩＣＣから新規に八万件に近いオペレーティング・オーソリティを発行したと発表した。これらの規制は、不必要な何百万ドルもの支出を課しているのである。

さらに、すべての参入規制と運賃規制の廃止は、オーナー・オペレーター（owner-operators）による営業用輸送の拡大を促進することになる。これらの事業者は、ＩＣＣが必要とする書類作成に対して時間と経験が不足しており、営業拡大の障害となっている。

②共同運賃設定行為に対する反トラスト法適用除外の廃止

単一路線運賃（single-line rates）[24]についての共同運賃設定行為は、ＭＣＡ80の規定により一九八四年七月一日に廃止された。しかし、例えば、連絡輸送運賃や一般的運賃値上げさらには貨物等級（commodity classification）の設定等、それ以外の多くの貨物自動車運送事業者による運賃設定行為はまだ共同的に行われている。「運賃決定調査委員会」は、共同運賃設定行為は運賃をより高く維持している、不当な差別を防止していない、運賃の均一化やタリフの単純化のどちらにも貢献していない、と報告している。さらにＵＳＤＯＴは、州内のトラック輸送の共同運賃設定行為を含むすべての経済的規制を廃止した二つの州、すなわちフロリダ州とアリゾナ州の州際及び州内（intrastate）運送の運賃を研究して、州内の運賃が州際の運賃より上昇がゆるやかであったことを確認し、反トラスト法適用除外の廃止が荷主に利益を付加することを確認した[25]、とする。

③タリフの登録と公刊要求の廃止

ＭＣＡ80は運送事業者に運賃設定の自由度を増やしているが、全ての一般貨物自動車運送事業者に対する運賃の公刊とＩＣＣへの登録の要求を除去してはいない。ＩＣＣの委員長は、最近年間およそ一三〇万件以上のタリフがＩＣＣに登録されていると述べているが、これらの文書作成業務は運送事業者に多大の負担をかけるばかりである。

④「コモン・キャリアの義務」の廃止

長年にわたり、ＩＣＣが規制するコモン・キャリアは、事業免許で認められた全ての地点に継続的に、適切に、そして非差別で「サービスを提供する義務」があると信じられてきた。これは辺地（rural communities）へのサービスを保証するものであるといわれてきた。

しかしながら、ＵＳＤＯＴの調査ではＭＣＡ80の制定以前から辺地の荷主は、ＩＣＣに規制されたコモン・キャリアを頼らず、自家用輸送、宅配便、バスの荷物輸送、郵便公社のサービスを組み合わせて使っていた。

以上のようなことから、「コモン・キャリアの義務」はサービスを保証するものでないということが強く推察される。参入を自由化し、輸送品目や地域制限を取り除けば、多くの新規参入者がどこでも荷主へのサービス競争が生じるはずである。義務の廃止は、辺地へのサービスを弱めるという固く信じられてきた否定的なインパクトがなくなるはずである。

⑤その他の関係事項の廃止

ドール運輸長官（Elizabeth H. Dole, Secretary of Transportation）の陳述[26]では、上記のほか多くの論点を取り上げてＴＤＡを支援し、ＩＣＣ規制の廃止を主張している。例えば、ＩＣＣのトラック・リース規則の廃止、引越輸送に係る消費者保護の管轄権のＦＴＣ（Federal Trade Commission, 連邦取引委員会）への移管、三年後の引越業者とエージト間の取引に関する反トラスト法適用除外の廃止、等がある。

なお、ＵＳＤＯＴのＩＣＣ規制の廃止に向けての努力にもかかわらず、一九八〇年代及び一九九〇年代前半には、その実現は不成功に終わっている。

ＩＣＣ及びその規制の廃止が実施されるのは、一九九〇年代後半になってからであった。

第二節　ポストＭＣＡ80政策

二―一　ＴＩＲＲＡの制定

州際貨物自動車運送事業の規制の完全撤廃に向けた動きが具体化したのは、ＴＤＡの論議が収束してからほぼ一〇年を経た一九九四年になってからであった。すなわち、同年八月二六日クリントン大統領は公法（Public Law）一〇三―三一一に署名し、同法は二〇二条の規定に基づいて即日施行された。同法は[27]、二つの重要な法律から構成されており、第Ⅰ編は危険物輸送法の修正であり、第Ⅱ編が州際貨物自動車運送事業の規制の廃止に係る法律である。

このうち、第Ⅱ編が一九九四年トラック産業規制改革法（The Trucking Industry Regulatory Reform Act of 1994、以下「ＴＩＲＲＡ」と略記）であり、ＭＣＡ80制定以降の約一五年間にわたり続けられてきたＩＣＣによる規制の撤廃（Total Deregulation）に向けての議論に終止符を打つ法律となっている。

なお、同法の制定に先立ち同年八月二三日に一九九四年連邦航空行政権限法（The Federal Aviation Administration Authorization Act of 1994）が制定され、各州政府が行っている州内トラック輸送の経済的規制の撤廃が進められていた。

また、前年の一九九三年には一九九三年交渉運賃法（The Negotiated Rates Act of 1993[28]）が制定されている。同法は、トラック運賃の規制をめぐる混乱、いわゆる「アンダーチャージ問題[29]」を受けた一連の訴訟が一九九〇年七月二一日の連邦最高裁判所判決[30]により、一定の解決をみたことを受けて制定されたものである。

ＴＩＲＲＡはＩＣＣによる貨物自動車運送事業の経済的規制を事実上撤廃する目的で作られたものであるが、その主要な規定は以下の三点である。

(一) 運賃規制の改革

ＴＩＲＲＡ第二〇六条は、州際貨物自動車運送事業の大部分の運賃届出を廃止する内容を規定している。具体的には、コントラクト・キャリア（contract carrier）の運賃届出、特に最低運賃の届出の廃止、コモン・キャリアの単一路線運賃の届出の廃止（ただし、レイト・ビューローを通じての共同運賃設定はＩＣＣへの届出継続）、一部の運賃変更手続きの簡素化、等である。

(二) 参入規制の改革

ＴＩＲＲＡ第二〇七条及び第二〇八条は、コモン・キャリア及びコントラクト・キャリアの参入に関する規定である。これにより従来の参入規制は大きな見直しを受け、一九九五年一月一日以降は基本的に「安全性」と「保険の付保」が要件とされる「登録制」（register）になった。

(三) ＩＣＣの改廃

ＴＩＲＲＡ第二一〇条は、今後のＩＣＣの在り方を根本的に見直すべく、運輸長官に組織改廃の検討を命じている。なお、ＩＣＣでは委員長をトップに内部で今後の在り方を検討し、一九九四年一〇月二五日にその検討結果の報告書(31)を公表した。

それによれば、鉄道事業については大きな変化を加えず今後とも規制を継続、またトラック事業の経済的規制については、消費者保護と小規模事業者への配慮は必要ながら基本的には廃止を、またパイプライン事業については従来通りとし、国内水運とバス事業については若干の変更が必要としている。さらに、鉄道とパイプライン事業の連邦規制を管轄する独立の機関が必要であり、またトラックとバス事業については独立、専門的な機関（支部）が必要としている。

二―二　ＩＣＣ廃止法の制定

一九九四年のＴＩＲＲＡの制定により、貨物自動車運送事業の完全なderegulationに向けての動きを加速させた米国政府だったが、翌年になると貨物自動車運送事業の経済的規制の廃止に向けた政策が具体化した。

連邦議会は、一九九五年一二月二九日に州際通商委員会廃止法（ICC Termination Act of 1995、以下「ＩＣＣ廃止法」と略記）を制定し、一八八七年に創設された米国最古の独立行政委員会であるＩＣＣに弔鐘を鳴らすとともに、陸上輸送（鉄道、トラック、フレイト・フォワーダー、ブローカー及びバス事業）に対する連邦政府による経済的規制を廃止することとした。

（一）　ＩＣＣの廃止とＳＴＢの創設

ＩＣＣ廃止法は、その正式名称を「合衆国法典第四九巻Ⅳ編を改正し、運送に対する経済的規制を改革すること、及びその他の目的のために州際通商委員会（ＩＣＣ）を廃止する法律」としているように、一九九六年一月一日に施行して一八八七年の創設以来一〇八年にわたり陸上輸送事業の経済的規制を行ってきたＩＣＣの廃止を宣言している[32]。同時に、ＵＳＤＯＴの内部に、新たに陸上運輸局（Surface Transportation Board：ＳＴＢ）を創設するとしている[33]。

ＳＴＢは、上院の助言と合意に基づいて大統領によって指名された三名の委員で構成される。このうち少なくとも二名は運輸と運輸事業規制の専門家が、また一名は民間分野の実務経験者が就任する。委員の任期は五年間で、委員のうち一名が委員長となる。

また、ＳＴＢの機能について、本法で規定されたＩＣＣの廃止に伴う機能以外のＩＣＣの機能及び職員は、そのままＳＴＢに引き継がれることとしている[34]。

(二) 貨物自動車運送事業への規制の改革

(1) 参入規制

前記のとおり、ＴＩＲＲＡにおける参入規制の態様は準則主義に基づく「許可制」であったといえるが、本法により一層の緩和化が図られ「登録制」(registration of motor carrier) となった。すなわち、運輸長官は登録手続者が、①ＵＳＤＯＴ及びＳＴＢの規則を遵守できること、②運輸長官が課した安全規制 (safety regulation) と安全性適格要件 (safety fitness requirements)、及び③運輸長官によって課された最低財務責任要件 (minimum financial responsibility requirements)、の三点について、明確な証拠に基づいて遵守できないと判断した場合に当該登録について延期することを熟慮 (Consideration) するとしている。[35]

本法により、貨物自動車運送事業への参入については登録制となり実質的にはほぼ「自由」となった。これは、一九八〇年以来続いてきた参入規制の廃止政策の到達点ともいえるものである。すなわち、一九三五年以来の参入規制が経済的規制の中核として事業者の経営能力や資力等をチェックしてきたが、後述するように一九九五年以降の登録制の内容は社会的 (主として安全) 規制のいくつかの項目の登録が要求されるのみとなった。

(2) 運賃規制

運賃に対する規制はすでに大幅な自由化が達成されていたが、本法では一部の例外 (引越輸送及びハワイ・アラスカへの輸送) を除いて、タリフ (運賃表) の届出、公示が不要とされた。[36] タリフに対する公的規制がなくなったということは、タリフが各事業者固有の私的な「料金表」としての位置づけになったということを意味するものといえる。

(3) レイト・ビューローと反トラスト法適用除外

ＩＣＣ廃止法一三七章は、「運賃及び連絡運送」に関する規制をおいて、運賃規制の例外を定めている。すなわち、同章一三七〇一条において(i)引越輸送 (household goods transportation) の運賃等、(ii)ハワイ及びアラスカからの水上輸送の運賃等、(iii)一三七〇三条で容認された貨物自動車運送事業者の運賃、規則、及び貨物分類 (等級) の共同的設定については、「合理的でなければならない」(must be reasonable) としている。このことは上記三分野については、依然として運賃に対する政府 (ＵＳＤＯＴ) の関与を続けるということを意味している。

ここで(iii)について、検討を加えたい。ＩＣＣ廃止法一三七〇三条は、ある種の共同行為（collective activities）が反トラスト法の適用除外となることを規定している。

同条の構成は、まず(a)項で「協定」（agreements）についての各号を置いている。一号では、本法一三五章（管轄権）に係る貨物自動車運送事業者が提供する運送とサービスは、次の事項について単一もしくは複数の運送事業者と協定を結ぶことができるとしている。すなわち、(ア)連絡輸送及び連絡輸送運賃、(イ)引越輸送運賃、(ウ)貨物分類（等級）、(エ)距離ガイド、(オ)規則、(カ)地区（divisions）、(キ)産業の平均的なコストを基礎とした運賃調整の一般的な申請、(ク)共同での検討、創始、もしくは上記(ア)〜(キ)の事項の確立についての手続き、である。

また、二号は本項の協定についてＳＴＢは当該協定が公共の利益（public interest）に合致する場合に承認するとしている。そして同条五号において、ＳＴＢの調査（investigation）について規定している。すなわち、ＳＴＢは「合理性」と「公共の利益」の観点から関係協定を調査し、問題があれば当該協定の中止、中断あるいは行為の修正を命ずる、としている。

同条(a)項六号は、本法に係る協定等の反トラスト法適用除外に関する明文の規定である。すなわち、ＳＴＢの要請通りの内容で締結、実施される協定もしくは協定の改定について、ＳＴＢが承認すれば、クレイトン法（the Clayton Act）[37]第一条に規定される反トラスト法は当該協定を作成もしくは実行する当事者に適用されない、としている。なお、同条(d)項において、ＳＴＢは本条に基づく協定については承認後三年で終了し、更新については当事者の申請に基づき「公共の利益」に反しないか否かの判断により行われる。

以上のとおり、ＩＣＣ廃止法においては運賃等について複数の事業者あるいはレイト・ビューローの関与について、反トラスト法適用除外を廃止することなく継続している。法案が上程された当初は、主として鉄道事業者と鉄道以外に代替輸送機関の利用が困難と考えられる石炭等の立場の弱い荷主（いわゆる「囚われの荷主（captive shipper）」）の関係から反トラスト法適用除外が議論されていた。しかし、論議が進むうちに鉄道事業に対してのみでなく自動車運送事業への同様の措置が取られることになった。

運賃規制を基本的に撤廃し、市場で形成される価格（運賃）を最大限重視しようというderegulationの思想からすると、規制機関（ＩＣＣ）の廃止後もなおレイト・ビューローによる共同的運賃設定行為を反トラスト法の適用除外にし続けるという政策は、矛盾といわざるを得ない[38]。しかし、二〇〇〇年代までの米国においては当該制度が存続する理由があった、ということも事実である。

第三節　安全規制の一層の強化

一九八〇、九〇年代の米国の貨物自動車運送事業への規制政策の特徴は、経済的規制を撤廃する政策を推し進めるとともに、安全、労働条件等の社会的規制を強化する政策を次々と実施したことにある。

以下、一九八〇年代以降の社会的規制に関連する主要な立法について、検討しておくこととする。

三―一　一九八〇年代の社会的規制の動向

（一）一九八二年陸上運送支援法（The Surface Transportation Assistance Act of 1982: STAA）

一九八〇年のＭＣＡ80の制定後、政府は連邦が抱える道路運送の問題点を踏まえて重要な法律の作成に取り掛かった。まず、一九八二年には一九八二年陸上運送支援法（The Surface Transportation Assistance Act of 1982：ＳＴＡＡ[39]）が制定された（なお、施行は一九八三年）。同法は、当時世界一劣悪な「道路インフラ」と揶揄された米国の（州際）道路の改修を図るべく、一九五九年以来一定となっていたガソリン税率を引き上げる方針を打ち出し、道路の陥没、橋梁の落下から運転者を救うことを主たる目的とした。同時に、ＳＴＡＡは運転者（被雇用者）に非安全な商業用車両の使用等について報告を積極的に求めることとし、雇用者から当該行為について被雇用者に不利益となるような行為がなされた場合について、一定の措置が取られることとなった。

（二）一九八四年自動車運送事業者安全法（The Motor Carrier Safety Act of 1984）

一九八四年には、一九八四年自動車運送事業者安全法（The Motor Carrier Safety Act of 1984）[40]が制定されている。同法は、経済的規制の緩和化が進捗する中、八〇年代以降の安全規制の強化に向けて具体的なスタートを切る立法であった。

同法は、ＭＣＡ35に基づく従前の安全規制を修正しながら、州と州の安全規制の調和を図りつつ、連邦の安全規制に合致しない州の安全規制に対し、連邦の安全規制が優先することを規定している[41]。

ただし、注意すべきは同法が運輸長官に与えた安全規制に関する権限は、運転者、自動車運送事業者、商業用車両に対して最低限の安全基準（minimum safety standards）に基づく、ということである。ここで「最低限」という意味は、①商業用自動車は、整備され、装備され、そして安全に運行される、②商業用車両の運転者に課される責任は、車両を安全に運行する能力を侵害しない、③商業用車両の運転者の身体のコンディションは、車両を安全に運行するために適切に整える、④商業用車両の運行が、運転者の身体のコンディションに有害な影響を与えない、ということである[42]。

これら四点の基本認識に基づいて、八〇年代後半以降の安全規制強化の政策が推し進められることになった。

（三）一九八六年商業用自動車安全法（The Commercial motor Vehicle Safety Act of 1986）

米国においては、商業用自動車を含む自動車運転免許は州（及びコロンビア特別区）ごとに、実技に関する能力のチエックなしに筆記試験のみで発行され、しかも複数の州から過去の事故歴等のチエックなしに運転免許証を取得することも可能であった。

以上のような結果、まったく運転経験のない者でも大型自動車の運転が可能となり、これはまた交通事故の大きな原因ともなり、さらにたとえある州で重大事故を起こしても他州では過去の運転（事故）歴を問われることなく、新たに自動車運転免許証の取得が可能であった。こうした状況に対して、交通安全の推進等の理由から連邦の統一的な運転免許制度の創設が要請されることになった。

一九八六年一〇月二七日に成立した一九八六年商業用自動車安全法は、トラック、バス等の商業用車両（Commercial

Motor Vehicles：ＣＭＶ）の運転免許制度を改革して交通の安全を改善することを目的にしている。同法は、各州の自動車運転免許の発行権限は残しながら、ＣＭＶの運転免許に全国共通の最低基準を設定し各州に同基準の遵守を求めることとし、新たに商業用運転免許証（Commercial Driver's License：ＣＤＬ）を創設した。これにより、ＣＭＶの運転者は同法により一九九二年四月一日までにＣＤＬの取得が義務付けられた。

一九八〇年代の安全規制の強化は、車両の運転者の健康管理、運転技術、知識の向上等、運転者の資質の向上に向けた施策がとられた、ということが特徴となっている。[43]

三―二　一九九〇年代の社会的規制の動向

(一) 一九九〇年自動車運送事業者安全法（The Motor carrier Safety Act of 1990）

一九八〇年代の安全規制が運転者への対応が中心であったが、一九九〇年代に入ると運送事業者への規制の強化が図られた。

一九九〇年自動車運送事業者安全法は、事業者の安全性評価（Safety Rating）制度を導入している。この制度は、貨物自動車運送事業者に対する立入検査（compliance review）及び路上検査（roadside inspection）によって得られた情報に基づいて、事業者の安全規則遵守に関して安全適性（Safety Fitness）を測定し、事前に定められた「安全適性評価の方法」（Safety Fitness Rating Methodology: SFRM）によって、「適格」（Satisfactory）、「条件付適格」（Conditional）、「不適格」（Unsatisfactory）の三段階に評価付けするものである。[44]

(二) 一九九九年自動車運送安全性改善法（Motor Carrier Safety Improvement Act of 1999）

一九八〇年代から始められた安全規制の強化にも関わらず、自動車の交通事故の事故率、件数の削減改善は不十分なものであった。そこで、議会は一九九九年一二月九日、社会的（安全）規制を行政組織面から強化するための法律として、一九九九年自動車運送安全性改善法[45]を制定した。

同法の主要な目的は、(i)連邦運輸省内に運送事業者に対する安全規制プログラムの改善を図るため、新たな行政組織として連邦自動車運送安全局（Federal Motor Carrier Safety Administration：ＦＭＣＳＡ）を創設すること、(ii)大型トラックの事故件数と重大事故を削減するために、検査官及び立入検査件数の増加を行い、違反者に対する執行基準の強化、規則制定手続きの迅速な完了、科学的に適切な研究調査、そして効率的な商業用運転免許試験、記録保持及び制裁を行う、とされている[46]。

同法により、二〇〇〇年代の自動車の安全規制はＦＭＣＳＡが中心となり強力に推進され、また社会的諸規制に係る罰則の強化も図られている（図表10―2）。

第四節　二〇〇〇年代以降の政策

四―一　米国国内貨物輸送の現状

二〇〇九年五月時点での米国における貨物自動車運送事業をＡＴＡ（全米トラック協会）の資料[47]により概括すれば、(a)国内総生産（ＧＤＰ）の約五％を占め、(b)年間約一〇二億トンの貨物を輸送し、利益は六六〇〇億ドルとなり、(c)約八九〇万人の雇用を創出、このうち全国のドライバは三五〇万人、(d)大型商業用トラックは約七〇〇万台、またトレーラー・トラクターは約二〇〇万台、(e)トラック（クラス８[48]）の年間総走行距離は一三九〇億マイル（二二三六億キロ）、(f)ディーゼル燃料の年間消費量は一四七六億リットル、となっている。なお、当局（ＵＳＤＯＴ、ＦＭＣＳＡ）は州際運送事業の事業者数についての統計をとっておらず、正確なところは不明であるがＡＴＡでは二〇〇八年六月で約六〇万社とみている[49]。

全米における貨物輸送量の輸送機関別実績（二〇〇八年）は、トラックが七〇％弱（トン・ベース）を占めている。また、トラックについてはわが国と対比して自家用のウェイトが高いのが注目される（図表10―1参照）。

図表10－1　米国輸送機関別輸送実績（国内　2008年）

	貨物量		収　入	
	百万トン	分担率（%）	10億ドル	分担率（%）
合　計	14,876.8	100.0	794.9	100.0
トラック	10,232.9	68.8	660.3	83.1
営業用	5,278.3	35.5（51.6）	372.2	46.8（56.4）
自家用	4,954.6	33.3（48.4）	288.1	36.2（43.6）
鉄　道	2,215.8	14.9	57.2	7.2
航　空	14.5	0.1	25.9	3.3
水　運	943.5	6.3	12.2	1.5
パイプライン	1,470.0	9.9	39.2	4.9

（資料）ATA, "U.S. FREIGHT TRANSPORTATION FORECAST TO 2020"（2009）p.9.

図表10－2　社会的規制違反時の罰則（例）

対象者	内容	罰則及び罰金
ドライバー	CDL免許の不携帯	60日間の業務停止
	CDL無免許で営業車両を運転	60日間の業務停止
	業務停止中に営業車両を運転	2,500～5,000ドルの罰金
	飲酒運転	1年間の業務停止
	薬物テストの拒否	1年間の業務停止
	薬物使用	1年間の業務停止及びリハビリプログラムの受講
	運転時間（Hours-of-Service）規定の違反	即時走行停止及び 1,000ドル～11,000ドルの罰金
事業者	運転時間（Hours-of-Service）規定の違反	安全評価の引下げ及び 1,000ドル～11,000ドルの罰金
	業務停止処分を受けたドライバーの使用	2,750ドル～25,000ドルの罰金

（資料）USDOT.

四―二　州際貨物自動車運送事業への参入要件

州際の自動車運送事業（旅客、貨物）への参入については、deregulation政策により需給調整を前提とした事業免許制が廃止されているが、現在においても無条件で同事業を開始できる訳ではない。

同事業への参入については、連邦運輸省自動車安全運送局（ＦＭＣＳＡ）へのＵＳＤＯＴナンバー（USDOT Number）の登録とオペレーティング・オーソリティ（Operating Authority）取得が必要とされている。

（一）　USDOTナンバー

ＵＳＤＯＴナンバーとは、州際貨物自動車運送事業に参入を希望する者が取得しなければならないＵＳＤＯＴ発行の番号である。この番号の取得には、決められた書式（「MCS-150」もしくは「MCS-150B」）をインターネットで提出、約一時間で無料で入手できる。書類に記載される主な内容は、事業者名（社名）、連絡先等の基本的な情報となっている。これらはＦＭＣＳＡが監査や検査を行う際に事業者を特定するために使われる。なお、取得したナンバーは車両に貼付しなければならない。

なお、州によっては（現在三三州）州内輸送に際しても当該ナンバーの取得が義務付けられる。

（二）　オペレーティング・オーソリティ

州際営業用輸送を行う貨物自動車運送事業、ブローカー、フレイト・フォワーダに取得が義務付けられている一種の営業権である。取得には書式（「OP-1（P）」または「OP-1（FF）」）による申請が求められ、登録手数料は三〇〇ドルである。

これはＵＳＤＯＴナンバーとは異なり、事業内容、運送する貨物の種類、営業区域など事業に係る詳細な内容の登録が求められる。また、実運送を行わないブローカーやフレイト・フォワーダも、参入に際しては取得が義務付けられている。

無料で簡単に入手できるUSDOTナンバーとは異なり、オペレーティング・オーソリティの取得には先にあげた書式による申請のほか、⑴申請者が加入している保険についての書類の提出がある。これは申請者の依頼に基づき保険会社が直接FMCSAに登録することを求められる。また、⑵法律事務代理人（Legal Process Agents）のリスト（「BOC-3」書式）の提出がある。これは申請者が事業を開始した後に個人や裁判所等から何らかの法的措置を受けた際に、申請者に代わって法律関係の手続きを行う代理人を事前に登録することである。

オペレーティング・オーソリティを取得するための手続きの手順は、次のとおりである。

まず申請者は、書式（「OP-1（P）」または「OP-1（FF）」）を用いて申請を行う。営業用貨物自動車運送事業の申請の場合には「MC（Motor Carrier）ナンバー」を、またフレイト・フォワーダー事業の申請の場合は「FF（Freight Forwarder）ナンバー」を受領する。ただし、これらのナンバーの取得のみでは営業を開始することはできない。FMCSAはナンバー発給と同時にウエブサイトに申請者の登録内容を一〇日間公示する。これは、申請者に対する営業権付与についての異議申し立ての機会を設定することを目的としている。

次に、申請者は保険会社に必要書類をFMCSAに提出するよう依頼、同時に法律事務代理人のリストをFMCSAに登録する。

FMCSAは申請者から提出された関係書類等を精査し、問題がないと判断した場合、更に一〇日間の異議申し立て期間を設定、異議申し立てがない場合に申請者にオペレーティング・オーソリティが付与され、申請者の営業が開始可能となる。

四―三　新規参入者への事後チェックの強化

米国においては、一九八〇年代以降自動車運送事業者に対する安全規制が順次強化されてきている。しかしながら、政府の想定とは相違して交通事故件数、死者数の急減は見られなかった。そこで、FMCSAは二〇〇〇年代に入りターゲットを新規参入事業者に絞り込み、新たな規制プログラムをスタートさせた。

二〇〇二年五月から連邦規制を改正して[50]USDOTナンバーを所持して州際輸送を開始しようとする米国とカナダの事業者に適用される「新規参入者安全保証プログラム」（New Entrant Safety Assurance Program）[51]を施行した。なお、二〇〇九年一二月からは改正規則が実施されている。

USDOTナンバーとオペレーティング・オーソリティを取得して州際貨物自動車運送事業を開始する権利を有した新規参入者は、新規参入後の一八ヵ月間FMCSAの「新規参入者安全保証プログラム」の監視下におかれることになる。新規参入者は、「安全運行」、「車両整備記録の更新」、ドラッグ、アルコール等の「薬物検査」が求められ、「安全監査（Safety Audit）」にパスしなければならない。

新規参入者は、一八ヵ月に及ぶFMCSAのプログラムに合格したのち、はじめて登録簿から「新規参入者」の文字が削除され、永久登録となる。

第五節　小　括

本章では、米国において実施された貨物自動車運送事業に対する事業規制の端緒からderegulation政策について、特に、一九八〇、九〇年代及び二〇〇〇年代以降の政策の動向について検討を加えた。

一八八〇年代後半、米国経済を支配するビッグビジネス（独占体）の独占行為を取り締まる社会的機運の高まりの中で、真っ先にやり玉に挙げられたのは鉄道事業であった。競合する運輸機関（馬車、鉄道、河川船舶）を駆逐して、運輸市場で独占的な地位を獲得した鉄道会社の恣意的、差別的な運賃設定等の行為に、まず批判の声を上げたのは中西部の農民の運動（グレンジャー運動）であった。この「差別の禁止」を求める動きは全国に広がり、一八八七年には連邦法としての州際通商法（Interstate Commerce Act of 1887）が成立、米国は政府の規制（法律）によって「正当かつ合理的」（just and reasonable）な運賃率、すなわち公平な運賃の適用を獲得した。そしてこのとき作り出した独立行政委員会制度によって、法の規定の厳格な運用が行われることになった。

しかし、公平性を追求するための詳細かつ硬直的な法の解釈、運用は、次第に行政（政府、規制機関等）の肥大化を促し、また既存事業者に有利な判断を生み出して、市場を極めて閉鎖的、硬直的にしてしまった。同時に、規制よって自由を奪われた被規制企業の側からも、時代とともにより自由を求める声が高まった。

一九七〇年代になると、鉄道会社の大規模倒産などを契機に、規制によって守られた産業へ国民の厳しい目が向けられることとなり、そしてそれは「規制制度」そのものへの批判につながっていく。一九七〇年代後半以降は、鉄道、航空、トラック、バス、外航海運等の分野でderegulation政策が次々と導入され、政府の規制から解放された自由な環境の中で事業活動が展開されることになった。

一九八〇年にはじめられた州際貨物自動車運送事業へのderegulationは、部分的かつ不完全な規制の撤廃であったが、一九九五年には同事業に対する規制機関であるＩＣＣの廃止法が成立し、完全なderegulationが完成した。これにより米国の州際貨物自動車運送事業は、参入、運賃等への政府の経済的な事業規制が廃止され、自由市場となった。

一方、一九八〇年代以降の米国の貨物自動車運送事業への規制政策の中心は、安全規制を中核とした社会的規制にある。安全規制については、八〇年代においては運転者への手当が中心であったが、九〇年代後半に入ると環境規制等含めた社会的規制全般の貨物自動車運送事業者に対する規制が強化されている。

また、二〇〇〇年代に入ると連邦運輸省は新規参入事業者に対する安全規制を強化しており、新規参入事業者の事業撤退の主要な理由が同プログラム違反となっている。州際貨物自動車運送事業への新規参入は極めて容易となったが、参入後の市場での事業の継続は容易ではない。利用者（荷主）の獲得、ロードサイドでの厳しい検査（Roadside Inspections）や監査（Safety Audit）等により、厳しいルールの遵守が求められている新規参入企業にとって、市場で生き残るための現実的な大きな課題は、他企業との競争や運転時間規制等を遵守できる優良なドライバーの確保であるといわれている。

寡聞にして、米国でわが国と同じような「行き過ぎた規制緩和の見直し論」を聞くことはない。米国の多くの貨物自動車運送事業者には、一九七〇年代までの法による硬直的な、がんじがらめの規制の状況に回帰したいという意見はほとんどない。この点、通達等により柔軟な法運用により実態に合わせた規制行政を行ってきたわが国とは、事情が異なるのかもしれない。

米国においては、徹底した社会的規制とりわけ安全規制に重心をおいた貨物自動車運送事業への規制（取締り）が実施され、一定の成果をあげている。ただし、物流コストの削減、サービスの向上等、わが国が追い続けてきた物流サービス改善の視点での評価はいまだ不分明で、社会的規則にかかるコストの厳密なコスト算定は困難なようである。今のところ、連邦政府がわが国のように主体的に物流（logistics）政策を主導して施策を立案、立法化する動きはない。しかし、エネルギー問題、環境問題、物流コストの削減、物流サービスの質や効率化等の問題について、今後一層の深刻化が生じた場合、政府が直接的な関与をするのか、しないのか、関心がもたれる。

進展し続ける物流は、その社会的存在意義を増せば増すほど、常に新しい、そして深刻な課題に直面し、解決への努力を続けなければならない宿命にある。このことは洋の東西、古今を問わない。

註

（1）米国のトラック事業に対するderegulationの内容、影響については、例えば拙著『規制改革と競争政策―アメリカ運輸事業のディレギュレーション』（白桃書房、一九八四年、なお、以下「拙著［1］」として引用）、拙著『USフレイト インダストリーズ〜ディレギュレーション シンドローム』（一九八八年　白桃書房、なお、以下「拙著［2］として引用」）、斉藤実『アメリカ物流改革の構造』（一九九九年　白桃書房）等を参照。

（2）「一九七八年航空輸送事業規制緩和法」（Airline Deregulation Act of 1978）。なお、拙著［1］七一―七九頁参照。

（3）P.L. 96-296, §5 (a), 94 Stat.793, adding 49 U.S.C. §10922 (b) (1) (B).

（4）P.L. 96-296, op.cit. §14 (b).

（5）P.L. 104-88, 109 Stat.803.

（6）Collin Barrett, "Shippers, Truckers and the Law-1980", p.l.

（7）ＭＣＡ80第二条は、本法の立法目的として「連邦政府による不必要な規制の削減」（reduce unnecessary regulation by federal government）を掲げている。

（8）ＭＣＡ80の不完全な（未解決の）規定について、Daniel J. Sweeney, Charles J. Mc Carthy "Transportation Deregulation

What's Deregulated and What Isn't"（1986）pp.107-179 参照。

（9） 事業者数の推移について、拙著［2］、一〇二頁参照。U.S. Department of Transportation, Five Years After the Motor Carriers Act of 1980; Motor carrier Failures and Successes, September 1985, P.5.

なお、本稿では「一般貨物自動車運送事業,common carrier」に係る事業規制制度について検討を加えることとする。「特定貨物自動車運送事業」等については、拙著［1］及び［2］を参照されたい。

（10） Pan American Bus Lines Operations事件判決（1 MCC 190, 192）参照。

（11） 拙著［1］ 二一八～二二〇頁。

（12） 拙著［1］ 一一九～一二〇頁。

（13） P.L.96-296. §5.

（14） Betty J. Christian, Richard D. Mathias, "TRUCKING DEREGULATION: The New Competitive Environment"（1980）pp.353-355.

（15） 米国の貨物自動車運送事業における運賃の規制は多様であるが、本稿では特に断らない限りコモン・キャリアに係る運賃規制について検討する。

（16） ㈶運輸経済研究センター『米英独仏におけるトラック貨物輸送制度』（一九七五年三月）四一頁。

（17） Daniel J. Sweeney, op,cit,. p.133.

（18） Alfred E. Kahnの指摘。Quoted in Report No.96-1069 on the Motor Carrier Act of 1980. H.R. 6418, p.7.

（19） ㈶運輸経済研究センター『欧米における陸上貨物の運送事業及び運送取扱事業に関する調査』（一九八二年） 二一頁。

（20） P.L.80-662. なお、49 U.S.C. former §10706（b）.

（21） 運賃の共同設定行為については、拙著［1］二二七～二四九頁を参照されたい。

（22） 拙著［1］二四〇頁。

（23） Statement of Elizabeth Hanford Dole, Secretary of Transportation, Before The Subcommittee on Surface Transportation of The Committee on Commerce, Science, and Transportation, United States Senate, Regarding The Trucking Deregulation Act of 1985, September 27, 1985.

（24） 法律上の定義は、「単一の一般貨物自動車運送事業者の定める運賃・料金であって、当該運送事業者の路線についてのみ適用されるものであり、かつ当該運送事業者が提供することのできる運送業務の対価となるものをいう」とされる（former

49 U.S.C. §10706 (b) (1))。

(25) 著者の調査によれば、単一路線運賃以外の運賃については、二〇〇〇年時点でも複数のレイト・ビューロが共同的な運賃設定を行っており、反トラスト法の適用除外制度が残存している。

(26) Statement of Elizabeth Hanford Dole, Secretary of transportation, Before The Subcommittee on Surface Transportation of The Committee on Commerce, Science, and Transportation, United State Senate, Regarding The Trucking Deregulation Act of 1985, September 27, 1985.

(27) 同法の詳細については、拙稿「米国一九九四年トラック産業規制改革法の制定とその意義」『流通経済大学創立三十周年記念論文集（社会学部篇）』（一九九六年三月）二二九〜二五四頁を参照されたい。

(28) P.L.103-180.

(29) 「アンダーチャージ問題」については、新田慎二、開藤薫著『米国のトラック事業規制の動向』㈶運輸経済研究センター、一九九八年）四九〜五〇頁、及び、拙稿「アメリカの州際トラック事業ディレギュレーションの現状」『輸送展望　九四年夏季号』二四〜二五頁を参照されたい。

(30) Maiskin Industries, U.S. v. Primary Steel,Inc.. 110 s.Ct. 2759: 1990.

(31) ICC, "Study of Interstate Commerce Commission Regulatory Responsibilities … Pursuant to Section 210 (a) of the Trucking Industry Regulatory Reform Act of 1994" October 25, 1994.

(32) P.L.104-88, §101. なお、新田・開藤、前掲書　五三〜五六頁参照。

(33) Ibid, §701 (a).

(34) Ibid, §702.

(35) Ibid, §13902 (a) (1) (A) (B) (C), (2).

(36) Ibid, §13702 (a). ただし、ハワイ及びアラスカとのバルク貨物、森林貨物、リサイクルされた金属スクラップ紙屑についてはタリフの公示及び登録（file）が義務付けら（§13702 (b) (1)）、また引越輸送についてはタリフの公示が要求されているが、登録は要求されていない（§13702 (c) (1)）.

(37) 15 U.S.C. 12.

(38) Clifford Winston, Thomas M. Corsi, Curtis M. Grimm, Carol A. Evans, "The Economic Effects of Surface Freight Deregulation" (1990, The Brookings Institution) pp.60-61.

（39）P.L.97-424.
（40）P.L.98-554.
（41）新田・開藤、前掲書　一一二頁。
（42）Federal Register/Vol.74, No.144 (July 29, 2009) p.37653.
（43）一九八八年には、運転者へのドラッグ（麻薬）テストの義務付けも実施された。なお、ドラッグテスト及びアルコールテストについてはwww.FMCSA.dot.gov/spanish/regs/40.191.htm　参照
（44）「適格」（Satisfactory）となる基準については、http://www.fmca.dot.gov/rules-regulations/administration/fmcsr/を参照。
（45）P.L.106-159.
（46）Ibid, §4.
（47）Bob Costello氏（Chief Economist & Vice President, American Trucking Associations）提供の資料による。なお、拙稿「二〇〇〇年代の米国トラック運送事業規制政策について」『物流問題研究』流通経済大学物流科学研究所　二〇一一夏号二七―四四頁を参照されたい。
（48）車両総重量一万四九六九kg（三三〇〇一lbs）以上の大型トラックで、トラクター・トレーラーも含まれる。
（49）ATAの別の資料（TRUCKS BRING Life's Essentials, August 8, 2013）によれば、全米（州際とは限らない）には、四四万二三三八の営業用と七〇万三〇〇の自家用運送事業者がおり、そのうち保有二〇台以下が九七・二%、また六台以下が九〇・五%を占めるという。
（50）49 CFR part 385, subpart D.
（51）同プログラムの内容については、http://www.FMCSA.dot.gov/registration-licensing/NewEntrant参照。

【参考資料Ⅰ】 貨物自動車運送事業者数の推移（昭和20年～平成21年度）

年度末	路　線	区　域	小　型	特定貨物	霊　柩	合　計
昭20	55	909	—	—	—	964
21	57	736	—	—	—	793
22	93	761	—	111	—	965
23	145	829	—	151	—	1,125
24	218	829	—	193	—	1,393
25	282	1,108	—	273	—	1,663
26	332	1,192	378	325	260	2,487
27	363	1,741	1,014	400	282	3,800
28	440	2,319	1,979	501	275	5,514
29	483	3,473	3,185	518	318	7,977
30	528	4,280	4,043	583	345	9,779
31	527	5,018	4,609	604	385	11,143
32	538	5,248	5,283	669	425	12,163
33	541	5,750	5,647	692	462	13,092
34	539	6,250	6,015	740	503	14,047
35	533	6,533	6,484	809	573	14,932
36	525	7,661	6,907	908	630	16,631
37	515	8,127	7,495	979	683	17,799
38	505	9,025	8,495	975	730	19,209
39	493	9,867	8,643	1,030	783	20,668
40	489	10,725	8,643	1,094	781	21,732
41	480	11,685	8,523	1,153	952	22,793
42	470	12,318	8,372	1,163	937	23,260
43	458	11,848	7,751	1,034	972	22,063
44	439	12,833	8,405	1,042	1,052	23,771
45	425	14,028	8,532	1,101	1,157	25,243
46	400	23,769		1,028	1,216	26,413
47	395	25,991		1,025	1,294	28,625
48	388	27,018		1,091	1,312	29,809
49	383	27,293		1,103	1,362	30,141
50	379	28,253		1,127	1,387	31,146
51	372	29,022		1,189	1,402	31,985
52	368	29,566		1,223	1,429	32,576
53	367	30,223		1,270	1,447	33,307
54	361	30,852		1,298	1,483	33,994
55	356	31,334		1,365	1,578	34,633
56	355	31,792		1,375	1,624	35,146
57	352	32,162		1,356	1,657	35,527
58	347	32,513		1,374	1,687	35,921
59	343	32,661		1,358	1,701	36,063
60	337	33,201		1,342	1,714	36,594
61	336	33,841		1,334	1,751	37,262
62	332	34,471		1,314	1,816	37,933
63	329	35,168		1,364	1,860	38,721
平元	325	35,888		1,405	1,937	39,555
2	297	36,485		1,856	1,434	40,072
3	292	37,387		1,909	1,465	41,053
4	290	38,569		2,035	1,414	42,308
5	287	39,627		2,167	1,369	43,450
6	286	41,047		2,370	1,312	45,015
7	285	42,501		2,606	1.246	46.638
8	279	44,299		2,860	1,191	48,629
9	279	45,959		3,081	1,162	50,481
10	276	47,437		3,292	1,114	52,119
11	275	49,148		3,490	1,106	54,019
12	272	50,401		3,655	1,099	55,427
13	268	51,732		3,795	1,076	56,871
14	276	52,948		3,852	1,070	58,146
15	280	54,224		4,031	994	59,529
16	283	55,678		4,140	940	61,041
17	279	56,695		4,211	871	62,056
18	282	57,167		4,312	806	62,567
19	292	57,672		4,397	761	63,122
20	300	57,457		4,424	711	62,892
21	299	57,276		4,480	657	62,712

（資料）『運輸省三十年史（資料編）』他。

【参考資料Ⅱ】物流事業規制の見直しの経緯

経　緯	年 月 日	事　項
臨時行政改革推進審議会（旧行革審）	昭和60年7月	次の2点を中期的課題として指摘 ①トラックの事業区分等規制の見直し ②複合一貫輸送を促進する方向での規制の見直し
臨時行政改革推進審議会（新行革審）	昭和63年1月	「公的規制の在り方に関する小委員会」を設置し、流通、情報・通信、金融等とともに物流についても規制の在り方検討
運輸政策審議会物流部会	昭和63年5月	トラック事業、複合一貫輸送の事業規制につき検討開始
	10月	物流部会意見とりまとめ
新行革審の公的規制の緩和等に関する答申	昭和63年12月	物流については、運輸政策審議会物流部会意見の基本的考え方を改革方策の骨子として提示
規制緩和推進要綱（閣議決定）		同右
物流二法案の国会提出	平成元年3月	第114回国会「貨物自動車運送事業法案」及び「貨物運送取扱事業法案」（以下「物流関係二法案」という）を提出
	6月	第114回国会　物流関係二法案は継続審議
	8月	第115回国会　同右
	12月	第116回国会　物流関係二法案成立 （「貨物運送取扱事業法」は13日に、「貨物自動車運送事業法」は14日に成立）
⑹物流関係二法の施行	平成2年12月1日	

（出所）運輸省貨物流通局陸上貨物課監修『貨物自動車運送事業法の運用』（第一法規　平成3年3月）。

【参考資料Ⅲ】改正貨物自動車運送事業法の概要

<table>
<tr><td colspan="2"></td><td>一般貨物自動車
運送事業</td><td>特定貨物自動車
運送事業</td><td>貨物軽自動車
運送事業</td></tr>
<tr><td rowspan="3">経済的規制</td><td>新規参入</td><td colspan="2">許　可　制
（審査事項）
適切な事業計画
事業遂行能力
※特別積合せ運送にういては施設の安全性も審査

緊急調整措置
既存事業者の経営悪化が著しい場合には新規参入を認めないとする措置</td><td>届　出　制</td></tr>
<tr><td>運賃・料金</td><td>事後届出制（省令）
事後改善命令</td><td colspan="2">事後届出制（省令）</td></tr>
<tr><td>運送約款</td><td>認　可　制</td><td></td><td>届　出　制（省令）</td></tr>
<tr><td rowspan="4">社会的規制</td><td>輸送の安全</td><td colspan="2">・過労防止・過積載禁止

・元請による下請の輸送安全確保阻害行為の禁止
・輸送の安全確保命令</td><td>・過労防止・過積載禁止

・輸送の安全確保命令</td></tr>
<tr><td>運行管理者</td><td colspan="2">専任義務有り</td><td></td></tr>
<tr><td>指導機関</td><td colspan="3">・地方適正化事業実施期間及び全国適正化実施機関の指定
・地方適正化事業実施機関に対し、事業者に対する資料提出要求権限を付与</td></tr>
<tr><td>荷主勧告</td><td colspan="2">事業者の違反行為が荷主の行為に起因する場合等に、国土交通大臣による勧告</td><td></td></tr>
</table>

（出所）国交省自動車交通局貨物課資料。

#【主要参考文献】

【著書】

野口雅雄『日本運送史』交通時論社　昭和四年七月
交通研究資料（第五輯）『一九三〇年代の交通問題』日本交通協会刊　昭和五年六月
日本興業銀行調査課『自動車交通事業財団ニ就テ　附録自動車交通事業法』昭和七年八月
鉄道省運輸局『国有鉄道の小運送問題』昭和一〇年二月
交通研究資料（第三五輯）『自動車経営の理論と実際』日本交通協会刊　昭和一〇年九月
野口　亮『道路運送今昔雑記』洛東書房　昭和一一年六月
後藤　清「商工業組合法」『諸法Ⅲ』日本評論社　昭和一三年二月
清水兼男『日本経済統制法』厳松堂書店　昭和一五年一月
鉄道省監督局交通法規研究会『改正自動車交通事業法解説』交通研究所　昭和一六年三月
波多野鼎『新版統制経済講話』日本評論社　昭和一六年六月
坂本英雄『統制違反と経済刑法』厳松堂書店　昭和一六年七月
志鎌一之『ナチス・ドイツ陸運政策の基調』流線型社出版部　昭和一六年一〇月
国弘員人『経済団体』日本評論社　昭和一六年一一月
柳田諒三『自動車三十年史』山水社　昭和一六年一二月
大槻信治『交通統制論―特に陸上交通に就いて―』岩波書店　昭和一八年一月
田中喜一『各国陸上交通統制策』厳松堂書店　昭和一八年三月
荻野益三郎『判例　価格統制法』厳松堂書店　昭和一八年八月
商工省企画室『独占禁止法の解説』時事通信社　昭和二二年一〇月
石井良三『独占禁止法・経済力集中排除法』海口書店　昭和二二年一二月

渡邊喜久造『過度経済力集中排除法』日本経済新聞社　昭和二三年三月
通運法規研究会編『通運事業法解説』交通日本社　昭和二五年三月
最高裁判所事務総局行政局『米国の独立行政委員会』（行政裁判資料第九号）昭和二五年六月
国鉄総裁室渉外部『米国州際交通法』（外国交通法令第一巻）昭和二六年六月
萩原栄治『自動車行政と運輸事業』自動車行政研究会刊　昭和二七年一〇月
赤田恒夫『貨物運送法規並制度概要』大鉄図書　昭和二七年一一月
岡村松郎編『日本自動車交通事業史』同人会自友会刊（上巻）昭和二八年九月　（下巻）昭和二八年一一月
中村　豊『伸びゆく自動車』交通毎日新聞社　昭和二八年三月
公取委事務局編『改正独占禁止法解説』日本経済新聞社　昭和二九年三月
志鎌一之『自動車交通政策の変遷』㈶運輸故資更生協会刊　昭和三〇年四月
芳賀久・井筒光男『陸運通運の法律知識』布井書房　昭和三〇年六月
清水敏勝『運送取扱業概論―陸上交通を中心として』交通日本社　昭和三五年四月
有沢広巳監修『日本産業百年（上）』日経新書　昭和四二年四月
尾崎政久『明治　大正　昭和　三代自動車物語』自研社　昭和四三年三月
今村成和『私的独占禁止法の研究（一）』有斐閣　昭和四四年二月
運輸省通運課通運事業研究会著『物流革新と通運』交通出版社　昭和四五年九月
日通総合研究所編『日本輸送史』日本評論社　昭和四六年三月
『改正・道路運送法のすべて』一隅社　昭和四六年一二月
運輸省監修『わが国の総合交通体系』運輸経済研究センター　昭和四七年六月
平井都士夫『かわりゆくトラック運輸事業』汐文社　昭和四七年九月
角本良平『現代の交通政策―移動の論理と経済―』東洋経済新報社　昭和五一年一二月
岡野行秀『陸運業界』教育社新書　昭和五三年一二月
今野源八郎・岡野行秀編『現代自動車交通論』東京大学出版　昭和五四年八月
奥山正晴『トラック運送事業の法制と実務』輸送経済新聞社　昭和五五年二月
大矢誠一『マルツウ考　そのルーツを探る』交通日本社　昭和五五年八月

野村　宏『輸送産業』東洋経済新報社　昭和五五年八月
読売新聞政治部第二臨調取材班『第二臨調からの報告　行政改革』潮文社　昭和五六年八月
運輸省編『八〇年代の交通政策のあり方を探る』　昭和五六年一一月
全運輸労働組合編『生活交通の現状―行政現場からの報告』勁草書房　昭和五七年一月
村尾　質『貨物輸送の自動車化』白桃書房　昭和五七年五月
トラック業務研究会　『トラック業務の基礎知識（改訂版）』交通日本社　昭和五八年三月
実方謙二『経済規制と競争政策』　成文堂　昭和五八年五月
野尻俊明『規制改革と競争政策―アメリカ運輸事業のディレギュレーション』白桃書房　昭和五九年一月
根岸哲『規制産業の経済法研究（Ⅰ）（Ⅱ）』成文堂　昭和五九年九月・昭和六一年九月
平井都士夫・一ノ瀬秀文他編『現代経済における競争と規制』法律文化社　昭和五九年九月
日本交通学会「戦後交通政策の展開」『交通学研究（一九八四年研究年報）』昭和六〇年三月
山口真弘『運輸法制通則の研究』㈶交通協力会　昭和六〇年四月
阿部三夫『宅配便・引越運送・トランクルームサービス　標準三約款の解説』白桃書房　昭和六二年一月
上野裕也『競争と規制　現代の産業組織』東洋経済新報社　昭和六二年一月
日経産業新聞編『規制緩和とビジネスチャンス』日本経済新聞社　昭和六二年五月
高田公理『自動車と人間の百年史』　新潮社　昭和六二年七月
森田　朗『許認可行政と官僚制』　岩波書店　昭和六三年一月
臨時行政改革推進審議会事務室監修『規制緩和－新行革審提言』ぎょうせい　昭和六三年一二月
角本良平『鉄道政策の検証』白桃書房　平成元年一月
平岡長太郎『昔の飛行機と自動車』エステル出版会　平成元年四月
唐沢　豊『物流概論』有斐閣　平成元年四月
経済企画庁総合計画局編『規制緩和の経済理論』大蔵省印刷局　平成元年六月
公益事業学会編『現代公益事業の規制と競争―規制緩和への新潮流』電力新報社　平成元年一〇月
倉石　俊『これがクロネコヤマトだ』ダイヤモンド社　平成元年一一月
東京トラック同友会『東京トラック同友会新しい運送を求めて二〇年の軌跡』白桃書房　平成元年一一月

鶴田俊正編『政府規制の緩和と競争政策』ぎょうせい　平成元年一二月
臨時行政改革推進審議会事務室監修『規制緩和の推進—国際化と内外価格差』ぎょうせい　平成元年一二月
谷利　亨『道路貨物運送政策の軌跡』白桃書房　平成二年四月
中田信哉『物流論の講義』白桃書房　平成二年四月
『早わかり物流2法　Q&A』カーゴニュース　平成二年五月
縄田栄次郎『公益産業規制政策論』千倉書房　平成二年六月
塩見英治『交通産業論』白桃書房　平成二年九月
日通総合研究所『輸送の知識（第一八版）』日経文庫　平成三年一月
植草益『公的規制の経済学』筑摩書房　平成三年二月
山谷修作編著『現代の規制政策—公益事業の規制緩和と料金改革—』税務経理協会　平成三年三月
運輸省貨物流通局編集協力『新時代の物流戦略』ぎょうせい　平成三年六月
西尾　久『日本通運　輸送新時代への挑戦』ＴＢＳブリタニカ　平成三年八月
松下満雄他著『変容する日米経済の法的構造—日米構造問題協議最終報告完全収録』東洋堂企画出版社　平成三年九月
臨調・行革審ＯＢ会監修『日本を変えた一〇年—臨調と行革審』行政管理研究センター　平成三年一二月
㈶日本立地センター『物流と経済成長—企業発展のキーポイント』ぎょうせい　平成四年四月
中部　博『自動車伝来物語』集英社　平成四年七月
瀧本峰男『貨物自動車運送事業経営と独占禁止法』第一法規　平成五年六月
高村忠也『陸海空協同一貫輸送—その特性と実際—』成山堂書店　平成五年一一月
日刊工業新聞特別取材班編『平岩リポート—世界に示す日本の進路』にっかん書房　平成六年一月
田島義博・流通経済研究所『規制緩和—流通の改革ヴィジョン』ＮＨＫブックス　平成六年六月
規制緩和研究会『規制緩和で日本が変わる』The Japan Times　平成六年七月
金本良嗣・山内弘隆編『交通』（講座・公的規制と産業④）ＮＴＴ出版　平成七年二月
鈴木良男『規制緩和は何故できないのか』日本実業出版社　平成七年二月
百瀬恵夫・大六野耕作『規制緩和の光と影』実務教育出版　平成七年三月
内橋克人とグループ２００１『規制緩和という悪夢』文藝春秋　平成七年五月

長谷川俊明『独占禁止法と規制緩和』東京布井出版　平成七年五月
中条　潮『規制破壊―公共性の幻想を斬る』東洋経済新報社　平成七年七月
産経新聞規制撤廃取材班『さらば規制列島』サンドケー出版　平成七年七月
吉田和男『行革と規制緩和の経済学』講談社現代新書　平成七年八月
全労連・労働総研編『「規制緩和」で日本はどうなる』平成七年八月
日本経済新聞社編『規制に挑む』日本経済新聞社　平成八年二月
木谷直俊・新納克廣訳『企業の規制と自然独占』晃洋書房　平成八年四月
白川一郎『規制緩和の経済学』ダイヤモンド社　平成八年五月
田中一昭編『行政改革』(現代行政法学全集10) ぎょうせい　平成八年九月
内田公三『経団連と日本経済の五〇年』日本経済新聞社　平成八年一〇月
行政改革委員会事務局編『行政の役割を問いなおす―行政関与の在り方に関する基準―』大蔵省印刷局　平成九年三月
矢作敏行『流通規制緩和で変わる日本』東洋経済新報社　平成九年四月
植草　益編『社会的規制の経済学』NTT出版　平成九年七月
福住美佐〔解説・訳〕『陸上・航空運輸（GHQ日本占領史53）』日本図書センター　平成九年七月
人事院公務員研修所監修『運輸行政』ぎょうせい　平成九年一〇月
三輪芳朗『規制緩和は悪夢ですか』東洋経済新報社　平成九年一一月
川本　明『規制改革』中公新書　平成一〇年一月
生田保夫『交通学の視点』流通経済大学出版会　平成一〇年一月
カーゴニュース編『現代のトラック産業』成山堂書店　平成一〇年四月
塩見英治・斎藤実編『現代物流システム論』中央経済社　平成一〇年四月
バーバラ・ピーターソン、ジェームズ・グラブ著　川口満訳『ドキュメント　航空規制緩和―航空企業の栄光と破滅―』成山堂書店　平成一〇年五月
野尻俊明『流通関係法』白桃書房　平成一〇年一〇月【初版】〔第二版：平成一五年六月、第三版：平成一八年五月〕
中田信哉『物流政策と物流拠点』白桃書房　平成一〇年一一月
野田秋雄『アメリカの鉄道政策』中央経済社　平成一一年七月

小倉昌男『経営学』日経BP社　平成一一年一〇月
八代尚宏編『社会的規制の経済分析』日本経済新聞社　平成一二年四月
中田信哉『ロジスティクスネットワークシステム』白桃書房　平成一三年一〇月
忍田和良『日本のロジスティクス』中央経済社　平成一四年五月
中田信哉他著『現代物流システム論』有斐閣アルマ　平成一五年一月
岸井大太郎・鳥居昭夫編著『公益事業の規制改革と競争政策』法政大学出版局　平成一七年三月
上村敏之・田中宏樹編著『「小泉改革」とは何だったのか』日本評論社　平成一八年六月
土田和博・須藤隆夫編著『政府規制と経済法―規制改革時代の独禁法と事業法』日本評論社　平成一八年一二月
原田尚彦『行政法要論』（全訂第六版）学陽書房　平成一九年三月
上川龍之進『小泉改革の政治学』東洋経済新報社　平成二二年八月
岡田　清『トラックと私』全日本トラック協会　平成二一年三月

【資料】

鉄道省運輸局「小運送業法案　日本通運株式会社法案ニ関スル議事録」（第七十回帝国議会）昭和一二年三月
『自動車事業法施行細則取扱手続』福島県貨物自動車運送事業組合　昭和一六年四月
『日本トラック協会十年の歩み』昭和三二年一〇月
『あゆみ―大和運輸の四十年』　昭和三四年一一月
『社史　日本通運』昭和三七年一〇月
『日本トラック協会二十年史』昭和四二年二月
『㈳東京貨物自動車協会史』昭和四二年九月
『大和運輸五十年史』昭和四六年三月
『史料対談・語り継ぐ輸送史』輸送経済新聞社　昭和四七年四月
全日本トラック協会『トラック輸送産業の現状と課題』昭和五三年三月（以降、各年度版）
『行政監察三十年史（Ⅰ～Ⅶ）』昭和五三年一〇月

『運輸省』（行政機構シリーズ　No.109）教育社　昭和五四年六月
『運輸省三十年史』昭和五五年三月
『東京陸運局三十年史』昭和五五年三月
『物流ハンドブック』（日通総合研究所編）昭和五六年二月
全日本交通運輸労働組合連合会『トラック運送事業の規制緩和は何をもたらすか』昭和六〇年六月
運輸省貨物流通局監修『注解物流六法（昭和六一年版）』第一法規　昭和六一年五月
『明日を拓くトラック輸送―東ト協二〇年史』昭和六一年一〇月
『北海道トラック協会三〇年記念誌―北を走る』昭和六一年一一月
運輸省自動車交通局監修『自動車関係　官庁申請の手続きと書式』新日本法規　昭和六二年四月
『福岡県トラック協会四〇年史』昭和六二年五月
『トラック輸送四〇年のあゆみ』㈳全日本トラック協会　昭和六三年三月
運輸省『貨物自動車運送事業法案関係資料』第百十四国会提出　平成元年
運輸省『貨物運送取扱法案関係資料』第百十四国会提出　平成元年
運輸省貨物流通局陸上貨物課監修『物流二法関係法令集』全ト協　平成二年八月
『日本国有鉄道版　日本陸運史料［一］～［五］』（運輸調査局編）クレス出版　平成二年一一月
『運輸白書（平成二年版）』平成三年一月
運輸省貨物流通局陸上貨物課監修『物流二法関係通達集』全ト協　平成三年二月
『ハンドブック　新事業法―物流二法の内容と解説―』全日本運輸産業労働組合連合会　平成三年一月
交通労連『はばたけトラック―物流二法解説』平成三年二月
輸送経済新聞社編『物流新法』輸送経済新聞社　平成三年三月
『戦後における我が国の交通政策に関する調査研究中間報告書』運輸経済研究センター　平成元年三月
運輸省大臣官房総務審議官・運輸省自動車交通局『誰にもわかる　物流二法の手引き―貨物運送事業のすべて―』新日本法規
平成三年四月
『ヤマト運輸七〇年史（一九一九～一九九〇）』平成三年六月
公正取引委員会事務局編『独占禁止法適用除外制度の現状と改善の方向―適用除外カルテル・再販売価格維持制度の見直し』

大蔵省印刷局　平成三年九月
運輸省自動車交通局貨物課監修『やさしい貨物自動車運送事業法ハンドブック』㈳全日本トラック協会　平成三年一〇月
通商産業省政策局流通産業課『九〇年代の物流効率化ビジョン―社会システムとしての物流の構築に向けて』通商産業調査会　平成四年四月
『トラック運送事業の適正化に向けて―トラック事業法の内容と解説（一）（二）』全日本トラック協会刊　平成三年一一月
運輸省運輸政策局複合貨物流通課監修『貨物運送取扱事業関係法令・通達集』㈶小運送協会　平成四年三月
通商産業省産業政策局流通産業課『九〇年代の物流効率化ビジョン―社会システムとしての物流の構築に向けて』㈶通商産業調査会　平成四年四月
『協奏　大阪府トラック協会創立三〇周年記念』平成五年一一月
『日貨協連の三十年』日本貨物運送協同組合連合会　平成六年一二月
通商産業省産業政策局・中小企業庁『二一世紀に向けた流通ビジョン―我が国流通の現状と課題〔産構審・中政審合同会議答申〕』㈶通商産業調査会　平成七年六月
総務庁編『規制緩和推進の現況』大蔵省印刷局　平成八年七月
㈳全日本トラック協会『物流二法制定の記録―貨物自動車運送事業法を中心に』平成九年三月
総務庁編『規制緩和白書（九七年版）』大蔵省印刷局　平成九年九月
『全日本トラック協会　五〇年のあゆみ』平成一〇年二月
行政改革委員会ＯＢ会監修『行政改革委員会　総理への全提言―規制緩和、情報公開、官民の役割分担の見直し―』行政管理研究センター　平成一〇年三月
総務庁編『規制緩和白書（九八年版）』大蔵省印刷局　平成一〇年八月
総務庁編『規制緩和白書（九九年版）』大蔵省印刷局　平成一一年八月
『運輸省五十年史』㈶運輸振興協会　平成一一年一二月
『行政監察史』平成一二年一二月
『四国における物流関係二法施行後一〇年のトラック事業者の検証』四国運輸局企画部貨物流通企画課他　平成一四年一月
国交省自動車交通局貨物課監修『やさしい貨物自動車運送事業法ハンドブック』㈳全日本トラック協会刊　平成一五年三月
国交省自動車交通局貨物課監修『貨物自動車運送事業法等関係法令集』㈳全日本トラック協会　平成一五年三月

『日貨協連四〇年史』日本貨物運送協同組合連合会　平成一六年七月
物流業務紛争事例研究会編集『Q＆A物流業務トラブル解決の手引』新日本法規　平成一七年五月
『茨城県トラック協会五〇年の歩み』　平成二三年六月

索　引

あ行

か行

さ行

た行

な行

は行

ま行

や行

ら行

ABC

123

【著者紹介】

野尻　俊明　（のじり　としあき）

昭和25年６月　栃木県生まれ
昭和48年３月　流通経済大学経済学部卒業
昭和54年３月　日本大学大学院法学研究科博士後期課程（単位取得）
昭和54年４月　㈱日通総合研究所入社
平成元年４月　流通経済大学社会学部助教授
　　　　　　　その後、社会学部教授、流通情報学部教授を経て
平成13年４月　流通経済大学法学部教授
平成14年11月～平成20年11月　流通経済大学学長
現　　在　　　流通経済大学法学部教授

主要著書
『規制改革と競争政策―アメリカ運輸事業のディレギュレーション』
　（白桃書房　昭和59年１月）
『USフレイト・インダストリーズ―ディレギュレーション・シンドローム』（白桃書房　昭和63年６月）
『知っておきたい　流通関係法―商流・物流の基本法規と解説』
　（白桃書房　平成10年10月）

貨物《かもつ》自動車《じどうしゃ》政策《せいさく》の変遷《へんせん》

発行日　2014年３月22日　初版発行
著　者　野　尻　俊　明
発行者　佐　伯　弘　治
発行所　流通経済大学出版会
　　　　〒301-8555　茨城県龍ヶ崎市120
　　　　電話　0297-64-0001　FAX　0297-64-0011

Printed in Japan/アベル社
ISBN978-4-947553-60-7 C3032 ¥4630E